光復臺灣與戰後警政：

「臺灣警察幹部訓練班」口述訪談紀錄

訪　　談：蔡慧玉

記　　錄：吳美慧

中央研究院臺灣史研究所

鄭序：
〈如何重返那段光復的歲月？〉

　　有謂太平的歲月容易過，匆匆已屆戰後國府軍事接收臺澎的六十八週年，蔡慧玉博士的口訪專書《光復臺灣與戰後警政》適於此時即將出版。審視這本口述歷史的專著，係透過十一位當年「臺灣警察幹部訓練班」成員的生命回溯史，在訪談中企圖回顧、重返那段所謂「光復」的日子。

　　既是機緣亦是巧合，就在蔡博士這本口述專著的整稿期間，個人積稿多年、一樣戮力重返「光復」之際的專著：《【光復元年】——戰後臺灣歷史傳播圖像》乙書，亦正進入繕稿、編排、校樣的付梓階段。且蒙蔡博士之邀，本人於今年 8 月 27 日出席中研院臺史所的週二演講會，並允擔任蔡博士此項「臺幹班」口訪史的同一主題講演之與談人，因而既有幸閱讀過這本《光復臺灣與戰後警政》口訪專書的初稿，又得聆聽蔡博士親述如何籌畫、展開、從事此項口述歷史計劃，且遷延多年而終抵於成的諸般歷程。

　　茲奉蔡博士之囑咐，略疏這冊蔡博士一手主訪、主編的口述歷史專書，至少可列舉出以下有別於、超越於一般坊間訪談出版品的三大特色、特質抑或優勢之處：

一、這部頗具規模的有關戰後首批跨海來臺「臺幹班」成員之「口述訪談紀錄」，若就戰後之初，那個過渡、那個慌亂年代裡，臺灣的軍事接收以及一般社會治安的銜接和維持等關鍵年代的關鍵議題而言，皆深具歷史之重要性及現實的意義。

二、對於超過一甲子前的「臺幹班」來臺人士，儘速進行訪談係是和生命及記憶的拔河比賽。就這部書所訪談的

十一位長者（迄今正式出版之際，據聞已凋零了四位），再對比當年跨海來臺、廣義的「臺幹班」師生總計達千餘名，接受訪談者不過僅佔百分之一。但這部口述專書，經由學養功深的蔡博士長期且耐心之採錄、反覆校訂，詳作註釋、合理剪裁等，則對於那個大過渡且劇變的年代提供了另一番深入透視、觀察、探索之視角，是為其貢獻。

三、由於本訪談計畫主持人，於戰前戰後臺灣史的相關領域專研數十年，各方面資訊及史料掌握週延，訪談內容規畫合理，且以開放態度與口訪方式留予受訪者相當發揮的空間，故本份十一位戰後警界中耆老的多面向之口述抑或回憶，不僅見證、增補了戰後初期的臺灣史，既可視為每位受訪者的生命回溯史，則又另具有貼近一般基層庶民生活史的史料價值吧！

值此蔡博士歷經多年辛勤耕耘的豐收之季，不僅為戰後初期臺灣的口訪史添一紮實、嚴謹又充滿溫情的作品，而中研院臺史所的口述歷史亦多了一部可欣可賞之專書。欣賀之餘，且樂為之序！

鄭 梓 誌於

臺南府城 國立成功大學歷史學系

2013 年 10 月 12 日

目錄

前言

　　這本臺灣警察幹部訓練班（以下簡稱臺幹班）口述歷史專書是以十一位臺幹班成員為訪問主體，並以「光復臺灣與戰後警政」為議題主軸，所交織而成的訪問紀錄。

一、訪談源起

　　這一個訪談計劃開始得很偶然。我和邢翰先生的大女兒邢美琳在臺南女中同班，也是多年好友。我留學美國哥倫比亞大學的時代（1981-90），美琳同時期到紐約就職，十年中彼此的交往更為密切。美琳後來在紐約定居，而我返臺後轉眼又是二十年。這期間我隔一段時間就會去邢家探候邢伯伯和邢媽媽。2007年有一天，我去邢家拜訪時，交談間偶爾問及邢伯伯當年從警的動機，才知道他居然是來臺參與警政接收的「臺灣警察幹部訓練班」（以下簡稱「臺幹班」）一員。我覺得這個議題很有口述訪談的價值，當下慫恿他接受訪談，也蒙其首肯。

　　迄至2007年年底，邢翰先生總共接受我訪談五次，分別是7月18日、9月21日、10月8日、10月15日和11月1日。訪談計劃開始之際，我本來只打算以邢先生的個人訪談紀錄為主展開訪談，後來意識到臺幹班的來臺人數雖不多（通說為九三二人），但所牽涉議題則相當廣泛，因此有必要擴大訪談對象，並修正訪談議題。修正後的主題改以受訪者參與臺幹班的個人動機、來臺接收警政的歷史背景為經，戰後臺灣的警政運作、尤其是戶政制度的施行要點為緯，於是有2008年1月16日在臺史所召開的座談會。

　　這次座談會之後，我開始進入英文專書[1]的寫作階段，2009年4月升等為研究員之後又接著到日本京都訪問一年，因而有兩年期間這個計劃進入漫長的整稿階段。2011年11月下旬，我修稿再三之後，決定到福建（依序是福州進，到梅列，再到泉州）實地走一趟，參觀當年（1945年1月到10月）中央警官學校第二分校的梅列基地以及本書訪問主體的臺幹班學生一隊駐紮的正順廟。到泉州後，我當下決定採訪阮傳發先生，並加訪泉州培元中學的現任校長楊一彪。

「臺幹班成員受訪一覽表」

	姓　　名	籍　　貫	班　隊　別	離開警界或退休年
1	邢　翰（1924- ）	江蘇鹽城	學生班第一隊	1988年後勤科長退休
2	鄭　健（1926-2013）	福建長汀	學生班第一隊	1992年警正一階一級退休
3	陳應彭（1923- ）	福建詔安	學生班第一隊	1986年退休
4	呂泰山（1924- ）	福建南安	學生班第一隊	1989年副分局長退休
5	蔡清淵（1923-2011）	福建泉州	學生班第一隊	1988年科長退休
6	周永宏（1928- ）	廣東五華	初幹班第五隊	1988年分駐所所長退休
7	陳樹銘（1922-2008）	福建林森	學生班第一隊	1955年分局長離職
8	曾克平（1924- ）	廣東梅縣	學員班[2]	1991年分局長退休
9	吳譽賢（1919- ）	廣東梅縣	學生班第一隊	1979年船舶總隊大隊長退休
10	程琛（1917-2013）	福建惠安	學生班第一隊	1962年離職
11	阮傳發（1924- ）	福建泉州	學生班第一隊	1949年離職回泉州

1　參閱 Hui-yu Caroline Ts'ai, Taiwan in Japan's Empire Building: An Institutional Approach to Colonial Engineering (Abingdon, Oxford: Routledge, 2009), i-xvii, 323 pp.

2　在梅列二分校受訓的講習班只有一班，為第二期；第一期在重慶本校受訓。

這本書從整稿、修稿、到多次校稿，有的次數多達七到八次，總算進入謄稿、出版階段。從訪談邢翰先生開始，迄今近五年時間，這期間有四位受訪者已先後辭世。作為本書的訪問者和編者，我心中有無限惶恐，也承受極大壓力。2013 年 2 月底，這本臺幹班的口述歷史終於進入排版。3 月底，母親遽逝，我悲痛逾恆，校稿工作一度中斷，但仍然盡力完成本書的出版作業。

二、從座談會到口述專書

2008 年 1 月 16 日這個座談會的規模相當小型，參與人數只有七人，七位參與座談者後來都先後成為本書的受訪者，依訪問順序分別是邢翰、鄭健、呂泰山、陳應彭、蔡清淵、陳樹銘、周永宏。除了周永宏為初幹班之外，其他六個人都是學生班。根據一般的說法，臺幹班是由四個班別所組成：講習班、學員班、學生班和初幹班，其中初幹班的人數（542 人）最多，佔臺幹班總人數的六成，大部份都服務於地方基層的派出所，至於學生班的成員則不少人日後都升任警界中堅層的分局長。這七個人的訪問紀錄就構成了本書的訪談核心：光復臺灣與戰後警政。

由於座談會的同質性太高，七人中有六人是學生班成員，所以訪談開始以後我又根據《中央警官學校臺幹班師生來臺六十週年紀念專輯》（2005 年）所提供的個人資料，自行聯絡到四位受訪者，他們分別代表學員班、講習班、辭警從商以及大陸變色前返回中國者。依本書的訪問順序，這四位分別是：（一）參與戶政較深的曾克平先生，他是學員班唯一的受訪者；（二）臺幹班中位階最高的講習班二期吳譽賢先生，四年前訪問之際他是該班二十八位成員中二位碩果僅存者之一；（三）七十年代中期就離開警界、轉換跑道到

商界發展的程琛先生（學生班）；（四）以及在一九四九年夏大陸變色前夕返回中國的阮傳發先生（學生班）。由於受訪者中有三位是培元中學校友，我在 2011 年 11 月的福建之旅也到泉州訪問培元中學的現任校長楊一彪，並將其訪問稿放在〈阮傳發先生訪談紀錄〉之後以供參考。

　　訪問稿依第一次訪問的時間先後排列，不依班別、位階排序。關於註解，除非有特別聲明，本書各篇的頁註都是編者——也就是訪問者——所加的註解。本書的註解有三個主要的功能：糾正錯誤、補充文義、資料來源，有別於正文，大體上都是針對正文中受訪者的文字或文義加以糾正、補充或說明。原則上，對於耳熟能詳的史實或人物，本書儘量不加註，因此加註的地方大概都是需要加以修正或附以註釋的。但是，對於有些敏感的政治話題，例如受訪者對於「二二八事件」的敘述，往往因為立場不同就會有不同的看法，容易引起爭論。對於這種情況的文稿處理，本書的處理方式就是多次訪談和整稿，儘量和受訪者溝通文意、確認文稿，紀錄稿的行文之間儘量保留受訪者的立場、甚至語氣，最後還要將文稿中每一處矛盾、不合理、或有疑問之處一一加以標誌，向受訪者一再確認，再透過史料文獻加以查證、修正或補正。

　　當然，註解的長短不一，少於半行的註解就在正文內直接將補充文字加在方括弧內；這種情況通常會出現在勘誤性或補充性的時、地、人名等史實修正補充上。但是，不管方括弧的長短，到了下一次修正稿時，如果受訪者在審閱之後，對方括弧內追加的內容沒有意見，那麼就可以將該方括弧刪去，或逕以圓括弧表示。但是，如果受訪者因為身故或身體狀況不佳無法親閱，或者稿樣已經進入最後校對階段，無法送給受訪者審閱，而文義仍然有待澄清或補述，方括弧還是應該保留，因為那是訪問者所加追述文字。

三、「臺幹班」成立由來

　　臺灣警察幹部訓練班的班主任為胡福相，在福建成立，屬於中央警官學校的特科。若根據一般說法，臺幹班計分四個班：講習班、學員班、學生班、初幹班。講習班分前後二期；第一期（36 名）在四川重慶中央警校本校開辦，1944 年 12月畢業，第二期（只有一隊，共 28 名）在福建梅列開辦。重慶時期的「臺幹班」只設講習班，或稱「講習班一期」，徵召對象主要是中央警官學校第四到第十二期正科畢業的現職警官。「講習班二期」主要是從全國招募各縣市現職警官加以調訓而成。學員班（只有一隊，共 76 名）招收曾受警官教育的現任或過去曾經擔任「委任」位階的警官一年以上、具有高中程度者；學生班（分兩隊，共 250 名）招收高中程度者；初幹班（先後招到五隊，共 542 名），全稱為初級幹部訓練班，先後共設五個隊，主要的招生對象為初中畢業者。招生對象以能操閩南語、客家話為主；招生簡章上雖然提及語言能力包括外語的英、日語，但實際上主要的招募對象就是能操上述兩種方言者。梅列在閩西，因此二分校的基地隸屬第三戰區管轄，司令長官為顧祝同，而臺幹班所需的物資，包括糧食、器材、被服、軍事武器等，也都由第三戰區提供。

　　1943 年 11 月底，美、英和中三國的同盟國領袖在開羅會議，會後共同發表聲明（「開羅宣言」）；關於臺灣未來的歸屬問題，其要點包括戰爭結束後，日本將臺灣、澎湖列島等地歸還中國。值得注意的是，該「宣言」不是條約，沒有國際法的約束力，但本書的受訪者一致認為這是日後國民政府接收臺灣的法源，他們的敘述反映的其實就是官方的定論： 1944 年 4 月 17 日，在中央設計局下設立臺灣調查委員會，規劃收復臺灣事宜；同年 12 月起，中央訓練團舉辦「臺

灣行政幹部訓練班」；1944年9月，臺灣警察幹部講習班成
立。於是，1945年1月，中央警官學校第二分校在位於福建
省的長汀成立；2月20日，戰事日緊，遷抵三元縣梅列；4
月1日，補行開學典禮，積極展開訓練。當時在梅列二分校
基地受訓的人員總數約有一千四百餘人，但受訓者不限臺幹
班，還包括正科十七期（共二隊）、外事班和特科八期等生
員近五百人。其中臺幹班在赴臺前夕的「各班期學員生」有
932人；若加上隊上師長以及參加受降典禮的相關人員，總
數共為1,001人。[3]

　　由於戰爭結束來得突然，臺幹班提前在1945年10月
10日舉行畢業典禮，實際在梅列的受訓時期因各班、各隊的
報到時間而略有長短差異，從六個月到近一年；若從開學典
禮的4月1日算，正式上課時間只有半年多。值得注意的是，
臺幹班在民國36年（1947）中華民國行憲之後，才發生學、
資歷認定的銓敘問題，也才因此由政府予以追認，成為中央
警官學校「特科」第八期，因為當時在梅列同時受訓的成員
就有特科八期。[4]因此，關於臺幹班特科八期的畢業證書，日
期是回溯的：1945年11月（參閱本書〈陳樹銘先生訪談紀
錄〉，圖7-2）。這其中的時間落差，除了反映了來臺之後
銓敘上的正名問題之外，還有蓋印問題。這就是鄭健先生在
其訪問稿中提及的「畢業證書及用印事件」，因為畢業證書

3　來臺前夕，「臺幹班各班期學員生共為九百三十二名」，這個數字日後成
　　為定說，也是最常為受訪者所引用；其資料來源是《中央警官學校臺幹班
　　簡史》（臺北：中央警官學校臺幹班互助基金會編印，1987），頁12。事
　　實上，並非932人都赴臺，因為接著上述這個敘述，該資料還註明：「其
　　中講習班五名未來臺」，以及「連同老師及隊上官長及應邀參加者，來臺
　　人數不過為一千零一人。」順便一提，本書的受訪者在引述臺幹班歷史和
　　歷史背景時，參考的數據泰半源來自這本《簡史》，可見這本《簡史》的
　　權威性。

4　感謝邢翰先生提供以上資訊。

上不能沒有蓋官印，但是到了 1949 年 8 月中央警官學校已經一再遷徙，從廣州又接著準備遷徙到重慶，所以一直要到蓋印問題（參閱本書〈鄭健先生訪談紀錄〉，第十一節）解決，畢業證明書的授與才正式底定。

　　但是，以臺幹班的特科學、資歷，不但當年匆匆來臺，沒有頒發畢業證書，日後如果要在警界升遷，仍然必須要有「正科」的資歷，因此還要參加補修。日後如果要升遷，必須要有「正科」資歷，因此還要參加補修。這不只牽涉到他們學歷的認定，還關係到他們未來在警政生涯上的升遷、年資和俸給。只有講習班例外，因為講習班的成員一開始就是徵召自中央警官學校四期到十一期正科、有警察經驗的官校畢業生。事實上，一般所謂臺幹班下分四班（講習、學員、學生、初幹）的說法值得商權，因為講習班不但是接受徵召的，受訓時間開始得早（最早開始招生），人數少（只有二十八名），而且短（只有三個月），連在基地的生活作息都和其他三班分開。不過，大陸淪陷前夕中央警官學校一再輾轉遷移，雖然在 1949 年一度在臺復校，但時間很短，一直要到 1954 年才正式「在臺復校」。因此，臺幹班從特科改編為正科的補修課程要到 1956 年才陸續展開。等到課程補修完畢後，時序大致已經進入一九六〇年代，學員班（圖前 -1，以學員班曾克平為例）和學生班一樣，都換發成正科十七期的學籍，至於初幹班則換發正科十九期或二十一期（圖 6-6，以初幹班周永宏為例）的學籍。

　　至於中央警官學校的輾轉遷移，1945 年戰爭結束之初，該校自重慶還校南京，校本部設在光華門外，另外又在全國設置六個分校（西安、廣州、迪化、重慶、北平、瀋陽），同時擴大建警編制，辦理由軍轉警的相關警察訓練。近代中國的警官教育遲至中日戰爭前夕的 1936 年才開始統一。是年，國民政府將內政部警官高等學校及浙江省警官學校加以

圖前 -1：中央警官學校畢業證明書，曾克平，正科十七期

合併，同年 9 月 1 日在南京馬群鎮成立中央警官學校，辦理
二年制及三年制的正科警察教育。1937 年抗戰軍興，中央警
官學校隨國民政府西遷重慶，校址設在重慶南岸的彈子石，
並增設特種警察訓練班及特科警官訓練班。1949 年大陸變
色，中央警官學校先南遷廣州，再西遷重慶，然後輾轉來臺，
1950 年 3 月歸併接訓臺灣省警察訓練班；6 月，奉令停辦，
但臺灣省警察訓練班繼續運作，主要任務是調訓島內的現職
警官。1954 年 10 月，中央警官學校又奉准在臺復校；1995
年 12 月改制，正式更名為中央警察大學。

四、「臺灣光復」：1945 年 10 月 25 日

1945 年 8 月 14 日昭和天皇正式下詔簽署「終戰詔書」。9 月 2 日，盟國在日本東京灣美國主力艦「密蘇里號」上舉行受降典禮，9 日何應欽代表中國在南京受降。由於「收復臺灣在即」，臺幹班提早於 10 月 10 日結業，師生等千餘人於 13 日由梅列出發，在副主任揭錦標率領下，沿著沙溪乘船到南平，再改乘汽船入閩江，順流而下至福州，在該地整裝待命。21 日由福州的臺江碼頭出發前往閩江口，23 日傍晚啟航前往臺灣，24 日清晨抵達基隆港，25 日參與中山堂和周遭的警衛工作，隨即在 11 月初展開臺灣警政的接收工作，並在日治時代的警察官及司獄官練習所（位於臺北市廣州街）的原址上，成立臺灣省警察訓練班。

關於臺幹班抵臺的消息，「光復日」當天創刊的《臺灣新生報》[5] 對於臺幹班前一天（24 日）清晨抵臺報導如下（圖前 -2）：

【本社訊】
憲兵第四團團長高維民率領憲兵一連、警備司令部特務團全團一千三百餘人、及警察一千人，於二十三日分乘美軍運輸艦廿五艘自福州來臺，昨日晨七時全部安抵基隆，轉乘火車到達臺北市。據聞此次來臺之警察，均係中央警官學校第二分校之畢業生，曾受嚴格之警察訓練，一候我方正式接收後，即將分配全臺各地擔任警佐。[6]

5　《臺灣新生報》的前身為《臺灣日日新報》，創刊之際四分之三版面刊登中文，四分之一刊登日文，日發行量十八萬，為當時臺灣第五大報；該報就座落在臺北市公會堂（今中正堂）旁邊，而受降典禮的會場就在公會堂。《臺灣日日新報》在 1945 年 10 月 25 日由長官公署派謝然之接收，改制更名為《臺灣新生報》，隸屬長官公署宣傳委員會，由李萬居擔任社長，為臺灣省政府的機關報；1999 年「精省」後改隸行政院新聞局；2001 年改為民營。

6　《臺灣新生報》，創刊號（1945 年 10 月 25 日），第 2 版；標點符號為本

第一批國軍昨抵臺

分乘掃海艇運輸艦廿七艘

【基隆快訊】距首批國軍北市據聞此次來臺之警登陸基隆一星期後的二察，均係中央警官學校第十四日第二批國軍檔續二分校之畢業生，曾受嚴在基隆登陸，第七十軍所格之警察訓練，一候我方屬二個師分乘掃海艇二正式接收後，即將分配全臺各地擔任警佐。

總、運輸艦二十五艘，在又趙高維民團長同時自秋鳳媛爽中俟次靠岸、基福州來臺者，尚有迎送東隆碼頭歉聲震天、歡迎人馬敬華、莊曉芳、謝菜閣、眾高呼萬歲不已，歡迎軍中連震東、劉啓光、謝東部隊除外，尚有憲兵三百二閩均係在外留亡，年之十五名，已於上午九時半本臺人。樂火車跳往臺北。

【本社訊】憲兵第四團團長高維民率領憲兵一連、警備司令部特務團全國一千三百餘人，及警察一千人，於二十三日分乘美軍運艦駁晉五艘自福州來臺，昨日晨七時全部安抵基隆，轉乘火車到達臺。

圖前 -2：《臺灣新生報》創刊號（1945 年 10 月 25 日），頁 2

　　這則新聞很清楚地指出，臺幹班師生在受降日前夕來臺之際，所搭的是掃海艇二艘和運輸艦二十五艘。這個報導後來就成為受訪者回顧來臺接收所搭軍艦的間接依據，因為受訪者的資料來源主要來自臺幹班內部發行的出版品（參閱〈程琛先生訪談紀錄〉），不是《臺灣新生報》。不過，這也可以理解為什麼受訪者對於來臺船艦數字雖然說法不盡相同，但總輪廓還是大同小異。

人所加，特此感謝國立成功大學的鄭梓教授提供這則新聞。文中運輸艦總數看起來雖然很像「卅」，應為「廿」之誤，疑為報紙油墨污垢所致。換句話說，當天抵臺的運輸艦的總數應該是 25 艘，不是在 25 艘之外另外還有 35 艘。換言之，「本社訊」與「基隆快訊」所報導的抵臺新聞都是指「第二批國軍」，兩訊雖然分開報導，卻都屬於同一艦隊，都是 23 日從福州來臺參與臺北市公會堂接收典禮的「國軍」代表。

　　關於 1945 年「光復日」，那天在臺北市公會堂所舉行的「受降典禮」簽訂的究竟是「降書」？「第一號命令」？還是「第一號命令的受領證」？換言之，究竟簽訂的是不是「降書」？這是一個很重要的問題。受訪者一致認為，既然是受降典禮，簽訂的當然是降書。但是，這個說法近來因為國史館奉命調查後所做的一篇調查報告而必須修正。〈中山堂受降檔案分析〉這篇報導的作者就是「國史館」。這份報告極短，只有六頁不到，但卻具有極大說服力。質言之，1945 年 9 月 2 日「聯合國最高統帥」麥克阿瑟在東京灣的美國密蘇里艦上接受「日本帝國政府及日本帝國大本營」無條件投降所簽署的「降書」；因此，日本是對盟軍投降，而中國戰區只是盟軍的一部份。降書簽訂後，麥克阿塞隨即發佈第一號命令，規定在中國戰區方面各地日軍向指定戰區（東三省除外）投降。9 月 9 日由何應欽代表蔣中正在南京接受日本代表向中國戰區最高統帥所呈遞的降書；同時，何應欽另以軍字第一號命令，規定中國戰區內十七個地區的受降主官、地點，臺灣地區是其中之一。10 月 25 日，陳儀代表中國戰區下的臺灣地區在臺北市公會堂接受日方安藤利吉所簽署的「受領證」。因此，確切地說，受降典禮那天安藤利吉所簽署的不是「降書」，而是日方根據「第一號命令」所簽署的「受領證」，但該文獻目前已佚失。[7]翌日（10 月 26日），《臺灣新生報》日文版稱安藤利吉所簽署的這份文獻為「降伏書」，後來相關檔案紀錄將之稱為「降書」，也因此臺幹班編印的《簡史》也跟著稱之為「降書」。

　　關於接收前後的個人警裝照，[8]我覺得有必要在此略加說

7　詳閱國史館，〈中山堂受降檔案分析〉，《國史館館訊》第 5 期（2010 年 12 月），頁 158-163。

8　邢翰、陳應彭、蔡清淵、周永宏、曾克平等幾位受訪者都提供有接收前後的個人警裝照。

圖前 -3：受降日臺北市公會堂前廣場（國史館提供）

圖前 -4：臺北市公會堂受降典禮會場內（國史館提供）

明。接收臺灣前夕的 1945 年 9 月間，臺幹班的全體官生在梅列攝影留念；學生班第一隊住在正順廟，因此團體照就以正順廟為背景（參閱〈邢翰先生訪談紀錄〉，圖 1-9）。攝影是請外面照相館的人來照的，個人畢業照的攝影在十月初完成。離開梅列前所穿的畢業服是由二分校臨時提供的黑色警服，警帽、警徽中嵌有「警校」二字（同上，圖 1-7），有別於來臺前夕在福州訂做、在馬尾上船時所穿的深黃色卡嘰布制服，那是為了到臺灣接收所做的警察服（同上，圖 1-10）。這兩套警裝不分班別，大家穿的都一樣。

臺幹班官生在 10 月 15 日抵福州，16 日由隊上發下新制服，每人一套，再加上一雙黑色半統皮靴和五百圓國幣。[9] 書內幾位受訪者到臺灣後在接收初年所攝的警裝照，穿的就是在福州發下的這套警裝。這套制服的左右兩肩分別掛有一個長方形、銅質的肩章，上面鑴有「臺警」兩個字。另外，以學生隊為例，左口袋上方還掛有兩個併排的紀念章。一個是臺幹班的畢業紀念章，上面鑴有「臺幹班」三個字，該章圓而小，藍底，中央為一金黃色的臺灣地圖。另一個是中央警官學校的畢業紀念章，淺藍底，銀色字，約有銀圓大，上面鑴有「親愛精誠」四個字。[10]

此外，幾位受訪者一致指出，這套在福州所發、抵臺之初所穿的警裝服，在黑色、三角武裝皮帶的右下方還加掛一枝中央警官學校畢業紀念的配劍（參閱〈呂泰山先生訪談紀錄〉，圖 4-1）。[11]

9　參閱本書〈鄭健先生訪談紀錄〉中的日記（未刊稿）摘錄，「民國 34 日 10 月 15 日」和「民國 34 年 10 月 16 日」。

10　邢翰先生的電話補敘，2013 年 5 月 29 日。

11　邢翰，《我的「百寶箱」》（臺北：自費出版，2007），頁 20。「配劍」或稱「指揮刀」，但邢翰先生指出，將配劍稱為指揮刀實為不妥。

五、訪談感言

作為本書的訪談者和編者，我在訪談過程中受益最多，四年來我從一位日治臺灣的學者逐漸跨足到戰後臺灣的研究。我最要感謝的人是邢翰先生，沒有他積極從中聯絡，就沒有這本口述訪談專書的出版。我也要感謝每一位受訪者的信任和耐心，在熱心分享自己的警政心得、多次仔細校對稿件之餘，並進一步提供個人蒐藏的文獻資料。這些訪談過程中所蒐集到的史料，包括部份受訪者（例如呂泰山）所提供的資料，臺史所檔案館都分別加以編檔，不久的將來應該可以開放給一般讀者使用。

在訪談過程中，發現少數受訪者實際年齡與個人工作資歷、法定退休年齡似有所出入，這個現象在戒嚴時期——尤其是「戶警合一」制度實施時期——的高階警官中應該不是孤例，此中緣故可以藉由「一位省政記者」（王伯仁）的觀察略窺一二：

除了改姓名，更改出生年月日就更有學問了。早年，臺灣實施「戶警合一」制，亦即戶政事務是警政的一環，戶政事務所主管皆由巡佐或警官擔任，而濫改出生年月日現象，即是「戶警合一」制度下的產物。1950 年代前後，許多大陸人士在兵荒馬亂之下來到臺灣，借用他人姓名、身分者比比皆是，何況出生年月日？起初問題並不明顯，後來時間久了，發現出生年月日會牽涉到退休年齡的計算問題，於是有很多高階警官利用「戶警合一」的方便，紛紛以當年誤報為由，將出生年月日往後更改數年（變年輕了），如此就可以延後退休。易言之，即有「戀棧」之意。[12]

12　王伯仁，《看千帆過盡：一位省政記者的憶往》（高雄：巨流圖書有限公司，

　　最後，我要特別感謝口述歷史室助理吳美慧協助整稿。這期間她同時協助本所口述歷史室的其他計劃，卻仍然任勞任怨，勉力協助訪談稿的聯絡和修正。本書成稿之際，承蒙南天書局魏德文總經理大力協助，熱心提供自家蒐藏的 1946 年地圖一幅（將閩臺一角加以掃描），謹致謝忱。至於書中所附的照片，有數幀係由臺北市中山堂管理所翻拍自國史館檔案（資料來源註明「國史館提供」），有一幀是由二二八紀念館提供（蔡清淵先生贈與該館蒐藏），特此感謝黃國琴主任和謝英從館長給予協助。另外，國立成功大學鄭梓教授到臺史所擔任本人 8 月 27 日週二演講的與談人，對於臺幹班的史料多所指正，並提供《臺灣新生報》創刊號的報導一篇，謹此致謝。如果沒有特別說明，書中其他的圖像和照片都是受訪者所提供，在此向所有受訪者致上最大的謝忱。

蔡慧玉
中央研究院臺灣史研究所
2013 年 10 月 21 日

邢翰先生訪談紀錄

訪談歷程

❖ 2007 年到臺北邢宅訪談五次（2007/7/18、2007/9/21、
2007/10/8、2007/10/15、2007/11/1），2008/1/16 參
加中研院臺史所座談會，2011/11 到臺北邢宅補訪，以及
其後數次電話補訪。

簡介

　　邢翰先生（以下敬稱省略），江蘇鹽城縣人，民國 13
年（1924）出生，中學就讀當地的私立亭湖中學。「七七事
變」（1937 年）後鹽城成為兵家必爭之地，學校停課。邢翰
為前途計，離鄉背井，遠赴安徽屯溪，繼續就讀江蘇臨時中
學；畢業後，進入福建南平的陸軍七十軍軍部機要室，擔任
譯電員。民國 33 年（1944）12 月，報考中央警官學校臺幹
班；錄取後，前往長汀報到，旋隨校遷往梅列，編入學生班
一隊。日本投降後，隨臺幹班師生來臺接收警務，擔任臺南
州接管委員會接收管理員。在警界近四十四年期間，他先後
任職臺南市警察局、嘉義縣警察局、雲林縣警察局、臺中縣
警察局、臺北市警察局，歷任科員、督察員、副分局長、分
局長、督察長、副局長、後勤科長，民國 77 年（1988）退休。

　　邢翰編著有《我的「百寶箱」》[1]、《鹽城河澗邢氏旅臺
支譜》、《七十縮影——邢翰自傳影集》、《回顧與感懷——
中央警校高級行政研究班結業 37 週年紀念影集》[2] 等書。

一、家世背景

　　我是江蘇鹽城縣人，民國 13 年 12 月 23 日（1924，農
曆 11 月 27 日）出生於鹽城西南的義瓏鄉「花園頭」[3]。那是

1　《我的「百寶箱」》（臺北：自費出版，2007）為邢翰的個人自傳，並收錄
　　其歷年發表在各警察刊物上的警政論述。
2　邢翰著，《邢氏旅臺回顧與感懷——中央警校高級行政研究班結業 37 週年
　　紀念影集》（臺北：自費出版，2009）。
3　江蘇省在 1983 年調整行政區域，撤鹽城縣，擴併鄰近縣市，改設鹽城市城
　　區、郊區。原鹽城縣城改稱城區，郊區易名為鹽都縣；原義瓏鄉改稱義豐鎮，
　　原花園頭改名為紅星村。

一個恬靜的小農村，位在全縣第三大河蟒蛇河南畔，距離縣城約四、五十里。鹽城縣在江蘇省屬於大縣，是民國 26 年（1937）時省內十五個一等縣之一。

鹽城在蘇北，物產豐富，因為濱海產鹽，所以叫鹽城，古稱鹽瀆。清雍正年間（1731）分鹽城、阜寧二縣，兩縣人民鄉情濃郁，故有「鹽阜不分家」之說。鹽城除了產鹽外，還產棉花，紡織業發達，稻麥一年收成兩季，經濟很是富庶。鹽城該地河流湖泊多，最大的湖叫大縱湖，漁獲量甚豐，是魚米之鄉。

鹽城的教育相當普及，那時大一點的村莊差不多都設有初級小學。[4] 全縣有小學四百餘所，省立高中一所，公私立中學六所。中學時，我唸的是私立亭湖中學，該校是鹽城名校，來自鄰近縣市的學生很多。

根據我自己的考證，邢氏世系可以溯自三千一百多年前的周朝。周公第四子靜淵封於邢（今河北邢臺），其後建立邢國，後世子孫以國名為氏名，而以靜淵公為邢氏始祖。五胡亂華之際，氏族南渡，邢氏族人中有一支來到江蘇蘇州。明初，朱元璋因懷恨蘇民擁張士誠為王，就將蘇民趕到荒涼的鹽城開墾，俗稱「洪武趕散」。邢氏遷鹽邑，始祖為景廣公，由蘇州遷鹽城。明萬曆 14 年（1586），六世祖小泉購廖家田地 170 畝建村，取名「邢家河」，是為邢氏族人在鹽城發祥之地，建有宗祠，族繁支盛，相傳至今，計二十餘世，我為十七世。祖父翰書公，字東林，為邑庠生，[5] 設館執教，作育鄉里學子，育有四子一女。先父行二，譜名讓耕，字化南，號德三，以字行，自少熟讀詩書，科舉數試未中，為一

4　初級小學指四年制小學。
5　古稱學校為「庠序」，州縣學為「邑庠」，「邑庠生」即縣學的生員，俗稱秀才。

童生，承祖衣鉢，執教鄉塾，亦諳農事。祖母與先母皆為王氏，是姑姪女關係。

我家兄弟六人，我排行最小。大哥早夭，二哥約在民國15年（1926）冬天，聽說是被軍隊拉伕，泅水過河，受寒而病死。我從未見過他們，也不知道兩人的歲數。三哥、四哥、五哥三人的年紀都大我很多，受舊式教育，從我父念私塾，其中以三哥靜萍最有成就，能詩文，承家父衣鉢，執教鄉塾；四哥、五哥兩人都經商。邢家本有祖產十畝，家父一度為經濟所迫，賣掉四畝，後由四哥買回，略補其憾。

我七歲時啟蒙，入三哥的館塾，讀三字經、百家姓、千字文等，但一、兩年下來，進益不大。有一天，父親「開通」了，送我進「洋學堂」，讓我進入（私立）無錫冶坊場小學接受新式教育。

二、童年生活

回想我童年生活，有下列數事值得一提。祖父早在我有記憶之前就已辭世。我在四、五歲時，一日與祖母同桌吃飯，看到祖母面前一碗菜餚美味可口，饞涎欲滴，便起身夾菜，卻為父親所阻。他告訴我：「這是為奶奶所準備的。」原來那是我母親特地為祖母烹煮的。當時同桌用餐的人很多，但大家均不敢置箸，只有我童稚無知，才會「犯規」。

民國18年（1929）夏，鹽城久旱不雨，稻禾枯槁，繼而又鬧蝗災，蝗蟲遍佈田野。我跟隨族人走到田間，敲鑼打鼓，手持銅爐（冬天取暖器）蓋，猛力敲擊，但效果不彰，稻穗仍被嚙光，地方鬧飢荒。我還記得，當時母親在中午熬粥時，一定會在鍋中先撈取少許米粒盛入火罐中，以灶內餘燼烘焙成小碗米飯讓我獨享。母親已經逝世多年了，每次想到母親在世時對我的疼愛，我卻無法盡孝道，常讓我心中痛

楚難當。

　　荒年歲月中，度日艱難，父親決定南遷無錫，在北門外仁壽里設館執教，設法維持全家生計。民國20年（1931）秋，「九一八事變」之後某晚，母親帶我去離家不遠的火車站逛。當時牆上貼著好多張宣傳單，圖文並茂，都是有關日人強佔我東三省、殺人放火、姦淫擄掠的漫畫與文句，望之令人心生恐懼，很難不激發同仇敵愾之心。我當時尚不識字，但小小心靈對日本人的強盜行為憤恨不已，暗地發誓有朝一日一定要「打倒日本」。

　　民國25年（1936），我就讀無錫冶坊場小學。有一天，學校舉行遠足，老師帶領我們登錫山、攀「龍光塔」。龍光塔是一座古塔，因為錫山邊有一座地勢較高的惠山而得名。惠山形如九龍，而錫山形如一顆龍首的夜明珠，故名龍光塔。我當時很頑皮，不知天高地厚，竟然想要攀塔欄。才將一條腿攀跨在塔欄上，即被老師大聲喝止、訓斥，回到學校又被「禁足」，不准參加下一次遠足。說真的，這是一個非常危險的動作，如果摔下來，恐怕小命難保。

　　民國26年（1937）日本發動「七七事變」後某日，日機狂炸無錫。學校停課，我也自學校返家。才一踏入仁壽里衖堂，就看見兩旁房屋倒坍，殘垣斷壁，瓦礫遍地，路上死傷累累，血肉橫飛，屍體遍佈巷內，部份奄奄一息者哀號呼救。這些悲慘的情狀，如今回想起來，仍然感到鼻酸。我家的屋頂雖然被炸塌，幸而家人無恙，但我小小心靈再次受到創傷，對日本人更加憎恨。

三、求學歲月

　　無錫被炸後，父親率領全家北返故鄉鹽城。那年（1937）秋天，我也轉學到離家三里遠的縣立馬廠小學，後入私立亭

湖中學就讀。

　　我的譜名為繼鸞，在無錫入學時，父親為我取學名鎮淮（三哥為我取號正懷）；之後回到家鄉，我才又以譜名為學名。譜名在族譜排名上有其重要性。族譜多訂有字輩，闔族命名，依世取用，諸親相見互道字派，雖支派分衍，地隔時懸，仍可知彼此輩份、長幼。我就讀亭中時，家父曾對我解釋這些名字的字義：「繼，字輩；鸞，大鳥，良禽，擇木而棲，棲必居高大茂盛的樹木之上，不棲留普通小樹。」接著又說：「你將來立志，必須高尚。」學名鎮淮，乃因鹽城舊屬淮安府，地處淮河流域下游。家父對我期望甚殷，希望我成為國家有用之才。但我長大後，認為「鎮淮」的目標太高，「正懷」才符合自我修養的要求，也是比較容易達成的目標，因以「正懷」為號。至於我現在的名字「翰」，是我在民國 31年（1942）1 月自己取的，取義「翰林」，希望自己不是一個「草包」。

　　民國 27 年（1938）夏，日本鬼子攻打我們縣城。先是連日轟炸，6 月攻陷鹽城。國軍退守偏僻地區，政府人員也搬遷到湖蕩地區。鹽城多湖多河，大小不一，我們管那地區叫湖蕩地區，其中最大的湖區是大縱湖。這些戰事對鄉下老百姓而言，初期沒有嚴重影響。除非日本兵下鄉掃蕩，否則人民照常作息，自由來往。因此學校遷到鄉下後，我們仍照常上課。

　　鹽城在蘇北，是兵家必爭之地。民國 29 年（1940）秋，蘇北情勢大變，日軍西撤，但是來了中共的新四軍與八路軍，而日本兵與汪偽的和平軍仍佔據附近幾個郊鎮（如秦南、岡門二鎮）。後來學校停課，莘莘學子輟學在家，徬徨苦悶。為前途計，大家紛紛背井離鄉，開始一連串的逃亡潮。

　　有一天，我父親獲悉政府於皖南休寧、屯溪設臨時中學，收容淪陷區學生，便託人赴西蕩向江蘇省教育廳請得一份通

行證明。西蕩在鹽城西，該地多湖蕩，蕩中有陸地。戰時，江蘇省政府遷設於湖蕩地區，統稱「西蕩」。這張通行證明是一塊寸許布片，上面有兩行油印字：「學生邢繼鸞前往休寧求學，此證。」證明上蓋有該廳的官章，這塊證明也就是我前往後方的路條。我離家時，母親將這個路條密縫在棉衣裡。父親再三叮嚀：「旅途中，若非自由區軍警查驗，不得出示此證，以免暴露學生身份而有所差錯。」

告別了年老的雙親後，我跋山涉水，穿過日本軍的封鎖線，由蘇而浙而皖，終於到達安徽屯溪，進入江蘇臨時中學續讀（圖1-1）。近年來我讀到陳立夫先生所著《成敗之鑑——陳立夫回憶錄》[6]一書，才知道當時江蘇臨中（臨時中學）的成立及第三戰區「戰地失學失業青年訓練所」的設立，都

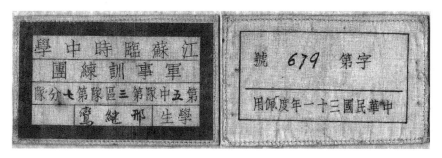

圖1-1：江蘇臨時中學布製信符（軍中道稱「符號」）（正面、背面）

是戰時政府為了搶救淪陷區失學失業青年而推出的政策，其優遇措施包括供給衣食居所、公費就學等。

在臨中唸書時，每次我與淪陷區的父親通信，信封上的

6　陳立夫著，《成敗之鑑——陳立夫回憶錄》（臺北：正中書局，1994年6月），頁286。該書提及，抗戰時期陳先生在教育部長任內訂定「淪陷區教育設施方案」，成立「戰地失學失業青年招致訓練委員會」，在各地設招致站，搶救淪陷區青年，運送後方安置。

收信人地址總是用「和
春國藥號」這個店號，
實際上這就是江蘇臨
中的化名。民國 32 年
（1943），我在福建
崇安武夷宮第三戰區
戰地失學失業青年訓
練所受訓（圖 1-2），
那時我在家書上所寫
的「更生商店」也是該
所代號。兩者均為避免

圖 1-2：第三戰區戰地失學失業青年訓練所布製信
符（「符號」）

敵偽郵檢所設定的代號。至於父親來信提及「魁大哥」等密
語，事先家人彼此之間並未洽定，但我一看就知道「魁大哥」
是指「日本鬼子」，「方四爺」是指「新四軍」，而「和二爺」
則指「和平軍」。方四爺、魁大哥等是家書中父親所用的暗語，
不是政府規定的稱號，因為一旦統一規定就會被敵偽發現。

　　當時我迫於家中經濟困難，無力升學，故效法班超投筆

圖 1-3 任七十軍准尉譯電員

圖 1-4：七十軍布製信符（「符號」）（正
面、背面）

從戎。民國33年（1944）7月，我與同學胥平，經由另一位同學的介紹，到福建南平的陸軍七十軍軍部機要室擔任譯電員（圖1-3、1-4），當時我的位階是准尉。進機要室時，主任宋昂先生要我寫一篇作文，題目為「我的志願」。我在文中毫不隱瞞地直言：「軍人非我素志，如有機會，當另行尋求發展。」雖然如此，我仍被錄用。軍方當然是看在我同學的叔叔陳墨卿軍需處長介紹的情面而進用我的。當時中國軍隊和日本兵打仗，軍隊來往的電文都用密碼，而我每日的工作就是翻譯、發送軍情電文。我在這個工作崗位上大約待了半年。

四、加入臺幹班

民國33年（1944）8月，我獲悉中央警官學校正科十五期招生，就去報考，僥倖被錄取。當時錄取者必須到湖南耒陽警官班複試，及格者才可以進入中央警官學校受訓。但校方的旅費補助太少，而我經濟實在有困難，不敢貿然前往，只好放棄了。是年12月，中央警校第二分校在福建長汀成立，並且分別在廣東梅縣及閩南、泉州、南平等七地辦理臺幹班招生事宜；福建南平的招生試務由南平縣警察局協辦。我一看到招生公告就去報名，又幸運地考上了。這時我因為在軍隊工作了半年，已有點積蓄，且公家補貼旅費，加上長汀也不太遠，就決定去報到。

考取臺幹班後，我隨即向軍長陳孔達報告，懇請准以長假。參謀長賀鋤非召見時，對我加以挽留說：「待在七十軍，將來若有機會，仍然可以保送軍官學校，未來的前途一樣遠大。」我辭意堅決，於是陳軍長不但准許我請長假，還發給我三個月的薪餉。這筆錢對我旅程上的用度有莫大幫助。

我為什麼有志於警，而無意於軍？下列二事對我影響很

大。其一是，小時候我曾隨母親去姨母家作客，看見牆壁上掛有姨兄朱武成在江蘇警官學校的團體畢業照，幼小心靈開始期待長大以後也能像他一樣當警察。

其二是，民國 33 年（1944）夏，我與同鄉、也是同學的胥平由贛入閩，從南平往夏道（地名）加入七十軍，不意在路上遇到押解新兵的隊伍，欲將我倆拉伕、去當壯丁。我倆辯說是學生，但這些軍人完全不聽、不理，硬是強力將我們押至南平。剛巧那晚憩腳處的街中心有一個警察崗亭，胥平很機警，立即快筆急書一求救字條，內容不外「我倆是學生，來投效七十軍軍需處的陳處長」，內包二塊錢，請求賣零食的小販送給崗亭內一位警察。這位警察先生人很好，真的如字條所託，將字條送到七十軍軍需處在南平的通訊處。該處隨即派一位軍官前來營救，向押解隊伍說我倆是七十軍的人，他們不能任意抓人，就這樣將我倆討了出來，不然我倆可能早已變成砲灰了。從此，我對警察有很好的印象。

現在，談一談我為什麼去考臺幹班？前面提到，我考取中央警校正科十五期，但因缺乏旅資，未前往報到，心中感到十分遺憾。可是，中國有句成語，「失之東隅，收之桑榆」，不久中央警官二分校臺幹班招生。當時我對臺灣的瞭解模糊，只是約略知道臺灣原是中國的國土，但是中國在「甲午戰爭」中被日本打敗，導致臺灣在「馬關條約」中被日本強奪而去。當時我想，將來中國如果收復失地，我必能到臺灣參加建警工作，這應該比讀警校正科班更有意義。投考臺幹班可說是千載難逢的良機，所以我就決心報考。真是「皇天不負苦心人」，我僥倖考取了臺幹班，也達成了一心嚮往的警察工作這個願望。

福建與臺灣，隔海相望，近在咫尺，所以中央警官學校第二分校臺幹班設在福建，招訓對象也偏向閩南出身的青年。依當時招生簡章規定，新生必須通閩南語〔或粵語〕。

圖1-5：臺幹班學生第一隊布製信符
（「符號」）（正面、背面）

我雖是江蘇省人，但報考時仍倖獲通過。學生隊中籍貫來自江蘇者，僅我一人而已（圖1-5）。

民國34年（1945）1月1日，中央警官學校第二分校成立，借用長汀梅林僑光小學中的幾間教室作為校本部。我是在南平錄取的新生，也是最早到達長汀的新生之一。其實，早在1944年12月21日，第一梯次的新生就已抵達長汀，借住在梅林內。梅林是俗稱，在長汀縣城內，當地有一座中山堂，是長汀縣城的中山堂，為學生隊隊部所在。梅林有一個大花園，林木廣茂，梅花盛開時梅香撲鼻，天寒降雪後梅枝積雪，一片美好景色，迄今思及，仍然難忘。

同年1月15日，我與同事鄔振華一同離開（七十軍）軍部，踏上旅途。我倆冒著隆冬嚴寒，步行加上搭便車，一路上經過南平、沙縣、三元、永安，共歷十數日才抵達長汀。到達長汀時，發生一件插曲。憲兵隊見我倆身穿軍裝，便詳加盤查。我倆出示七十軍軍部的長假證及路條，對方仍不放行，還說：「既然辭職，軍用物品應繳回。」乃當場扣留了我倆隨身所帶的軍毯及軍用棉大衣。我身上只剩一套棉軍服，承其「盛情」，沒有全部「繳械」。但軍毯與棉大衣均為禦寒必需品，因此我報到後隨即懇請臺幹班的副主任揭錦標向憲兵隊交涉，終於順利取回。

報到後不久，2月初又有複試，聞淘汰者近半，我再度僥倖通過。長汀為閩西重鎮，位於閩西和廣東交界，商業興

盛。但該地也是交通要道，由廣東到福建，閩南與贛粵交通多取道於此，若由福建到四川，閩湘公路也由此入贛；水路可由沙溪行船到南平。另外，長汀還有一個小機場。我們剛到長汀時，看到飛機就像小孩子一樣興奮好奇，常常爬到山頭上去看飛機起落。

　　2 月 6 日日軍攻陷江西贛州，戰事日緊。贛州淪陷後，瑞金也為敵軍所佔。瑞金距離長汀很近，學校趕緊遷校。行軍十二日後，我們在 2 月 20 日抵達三元縣[7]的梅列，而梅列也就成為臺幹班的正式校址。梅列是一山城，在三元縣東北，與三元縣城相距甚近，約十數里，在戰時為重要市鎮，臨沙溪，上達南平，下至福建臨時省會永安，交通便利。當時省立江蘇教育學院也遷校於三元。

　　遷至梅列後，全校師生進駐原福建保安司令部及福建警訓所等單位的舊營舍，至此校舍難題始獲解決（「梅列基地簡圖」，書末〈附錄〉「地圖二」）。二分校在閩南泉州、龍溪、莆田、南平及粵東梅縣陸續招收的新生陸續抵達，到齊即編隊。4 月 1 日補行開學典禮，積極展開訓練。當時在梅列二分校受訓者一千四百餘人，除了臺幹班 932 人之外，其餘近五百餘人分別來自正科十七期（共二隊）、外事班及特科八期等。[8]

五、開辦臺幹班緣起

　　民國 32 年（1943）11 月底（23-27 日），中、美、

7　即現今的福建三明市。民國初年設立三元縣，1956 年三元和明溪二縣合併，設三明縣。1960 年改為三明市，1983 年地方合併，升為省轄市。

8　其中，講習班有五名沒有來臺；來臺總數若加上教員以及「隊上官長及應邀參加〔警政接收〕者」，共 1,001 人。參考《中央警官學校臺幹班簡史》（臺北：中央警官學校臺幹班互助基金會編印，1987），頁 12。

英三盟國領袖（中華民國蔣中正主席與美國總統羅斯福、英國首相邱吉爾）在埃及首都開羅舉行會議，12月1日會議後發表「宣言」。蔣主席返國後，乃於民國33年（1944）4月17日在中央設計局[9]下設立臺灣調查委員會，積極規劃收復臺灣事宜，派陳儀主其事。同時，中央訓練團[10]也舉辦「臺灣行政幹部訓練班」，召訓民政、工商、交通、財政、金融、農林、漁牧、教育、司法各組人材一百二十人，受訓四個月（1944/12-1945/4）。警察人員的儲訓由中央警官學校辦理，校長由國民黨總裁蔣中正兼任，教育長為李士珍，[11]由李士珍負責學校行政與訓練工作等實務。

　　在福建成立的中央警官學校〔第二分校〕臺灣警察幹部訓練班，簡稱「臺幹班」，計分四個班：講習班、學員班、學生班、初幹班。事實上，講習班有前後二期，第一期在四川重慶中央警校開辦，[12]第二期在福建梅列開辦。講習班招收的對象是曾受二年以上警官教育的現任警官。學員班招收

9　抗戰期間國府遷都重慶，1940年10月成立中央設計局，負責戰後國防經濟建設與復興工作的設計工作。

10　國民政府抗戰時原在武漢成立中央訓練團，1939年底遷址重慶浮圖關（後稱復興關），培訓黨、政、軍高級幹部。

11　李士珍號夢周，又號夢龍，1896–1997，浙江寧海人。上海公學、浙江之江大學、日本警官學校畢業，民國13年（1924）7月入黃埔軍校第二期，翌年（1925）9月畢業，參加過東征、北伐。民國19年（1930）奉派赴日本考察，先後入步兵學校、警察講習所受訓，民國21年（1932）春返國，後派任為內政部警官高等學校校長。民國23年（1936）9月1日中央警官學校成立，校長為蔣中正，李士珍為教育長。戰後，李氏在民國36年（1947）10月，升任校長，曾膺選為制憲國大代表、國民黨中央評議委員，著有《東征日記》、《參戰前後日記》、《警察行政研究》、《現代各國警察》、《警察行政之理論與實務》等書。參見「中國現代警察之父李士珍紀念網站」（http://fatherofpolice.cpu.edu.tw）。

12　1944年8月1日「臺灣警察幹部訓練班」成立於重慶，以胡福相為正主任，徐勵為副主任。第一期講習班有36人，在10月28日與第二期警政高等研究班同時開學；12月22日兩班同時結業。參閱《中央警官學校臺幹班簡史》，頁11。

現任或曾任「委任」位階的警官一年以上（委任警官的位階
沒有詳細規定，只要是委任警官皆可報考學員班）、具有高
中程度者。學生班招收高中（以上或同等學力）畢業者。初
幹班（即警員教導總隊）招收初中畢業（或同等學力）者。
至於考試科目，學員班的科目包括國父遺教、國文、警察實
務、史地；學生班為國父遺教、國文、理化、史地、數學、
外國文（英、日語擇其一）、智力測驗（生活調查）等。

　　進一步說，講習班第一期是由中央警官學校正科四期
至十二期〔〈吳譽賢先生訪談紀錄〉作「十一期」〕畢業生
中分別調訓 36 人（重慶）而成。第二期 28 人（梅列）係向
全國各縣市召募現職警官加以組訓三個月而成。其課程著重
日據時期臺灣警察制度的運作，針對臺灣警察狀況，擬定接
收的具體計劃與方案。學員班計 76 人，受訓六個月，課程
側重主義、政治及臺灣情況的講授。學生班計 250 人，受訓
時間本來依規定是一年，課程以警察專業術科為主，但由於
抗戰勝利降臨得有點突然，就提前於 10 月 10 日結業。初幹
班計 542 人，也只受訓半年。四班合計 932 人，於民國 34
年（1945）10 月 23 日由福州馬尾港上船，搭乘美艦渡海來
臺。[13] 學生班分兩隊，我被編入學生班一隊。受訓情形各班
都不太相同。當時中央警官學校第二分校共設有正科班、臺
幹班、外事班及特科，學員生大家一起受訓，課程大同小異，
但我們臺幹班除英文外，還要上日文課。另外，校方還特別
對我們加強臺灣歷史、臺灣地理以及臺灣警察概況等課程，
以便將來分發到臺灣後，對工作所在多少有所瞭解。

　　臺幹班的學生編隊比照軍隊。以學生隊一隊而言，每一
隊置隊長、副隊長一人；下分四個區隊，每一區隊置區隊長

13　以上相關資料參見陳祖汾，〈亦堪回首話當年——卅年前臺灣警察接管史
　　話〉，收入《中央警官學校臺幹班簡史》，頁 386。

一人；每一區隊又分三班，各置班長一人。當年我被編入第幾班，我已經記不清了，原先擔任副班長；後來由於原先的班長不稱職，隊長提拔我，指定我為班長。隊上還編有指導員和特務長各一人。指導員負責審閱學生上課所做的筆記，指導學生做小組討論（包括生活討論及政治討論、壁報編製等事宜）。

學生一隊的基地設在正順廟（參閱本書〈阮傳發先生訪談紀錄〉，圖 11-1、11-2）。[14] 隊上長官和我們一樣住在正順廟中，不過他們有自己的房間。如果面對正順廟，當年在山門入口左右兩側沿著牆邊各建有三間小房間［應該是通稱的廂房］，隊長、副隊長、指導員、特務長和區隊長都住在這些房間中。廟的正殿內有幾尊神像用木板封遮，正殿兩邊的柱子上掛有油燈，正殿上方懸有多幅題字的匾額。廟的中間是大廳，左右兩側是以木頭簡易做成的兩長排上下舖。那是學校為我們準備的睡覺地方，不是廟裡原有的東西。我們一百多位學生就住那裡（照片參閱圖 11-1、11-2）。

特務長管伙食，也負責到距離正順廟不遠的二分校本部去領官長薪資和我們的伙食費，以及米、油等。至於伙食，每天由隊上輪流指派的學生一人，與伙夫去菜場買菜和魚肉等，並負責監廚。我是班長，不擔任採買及監廚等工作。我

14　正順廟始建於南宋紹定六年（1233），南北長，東西短，祭祀當地名人謝佑（1139 年敕封為「廣惠將軍顯烈尊王」），其後屢經改建，為閩西地方仍保留宋、明建築特色的古建築。編者（也就是訪談者）在 2011 年 11 月下旬造訪該廟之際，正順廟內仍有數幅年代久遠、字跡不明的匾額，但神像已經不見了，主殿兩側的隔間也被撤，只有廟入口的山門兩側廂房仍然存在，可見該廟在「解放」後受到的破壞，但廟的架構和周遭環境大致仍在。三明市（人民）政府在 1984 年將正順廟列為第一批市級文物保護單位，成立正順廟文物管理所；1986 年 9 月成立三明市博物館，與正順廟文物管理所合署辦公；1996 年 9 月，福建省（人民）政府將該廟升級為省級文物保護單位，成為三明市博物館園區的一部份。

記得那時每人每天可以領到二十四兩的米。臺幹班其他班隊的情形應該都大致如此。

　　臺幹班的經費是由中央政府供給的。[15] 臺幹班成立之初，中央警官學校派隊長魯廷璧和教官張明堡押運兩蔴袋國幣到長汀，作為第二分校成立、招生的開辦費。數額多少，不悉其詳。當時還沒有嚴重的通貨膨脹問題，中央、中國、交通、農民等銀行的鈔券都流通。可能因為裝的都是十圓券、五十圓券，沒有大鈔，所以裝了兩大蔴袋，但數目應該也很可觀。

　　長汀為閩西重鎮，商業可以說是興盛，但因校舍一時難覓，復因贛南戰起，民國34年（1945）2月6日日軍攻陷贛州，戰事日繁，學校當局為安全計，在2月20日遷校到三元縣梅列鎮，撥用原福建省保安司令部營舍為校舍，[16] 並借用正順廟為學生班一隊隊址，此外又加蓋竹屋，教室分別散置在梅列的列東與列西。教職人員以臺幹班訓練課程的編制為主，但也有一些教官來自江蘇教育學院。三元與梅列相距甚近，交通方便，因此有警官學校畢業的江蘇教育學院教員被請來臺幹班當教官，講授警察課程。另外，據說還有一節課程是由暨南大學教授開的，但暨大設在建陽，距三元甚遠，交通不大方便。有可能該教授是以個人身份到梅列教課或避

15　參見《中央警官學校臺幹班簡史》，頁23。

16　編者曾在2011年底到該地參訪。正順廟為臺幹班學生班一隊的舊址，目前列為「國家重點保護機構」，預定分六階段整修。周遭近年來經過整頓，沿河建有河濱公園。在緊鄰正順廟的廟地上，三明市政府增建了一棟「客家文物博物館」，所以正順廟所在地點目前的正式名稱是「三明市博物館」。隔著一條馬路往小山丘上眺望，可以看到一棟棟蓋得密密麻麻的公寓，那是為三鋼（三明市鋼鐵，1958年大躍進時列為國家重點重工業發展地區）社區。今日在小山丘上有大小無數的三鋼宿舍，有小學、傳統市場、超市、公車站、社區公園以及衛生所等，就是沒有軍營。但是在昔日，這個山頭原來是福建省保安司令部的所在地，到了戰爭最後一年才成為臺幹班的訓練基地。關於正順廟的進一步說明和圖片，請參閱本書〈阮傳發先生訪談紀錄〉。

難的，但事實如何仍有待確認。

在重慶成立的講習班第一期教職員名單中，雖有臺灣籍的連震東、黃朝琴和謝南光，但他們都不是二分校的教職員。[17]在重慶，連先生講授臺灣歷史，黃先生講授臺灣概況，謝先生講授臺灣地理，此外還有林忠先生講授日語會話。不過，臺幹班在福建梅列開辦以後，他們並不在講課之列。

我們臺幹班學員生雖來自中國各地，各班也以閩南人、廣東客家人居多，但教官都用國語授課，學生彼此之間也都用國語交談。我們講的國語語調或許會帶有鄉音，不夠標準，但還是能夠溝通。不過，課餘交談時，我們就大多是用自己的方言。

學生隊中和我感情深厚的大多是浙江人，但人數也只有三、四個而已。俗話說，「江浙不分家」，指的就是江蘇人和浙江人因地理位置相近，彼此談得來。和我相處得比較好的同學有王守潛，他是浙江人，個子不高，我們都叫他「小王」。他會刻印，精通英文、日文，我向他學過日語，他有時也向全班補授日文。有一個同學叫陸繼瑞，浙江餘姚人，做事很仔細，我們都叫他「老太婆」，可惜早已離世了。還有一位浙江人，名叫胡石文，飯量大，一餐可吃兩個飯包。當時為了避免搶食，以蒲包裝米煮飯，一人一袋。同學吃不完的，都送給他吃，所以我們叫他「飯包」。我也有綽號，他們叫我「老邢」，或叫「駱駝」，因為我有些駝背。我覺得駱駝在沙漠中能吃苦耐勞，不懼烈日炎陽，不怕風雨沙暴，能耐飢渴，能忍嚴寒，這樣的「駱駝精神」應該為大家所稱讚，因此喚我叫「駱駝」，我一開始雖然有點不習慣，後來也就不以為忤了。同學中還有一位許志明和我比較好，他是湖南岳陽人。或許因為我們江、浙、湘三省同學當時在學校

17　《中央警官學校臺幹班簡史》，頁33、357。

中是「外省人」，也是「少數民族」，所以彼此之間感情也比較要好。

　　在臺幹班受訓時，有幾首歌曲是我們朝會中一定要唱的。學校製發「學員生手簿」（圖1-6）給在校各班隊受訓學員生，每人一冊，手簿中載有校歌、警魂歌、力行進行曲三首歌曲。中央警官學校在民國25年（1936）9月1日成立於首都南京。該校濱臨長江，城東中山門外有名勝鍾山，亦名紫金山，所以校歌起頭就是：「大江浩浩，鍾山崇雄，以建吾校」，繼曰：「多士肅雍，精研警學，矯正民風，國家是衛，領袖是從，竭誠以赴，責在吾躬。」校歌是慶典、紀念大會、早晚升降旗或各隊在早晚集合時必唱的。各分校亦援用此校歌，班別不論。「警魂歌」與「力行進行曲」是李士珍依據蔣總裁的指示，在民國30年（1941）創作的。「警魂歌」由李士珍作詞，勞景賢作曲（參閱本書〈呂泰山先生訪談紀錄〉，圖4-2、4-3）；「力行進行曲」由李士珍作詞，周以明作曲。臺幹班各班、隊同學在部隊集合、行進等場合都必須齊聲嘹唱這三首歌。

圖1-6：中央警官學校學生員手簿

　　臺幹班班主任是胡福相先生（1909–1972）。[18] 臺灣光復時他奉派為行政長官公署警務

18　胡福相號明遠（1909–1972），浙江省寧海縣人，畢業於定海中學，浙江省警官學校正科第一期，1930年考取公費，留學日本。1945/10/25至1948/3/9期間任臺灣省警務處處長。

處[19]處長，時年三十九歲，在長官公署各處處長中是最年輕的一位。胡先生是浙江省警官學校正科一期生，由浙江省府派赴日本研習警政，回國後曾任福建省保安處警務科長，歷任福建省建陽及永春縣縣長，嗣調中央警官學校警政高等研究班第一期受訓，結訓後擔任中央設計局臺灣調查委員會[20]設計委員等要職。當局因胡先生對臺灣警政有研究，所以派他擔任臺灣警察幹部訓練班的班主任。民國34年（1945）10月，他率領臺幹班師生到臺灣來接收警政。

我記得民國34年年初〔1月11日〕胡主任在長汀第一次與我們臺幹班學生班見面時，以先哲名訓勗勉我們：「此生不學，一可惜；此日閒過，二可惜；此身一失，三可惜。」聽者無不動容。2月28日，他視察本班，又以警官學校教育長李士珍格言訓諭我們：「成功必須他人幫助，失敗絕對自己造成。」我牢記在心，終生受益。

胡福相主任的行政工作甚為繁忙。他沒有教過我們，但

19　臺灣省行政長官公署時期的警務處為期不長，不到兩年，1945/10/25–1947/5/16。1947年5月16日，行政長官公署改組為省政府，下設四廳五處，由魏道明出任首任臺灣省主席（1947/4/22–1949/1/5）。在這個時期，警務處並不在省府四廳五處的架構中，而是在架構外。魏道明基於「長官公署的組織不一定合於省府的組織，而臺灣省之情況又和他省不同」的考量，在新機構發佈之前，維持原機關現況；警務和交通等部門就是尚未明文發佈的省府機構。1948年8月31日，根據「臺灣省政府公署辦公施行細則」，才增置警務處等六處。1997年更名為臺灣省警政廳，1998年精省後走入歷史。

20　臺灣調查委員會為國民政府準備接收臺灣時，於1944年4月17日在中央設計局內設立的籌畫機構，由陳儀擔任主任委員。委員會的工作包括調查臺灣現況、草擬臺灣統治方針、招集並訓練行政人才與接收幹部。委員會成員可分為三方面：一，掌握實權者如陳儀的同鄉或他擔任福建省主席時的班底；二是所謂日本政情專家，三為臺籍兼職委員。1944年7月委員會提出未來治臺方針「臺灣接管計畫綱要」，同時也大量翻譯日本治臺法令資料，開辦行政幹部訓練班、警察講習班與銀行調訓班等。1945年8月27日陳儀就任臺灣省行政長官公署長官，委員會的任務乃告終。參見鄭梓著，《戰後臺灣的接收與重建》（臺北：新化圖書公司，1944），頁45–57。

我知道他著有《日本對於殖民地之警察設施》、[21]《日本警察制度》，很多臺幹班同學都讀過此書。胡主任學識淵博，大家都很尊敬他。他除了執教憲兵學校、中央警校外，並著有《刑法總論》等書，[22] 又編纂了一冊《警察辭典》。[23]

　　民國 34 年（1945）12 月 26 日，當臺灣警務的接收工作接近完成之際，胡先生以「明禮義、知廉恥、負責任、守紀律」四句箴言勉勵他一手培植的子弟兵，期望臺幹各班同學堅守工作崗位，奉公守法，潔身自愛。

　　但是，胡先生的官運似乎不太好。「二二八事件」發生之際，他下令警察不可開槍，以免禍及無辜。事件平息後，行政長官陳儀下臺，胡先生也黯然卸職，返回南京，到中央警校擔任教務處長。民國 38 年（1949）大陸變色，他由廣州隻身來臺，眷屬留在浙江家鄉，未及帶出。他先是卜居臺北市泰順街，中央警校在臺復校（1954/10/16）後又擔任教職，並執行律師業務。民國 61 年（1972）10 月 19 日，胡先生以肝硬化辭世，令人不勝悼惜。

六、渡海來臺

　　民國 34 年（1945）夏，日軍已呈土崩瓦解之勢。7 月

21　《日本對於殖民地之警察設施》這本書在民國 33 年（1944）出版，內容分五篇，附有大量統計圖表，分別討論日本各殖民地的特殊警察制度。上冊分臺灣、朝鮮兩篇，下冊分樺太、關東、南洋三篇。但此處所指應只是上冊。從現存刊本來看，他似乎是在 1945 年將上冊單獨出版，作為教本用（出版地不詳；出版者不詳），淡江大學覺生紀念圖書館收藏有該書，[21] 225 頁，圖、表，18 公分。

22　《刑法總論》（臺北：警政圖書出版社，1953）；《增訂刑法總論》（臺北：警政圖書出版社，1954）。參閱《中央警官學校臺幹班簡史》中，李爾康所著〈敬悼胡福相先生〉一文，頁 334。

23　胡福相，《警察辭典》（臺北：警政圖書出版社，1951），668 頁。

26日，中、美、英三國領袖聯合發表「波茨坦宣言」，[24] 促使日本無條件投降，但日本仍作困獸之鬥，及至8月6日、9日，美軍相繼以原子彈轟炸廣島、長崎，日本才於10日表示願意接受「波茨坦宣言」條款，向盟軍無條件投降。8月14日昭和天皇正式下詔簽署「終戰詔書」。[25] 我國民政府外交部在15日晨（7時）正式接獲日本的投降電文，（10時）蔣主席在重慶中央電臺發表「告全國同胞及世界人士書」，表示接受日本無條件投降。

　　9月2日，盟軍在日本東京灣美國主力艦「密蘇里號」上舉行受降典禮，我國派軍令部長徐永昌上將為代表，簽署日本受降書。9日上午（9時），陸軍總司令一級上將何應欽代表中國戰區最高統帥蔣委員長在南京原陸軍官校大禮堂上，接受日本「中國派遣軍」總司令岡村寧次大將（相當於上將）簽署並呈遞的降書。

　　我第一次聽到日本投降的心情是怎樣？我在自傳《我的百寶箱》中，附有一篇〈抗戰勝利狂歡之夜〉的文章（見本文末），這篇拙作是我在民國34年8月11日晚上所記。10日晚上10點多，當時我們早已入睡，忽聞校方傳來日本投降的消息，我喜極而泣，悲從中來。想到父親、三哥在抗戰中，

24　近年來臺灣學界質疑「開羅宣言」和「波茨坦宣言」效力的聲音日漸提高；質言之，所謂「開羅宣言」是類似一般「聲明」（statement），而「波茨坦宣言」（proclamation）則不具條約的性質。因此，關於臺灣接收的歷史糾葛，此處所爭議的是：不具條約效力的宣言，基本上是否提供了戰後臺灣、澎湖地位歸屬的國際法效力？對於這兩個宣言的詮釋和主張，就埋下了戰後所謂「臺灣地位未定論」的爭議。

25　「終戰詔書」是日本天皇表示無條件投降的詔書，簽署這個詔書表示日本接受1943年底美英中蘇四國之「開羅宣言」及1945年7月在波茨坦會議上發表的「波茨坦宣言（又稱「宣言」）」。「終戰詔書」雖然沒有出現投降兩字，但依然被視為日本正式投降的聲明。8月15日正午，日本放送協會播放局在整點播放「玉音盤」，臺灣放送協會也有轉播「終戰詔書」。天皇錄音敬稱「玉音」，故稱「玉音放送」。

分別被敵偽（通稱，包括日本和汪精衛偽政權）逼害而死，不由熱淚直流。悲憤一陣後，我的心情又轉為興奮，因為我們到臺灣工作的美夢不日就可實現。

抗戰期間，學校教育設備簡陋，不可能有播音設備，當然也沒有收音機；至於隊上有無報紙，現在已記不清了。因此在 8 月 15 日，當蔣主席發表「告全國同胞及世界人士書」之際，我們並沒有機會聽到他的播音。事實上，連 9 月初何應欽將軍在南京代表中國戰區受降的消息，我們都是事後學校長官（分校主任、臺幹班主任或隊上長官）在集會時宣達後才知道的。但在這兩個歷史時刻，大家的心情已轉趨平淡，不若 8 月 10 日晚上初聞抗戰勝利之際那樣欣喜若狂了。

政府宣佈接受日本無條件投降後，就馬上展開光復臺灣的行動。8 月 30 日，班主任胡福相、副主任揭錦標奉中央命令派任為臺灣省行政長官公署警務處正、副處長。由於收復臺灣在即，學校也加緊趕課，好讓我們提早於 10 月 10 日畢業（圖 1-7、1-8、1-9）。即將分發來臺時，學校曾經發給我們「臺灣接收及復員計劃綱要」的小冊子。抵臺後，為使接收有計劃、有步驟地進行，警務處也特別舉辦一系列講習，針對警察接管方案要點加以詳細講解，使我們熟悉各注意事項。胡主任隨即於 10 月 17 日率徐勵總隊長、秘書吳俊明、專員陸公任等，先一步搭乘海軍第二艦隊司令李世甲的掃雷艇渡海到臺灣，18 日在基隆登陸，加入臺灣省行政長官公署及警備總司令部前進指揮所策劃的接管作業。

至於臺幹班等師生千餘位一行人則於 13 日由梅列出發，在副主任揭錦標率領下，乘船沿沙溪至南平，改乘汽船入閩江，順流而下至福州，停留在該地整裝待命。在福州裝備妥當後，我們每人穿上新製的黃卡嘰制服，掛上三角黑色武裝皮帶（簡稱三角帶），腰懸中央警校的紀念佩劍，足蹬半統黑皮靴，肩帶繫掛鐫有「臺警」二字的銅質長方形徽章

圖 1-7：中央警官學校畢業照
（1945 年 10 月初攝於梅列）

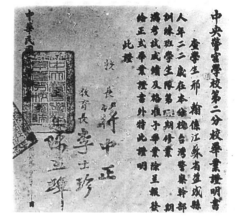

圖 1-8：中央警官學校第二分校畢業證明書

圖 1-9：中央警官學校臺幹班學生第一隊畢業照，1945 年 9 月攝於梅列（背景是正順廟）

，掛在黑色武裝三角皮帶右下方（圖 1-10）。每人看來都「武裝」整齊，精神抖擻，氣宇非凡。

10 月 21 日，我們由福州的台江碼頭出發，在福州市警察局人員列隊熱情歡送與祝福下，搭接駁船到停泊在閩江口軍艦群。這是一支由二十四艘各型船艦組成的艦隊，同行的還有其他接收人員與憲兵部隊。我們在黃昏時分登上編號 F609 的美艦，翌日（22 日）休息。22 日晚於甲板上舉行中、美聯誼同樂晚會。23 日傍晚啟航，前有美國的四艘掃雷艇開路，[26] 協助清除海面水雷。艦隊浩浩蕩蕩，陣容甚為

圖 1-10：赴臺前福州治裝，全副警裝照（1946 年初，攝於臺南市）

壯大，「海浪滔滔我不怕」地衝過臺灣海峽。24 日清晨，艦隊駛進基隆港，才一登岸就看見一幅巨幅標語，上面寫著「歡迎大中華民國警察官」。在基隆下船時，有歡迎隊伍來迎接我們。終於踏上淪陷五十年的臺灣了！我完全忘記這一路上顛簸暈船之苦，心神十分振奮。

對臺灣的第一印象和我的想像略有不同。基隆港在第二次世界大戰末期，經過美軍轟炸掃射後已破舊不堪，港內到處可見被炸沉的軍艦與大小商船殘骸。岸上瓦礫處處，牆垣

26　船艦數和掃雷艇數大家都是事後追憶的，因此本書中每個人的說法都略有出入。關於 1945 年 10 月 25 日臺幹班（和第二批國軍）等軍警部隊登陸基隆時的報導，請參閱「前言」。

彈痕斑斑，所見只能用「悽慘」兩個字可以形容。歡迎人群
離開後，碼頭上顯得零零落落，有些人還滯留不散。同學中
大部份是閩南人，講起閩南語來和臺灣人一模一樣。岸上這
些人一聽到閩南語，感到很興奮，驚訝之餘，向我們問長問
短，熱情把談，民族情感表露無遺。不過，也有些人把我們
講外省話的「外省人」當做外國人，說我們講外國話。

　　最特別的感受是下午搭火車到臺北這一段路程。我們搭
的列車是專車，火車每到一站都會停留片刻，放眼所見都是
青天白日滿地紅的國旗，旗海一片，站臺兩側佇立著熱情的
人群。這些歡迎的民眾手揮國旗，高唱「歡迎歌」，[27] 歡呼「萬
歲！萬歲！」。我感奮之餘，不禁熱淚盈眶，也不住地從窗
口搖手答禮。列車抵達臺北之際，氣氛達到高潮，月臺上人
山人海，歡呼之聲響徹雲霄。

　　「歡迎歌」的歌詞如下：

　　　　臺灣今日慶昇平，仰首青天白日清，
　　　　六百萬民同快樂，壺漿簞食表歡迎；
　　　　哈哈！到處歡迎；哈哈！到處歡迎！
　　　　六百萬民同快樂，壺漿簞食表歡迎。

　　歌詞鏗鏘有力、熱情揚溢的「歡迎歌」，頓時令我感到
臺灣同胞的熱情，確信往日受盡日本人欺壓的臺灣人，在臺
灣光復後將可開始過好日子。

　　下車時我們迅速地集合、排隊。胡主任親自蒞臨檢閱我
們的儀容裝備，並親切地慰問我們旅次中的辛勞。臺胞們目

27　「歡迎歌」在 1945 年發表，陳保宗作詞，周慶淵作曲。參見李筱峰著，〈時
　　代心聲——戰後二十年的臺灣歌謠與臺灣的政治和社會〉，《臺灣風物》
　　第 47 卷第 3 期（1997 年 9 月），頁 127。

睹我們這批來自祖國的警官，既年輕又英俊，莫不喜笑顏開，歡聲雷動，一再高呼「萬歲！」。走出車站，我們踏著整齊的步伐，雄赳赳、氣昂昂地進駐〔臺灣總督府警察官及司獄官〕練習所。[28]

　　10 月 25 日上午，受降典禮在臺北市公會堂（即今中山堂）舉行，由臺灣省行政公署長官陳儀代表中國戰區最高統帥（蔣委員長）受降。我方有軍、政、司法、黨務等要員及新聞記者等代表出席，胡福相、揭錦標、徐勵三師也以警務處正副處長及警察訓練所教育長身份，躬臨此一光榮盛典。日方代表為最後一任臺灣總督（兼第十方面軍司令官）安藤利吉（1884-1946）以及參謀長諫山春樹（1894-1990）等人，由我方人員引導入場。十時鳴炮，典禮開始。首先由陳長官宣佈日軍投降，安藤利吉在受降證書〔受領證〕[29]上簽字後，由諫山逕呈陳長官，經其審閱無誤後，日方退席離場。

　　臺北市公會堂昔為清臺灣巡撫衙門舊址，清朝割臺時移交人地冊籍就是在同一地點舉行。如今日人投降的受降典禮

<hr>

28　同年 10 月 27 日改稱「臺灣省警察訓練所」；1948 年 4 月 1 日，改制為「臺灣省警察學校」；1986 年 7 月 1 日，又改制為「臺灣警察學校」；1988 年 4 月 29 日，升格為臺灣警察專科學校。關於「日治時期臺灣總督府警察官及司獄官練習所」的中文近作，請參見劉惠璇編著，《飛躍世紀，傳承興隆》（臺灣警察專科學校創校一一三週年紀念特刊；臺北：臺灣警察專科學校，2011）。

29　「受降證書」的正確說法是「受領證」。1945 年 9 月 2 日，盟軍最高統帥麥克阿瑟在日本東京灣的美國密蘇里艦上對同盟國簽署「降書」；同年 9 月 9 日，由何應欽代表蔣中正在南京接受「降書」；同年 10 月 25 日，陳儀代表我方在臺北公會堂（今中山堂）接受安藤利吉簽字的「受領證」（即收據）。翌日，《臺灣新生報》日文版稱安藤利吉所簽署的為「降伏書」，因此後來相關檔案紀錄就稱為「降書」，而這個誤解又與當時的歷史和局勢認知有關。在此感謝臺北市中山堂管理所黃國琴主任、林麗雯組長與黃村松先生協助提供相關檔案。請參閱國史館，〈中山堂受降檔案分析〉，《國史館館訊》第 5 期（2010 年 12 月），頁 158-163。詳見本書「前言」。

也在此舉行，天網恢恢，可謂天意。我隨隊來臺，擔任受降典禮會場周邊的警衛工作（參見本書「前言」），畢生引以為榮。

我們臺幹班是接收臺灣警政的先鋒隊，戰後臺灣的警政基礎是由我們臺幹班師生奠定的，因此日後〔1982起〕臺幹班同學每年在光復節前夕的10月24日，都在全省各地分別聚餐慶祝，共同紀念這個富有歷史意義的日子，因為這天也是臺幹班抵臺的紀念日。

我常想，如果沒有中國八年艱苦的對日抗戰，就沒有臺灣光復。同時，我也這樣想，光復當初如果沒有臺幹班，就沒有臺灣警政〔的良好〕基礎。臺幹班對臺灣警政的貢獻很大，我不能不「王老五賣瓜，自賣自誇」。

七、接收臺灣警務

臺灣光復之際，首要大事即為接收工作。當時臺灣省最高的行政機構是臺灣行政長官公署，[30] 陳儀為最高行政長官，下設各處委員會等。警務處隨即宣告成立，是為全省最高警察機關（參見本書末「附錄」所附「表四」）。

接收工作是依據民國34年（1945）3月由中央設計局「臺灣調查委員會」提出的「臺灣省接管計劃綱要」而展開的。首先由臺灣省行政長官公署成立臺灣省接管委員會，省屬各機關由接管委員會總攬其事；地方機關的接管工作由民政處主持，在各州廳成立接收管理委員會，主任委員負責全盤的接收任務。[31] 警務處負責接管總督府警務局，因此警政

30　臺灣行政長官公署成立於民國34年（1945）9月1日，為二次大戰以後國民政府接收臺灣所成立的特別行政組織，只不過維持不到兩年，就因二二八事件而廢長官公署，改置臺灣省政府。

31　關於戰後臺灣行政體系的接收與重建，請參閱鄭梓著，《戰後臺灣的接收

即是臺幹班的接管工作。各地警務部門的接收工作由警務處所指派的專門委員負責，下置專員、管理員、佐理員等職位。[32]

　　接收工作從民國 34 年（1945）11 月初開始進行，依規定三個月內必須完成；警務處訂有「警務接收工作進度表」。8 日上午八時，我們警察人員隨同臺南州接收管理委員會人員共八十名，搭乘專用火車南下，於傍晚時分抵達臺南市。翌日下午三時，主任委員韓聯和率領全體接收人員在臺南州廳前的廣場舉行升旗典禮。臺南州警務部的接收工作是由警務處指派的專門委員邢世彥負責，州警察部、市警察署以及各郡警務課隨即展開警政接管工作。當時臺南州轄區很大，包括今天嘉義、雲林、臺南縣等地方，我們以八十名警力接管原先 1,352 人的警務工作，職責的繁重可以想見。

　　我被分派在臺南市警察署，職稱為「管理員」，負責管理移交清冊、工作日記和工作報告，每日向警務處報告接收情形，並擔任電報翻譯等工作。專門委員邢世彥先生看似與我同宗，但與我並無特殊關係。他是浙江人，是我在臺幹班的老師。或許因為他知道我曾在軍中做過譯電員，所以指派我擔任警務電報的翻譯工作。

　　來臺接收警政的「接收管理員」是一個很奇特的職稱，在中國公務員組織中絕無僅有，僅僅在臺灣光復當初那一段時間用來稱呼派來臺灣接收日本警務的中國警察，接收完成後此「尊稱」就因改制而廢止了。這是一個歷史性職稱，令我感到非常榮耀。

　　接收臺南警務當初，同學中有些人被派往州下的郡役所

　　　與重建：臺灣現代史研究論集》（臺北：新化圖書公司，1994）。

32　關於光復初期警政的接收，參閱陳純瑩，〈光復初期臺灣警政的接收與重建：以行政長官公署時期為中心的探討〉，收於賴澤涵編，《臺灣光復初期歷史》（臺北：中央研究院中山人文社會科學研究所，1993 年 11 月），頁 21–78。

去接收警務課。由於行政接收人員嚴重不足，有些剛踏出校門的同學不但負責警務部門的接收，還奉派兼任郡守；郡隨即改制為區，新化區區長王琪琨就是其中之一。郡守為日本時代郡級地方官，這一職稱令人感到怪怪的，因為官名源自中國秦、漢的地方官制。在二十世紀中葉的臺灣仍以「郡守」稱呼地方行政官，不免使人頓生幻覺，彷彿一夕之間變為「古人」。

　　民國35年（1946）1月，臺灣接收完成後，廢日治的州廳制，改置九市八縣；縣之下設「區」，成立「警察所」。少數同學好高騖遠，見異思遷，竟私下活動，謀求「區長」一職。警務處聞訊，乃於民國35年2月以「訓令」加以嚇阻，後來就無人敢冒開除學籍之險而投機冒進，此為當初接收的一則插曲。

　　臺南州接管工作完成的同時，也正式成立臺南市警察局、臺南縣警察局和嘉義市警察局，邢世彥為臺南市警察局局長。警察局成立後，原接收管理委員會成員乃依職級工作：「專員」派任為科室主管（薦任級），「管理員」派任為委任級的科員、督察員、所長、所員，「佐理員」派任為委任級佐警。我奉派為臺南市警察局科員，工作性質屬於內勤。我在秘書室待過一段時間，後來又派任到行政科、保安科工作，位階仍是科員，只是管理的業務、工作項目不同而已（圖1-11）。

　　接收之際，臺灣的地方行政區劃仍沿襲日治末年五州三廳的行政區劃。[33] 光復之初，如前所述，改制為九市八縣，警察機關也先後成立市、縣警察局；花蓮、臺東、澎湖三縣置警務科。因此，臺南州的警務文書檔案分別撥移臺南市、

33　光復之初，臺灣五州三廳，分別是指臺北、新竹、臺中、臺南、高雄五州，以及臺東、花蓮港、澎湖三廳。

圖 1-11：光復之初奉派至臺南市警察局服務的臺幹班學員、學生兩隊同學合影

臺南縣與嘉義市。我的接管工作包括管理各單位從日本警察
單位移交的清冊，如財產、廳舍、土地、武器、被服及檔案
等，整理後分別移撥到相關縣市政府，並呈報省警務處。日
據時期警務包括戶口、衛生、保甲、山地行政等〔龐大的〕
業務，上述各項業務按規定移撥各民政單位。戶籍行政自民
國 35 年（1946）3 月 1 日起，包含戶口調查簿正本在內，
開始移交民政機關接管；衛生行政移交衛生局接管。臺籍員
警的留用問題在「警務接收工作進度表」中被列為接收第一
個月的重要辦理事項，但我未曾辦過人事業務，不知其詳。

　　至於警察人員的訓練、學歷等問題，由於日本與中國在
學制上不同，留用警員在資格認定上難免有落差。從日據時
期臺灣總督府警察官及司獄官練習所訓練出來的巡查，其學
歷當然予以追認，但必須經考核留用後再分期調入臺灣省警
察訓練所補訓（初中畢業、甲種巡查受訓六月，乙種巡查受

訓四月），以灌輸中國系統的警察學識。

　　光復之初臺灣各地共有警察教習所四十七處、武德殿十一座、演武場九座等。由於警力至感不足，因此根據國民政府「警務接收工作進度表」的規定，將警察員額的補充列為接收第二個月重點工作之一。如前所述，警務處接管〔臺灣警察官及司獄官〕練習所後，在該址成立臺灣省警察訓練所，以統一全省警察教育，並於12月初起逐期展開招（調）訓事宜。[34] 因後來警訓所原址過小，房舍不敷使用，乃撥用原日人就讀之南門國民學校為分部。

　　在此順便談一談該址日後的變遷。臺灣省警察訓練所位於今臺北市廣州街20號，民國37年（1948）4月改稱臺灣省警察學校，辦理初級警察教育。由於訓練場所仍然不足，又在現今臺北市興隆路興建新校區，於民國57年（1968）落成，然後將臺灣省警察學校（連同原位於南門國校的分部）一併搬遷到興隆路，而將舊分部交還臺北市政府，是為今日的南門國中。

　　另外，在中央警校方面，民國38年（1949）大陸情勢逆轉，政府機構陸續撤退到臺灣。翌年（1950）3月11日，中央警校在臺復校，並合併臺灣省警察訓練所，但為時不久。同年6月底，又奉令停辦中央警官學校，仍恢復辦理臺灣省警察訓練所。民國43年（1954）10月，中央警官學校再次復校，繼續辦理正科教育。後來學校規模逐漸擴大，陸續成立大學部〔1957年〕和研究所〔1970年〕，校地漸漸不敷使用。經多時籌劃，終於在民國66年（1977）9月遷校到桃園龜山現址，並在民國84年（1995）12月22日進一步

34　首辦警官講習班（大專畢業計二期），再辦警官訓練班二期、補習班二期，後辦初幹講習班三期、初幹訓練班五期、初幹補習班五期，以及各專業警察講習、訓練計五班。由民國34年（1945）12月至35年9月止，總共訓練了5,400餘人，以應急需。參見《中央警官學校臺幹班簡史》，頁137。

改制為中央警察大學。廣州街原址在歸還臺北市政府後，改建為龍山國中，校門也移到轉角的南寧路上，變得氣派許多。

八、「二二八事件」之我見

民國 36 年（1947）2 月底，臺灣發生二二八事件。這段期間，我在臺南市警察局保安科當科員。3 月 2 日夜晚，吃過晚飯後，我和平常一樣上街看電影。在中正路商店前沿著騎樓走時，突然有一位不認識的勇壯男士碰撞我。這之前幾天，我早已聽聞臺北發生了毆打外省人的情事，心知不妙，知道此人故意找碴，有對我動粗的可能，便機警地走進一家商店佯裝購物，因而躲過一「劫」。

到了半夜，臺南市各地派出所已被「暴徒」（有流氓、學生）佔據，槍械也被接收。3 日一早我上班時，才發現警察局沒有幾人，局裡只剩下保安隊員看守，便立即返回宿舍。不一刻宿舍前開來兩卡車人馬，來意不善，大概是來「要槍」的。當時宿舍只有我和其他兩位外省單身同事在，幸好臺籍同事（會計室辦事員陳炳麟）掩護我們躲到隔壁小樓的天花板上。我因此又逃過一劫，僅部份財物被搜掠而已。

當天（3 日）臺南市警察局長陳懷讓下令，要所有外省警官到憲兵團集合。憲兵團位在今衛民街，當時街上秩序已無法維持。我聽說有毆打外省人的事情，也聽聞有人死傷，但沒親眼看見，不知其詳。

當時臺南市警察局有兩個科員，我是其中之一。我負責承辦保安業務，主要工作是管理人民自衛組織、登記公有私有武器、取締集會結社、管理駐衛警察等。接收之初，政府規定民間不得私藏刀械，因此老百姓拿刀槍來繳是無償的。我就是負責這個管理工作。接收後約三、四〔個〕月左右，政府又放寬規定，讓老百姓可以申請自衛槍枝。二二八事件

發生後，政府再度嚴令民間不准私藏刀械。當時人民很守法，我也收繳了很多刀械槍枝，由於報繳成效良好，還獲得局長記功獎勵。

臺南市警察人員在二二八中沒有人受傷，因為本省籍警員都留在基層派出所，而外省籍警察人員都集中到憲兵團，只有一件意外。3月8日國軍來到臺南，地方實施戒嚴，有一個本省籍警官因不諳口令，遭到衛兵誤殺。當時臺南市就僅發生此一件意外事件。

二二八事件發生之後，我很灰心，尤其憂慮臺灣民情不穩，一度想要返回大陸。當時我曾向臺南市警察局第四任局長朱亞擎請假，但未獲准，我也因此繼續留下。現在回想起來，還好當時沒回去，因為不久大陸就變色，當時如果回去的話，後來不知會有什麼結局。

九、濫竽臺灣警界

我濫竽警界前後計43年又9個月，在民國77年（1988）8月1日退休。我的所見、所聞、所思、所為以及所述，雖不一定正確，但這些經歷都在我的生命史上留下一些痕跡。

憑心而論，〔接收之際〕臺灣的警察人事制度比起大陸進步很多，有一套完備的法令規章以及制度可循。大陸警察在中國社會的地位不高，人民對警察的敬重程度沒有臺灣高。臺灣警察〔的職位〕也比較有保障，不容易有「一人得道，雞犬升天」、「一朝天子一朝臣」的現象發生。

民國42年（1953）6月15日警察法公布，依該法第十一條規定，警察官職採分立制，官等分別為警監、警正、警佐。升遷時委任（警佐）人員按「資績計分」依規定處理，薦任（警正）人員則採保薦制；每年按學歷、考試、年資、考績、獎懲五項計分，列冊公布一次。如遇職缺，則按名冊

前三名遴選，但主官有「三分權」之權宜。所謂「三分權」，
是指主官不一定依序遴選，可逕自衡定第三名呈報上級，予
以升職，但必須陳明衡定的理由。我從委任升級薦任時，即
拜此「資績計分」制度之賜。

　　至於「保薦制」，前面提及薦任警正人員以上的升遷採
「保薦制」。各級警察機關主官（管）得根據所屬人員平時
的服務成績及品德操守從中擇其優良、有發展潛力者，以專
案將其保薦（升任或調整）至重要職務。警界的調任管理有
定規，一般認為由內勤課室幕僚職務調至外勤單位主管是調
升。所謂重要職務，是指縣市分局長、督察長、副局長、直
轄市分局長、縣市局長等，依序逐步調遷。我本著守己安分、
實實在在做事的原則，在警界一路走來尚稱平順。歷年來蒙
長官們（雲林縣局長李本坤、臺南市局長胡務熙、臺中縣局
長王琪琨）厚愛，將我保薦調升，使我得以由副分局長升至
分局長，最後做到督察長、副局長。

　　說到保薦制度，保薦人對被保薦者要負連帶責任。如果
被保薦人升遷後品德操守發生問題，保薦人必須受到連坐處
分。反之，若被保薦人於升職或調整至重要職務後，表現確
屬優異或有特殊功績，該事績會列入保薦人的個人資料中，
而上級也得準此對保薦人酌予敘獎或晉升。但是，人事制度
縱然完整，仍會有人大發牢騷，因此有「人事、人事，有人
才有事」、「朝中無人莫做官」等說法。

　　警界本是一潭死水，但大家都年盛力壯，距離退休年月
尚遠，一有職缺自然粥少僧多，每人都想升遷補職。人事制
度要做到公平、公正，確實不容易。極少數會吹、會拍者因
善於鑽營，居然獲致升遷，當然會令人不滿。另外，大陸變
色後，很多軍官轉業進入警界，佔去不少升遷管道，扭曲警
界原有的升遷管道，也是惹人詬病的原因之一。自胡福相離
任之後，〔省〕警務處長很長一段期間都由軍人出身者出掌

（書末「附錄」「表一」），每位處長各自帶一批幹部安插在警界的要職中。以上種種問題，使得一些資深的警察幹部難有出頭天。要他們心中不怨、不發牢騷，也就難了。

回顧四十多年的警界生涯，我所受的在職和升職教育以及專業訓練，大大小小很多，真可以說是「千錘百鍊」。印象比較深刻的是，民國40年代初（1950/7/21–1952/8/3），警務處長陶一珊倡行「警察新作風運動」，分十期調訓全省資優中級幹部，我有幸列為第一期受訓生，人稱「陶幹班」。結訓時，受訓生每人都必須上繳一份「講習總報告」。我費時十四小時完成一篇七千餘字的報告，大家直呼這相當於一部「畢業論文」。

民國43年（1954）初，警務處長陳仙洲將軍將政工制度套用到警察陣營，並頒佈「警察政訓工作綱領」，自是年元月開始實施。我奉令辦理組織工作，參加第二期的受訓。

民國47年（1958）的「八二三」砲戰時，國防部成立「反攻作戰處」。民國49年（1960）起，政工幹校成立「戰地政務幹部講習班」，密集召訓軍事、警察、教育、行政等幹部，在反攻大陸的軍事行動這個大前提下從事地方建設。可見當時政府動員的決心與準備，也可以知道「反攻大陸」並非只是老總統蔣中正的政治口號，而是實際上付諸行動的政策。是項訓練，我前後參加了三次。

在我各次受訓中，最為特殊的一次要數高級警官研究會，過程也最緊張。這次升職教育影響我日後「仕途」至深。民國47年（1958），警務處長郭永為了確實考核全省各警察局長、分局長、課室隊主管以及專業警察主管，特別連帶調訓各委任級績優人員，在警察學校舉辦高級警察人員研究會。我當時服務於嘉義縣警局擔任督察員（委任）一職，也奉派參加受訓。那年集訓人員共計150餘人，其中委任人員佔半數。受訓成績「關係重大」，每個人都心知肚明，只有

成績優秀者才有調升的希望，劣等者還有被調降的可能。因此人人莫不全力以赴。當時規定，每門課授畢就舉行考試，並立即公佈成績前十名最優者，大家戲稱「掛牌」。最初「掛牌」者僅十名，由於競爭激烈，非一百分掛不了牌，到了後來成功地「掛牌」者也有增加的趨勢，才擴增名額。不少警察局長平日作風大而化之，這時也大為緊張，死啃書本，「開夜車」。臺南市警察局長袁守中也表示關心，召請我們幾個臺南市去的受訓者到一家旅社中研商課目重點及可能的命題方向。一個月下來，每個人都感到筋疲力竭。

隨後，各縣市增置副分局長，警務處就根據受訓成績，遴拔了十五人。9月4日，發表升調名單，我僥倖列名其中，調升為雲林縣北港警察分局副分局長。由委任升薦任，這一步走得辛苦。我在委任級職工作了近十五年才調升薦任，如果不是有機會被提調到高研會受訓，究竟要何日才能升遷，恐怕只有老天知道，實在是萬幸！

在我的警察生涯中，「參與警務相關訓練」的主要經歷如下：

1. 臺灣省警察幹部講習班第一期，警察學校，1950/7/21–1950/8/3。
2. 政訓幹部講習班第二期，警察學校，1954/9/25–1954/10/23。
3. 臺灣省高級警官研究會第三期，警察學校1958/7/28–1958/8/20；警務處長郭永。
4. 中央警校補修班第五期，1958/12/14–1959/3/28（三個月，自習九個月）；校長趙龍文，補修後學籍改為正科十七期。[35]

35　一般而言，參加正式復校後在中央警官學校內所成立的「補修班」者，必須依規定入校受訓四個月後返回工作崗位，然後在校外自修課程，將作業

5. 政工幹校戰地政務幹部訓練班第二期，1960/5/2–1960/7/24；校長王昇。

6. 政工幹校戰地政務幹部講習班第六期，1962/10/22–1962/11/17；校長周中峰。

7. 國防部戰地政務局戰地政務第二階段訓練，重要行政幹部複訓第七期，1969/6/15–1969/6/24；局長楊維智。

8. 行政學校，後改為國防管理學校動員幹部訓練班第59期，1963/12/2–1963/12/28；校長蕭西清。

9. 革命實踐研究院黨政建設研究班第23期，1965/6/7–1965/7/5；院長蔣中正，在木柵分院受訓，主任袁守謙。

10. 中央警官學校高級行政研究班第二期，1971/4/26–1971/6/26；校長梅可望，具升職教育的性質。

11. 國家安全局國家安全工作高級幹部研習會第四期，1978/10/16–1978/10/21；在政戰學校舉辦，國安局長王永樹。

12. 中央警官學校督察幹部講習會第一期，1981/4/12–1981/4/15；警政署主辦，署長孔令晟。

十、漫談警察業務

臺灣光復後，我最初派到臺南市警察局行政科服務。特

呈交審閱，及格後再依各期畢業順序，分別發給中央警官學校正科的畢業證書（張瑞德、曹忻訪問，曹忻記錄整理，《從一線一星到警政署長：盧毓鈞先生訪談錄》〔臺北：國史館，2011〕，頁48）。但是，從邢翰先生的的訪問稿看來，實際上課時間似乎只有三個月，校外自修時間是九個月。鄭健先生說得更清楚，「三個月在校補修教育，九個月自行研習教育」；參閱本書〈鄭健先生訪談紀錄〉。

種營業是我經管的業務之一，因此我對臺灣的養女制度有比較深的感受。[36] 當年很多酒家女都是養女出身。有些人收養養女，是養來送去當酒家女，以賺取「皮肉錢」的；也有人為了維生，不得已將女兒賣人。這樣的養女實在很可憐，而私娼制度的形成也和養女制度有關，這是我當時的感受。當時養女制度問題叢生，各地發起「保護養女運動」，「保護養女委員會」也應運而生。國民黨臺南市委員會曾經舉辦徵文比賽，題目為「如何消除臺灣的養女？」我一時興起，為文應徵，意外獲評第二名，獎金 100 元，便以此獎金訂購了當時花蓮書局翻印的《康熙字典》。我另外還發表了〈如何管理女侍應生？〉（《臺灣警察》3 卷 7 期，警務處發行，民國 36 年 10 月 15 日），和〈侍應生會改變真面目？〉（《警潮週刊》第 14 期，臺南市警察局發行，民國 38 年 10 月 5 日）。這兩篇文章都收入《我的百寶箱》自刊本中。

　　民國 43 年（1954），警務處頒佈「臺灣省警察政訓工作綱領」，為我國警政史上首見的政訓工作。是年元月起，各縣市依規定舉辦警察政訓工作，業務由督察單位承辦。臺南市警察局計分四股：第一股掌組織教育，第二股掌民運宣傳，第三股掌監察，第四股掌保防。我擔任督察工作，屬第一股。那個時期政府高唱反共抗俄、忠黨愛國，軍中送來一批軍官，安插到督察室，也將國軍的政工制度帶進警政。當時警務處長為陳仙洲，他任內在督察室成立政訓組，連同原有的組室，計有八個組、四個辦公室，〔單位之多〕為全處科室之冠，有人戲稱為「四廳八組」。

　　警察政訓的主要工作大概可以綜合歸納為二大類：（一）

36　為了防杜「警察政治」之譏，警政當局在 1958 年 5 月將警察協辦業務撥交相關主辦機關辦理。其中，改革養女習俗與保護養女工作便分別交由民政廳及社會處辦理。

推行「四大公開」政策：即「意見公開」、「經理公開」、「人事公開」、「賞罰公開」。至於實際作業方面，改革項目在警務處及各縣市警局暨專業警察單位設置意見箱，每月由各單位召開一次員警生活檢討會，每三月由全局

圖1-12：臺南市警察局舉辦員警康樂活動（1954）

召開一次擴大生活檢討會等。任何人對工作有改進意見或冤屈，按理都可透過這個平臺發洩。另外，政訓組還成立經理委員會，審查各項經費開支，召開人事評選委員會，討論人事升遷與賞罰事件；被懲罰的員警可列席申辯。（二）加強政治教育：除了強化原有的常年教育外，新增「總統訓詞」的研讀，並排定各單位主管輪流闡釋訓詞的精義，或透過抽籤指定人選，由員警報告心得，其目的在灌輸政治思想、國家觀念和民族意識。此外，警務處也定期聯合數個縣市警局舉辦讀訓測驗，以增強研讀效果。其他的政訓工作還包括對外宣傳共匪暴行、舉辦「熱愛祖國運動」遊行、加強整飭警紀、增進員警福利、倡辦員警康樂活動（圖1-12）、集團結婚等等。

　　推行警察政訓的首項工作是培訓政訓幹部。同年（1954），臺南市警察局在元月間調集巡佐及三十二個派出所主管，並遴選政訓幹部多人（圖1-13），參加警務處舉行的基層工作人員業務講習班，為時二週。我在9月25日參加警務處政訓班第二期，為期一個月。報到後第二天，警務處就舉行「政治測驗」，題目計100則，內容包括國父遺教、

總統訓詞、史地、共黨理論等。據聞很多人成績不及格，我
僥倖得了 83 分。27 日舉行開幕典禮，由省府派王民寧委員
主持。講習內容包括政訓理論、警察體制與方法、組織工作
的理論與實踐、民運的宣傳和監察等，以及三民主義哲學基
礎、反共抗俄基本論、共黨理論批判、對匪思想戰、社會戰、
心理作戰、國民黨黨史、革命方略等。該講習會除了聘請國
防部總政治部主管擔任教官外，還邀請學者、名流與專家演
講，受邀者均為當時一時之傑，包括梁寒操、王昇、胡一貫、
黃季陸、魏景蒙等，令我獲益匪淺。

　　大概在民國 54、55 年（1965–1966）間，警務處成

圖 1-13：臺南市警察局全體政訓人員合影（1954），前排左 10 為局長袁守中，左 2 為邢翰

立警察黨部，代名為劉中興黨部，並在各縣市警局及單位成立支黨部，分局則成立區黨部。警務處黨部隨即將一批上級派來的待退校官轉業警界，分派到警務處及縣市警局承辦黨務，在分局則由督察組兼辦。有人說這是「以黨領警」。[37]其實，本來國民黨就是「以黨領政」。

民國 55 年（1966）12 月，國民黨臺灣省黨部推行第六次「聯合服務」，後者意指黨、警及鄉鎮行政單位聯合起來為民眾服務。當時我服務於雲林縣斗南分局，奉令配合推行該政策。「聯合服務」的主旨是濟助貧困民眾，對內以黨的名義執行此項工作，對外則以分局名義推動。我先召集分局小組長以上（含）幹部，舉辦工作講習會。確定服務方法、項目、步驟等，並估計服務貧民、救濟財物的總額至少為新臺幣二萬元後，才著手訪問轄內的熱心人士，敦請他們在財力上加以支援。

另一方面，我也命令分局和轄內基層派出所，分別調查急待濟助的對象。各界人士見到分局人員為民眾服務的熱忱與辛勞，不少人都紛紛解囊襄助，共計募得白米 1,050 斗（時價 42,000 元）以及現金 46,631 元，遠超過原來預定的募捐目標。這次濟助工作總共救濟貧民 733 戶，受惠人口 3,063 名，發放白米 1,472 斗，棉被 63 條，蚊帳 6 條。其中，最值得一談的是，轄內的斗南、古坑二鄉鎮有三位貧民房屋破傾，斗南分局協助他們修建竹木結構的水泥房屋三棟（計花費 16,790 元），房屋建成時，還發給「住屋贈與狀」。現在回想起來，幸好當時鄉間沒有實施都市計劃，否則分局竟蓋「違章建築」，「濫權」發給「建築許可證」，實在可笑。

37　確切地說法是，「以黨領政」、「以黨領軍」、「以黨領警」。參考陳純瑩，〈我國威權體制建構初期之警政（1949–1958）〉，《人文社會學報》第 3 期（2007 年 3 月），頁 45–72。

此外，分局還辦理清寒學生獎助金，高中 2 名、初中 7 名，各獎助兩學期，並長期救濟年老貧民 1 名、免費治病貧民 1 名。

在執行此項聯合服務的過程中，中央黨部郭副秘書長曾蒞臨巡視，並致慰問之意，由我陪同探訪。工作完成後，分局分別致贈地方人士獎狀與感謝函各一張，真是「秀才人情紙一張」。後來分局黨組織將此次服務成果上報層峰，我因此獲頒省黨部榮譽狀一張、劉中興黨部記功二次。民國 56 年（1967）7 月，我奉調到新成立的臺南市第五分局服務，又一次配合推行國民黨支援的第七次聯合服務。公務人員喊得震響的「為民服務」口號，警界也有一句相對的口號：「仁民愛物」。我幾次參與上述聯合服務，可謂身體力行，真正奉行這兩句口號。

如前所述，臺南市成立第五分局後，我奉調擔任分局長。該分局是由原第二分局轄下的北區劃出的，最初局址無著落，因此商借公園路廣慈庵的廂房作為辦公處所。臺南市新成立的第五分局居然沒有經費，租不起民間房屋？！有人問我：「第五分局在哪裡？」我答：「在廟裡。」人家聽了，非常訝異：「怎麼臺灣警察也像大陸一樣，將警察單位設在廟裡？破天荒！」

到任後，我隨即積極籌建分局，沒多久後就選定臺南市火車站前的北門派出所作為局址。本來拆屋改建得分三年編列預算，但由於分局已經先將第一年的預算從消防隊挪借來蓋分局了，因此實際上五分局只花兩年時間就蓋成。五分局的建築設計圖由臺南市府建設局繪製，工程發包則由臺南市警察總局承辦，分局只負責監工。職責所在，不能馬虎從事，否則發生差錯就難以交待，於是我詳細研究建築設計圖。俗話說：「不經一事，不長一智。」設計圖的正面、側面、剖面所用的鋼筋號數（標示大小粗細）以及房間配置圖等，都

不是一般人能容易懂的，我當然也是邊做邊學習。不過，經歷這兩年的監工經驗後，我也略能看懂設計圖。

　　蓋房子是件苦差事。古有「官不修衙」之說，稍有不慎，就容易官司上身。當時，五分局工程是由謝姓省議員（名字已忘記）經營的營造公司所承包，由北門派出所輪流派員警負責監工，交涉上出現問題時，我必須介入，關鍵部份我不能輕易放過。例如，地下室打基樁的豎柱子鋼筋不對，用的號次與設計圖標示不符，我就毫不客氣地要求公司必須將根基打掉重做。工程完成後，分局大門的鐵門居然是密封式的，我覺得不妥，便詳細核對原圖，發覺原設計圖所採用的是網式鐵門。交涉後營造公司置若罔聞，不理就是不理，因此我不肯發給完工證明。營造公司請了有力人士與情治單位人員向我說項，我仍然不為所動，堅持不蓋章。營造商無奈，只好將鐵門拆掉重做。新蓋的五分局在民國 59 年（1970）雙十節落成，連同地下室，共計五層，是當時臺南市「最高」的警察機關（圖 1-14）。我約束屬下，落成典禮從簡，以免擾民。

　　民國 68 年（1979），政府明令規定以民國 42 年（1953）6 月15 日警察法公佈之日為警察節。這個節日的制定距離清光緒 31 年（1905）9 月〔中國〕正式創設巡警部以來，已有七十餘年。很多行業都有節日，尤其是公務系統，如 8月 4 日為空軍節、9 月 1 日為記者節、9 月 3 日為軍人節、9 月 28 日為教師節、12 月 1 日為司法節等，唯獨警察無節日。但是究竟應該以哪一天為警察節？有人認為應該以清光

圖 1-14：臺南市警察局第五分局新建落成（1970）

緒設立巡警部之日為警察節，有人主張以中央警官學校成立之日為警察節，也有人建議以警察法公佈之日為警察節，多年難獲定論。

在確立警察節後，警政署隨即通令各縣市警察局及基層警察單位熱烈慶祝，並規定6月15日至21日為警民聯誼週。當時我已就任屏東縣警察局副局長，於是在局長劉文濤帶領下，動員全局上下，同步展開各項活動。在我襄助籌劃下的活動包括警察部隊的裝備檢閱、警政展覽，開放總局讓學生參觀，規劃警民聯誼和各項運動（柔道、球類）競賽，這些活動目的在藉由這些座談和聚餐來加強民眾對警政的認識，並增進警民之間的團結合作。

十一、八科與市警局改建工程

另外一次負責修建警局的經驗是我在臺北市警局任內。民國68年（1979）10月，我由屏東調到臺北市警局，先是擔任督察；民國71年（1982）5月改任後勤科長。任內新辦公大樓改建，我這才明白「官不修衙」的道理。其實，在前任胡務熙局長任內早有改建之議，而且一度編好預算、請建築師設計了建築圖樣，但當時市議會一位兼營營造業的市議員有意承包，胡局長不敢貿然招標，延宕一陣後仍將預算繳回。

民國71年（1982）4月，局長顏世錫物色總務科長時，曾徵詢督察長陳壁的意見，然後推薦了我。我聞悉非常惶恐，即向顏先生報告：「我沒有總務的工作經驗，恐怕會辜負局長的一番好意，請再考慮。」顏先生說：「不要怕，我擔任警務處總務科長之前也沒有總務經驗。公文已報出，你就等待命令發佈好了。」警局必須依據市府人事命令發表命令。該月22日，我接到市令與局令，奉調為第八科（後改稱後勤

科）科長。八科主管總務，我只好硬著頭皮「走馬上任」。

　　孫中山先生曾說，人「要立志做大事，不要立志做大官。」總務在一般人來說是肥缺，我一向老老實實、規規矩矩地做事，沒有做過發財夢。局長顏先生是一個有智慧、有膽識的人，當時臺灣省警務處正推行「警政現代化」，整建辦公廳舍就是要項之一。臺北市是院轄市（1967年改制），財政充裕，俗話說「有錢好做事」。顏局長決意拆除舊樓改建新樓，[38]而這個重大任務自然落在第八科。

　　臺北市警察局局址（座落在今中山堂旁）原為日據時代的南警察署。建物始建於1931年（昭和6），迄至1982年已有半世紀之久，內部〔設備〕陳舊，屋頂漏水，戰後雖整修多次，屋內仍不時漏雨。臺北市自升格為院轄市後，總局人員逐年增多，預計民國73年（1984）員工編制將達879人，民國75年（1986）編制將擴編至998人，至民國85年（1996）將增至1,186人。屆時警局建物將沒有空間可以容納這麼多人。

　　改建臺北市警察局辦公大樓的確是一件大工程，預定兩年完工。改建工程始自民國72年（1983），10月擬定興建工程計劃書；翌年（1984）起分四年編列總工程費七億二千八佰多萬元，辦理徵圖、請照、招標發包、訂定工程進度。民國74年（1985）7月開工，由本局組織辦公大樓籌建委員會，呈報市府核准。

　　為使市警局辦公大樓能充分發揮各項機能，於造形、景觀、動線上與周遭環境相互配合，並避免人情請託，警察局訂定建築設計徵圖須知，以公開競圖的方式甄選建築師。在評審委員會組成方面，除敦聘警政署督察室主任、市政府工

38　從今日保留史蹟的角度看來，這個拆除舊樓蓋新樓的決策令人感到遺憾。不過，這也反映了那個時代的建築文化。

務局副局長、營建署建管組組長、文化大學實業計劃研究所
所長、淡江大學土木研究所所長、臺灣技術學院營建系系主
任、臺北工專建築科主任為委員以外，還邀請名建築師修澤
蘭（臺中教師會館、陽明山中山樓、花園新城設計人）、王
大閎（國父紀念館、教育部、外交部設計大樓）等多名專家
參與委員會的評審工作，由顏局長擔任召集人，召開評審會
議。合計應徵設計的建築師事務所共 17 家，經過審慎評選
後，最後委託排名第一的鍾治平建築師事務所設計監造。

　　市警局新建辦公大樓，那麼原辦公之處必須先行騰空，
以便施工。但是，興建新的辦公大樓期間，警局應遷往何處？
如果租用民間大樓，北市寸土寸金，租金必然鉅大到財力無
法負擔，不得不慎重考慮遷址地點。幸好市警局策劃興建之
初，適逢刑警局新廈落成，啟用後還有後棟單身宿舍尚未使
用，本局乃積極「追討」其原先借用的大同分局建物與土地。
但討回該址頗費周章，遷址一事也關係到「大同分局護產爭
議」，因此有必要說明如下。

　　臺北市警察局大同分局原址即日據時代臺北市的北警察
署，光復後隸屬市產。民國 38 年（1949）5 月警務處成立
刑警總隊，向大同分局借用二樓，將部份辦公廳舍遷至那裡
作為刑警總隊隊址，其後該隊又陸續在內院空地上增建辦公
廳。民國 47 年（1958）7 月「臺灣省各級警察機構警力調
整方案」實施後，刑警總隊建制簡化，改稱刑事警察大隊，
期間並悄悄地將其借用的大同分局建物與土地變更登記，將
市產改為省產。當時全省警察廳舍由警務處統管，因此臺北
市警局無法介入此事。民國 63 年（1974）9 月，刑警大隊
再度改制，與警務處的刑事科合併，並擴充編制，成立刑事
警察局。這樣一來，辦公廳自然不敷應用，因此打算變賣、
標售原來借自大同分局的廳舍與土地，在忠孝東路聯合報側
巷內興建辦公大樓。這時臺北市警察局才緊張起來，覺得問

題嚴重，「代誌大條」，因為此決策不特影響到大同分局的完整性，而且白白失去市產，「罪莫大焉」，將來如果臺北市議會責難的話，要如何交待？

　　一方面，臺北市政府也不是省油的燈。市政府隨即著手修改都市計劃，將大同分局土地全部變更為「機關用地」，作為抵制手段，看哪個「傻瓜」敢去標購。另一方面，本局也積極「追討」刑警局借用的房地。說來這件事真是棘手，後來我數度出席警政署召開的協調會，據理力爭，維護產權，主張刑警局應歸還原來借自市警局的市產，但仍然沒有太大進展，只好報到內政部處理，由該部介入，召開協調會，該「官司」一直打到行政院。我隨顏世錫局長拜見行政院副院長林洋港先生，詳細解釋雙方爭議的緣由和過程，以及本局護產的理由和決心。行政院乃依據內政部的協調結果，行文裁示：刑事局興建辦公大樓的預定經費三億元，由行政院與臺北市各自負擔一半。於是，市警局乃編列預算 1.5 億元，以支付刑事局增建的補償金。

　　我自出任八科科長以來，開列的經費支付書不知幾凡，如此龐大數額實在破天荒，可能也打破歷任八科科長的紀錄，事後我特地影印一份文件留存紀念。經費完付之後，刑警局才繳還房地權狀，由本局辦妥過戶產權，登記後歸列市產，護產問題至此乃獲解決，我也如釋重負。有一天，我在路上遇到刑警局長盧金波。他向我開玩笑地說：「你真厲害，將我們掃地出門。」我回敬：「盧局長也厲害，一手交錢，一手交貨。」兩人相視，哈哈一笑。

　　然而，大同分局內部相當陳舊，外牆磁磚處處剝落，內部漏水嚴重，搬入之前也有必要加以整修。於是，市警局報請市府動支預備金，經核准後招標發包，含土木、水電、油漆及外牆整建工程在內，共計花費一仟四佰餘萬元，歷時四個月完成，內外煥然一新。民國 74 年（1985）8 月，市警

局終於順利遷入寧夏路原大同分局的臨時辦公處所。

　　本來搬家就是一件大工程，就是對每個人以及每個家庭都不是簡單的事，何況要搬的是一個組織龐大的臺北市警察局。我經過一番審思以後，開始動員全局員工，將工作項目依業務性質、人員多寡、分配辦公室分劃，連搬遷打包、整理、雇工搬運等大大小小都要費神打點，最後總算順利完成搬遷工作。

　　新建築堪稱一棟智慧型辦公大樓。市警局新建工程完成後，我也筋疲力竭，對總務工作感到厭倦，於是在民國 77 年（1988）8 月 1 日提前退休，結束我為時四十三年九個月的警察生涯。

十二、再談警察制度

　　光復當初，各地派出所的勤務制度係按基層地方自治組織的村、里、鄰加以區劃，下設若干警察勤務區，簡稱「警勤區」，是為警察組織最基層的勤務單位。

　　臺灣接收當初的警制採「長警制」；早期的保安警察總隊[39]以及鹽務警察[40]也採長警制。所謂「長警」，分別是「警長」與「警員」兩職稱的簡稱，但與大陸早期〔戰前〕所施行的「長警制」有別。大陸所謂「長警制」是指「警長」與「警士」，其警察養成教育與薪級待遇以及社會地位遠不如臺灣光復初期的「警長」與「警員」。

39　保安警察總隊的任務為剿清匪類、鎮壓地方變亂，以及必要地區的治安和警備等機動應變工作。民國 36 年（1947）11 月直轄臺灣省警務處。

40　臺灣省鹽務警察總隊成立於民國 39 年（1950）7 月 1 日，隸屬於臺灣省警務處，兼受財政部鹽務總局指揮監督，掌理鹽場區域治安秩序的維護、查緝私鹽，確保鹽稅生產設備，並機動支援突發事件以及協助地方行政警察事宜。民國 61 年（1972）7 月，奉令支援海關勤務。

　　「警長」這個稱謂在民國36年（1947）間改稱「巡佐」，制度上也將「長警制」改稱「佐警制」，也就是「巡佐」與「警員」的合稱；兩者均為委任待遇（待遇比照委任），不是正式委任的警察官，穿警察制服，但不掛肩（胸）章。警察官由上而下按序列分別是：薦任，二線一星（含）以上；委任督察員、科（課）員，一線四星；巡官、辦事員，一線三星；長警（佐警），不掛警官階章。但這麼一來，警務處又惟恐佐警執行公務時威儀不足，影響到民眾對警察的觀感，因此又自民國38年（1949）1月1日起通令全省，將佐警二職升格為委任，由省政府任免。巡佐佩掛一線二星的肩（胸）章，警員則為一線一星。

　　光復當初，政府頒佈「臺灣省接收計劃綱要」，其中通則五規定：中華民國一切法令均適應於臺灣，必要時得頒佈暫訂法規；日本佔領時期之法令，除壓迫箝制臺民、牴觸三民主義及民國法令者應悉予廢止外，其餘暫行有效，視事實之需要逐漸修訂。以我工作範圍所接觸的「違警罰法」為例，當年臺幹班結業、即將來臺時，中央警官學校二分校曾印發「違警罰法」小冊子給我們，每人一本，作為我們來臺後維護秩序的重要法規。光復當初，警察機關也曾印發這個小冊子給各鄉鎮，以廣為宣傳。

　　另外，接收初期鐵路秩序紊亂，因此行政長官公署於民國35年（1946）1月頒佈「臺灣省鐵路警察署組織規程」，成立鐵路警察署。邢世彥局長陞任臺灣省鐵路警察署署長，臺南市警察局歡送他，並攝紀念照於臺南市武德殿前（圖1-15）。[41]同樣地，光復之初警力薄弱，各地警員編制不足，為了強化警力，確保地方治安，因而有「臺灣省各縣市義勇

41　邢世彥到任才一個月，就因官僚氣燄高漲，「拳足毆辱無故職員」而上報。參見《民報》，第184號（1946/4/12），頁2。

警察編訓暫行辦法」的頒訂。又如特種營業，日據時期歸警
察機關所管理者計有六、七十種，光復之初重新整編，刪減
為旅館、理髮業、介紹業、按摩業等二十種，並訂定各種單
行法規。以禁娼、酒家管理為例，民國 39 年（1950）6 月
頒訂「臺灣省各縣市特種酒家管理規則」、「特種酒家、女
侍應生管理規則」等，惟在消滅私娼上收效不大。

　　順便一提，2007 年 10 月臺北縣政府為了一百四十名警
官從二線二星晉升為二線三星的警官掛階一事，而與內政部

圖 1-15：民國 35 年（1946/3/7）臺南市警察局歡送邢世彥陞任臺灣省鐵路警察署署長合影，
前排左 7 為局長邢世彥。攝於臺南市武德殿前

發生爭議，彼此互嗆，鬧得不可開交。[42] 平心而論，憲法明訂中央與地方權限發生爭議時，應由立法院處理。但此「警官掛階」爭議並未依法移請立法院解決，以致內政部與臺北縣政府相互炮轟，有損政府形象，實非國家之福。

　　警察機關組織編制及警察人員任免遷調事項，權限在中央，戰後臺灣的警察法[43] 第三條及施行細則[44] 第三條有詳細規定。再談警察人事制度。依「警察人員管理條例」（1976/1/17 公佈施行）第九條規定，警察人員遴選任用權在中央。[45] 省（市）政府遴用任命警察人員係中央授權，應依國家的警察體制行事，其理甚明。因此之故，當臺北縣為一百四十名警察升官授階時，警政署除當即重申人事案無效外，並發出史上第一張署令加以反制，希望藉由行政命令加以規範。同時，謝秀能副署長也同步舉行記者會，指責臺北縣政府違背現行法令，慎重申明這次升遷案不具法律效力（《聯合報》，2007 年 10 月 26 日）。然而臺北縣政府卻一再表示北縣已升格為準直轄市，可以依用地方制度法的直轄市人事辦法，主張縣政府對警正級的警官有遴用權。

　　以下略談戰後警制實施上的幾點偏差。臺灣光復後，警務處首任處長由警察系統出身的胡福相先生擔任，在其規劃下設置各級警察機關，規模粗具。民國 42 年（1953）6 月政府公佈警察法，明訂內政部下置警政署，省政府內置警政廳（處科），直轄市政府置市警察局，縣市政府置縣市警察

42　詳見《聯合報》，2007/10/26，A2 版「焦點」。

43　1953 年 6 月 15 日制定公佈，其後歷經四次修法：1986 年 7 月 2 日；1997 年 4 月 23 日；2002 年 5 月 15 日；2002 年 6 月 12 日。

44　1946 年 11 月 17 日訂定發佈，之後一直到解嚴後的 1992 年 9 月 2 日才修正，其後又在 2000 年 1 月 25 日及 2000 年 11 月 22 日進一步修正。

45　警察人員由內政部遴用及管理。依「警察法」第 21 條規定，警察職務之遴選任命權限劃分如下：(1)警監職務由內政部遴任或由行政院遴任。(2)警正、警佐職務由內政部遴任或交由省（市）政府遴任。

局，警察組織體系漸趨完善。然而，在政策實施面上仍有二個現象值得商榷。

第一個問題是「以軍領警」。如前所述，民國38年（1949）中央政府遷臺以後，當局開始實施「以軍領警」政策，因此戒嚴時期警察最高首長前後歷經十幾位，無一不是軍事將領出身。[46] 外行領導內行，美其名為方便軍方與警方聯繫，以便落實「對匪鬥爭」、「肅奸防諜」、「安內為先」，但從警政的理論與法律層面上考量，這個政策實有違誤不妥之處。以一個出身軍旅或情治單位的警察人員來領導警政，雖有大刀闊斧、革新警政的優點，但也衍生了不少政策和執行上偏差的問題。[47]

舉例而言，〔第八任〕郭永處長〔在職期間為1957/7-1962/8〕在任期間推行「造產運動」，命令全省警察機關利用空地種植果樹或養殖魚蝦。這個「造產運動」的原意本來很好，目的在增進同仁的福利，可是有些警察局長鬼迷心竅，奉迎拍馬屁，竟然把籃球場剷掉，改種果樹。也有些地方，剛種植不久的果樹，到了下次處長巡視時忽然變大變高，竟

46　請參閱本書末所附的「表一、臺灣省警務處長一覽表」及「表二、中華民國內政部警政署長一覽表」，特別是表一的註。「為了配合『以軍領警』的原則，警察首長的任用充滿『軍特化』的色彩，軍特化的現象也呈現階段性的變化。…當局在建構威權統治初期，仍然任用與警界有淵源的首長，呈現『軍事、情治、警察』混雜的現象。但在1957年『五二四』事件衝擊後，軍人色彩轉趨濃郁，自郭永開始，警務處長多由不曾受過警察教育，也未曾擔任過警職的軍人擔任。」資料來源，陳純瑩，〈我國威權體制建構初期之警政（1949-1958）〉，《人文社會學報》第3期（2007年3月），頁45-72。

47　陳純瑩指出，「『以軍領警』使警政未能自主化，以軍人執行警察權則抑制警察治安角色，警察更因加在身上的工具性色彩失去社會支持，弱化警察功能。…以軍領警亦對警察文化也產生重大影響，軍隊的『敵情意識』開始進入警察組織文化，將導致警察執法朝向威權強勢的姿態，而其轉移的管道，除了警政首長外，軍人轉任警察則是一種直接移植。」參見陳純瑩，前引文。

然還開花結果，其實這些果樹都是為了博取處長的歡心，而向當地果農借來的臨時「道具」。可憐的果樹，有些因為經不起搬移，沒有幾天就枯萎了，成為笑話一件。其他事例還很多，此處從略。

另外，由將軍兼任的警務處長新上任時常引進一批親信，而這些軍人出身的老幹部並無警察的學經歷，破壞警察人事制度，莫此為甚。[48] 這些作為在在影響了在職資深員警的升遷機會，打擊基層警員士氣至深且遠。時代在變，環境也在變。民國76年（1987）7月15日，蔣經國總統宣佈解除戒嚴，終止動員戡亂時期，「以軍領警」政策也在各方長期抨擊下，逐漸開始轉變。警政署長羅張（1923-2006）將軍成了「末代軍人署長」，結束了自胡福相之後四十多年期間政府長期以軍人派任警察首長的行政慣習。

民國79年（1990）8月6日，內政部發表素有「神探」、「東方福爾摩斯」美譽的刑事警察局長莊亨岱（1926-2009）為警政署長，「以軍領警」的政策從此走入歷史。莊先生是臺幹班學生班一隊出身，從基層警官幹起，做事一向按部就班，警政生涯也一帆風順，成為光復以後臺灣警政有史以來警察出身者擔任警政署長的第一人，也是我們臺幹班的榮耀。

48　盧毓鈞先生（1930–2011）在他的訪談錄中指出，臺灣光復初期來自中國大陸的警察大體可以分為三類：第一類是畢業於中央警官學校、長期由教育長李士珍所培育的的「正科」體系，一般認為是最正統的警察；第二類是出身自「特別警察訓練班」、由軍統戴笠主持的「特警班」，受訓後多半投身軍旅；第三類是由軍人轉任警察者，這類因為政府對軍隊進行整編而安排轉任的警察，由於人數不少，對警界的衝擊也最大。這是因為「當時執政者重視軍人的程度明顯高於警察，故轉職者往往得以佔上好缺…」（張瑞德、曹忻訪問，曹忻記錄整理，《從一線一星到警政署長：盧毓鈞先生訪談錄》，頁14）。再就地域籍貫而論，盧先生也指出，當時大陸出身的警察人員可以分為「福建幫」、「山東幫」以及「江蘇幫」（前引書，頁17）。詳見該書，頁14–19。

　　第二個問題是「組織怪象，違反法理」。民國56年（1967）7月1日臺北市升格為院轄市，臺北市警察局也同步升格為院轄市警察局，按理不再隸屬臺灣省警務處管轄。但是，政府為了警政指揮系統一元化考量，仍然將臺北市警察局長一職由臺灣省警務處長黃對墀兼任。黃處長係由軍人轉任警職者，深具軍人色彩。如此之故，警務處實際上仍然對臺北市警察局掌握實質的管轄權。

　　戰後臺灣的警察組織原係三級制（中央、省市、縣市）。民國38年（1949）政府遷臺前，內政部在中央設有「警察總署」（1946/8/15–1949/4）。同年4月，裁撤總署，將警察組織縮編為「警政司」（1927–1946；1949–1972）。依「警察法」規定，在省應設警政廳，但戰後臺灣卻設警務處。臺北市升格為院轄市後，警務處不但繼續管轄到臺北市的警務，並且代行中央警政機關的職權，總攬全國警政，可以說是「無法無天」，破壞法制。內政部在民國61年（1972）7月依據總統蔣經國明令公佈的「警政署組織條例」（民國60年11月17日），在中央廢司置署，成立警政署，取代了前此的警政司，首任署長由總統委派總統辦公室主任周菊村將軍擔任，並兼省警務處長，復兼省警察學校校長。這樣的「三位一體」，就制度層面而言，至為不宜。再說，警政署與警務處合署辦公，一套人事，兩個機關，幕僚單位人員都是一人二職；例如，警政署的科長（後改為組長）兼警務處科長，警政署的科員（組員）兼警務處的科員。這真可說是警界一大怪現象，也難怪問題滋生。

　　首先，警政署長必須向內政部長負責，但警務處長的頂頭上司實際上是省主席，受後者監督指揮。法制上如此，實際上署長又要受臺灣警備總司令、國家安全局長、國防部長

和參謀總長等上司的多重監督和指揮，動輒得咎。[49]再者，警政署長除了要出席立法院的質詢之外，又因身兼警務處長，同樣要到省議會去備詢，往往忙得不可開交，身心疲憊，焦頭爛額。[50]到了民國 66 年（1977），在警政署長孔令晟任內，中央才委派一位副署長，由其兼警務處長一職，這才暫時解決此一尷尬局面。

此一「三位一體」的怪象，有人說是受限於當年政治環境，也是考慮到節省人力與財政，但有識之士與警政學者則議論紛紛，交相抨擊。事實上，警察組織如此設計既不合情又不合理，而且不合法。這個情況一直要到民國 70 年（1981），由行政院分派三人擔任警政署長、警務處長及省警察學校校長，才有所改善。但是這個改革並不徹底，因此警務處和警政署依然「合署辦公」，怪象依然存在。民國 85 年（1996）6 月 29 日，省政府依省議會修正的「臺灣省政府組織規程」，〔1997 年 8 月 16 日〕改警務處為警政廳。署、處分立辦公，各司其事，這才改善這個亂象，逐步落實法制精神。[51]可惜才實施不到一年，民國 87 年（1998）7 月開始

49　盧毓鈞在其訪問紀錄中提及，「當時中華民國的情治單位體制，國家安全局是負責統整包含臺灣警備總司令部、憲兵司令部、內政部警政署以及法務部調查局等四大情治單位的上級機關，所以我們警察的直屬上司除了名義上的內政部外，國安局也是其一。」參閱張瑞德、曹忻訪問，曹忻記錄整理，《從一線一星到警政署長：盧毓鈞先生訪談錄》，頁 284-285。

50　民國 56 年（1967）臺北市改制為直轄市後，層級等同臺灣省，因此省警務處長也兼任臺北市警察局長，省警務處長「一條鞭」式的領導方式並沒改變；同一時期的內政部警政司則屬於業務幕僚性質，並非統管警務的單位。1972 年警政署成立後，一直到民國 71 年（1982）為止，這段期間是由警政署長兼任臺灣省警務處長。盧毓鈞對於警務「一條鞭」法以及警政長期為軍情人員領導提出相當銳利的批評；詳閱盧毓鈞，《從一線一星到警政署長》，頁 92-93。

51　1997 年 8 月 16 日，臺灣省政府警務處更名為臺灣省政府警政廳。

實施「精省」，省政府被「精掉」了，[52] 警政廳〔即更名前的警務處〕也跟著在 12 月被裁撤，警察人員與業務再度回歸警政署。

十三、感恩‧感謝‧感想

　　民國 34 年（1945）10 月，我隨臺幹班來臺接收警政，最初被派到臺南市服務，有了固定工作之後就想要成家。民國 40 年（1951）3 月 18 日，透過同鄉介紹，我認識了當時服務於臺南空軍醫院、擔任護理工作的方麗珍女士。麗珍為江蘇灌雲大伊山鎮人，系出望族。民國 38 年（1949）大陸情勢逆轉、政府遷臺時，她正在上海空軍醫院服務，因此也跟隨政府來臺。我和她認識可說是緣份，「千里姻緣一線牽」。與她相識後，我覺得她賢淑端莊，因而結為連理。

　　我們共育有二男三女，皆接受大專教育。目前除三女尚未出閣外，其餘皆已成家立業，共有內孫二、孫女一、外孫一、外孫女二，一家和睦，生活小康，家庭美滿。我妻在我任職嘉義縣警察局（1956 年 9 月到 1958 年 9 月，科員）時信主。我在調任雲林縣警察局北港分局（1958 年 9 月到 1965 年 8 月，副分局長）期間，也帶著全家信主，加入「基督教臺灣信義會」，三個小孩也跟著信教，當時最小的兩個小孩還未出生。

　　我們邢家子孫多依家譜取名，以辨識輩份。名是依家譜字輩取的，我們這一系自 15 世至 22 世依字輩為「書耕繼美禮道傳家」這八個字，一看譜名就知輩份，以序長幼尊卑。先祖父是第 15 代，諱翰書；先父是第 16 代，諱讓耕；我是第 17 代，譜名繼鸞；我子女為第 18 代，就以「美」字輩取名。

52　或稱「凍省」，也就是將省這個層級「虛級化」。

所以我將兩個兒子取名美琦、美瓏，三個女兒依序分別是美琳、美璇、美珍。民國56年（1967），長子美琦上臺南一中時，有一天老師點名，說班上怎會有女生？雖只是玩笑，長子不高興，回來便吵著要改名，我因而將他另取天放為學名，戶口也同步更正。同時次子也改名天祥，以免歷史重演。

據我所知，光復之初臺幹班來臺者計932人，到了六十週年（2005）同學會時尚健在、可聯絡者，只剩下347人。這幾年來每年有幾近十人過世，令人感慨萬分。感謝主對我的看顧與保祐，我的身體還算康健，頭腦也還清醒。

我乃臺幹班無名小卒，無赫赫事功，只是悠悠歷史長河中的一粒沙石。人生如夢，光陰似箭，來臺一晃就是六十餘年。當初我只是一個二十二歲的年輕小伙子，如今已是白髮蒼蒼的老人。[53]

諺云「人生七十才開始。」一晃十多年又過去，難免感觸良多。然而，「但得夕陽無限好，何須惆悵近黃昏。」《菜根譚》也有「日既暮而猶煙霞絢爛，歲將晚而更橙橘芳馨。故末路晚年，君子更宜精神百倍。」[54] 格言勉勵我們要「老當益壯」，我也常自勉，在注重養生和勤加運動之餘，心懷感激和喜樂地安度餘年。

53　請參閱邢翰自傳的自刊本，《七十縮影——邢翰自傳影集》（臺北：自費出版，2003），頁72。

54　（明）洪自識著，《菜根譚》（臺北：大夏出版社，1985），頁145。

邢翰先生簡歷

- ❖ 1945/11/24 － 抵臺
- ❖ 1945/11/08 － 任臺南州接收管理委員會接收管理委員
- ❖ 1946/01/15 － 臺南市警察局科員
- ❖ 1950/09 － 臺南市警察局督察員
- ❖ 1956/09/01 － 嘉義縣警察局科員
- ❖ 1958/09/13 － 雲林縣警察局北港分局副分局長
- ❖ 1965/08/12 － 雲林縣警察局斗南分局分局長
- ❖ 1967/070/1 － 臺南市第五分局分局長
- ❖ 1973/04/23 － 臺南市第二分局分局長
- ❖ 1974/03/29 － 南投縣警察局督察長
- ❖ 1976/03/06 － 臺中縣警察局督察長
- ❖ 1978/08/17 － 屏東縣警察局副局長
- ❖ 1979/10/01 － 臺北市政府警察局督察
- ❖ 1982/05/01 － 臺北市政府警察局後勤科長
- ❖ 1988/08/01 － 自願退休，共計服務 43 年 9 月

〈我們生活在燕江畔〉[55]

〔前略〕

勝利狂歡之夜

　　昨（十日）晚，十點多，已熄燈，我睡得正甜，忽然傳來了一陣鼓掌及歡叫聲，將我從夢中驚醒。

　　「幹什麼？搞什麼蛋！」我自言自語不耐地說。

　　接著，「中華民國萬歲！」全隊部的人，歡呼著。我還是懜懜懂懂在驚疑：「什麼事情？」

　　「老邢！日本無條件投降了！」我的「芳鄰」睡在我邊旁的陳永輝學長興奮而愕然地告訴我。

　　「不要神氣！那裡會這樣快？」我仍有點懷疑。

　　「的確的，是校部來的通報。」他高興地解釋說。

　　隨著，又是一陣掌聲、叫聲、笑聲，他們高唱著：「最後勝利是我們的……。」「哈！……哈哈！」

　　我不再猶疑，頓然，我也狂喜起來，兩足拍著床板，高呼著：「打回老家去！打回老家……去！」

　　是的，日本昨日宣示願接受中、美、英三國聯合發表的「波茨坦宣言」，向盟國無條件投降。勝利來臨了。

　　剎那間，我竟喜極而泣，悲從中來，淚珠兒一顆一顆奪眶而出。回憶著往日的情景，一幕一幕浮現在眼前。

　　三十年秋，日本鬼子侵佔了我的家鄉。我背井離鄉，別了親愛的爹娘，流浪逃亡，到後方求學。曾經冒著生命的危險，小心翼翼地逃過敵人封鎖線，也曾在嚴寒的冬天，淋著雨雪爬過上下三十里的馬金嶺，更曾在酷熱的盛暑，頂著炎

55　原稿出處，《中央警官學校臺幹班師生來臺五十週年紀念專輯》（臺北：臺幹班互助基金會，1995），頁50–58。

陽，背著行李，行走在蜿蜒曲折的公路上，千辛萬苦，跋山涉水。爭自由，求前程。不久，我的三哥，在汪偽政府清鄉運動下而被害。我的父親，被日本鬼子下鄉掃蕩踢傷而病逝。我的母親相繼因思兒憂鬱而辭世……。

八年長期抗戰，如今終於獲得勝利。但國仇何以得報？家恨也難消。

想著，想著。熱淚又流了出來。

在歡騰聲中，有人高呼：「到臺灣去！」傳入我的耳鼓。隨著「乒乒乓乓……」，大家從床上跳起來，我偷偷擦乾眼淚，自然而然地跟著穿好衣服，下了床。宿舍裡的燈，雖然仍是以前一樣的燈，但燈光似乎特別明亮，放射出驕傲的光芒，照耀著每個人喜悅的臉龐，它似乎也在慶祝勝利佳音的來臨。

宿舍前，一堆人，圍著區隊長與特務長，興高采烈，似乎在開「小組討論」：

一個說：「今晚我們不睡覺，一生難忘，今夜就是狂歡之夜！」

一個說：「我們要慶祝勝利！」

一個說：「我們要……。」

更有一個人，向沈區隊長說：「我們要打槍，每人三顆子彈，對空鳴槍，來熱烈慶祝！」

我又走到另一堆人群，他們似乎在開辯論會：

一個說：「日本人投降，不能不說是歸功於美國發明了原子彈，轟炸了廣島與長崎，兩個幾十萬以上的人口，成千上萬棟建築物的城市，一剎那間化為廢墟。其威力無比，所以仗打不下去了……。」

一個有點不服氣的學長說：「話不能這麼說。中、美、英三國聯盟，共同對日作戰。在中國，我們不但牽制了日本大量兵力，使盟軍利於攻勢作戰；我國并派精銳的遠征軍，

到緬甸去，協助英軍，打敗日軍。我們的合作貢獻，終而獲得盟國的勝利。日本投降，怎麼能說全歸功於美國的原子彈呢！」

又有一個插口說：「日本窮兵黷武，侵略各地，怎能不敗？何況我們的國軍，已開始反攻，最近收復桂林柳州，日軍節節敗退，勝利遲早的事……。」

「……。」

正爭論間，我們的魯隊長，抱了一大圈爆竹回來了，興奮地高喊著：「集合，集合！每個人去找根火把，預備到街上去遊行！」

雖然我們找到了竹子，或者木條，但是不易久燃當作火把。於是魯隊長又改變主意，就在宿舍的天井，將全部竹木堆積起來，由特務長澆上油，點燃起來，舉行營火會。

「拍！拍……拍……」的鞭炮聲，在夜深人靜，格外響亮，遠震〔震動聲從遠方傳來〕這個山鎮，告訴梅列民眾：「日本投降，我們勝利了！」

熊熊的火光，在今晚特別亮麗。當隊長說了幾句慶祝勝利的話後，我們高呼：

「蔣委員長萬歲！

校長萬歲！

抗戰勝利萬歲！

中華民國萬歲！」

接著，我們開始跳火。大家欣喜若狂，一個　個，「赴湯蹈火」，毫無懼色，從烈火堆上，一躍而過。週而復始，不知幾個輪回。

并且，有啦啦隊喊著：「沈區隊長！跳火啦！」

……。

我們圍著通紅的火堆，神情振奮地齊聲高唱我們的歌：

「…………。

必誠，必公，

仁為中心，

仁仁仁，

仁是中華新警察的靈魂！」

　　唱完「警魂歌」後，雖然，有些人聲音已經沙啞，但仍接著高唱「力行進行曲」：

「…………。

力行，力行，

我們都是中國的新生命，

誠為原動力，

仁為我中心，

公為總目標，

齊向著三民主義的大道前進！

…………。」

　　我們狂歡通宵，將近黎明。雖又再寢，可是，欣喜心情，仍餘波蕩漾，怎能成眠？

　　今天，全校各班期放假一天，沒上課。梅列街上，現〔顯〕得特別熱鬧。我們的同學，三五成群，在逛街。酒樓茶館，生意格外興隆。我與小王及繼瑞兄，坐上一家酒樓，為慶祝勝利而乾杯！

　　　　　　　　　　　　　　　　　　　卅四、八、十一

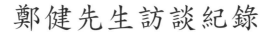

鄭健先生訪談紀錄

訪談歷程

❖ 2008/1/16 參加中研院臺史所座談會；2009/1/21、2009/3/11、2011/6/20 在臺史所共訪談三次；2011/7/18 到鄭宅補訪。

簡介

　　鄭健先生，福建長汀人，民國15年（1926）1月25日出生。福建長汀中學畢業後，民國33年（1944）冬入中央警官學校第二分校臺灣警察幹部訓練班學生班受訓。民國34年（1945）10月底隨臺幹班來臺接收警政，擔任臺南州曾文郡役所接收管理員。民國35年（1946）地方改制後，先是擔任曾文區警察所所長，之後任職臺南縣警察局戶口主任六年，對「警察勤務區制」（簡稱警勤區制）和戶口查察的實施和推行有深刻認識和實際經驗。民國40年（1951）冬，改調至宜蘭縣警察局，未幾調任臺北市政府警察局督察員。此後，一直在臺北市警察局服務，迄至民國81年（1992）春退休，共計在警界服務近47年。

　　鄭健自民國43年（1954）起，利用公餘在私立東吳大學法學院法律系進修，民國47年（1958）獲法學士學位。民國90年（2001）獲邀出任臺北市退休警察人員協會總幹事，現〔2008年訪問之際〕仍擔任「中華警政協會」祕書長及「臺北市中央警察大學校友會」（原「中央警官學校校友會」）總幹事等事務。民國102年（2013）9月8日辭世。

一、家世與求學

　　我是福建長汀人，生於民國15年（1926）1月25日。我幼年時最早的印象之一，是約四、五歲時家裡養馬，當時祖父華榜公（號秀眉）還在世。聽祖父說，我家族本來很富有，但近代經過兩次地方徵捐後，家產幾乎全被徵光。一次是在清末，因為列強進逼中國，清末戰敗賠款，官方下令各縣市商家認捐賠款。第二次是共產黨打來的時候。民國20年（1931）共產黨在老巢江西瑞金成立蘇維埃政府，因為江西

瑞金和福建長汀只是隔界而已，共產黨很快就佔據了長汀，抽壯丁、抄家產，我家被共軍佔住，這次家產幾乎全被抄光。所以到了先父家珍公掌家時，家境已經很困難，常常寅吃卯糧，這在抗戰時期幾乎是全國性的普遍現象。

約在民國 20 年或 21 年（1931-32）左右，由於日子實在很難維持，家父便帶領我們舉家從長汀經由水路（當時汀江水路尚可通航）搬到上杭，想辦法在那兒謀生。因此我小學到初中都是在上杭完成的，高中才就讀長汀中學。

我家直到哥哥鄭國光從福建音樂專科學校畢業，擔任教職後從政，家境才逐漸好轉。我哥哥先是在福建浦城縣政府擔任社會科科長，但浦城在閩北，浦城距離家鄉太遠，哥哥就想辦法調回長汀，在長汀當民政科科長，我們全家才又從上杭搬回長汀。

二、棄學從警

日本人侵略中國，蠶食鯨吞，引起中國人同仇敵愾。大約是民國 31-32 年（1942-1943）左右，我正在福建省立長汀中學就讀高中。老總統發起「十萬青年十萬軍」的運動，鼓勵青年學子從軍，和日本人做殊死戰。

那時的校長是金樹榮，他每天在升旗典禮時都會報告戰況，也會在週會時公開號召同學從軍，這些動員活動都沒有強迫性。當時日軍兵分多路攻打中國，長沙已經失陷，江西、廣東也岌岌可危，眼看中國就要滅亡了。我們那時年輕，一聽校長這麼說，就感到很憤慨，覺得日本人很殘忍，所以很多人都自動去簽名、志願從軍去。當時我也去簽了名，立志要參加青年軍，為國效命。

志願從軍這件事被家人知道後，家母非常傷心，怎麼樣都不讓我參加。我跟她講，日本人打來了，不和日本人打仗

是不可能的，我們也會活不了。但是母親無論如何就是不肯
答應，所以我就打消了從軍的念頭。

　　不久〔1944年冬〕，我知道中央警官學校在招生，就問
我哥哥的意見。哥哥建議我改名赴考，我就這樣報考了中央
警官學校。沒想到戰後沒來得及和家人講一聲，受完訓就隨
班來臺，從此沒有機會再見家人一面。現在講來，心裡還是
很難過。

　　當時中央警官學校第二分校剛在長汀成立，我是長汀
人，也是第一批考取臺灣警察幹部訓練班的學生。入學後，
我才知道還有兩位長汀人也同時考上，一個叫李璧圭，另一
個叫何仰湯。那時福建長汀有長汀中學和僑民師範（後改為
國立海疆師範）。僑民師範有一位泰國僑生陳銀華和我一起
參加中央警官學校的招考，也考取了。我們一起在長汀受訓。

　　中央警官學校學生隊第一批的招生只錄取十餘人。因為
學校剛成立，大部份人不瞭解，所以參加考試的人並不多。
我進去後，該校又陸續招考了幾批。

　　我們在長汀受訓兩個月，日本人已打到江西贛州。贛州
隔著瑞金，眼看就要打到長汀了，學校認為長汀不安全，決
定遷校到福建三元縣的梅列。當時福建保安團隊的訓練基地
就設在梅列，另外還有部份海軍訓練基地也在梅列。

　　民國34年（1945）3月，我們由長汀出發，先行軍到
永安，再搭民船到梅列，這才真正安定下來，開始接受訓練。
到了梅列之後，我和李璧圭、何仰湯三人都編在學生第一隊，
陳銀華編在第二隊。

三、梅列受訓

　　抗戰末期的民國32年（1943）11月，中、美、英三
國領袖在開羅會議之後發表共同宣言，要點包括在戰爭結束

後，日本將甲午戰後取自中國的臺灣、澎湖列島等地，歸還中國。民國33年（1944）8月，臺灣警察幹部講習班在四川重慶成立，簡稱「臺幹班」；第一期只設講習班，調訓高級警官34〔應為36〕人。臺幹班的任務就是負責訓練一批警政幹部，以接管臺灣警務。

〔1944年9月政府〕在長汀成立中央警官學校第二分校後，又分別在長汀、永安、泉州等地辦理講習班第二期和學員班、學生班及初幹班等的招生。班主任胡福相係浙江警校畢業，曾留學日本，在福建省永春、建揚當過縣長。此時福建屬第三戰區（含括福建、廣東、浙江和江蘇等省市），司令長官是顧祝同。民國34年（1945）中央警官學校第二分校成立之初，因人手不足、經費支絀，校舍設施及全體師生之糧秣、被服裝具等均付闕如，分校陳玉輝主任於1月24日專程赴江西上饒晉見第三戰區司令長官顧祝同。經請示後，特准先行撥發械彈、服裝及通訊器材應急。因此，臺幹班所需的物資，包括糧食、器材、被服、軍事武器等，都由第三戰區提供。

在福建招生的臺幹班一共編有四個班，我是學生班第一隊的學生；隊長是魯廷璧，隊附江秋心。依當時的編制，一個隊設一個指導員、一個隊長和一個隊附。一隊一百多人，下分三個區隊，共有三個區隊長；每個區隊下又分三個班，每班約十人。胡福相主任並沒有直接上我們的課，只是在升旗聚會或全班集合時對我們精神訓話，大概都是講些勉勵的話。胡主任會日語，他寫的一本關於日本統治臺灣時期的警察書籍，同學們都很受用。

受訓的內容包羅萬象，除了學科和術科外，還有軍事技能的教練與應用。當局考慮到未來臺灣接收時會有狀況，所以受訓時一定要教授基本教練和自衛動作。

我們所有的訓練課程當然還是以警務為主，凡是和警務

相關的部門課程都要學，例如：行政警察、保安警察、消防警察、戶口和衛生、驗槍和指紋鑑定等，全部都要學。其他課程還包括政治學、社會學和經濟學，以及民事、刑事等相關法學課程。另外，訓練課程還包括英文、日文等語文課。學日文是因應臺灣接管警察任務的需要，日文老師是臺灣〔新竹州〕出身的吳俊明。

同學彼此講國語，但因為臺幹班學員生以閩南人和客家人佔絕大多數，所以私下都用各自的語言交談。福建長汀以客家話為主要語言，我在家也多講客家話，因此在校中和客家人比較接近。學校裡還有所謂「外省人」，指的就是人數較少的湖南人、浙江人和江蘇人，一共不到十位，所以他們又自成一圈。

我們學生班一隊受訓的地點是梅列沙溪旁的正順廟，廟前就是沙溪。正順廟不算小，原本供奉謝將軍。這位謝將軍是地方人物，聽說他從小學武，後來入伍從軍。因為地方不安定，他出來消滅地方惡勢力，為民除害，所以他過世後，地方人士建廟紀念他。這裡本來屬於三元縣梅列；1956年三元縣與明溪縣合併，設三明縣；1960年改置市，合稱三明市，變得很熱鬧。這廟現在還在，但已改為三明市博物館。

正順廟的正殿就是我們上課的地方，後方擺有神像。廟的兩列有房間，那是我們睡覺休息的場所。一間房住了十幾、二十個人，我們全隊都住在這座廟裡。隊長、隊附和指導員和我們一樣，也住在廟裡，只是他們有自己的房間。廟外的空地是一隊的主要活動場地，我們都在廟埕吃飯，下雨才進廟裡。吃飯時我們都蹲著吃，菜飯用洗臉盆裝著。當時其實也沒什麼菜，但是有湯，飯粒中還攙有很多沙礫。

至於沙溪，那是我們受訓生活中最主要的場所。我們洗澡、洗衣服都靠這條溪，甚至做飯、燒水，都少不了這條沙溪。大家就是這樣過著受訓的每一日。

　　廟的左後方有個曬衣場，其餘地方則長滿了樹。樹林後面有一條小路，可通到街上，我們要買東西就順著這條小路到街上去買。現在這裡已開出一條路來了，就叫列西路。

　　民國 34（1945）年 8 月 15 日日本無條件投降。我們臺幹班本來預計應該受訓一年，至此必須提前結訓，提前在 10 月畢業。10 月中旬，我們離開梅列，也離開了大陸，來到臺灣。

四、渡海來臺

　　我來臺灣之前對臺灣的認識很少，大約只知道在哪個方位。依稀記得小時候曾經聽父親提過臺灣，說臺灣原先是隸屬中國的，不是日本的。他還說，臺灣很富庶，有「兩大多」，一是米多，一是糖多。臺灣氣候很好，米一年能收成三次。我想爸爸要是知道我要到臺灣去，一定也會贊成的。

　　我們考入中央警官學校臺灣警察幹部訓練班時，當局為了安全問題，將各種情況都納入考慮。所以入學時就講明白，臺灣收復、登陸臺灣後，不知道會有什麼樣的情況產生，一切都很難講。由於擔心日本人投降後仍有反抗行為，警察人員抵臺後要完全配合軍事行動，以防不測。

　　在福州出發赴臺前，學校要每個人提供一位大陸親人的姓名、地址，先發給我們〔家人〕一筆安家費。民國 34 年（1945）10 月 24 日凌晨，臺幹班成員拾乘的軍用運輸船艦抵達基隆。抵達臺灣後，當局要我們申請臺灣銀行的戶頭，以便按月撥付薪津，讓我們對家人盡一份照顧的責任。

　　從抗戰勝利後到整裝待發這段時間，我曾間斷地把這段從離開梅列到福州馬尾搭乘美軍船艦來到基隆的經過記錄下來。我求學時本來有寫日記的習慣，但到臺灣後把這個習慣丟掉了，非常可惜。對我來說，這是一段非常珍貴的回憶。

以下是摘自我日記的片斷：[1]

民國 34 年 10 月 13 日

今天，我們奉令起程赴臺，每一個同學都忙〔著〕整裝、寫家信。上午 10 時，我亦寄出了最後一封在梅列給家裡的信。下午 3 時，全體學員生集聚於陳主任玉輝公館外，作行前聽訓，適主任因公赴浙，由李副主任一民訓示工作要點，要同學們盡忠國家，勤勞職守。胡副主任兼班主任福相訓勉：1、要檢點言行。2、要遵守紀律。3、要服從命令。最後徐訓練處長勵亦給予我們行前很多寶貴的訓示。

下午 5 時，大家分批上船後，隨即啟碇，船沿燕江南下；傍晚行舟，兩旁樹影倒掛江面，波光閃映，別有一種景色與情趣。船行距沙縣中途，天已漆黑，既而驚聞有前船一艘觸石，船底撞破入水，行李大部分已為水浸濕；幸而當時因水旱江淺，船伕搶救得法，未出亂險，然同學亦飽受虛驚矣。行船不得已，停止前進，各船都靠岸停泊。船行半途，苦無宿處，大家只得在船上屈膝過夜。

民國 34 年 10 月 14 日

清晨，滿江雲霧，天亮好久，霧還未散，7 時左右，船仍冒霧開行，穿灘下水，直如騰雲駕霧。中午 12 時，船抵沙縣，整半天未進粒米，饑腸轆轆，隊上通知准大家上岸，我與璧圭兄等亦同上街用餐，以飽饑腸。

1 小時後，舟離沙縣，江面寬闊，兩旁沙灘卻幾佔大半，真不失沙縣之稱。船行至青溪鄉，前船卻自泊岸憩息，不再開行了。其時尚在下午 4 時半，儘可再行一程，但船伕謂天黑以前絕不能趕至南平，且前面灘多水急，昨晚有一船險遭

1　鄭先生所提供的日記為片斷摘錄，性質屬未刊稿，因此編者將其放入正文。

不幸，故不肯再開。同學們紛紛登岸遊玩，是晚借宿青溪鄉
中心學校校舍。

民國 34 年 10 月 15 日

今天舟行順利，上午 11 時就到了南平，兩艘汽艇已靠
在碼頭等待我們，隊上官長宣布今天晚上要趕到福州，所以
行李馬上就移上了艇艙，隨後大家亦上了甲板（我坐的一艘
是湖南號）。未幾，煙囪已突突冒煙，掉頭前進矣！僅在南
平碼頭上駐足 20 分鐘，惜未能入城一覽，亦憾事耶！

晚上 9 時 10 分安抵福州南臺，兩岸燈火輝映，碼頭人
聲鼎沸，熙攘景象，筆不罄述。抵舍後，大家忙於找住宿地
方及用膳，至就寢時，已深夜 12 時矣，榕城熱鬧，亦無暇顧
及，晚宿蒼霞州救火會。

民國 34 年 10 月 16 日

三天旅途的辛苦，昨夜算已得到了補償，一大早隊上
給我們發下了每人一套黃卡其新制服、一雙黑襪子、五百元
〔圓〕國幣。本來聽說今天就要乘輪赴臺，昨天一下午才拼
命趕路；但是等我們的船，據說昨天已開往別處去了，需要
再等幾天，於是我們亦樂得在榕城多玩上幾天。

民國 34 年 10 月 21 日

昨晚 11 時臨睡前，隊上傳出了明大赴臺消息，所以
整夜的安息時間，都給興奮激動的情緒所佔據。上午 9 時半，
在南臺碼頭登上小駁輪，岸上許多人在為我們拍照，揮手送
行，「警魂歌」、「力行進行曲」，此起彼落地，與波濤起
伏相共鳴，仰望天空，藍天碧色，心靈的激動，簡直無從予
以壓抑。

傍晚，我們到馬尾，換乘美軍運輸艦，一共有 27 艘；

我乘的是 F609 號。除我們一千餘位師生（連初幹班在內）分配了 5 艘外，其餘分乘臺灣省行政長官公署官員、憲兵、特務團等先遣人員。27 艘軍艦中，聽說還有兩艘是掃雷艇。

民國 34 年 10 月 23 日

昨天一整天在艦上休息，昨晚 7 時還與艦上美軍盟友舉行了一次聯歡晚會，並由魯隊長廷壁與他們交換簽名綢布紀念；最有趣的，還是黑人水手給我們表演黑人舞。

上午聽說就要開航了，但是延至傍晚時分始一一啟碇，一艘緊隨一艘，長蛇似的蜿蜒在閩江向外海前進，每轉一個山頭，艦艇忽隱忽現地衝刺於閩江江面，江邊山陵起伏，尚有一、二尊大砲，突出於蔓草叢中，三、二歸帆，飄浮於閩江海面。

出閩江口入海，艦身開始搖擺起伏。許多同學因暈船而嘔吐，我亦是其中之一，趕忙入艙吊鋪倒臥，一夜未曾稍離。深夜海景，可惜未能予以領略。

民國 34 年 10 月 24 日

一夕過後，艦身漸漸穩定，耳邊聽著同學們嚷叫，基隆到了！到了！我急忙也爬上甲板，果然，所有的艦隻都在繫纜拋錨，岸上的火車來回尖叫，岸上所有的臺灣同胞圍聚在碼頭岸邊兜售食品、水果，尤其是香蕉，一筐筐地為我們所購買。暈船的同學，一跑到岸上，就精神挺足，每一個人領到了一雙半統緊口馬靴，氣昂昂挺胸闊步，我們整隊沿基隆市街行至指定地點休息、用午餐，馬路上行人雖少，但是每一個店舖都掛滿了青天白日滿地紅的國旗。

下午 3 時許，我們乘特備專車火車，離基駛北，沿鐵路道旁，只見國旗招展，萬歲之聲響徹雲霄。基北〔從基隆到臺北〕途中，每一車站都有臺灣同胞們歡迎，所有的男女老

少都為我們唱歡迎歌，許多閩南籍的同學都乘機與他們愉快的交談，他們竟也似闊別多年的家人，是那樣的親暱與慈愛。在 50 年前，他們原亦是八閩的子弟啊！

到達臺北，車站月臺上，歡迎的人群已是人山人海。看著每一個臺灣同胞慈祥的臉孔，我們像是看到闊別已久的兄弟，他們盡情的歡呼、歌唱！每一個臺灣同胞在中華民國萬歲、萬萬歲聲中，興奮得熱淚盈眶，他們都慶幸臺灣回歸祖國懷抱，感謝最高領袖　蔣公的領導。我們的手，握得更緊。

晚上，我們被指定在總督府警察官及司獄官練習所內下榻，今天，就是我們來臺的第一天！每一個同學都安睡於美麗的夢鄉！

五、抵臺後的感觸

民國 34 年（1945）8 月 15 日，日本向同盟國宣佈無條件投降，臺灣及澎湖群島依「開羅宣言」回歸中華民國。10 月 24 日，臺幹班全體師生乘艦登陸基隆，進駐臺北市廣州街原日本時代的臺灣總督府警察官及司獄官練習所。

到達臺灣以後，我對臺灣的印象非常好。記得我小時候（大約五歲時），和家人到廣東潮州、汕頭去玩，曾經從潮州搭乘火車到汕頭。來到臺灣初日，我們從基隆到臺北也是搭火車。這讓我看到臺灣的進步，感覺到日本人把臺灣經營、管理得很好，讓我對臺灣有非常好的印象。

日本統治臺灣那麼多年，因此那時看臺灣人，覺得真的和我們不一樣。日本是彈丸之地，野心卻不小，挑起世界大戰，令人難以想像。抗戰末期，物資在臺灣非常缺乏，加上戰時動員，居然使得臺灣人的穿著打扮幾乎和日本人一樣。像是衣服，當時臺灣人穿的上衣都短短的，只能遮到肚臍，褲子也是短短的，半長褲，腳下都是穿木屐或日本式拖鞋。

說穿了，就是戰時臺灣人因日常生活用品實施配給，物資異常的缺乏，聽聞就是因為被日本人搜括殆盡。

我們在 24 日抵達臺灣後的第一件事，就是在岸上買香蕉吃。臺灣的香蕉大又長，而且很甜。以前在家鄉，雖然吃過香蕉，但福建的香蕉都是小小的一根，和臺灣的不一樣。剛下船時，每個人都領到很多法幣，大家看到香蕉大又長，就趕緊去買，吃得很開心。後來才知道，這時法幣在大陸已經不值錢了。不久，臺灣開始使用〔舊〕臺幣，我們在工作單位發的薪水也都是臺幣。不過，此時國共還在內戰中，因此薪餉的大部分都是以米糧配給計算。[2]

光復之初，農業荒蕪，工業不振，電廠都被破壞地幾無電力可用，所以政府開始實施固定配糧。我們在各地區警察單位服務的人都加入公家伙食團，因為一個人吃不了那麼多的米和油。剛好當時我有一個中學國文老師高仰山也到了臺灣，在臺南一中教書，但他不是編制內的，沒有政府配給——當時只有公務人員有配給。所以我就把配給多出來的米糧票送給他，幫他渡過一段艱困的日子。

六、接管警政

民國 34 年（1945）10 月 25 日，臺灣光復的受降典禮在臺北市公會堂（即今位在秀山街的中山堂）舉行，我們部份同學被派去執行勤務，警備地點就在中山堂四周。我負責延平南路和衡陽路口的警衛工作。光復日當天臺北街上看不到什麼行人。

2　1949 年 6 月 15 日，臺灣實施幣制改革，發行新臺幣。詳閱吳聰敏著，〈臺灣戰後的惡性物價膨脹（1945-1950）〉《國史館學術集刊》第 10 期（2006 年 12 月），頁 129–159。

　　我們來臺時，老師、學生加起來不過 1,001 個人。[3] 要將這些人分派到全臺五州三廳接收警政，人力當然是不夠的，所以當時也留用一些戰前的警察。這些留用警員大部份是日據時期的臺籍警察，他們都在郡以下的派出所、駐在所、出張所任職，在過渡時期協助我們維護臺灣的治安任務。

　　11 月 8 日開始分發。我們臺幹班分到臺南服務的同學一共約有八十個，到了臺南以後再進一步分發。最上層的接收單位是臺南州接管委員會，主任委員是韓聯和（1945 年 11月 26 日就任，1946 年 8 月 26 日卸任）。臺南州的面積很大，物產多，人口也多，地方非常富庶，當時人口約二百四十萬人。原臺南州共轄臺南市、嘉義市及十個郡：新豐、新營、新化、曾文、北門、嘉義、北港、斗六、東石、虎尾。

　　接收之際，臺南州的行政區劃下就是上述臺南及嘉義兩市（市設警察署）和十個郡役所。由於接管人員不足，我和岳秉卿學長負責的曾文郡〔警察課〕接收工作〔郡警察課的接管人員就叫做接管人員〕（圖 2-1），不以警務為限，還包括郡役所政務的接收。岳秉卿年紀比較大，他是師範學校畢業的，在大陸曾經當過老師，為人處事比較成熟，所以由他負責接收全郡的事務。

　　戰前的曾文郡有五個街庄，分別是麻豆街、下營庄、官田庄、六甲庄和大內庄。我們的工作是接管日本人移交的財產、器材、人員等清冊。當時我覺得這些接收的東西都很有歷史價值，所以許多相關的文件資料我都曾留卜一份備份珍藏。但是經過那麼多年，我又多次遷移住所，東西不是佚失就是破損，現在都已經不復存在了，相當可惜。

　　曾文郡役所在麻豆。當時麻豆街長為林耕陽，是麻豆街

3　關於來臺人數，受訪各人說法有所出入，應該都是日後回顧時根據一、二種論著的數字而轉述的，但差異不大。

圖 2-1：曾文郡各界歡迎接管委員合影（1945/12/22）

望族。我記得接管的監交儀式是由臺南州接收管理委員會派
專門委員龔履端代表主持的，我對他的印象很好。後來政府
發表龔先生為屏東市首任市長。

　　我和岳秉卿兩人那時好像初生之犢不畏虎似地，到臺南
麻豆接收，麻豆地區五、六個鄉鎮就靠我們兩人來接管全郡
的政務和警務。岳秉卿學長年紀比我大，經歷比我多，所以
由他擔任郡守（隨即改稱區長）。還好臺灣同胞很有人文素
養，看到警察都是一鞠躬，叫「大人」，所以全郡的治安良
好。當時我所接觸到的臺灣人都認為「接收」就是「回歸祖
國」。所謂「臺灣人」，其實他們的祖先早年幾乎都是從福
建、廣東來的，到這時（1945 年底）有些人已經是第七代、
第八代了。對於回歸中國一事，他們看來都很興奮，所以我

們接管時沒什麼大問題。

　　我在這裡要特別感謝大內庄一位慈祥的長者——楊雲祥老伯伯。從我到曾文郡服務那天起，他見面就像見到親人一樣，把我視為同宗子姪般地呵護。那時他是嘉南農田水利會常務理事。後來我在臺北市警察局服務時，他每次出差到臺北，就會住在臺北旅社（今館前路世華銀行行址），我也都會去臺北旅社看他，向他請安。另外，麻豆街上還有一位陳純仁先生，是一位和藹長者，也令我懷念不已。

　　在麻豆服務時，每個街庄我都要去巡視，看看地方治安狀況，也去查看散在各地還未遣返的日本人，和他們打招呼。那時還沒被遣返的日本人都被集中在一處。我只會講客家話，日本話雖然稍微學過，但只會幾句簡單的日常生活用語而已，所以每次外出巡視都會有一位胡先生跟著我去，從旁協助幫我翻譯。

　　當時我除了要處理日產的接收工作外，也要負責遣送日僑。遣送日僑的工作必須要在半年內完成全部作業，所有日本人離開曾文區後留下來的私人財產、房屋、田地等，我們都要幫忙處理。當時臺灣每一區［1946年1月改為區制］都統一設有遣送站，以區為主，由區長擔任站長，由警察所所長擔任副站長，不論所長或副所長都由人事命令委任，負責日本人的遣送工作。曾文區也設有日僑遣送管理站，我是副站長，委任命是民國35年（1946）2月20日發下來的（圖2-2）。

　　曾文郡原來的日本人警察課長叫宇都宮，他很快就被遣送回日本了。曾文郡被遣送回國的日本人約有三千多人，所有的日本人都要造冊。不論是糖廠的技術人員、教師、商人或一般老百姓，只要是曾文區的日本人都在名冊上。名冊內除記有人名、住址、私產，還要註明帶走的物品，清冊記錄得清清楚楚地。我自己也保留了一份清冊，可惜後來都腐蛀、

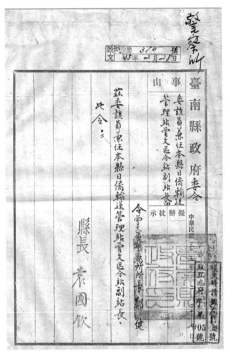

圖 2-2：臺南縣政府委令曾文區警察所所長鄭健兼任該縣日僑輸送管理站曾文區分站副站長

丟掉了。

　　遣返日本人的時間非常短，依規定必須在民國 35 年 3 月底就要將所有日本人遣送完畢。在這之前，因為日本人可帶回日本的金額和物產有限制，所以他們在離去前將無法帶走的物品擺到街上去變賣，每條街上一眼望去都是日本人在賣東西。日本變成戰敗國，不過日本人都非常守法，很守秩序，也很受人尊重，很少鬧事，加上他們也知道蔣中正總統呼籲人民要「以德報怨」，所以我們接管之際並沒有滋生任何問題。

　　遣送日本人之後，曾文區還設有日產處理委員會，我也是日產處理委員之一。這是有正式派令的，是民國 35 年（1946）3 月 2 日的派令（圖 2-3）。曾文區日產處理委員會主任委員是區長丁名楠（後述），委員共有十幾位，警察所所長是當然委員。大部分委員是地方仕紳，不外各街街長和各庄庄長；大內庄庄長就是其中之一。因為這些街長和庄長最清楚他們街庄裡有多少日產，由他們出面才容易處理。

　　有人會質疑，遣送日本人時會不會有貪污日產的情形？日本人要回去前，有的人會將東西送本地人，取巧的本地人

也會把日本人的房屋變更所有
人名字，本地人因為這樣發財
的確實不少，但守法的人是不
會去做這種事的。國有財產還
是由長官公署集中處理，這也
是國有財產會有這麼多的原因
之一，所以後來才會成立國有
財產局，集中處理這些國有財
產。

　　我曾保留當時一份清冊資
料，裡面記載有處理日產的組
織章程、管理辦法等。這份資
料相當珍貴，應該有助後人瞭
解當時的遣送情形，可惜也已
被蟲蛀掉，無法提供研究之用。

　　我在麻豆服務了半年。麻
豆的治安一直都很好，因為老百
姓多是由中國大陸來的後代子
孫，對我們不錯，治安也很好，
沒有搶、殺等事，地方上不但

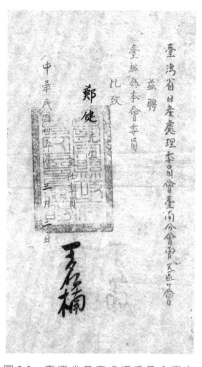

圖2-3：臺灣省日產處理委員會臺南
分會曾文區區會聘鄭健為該會委員
（1946/3/2）

沒有報復等行為，甚至連特別一點的案件一件都沒有發生。
我當時住在麻豆街的大官舍裡，官舍是日本警察課長留下來
的，是一般日式榻榻米的平房。我那時才19歲，非常年輕，
還沒結婚。住在官舍雖然非常舒適，我根本不會想要將房子
變為己有。我們同學都和我差不多。我們臺幹班來臺的都是
年輕人，又單身，根本沒想到去要這些東西，大體上也沒有
聽說有人因此發財或貪財。

七、光復初期人事雜憶

　　接管之後沒多久，臺灣地方行政就改制。民國35年（1946）2月1日成立縣市政府，在原臺南州接管委員會管轄區域下分別設立了臺南市政府和臺南縣政府。曾文郡改稱曾文區，屬臺南縣政府管轄，曾文郡役所（圖2-4）改稱曾文區署，首任區長是陳儀的外甥丁名楠。丁名楠是上海聖約翰大學畢業的，為人不錯，跟著陳儀來到臺灣，就被分派到曾文區署當區長。二二八事件之後，他不敢留在臺灣，便跟著陳儀回大陸去了。我前幾年去北京，聽說他還在世，是北京某大學的退休教授，當時他已是九十幾歲的人了，不曉得

圖2-4：臺南州曾文郡役所全體職員攝影留念（1945/12/22）

現在還在不在世。[4]

　　我在麻豆（曾文區署所在）服務的時間沒有太久，大約在民國 35 年 5 月就調到臺南縣警察局（局址在新營）第一課擔任課員，旋升任戶口主任，負責戶口相關業務，不久縣市警察局內增置戶政科，我改任戶口股股長。

　　當時臺南縣長是袁國欽，福建上杭人，在陳儀擔任福建省省主席時曾擔任過縣長。[5]陳儀到臺灣來時帶了一批人來，他是其中之一。縣政府的主任祕書是丘師彥，警察局長是陸翰筱，民政局長是李勃英，財政局長是高錦德（前省議會議長高育仁的父親），教育科長是楊毅（之後改由臺南師範學校畢業的胡丙申擔任），建設局長是李讚生，地政科長是朱聲濤。軍事科長是上官志標，他是上海四行倉庫之役[6]八百壯士中和團長謝晉元一起守衛四行倉庫的團附，所以他最喜歡和人家聊當年打日本人那一段經過。

　　二二八事件以後，臺南縣長改為薛人仰先生，[7]他多找本

4　丁名楠畢業於西南聯合大學，為中共地下黨員，1950 年自清華大學國學研究院（歷史碩士）畢業，進入中國社會科學院近代史研究所工作，從事義和團及中外關係研究，1979 年升任研究員，1999 年因癌症過世。

5　袁國欽，福建上杭白砂人。臺灣光復後，擔任過臺南縣長；二二八事件後返回大陸，成為中國共產黨黨員，曾經擔任福建省民政廳廳長。1955 年參加省政治協商會議第一屆委員會，被選為副祕書長。1958 年 1 月逝世。

6　民國 26 年（1937）8 月 13 日淞滬會戰爆發，中日雙方經過三個月血戰，死傷超過五十萬人。至 10 月底，日軍登陸杭州灣，謝晉元團長奉命留守，負起掩護大軍撤退的任務。10 月 27 日，日軍追擊，發現四行倉庫內有國軍，於是對倉庫夾攻，女童軍楊惠敏代表全體市民潛入倉庫獻旗，軍心振奮，誓言死守倉庫戰到最後。

7　薛人仰（1913-2006），字敏銓，福建福州人。1945 年赴臺，曾任臺北接管委員會委員，1948 年擔任臺南縣長以及第一屆國民大會代表，1952 年到1960 年間擔任臺灣省議會祕書長；其後歷任內政部常務次長、省黨部主委、國民黨中央委員會副祕書長。1976 年至 1981 年外派尼加拉瓜和瓜地馬拉擔任駐外大使，返臺後歷任蒙藏委員會委員長、總統府國策顧問、中央委員、中央評議委員等。

省人來擔任縣政府的職務。這個時候的臺南縣政府裡，大部份的長官都是本省人，只有民政局長、軍事科長是外省人。薛人仰是中央大學畢業的，他真的是個人才，後來〔1952〕擔任省議會秘書長，離開了臺南縣。

八、戶口查察勤務

臺灣光復初期，我在臺南縣警察局服務了一段不算短的時間，主要辦理的是戶籍行政業務。那時期的戶籍行政沿襲日本據臺時期的制度，由最基層的警察派出所負責轄區內的戶口查察，將查察紀錄登入戶籍簿內。那時戶口的管控做得非常嚴密，因為戰爭末期臺灣人民的糧、油、布疋以及糖鹽等民生必需物資等配給品，都是根據戶口資料配給的。

根據臺灣省行政長官公署及之後由省政府所頒發的規定（「戶政機關與警察機關辦理戶口查記聯繫辦法」），警察機關除協助自治機構對一般戶籍移動加以登記通報之外，尤其重視特種戶口及流動人口的調查登記。特種戶口是什麼呢？它所界定的範圍包括公共秩序與社會治安有關的業者，或其職業性質與上述業務相接近者。警察對這些業者要隨時注意其動態與靜態的調查，並加以註記和通報。這是警察勤務中戶口查察的主要內容。

1946年縣市政府成立後，戶籍行政業務一度改歸民政單位接管，警察機關只執行管轄區內的戶口查察勤務。民國38年（1949）間政府播遷來臺，大批軍民從大陸陸續撤退、湧入臺灣。政府為了防範匪諜滲透、危害國家安全，除了實施入臺管制以外，同時也加重警察對戶口查察的勤務責任。[8]省

8　1949年9月1日成立臺灣省保安司令部，加強入境檢查、肅清匪諜等措施；11月2日，臺灣省成為「戒嚴接戰」地區，區內權限劃歸軍事機關。內政

府先期頒訂戶政機關與警察機關「聯合辦公」的辦法；[9]之後，又訂定「臺灣省整理戶籍實施辦法」等，過渡到戶政與警政併行的雙軌制；至民國 58 年（1969）開始，再試辦「戶警合一」[10]的戶籍申報查記等業務，至此戶籍業務又劃歸警察機關管理了。

　　「戶警合一」政策執行之初，在警務處及縣市警察局內增設戶政科，並裁撤原鄉鎮區公所戶籍課，代之以戶政事務所。順便一提，民國 62 年（1973）3 月行政院公佈「戡亂時期臺灣地區戶政改進辦法」的修正政策，全面實施戶警合一制度，同時在各地警察分局增設一位副分局長，由其兼任各區鄉鎮戶政事務所主任。[11]這個政策一直實施到戒嚴解除（1987 年 7 月 15 日）五年後的民國 82 年（1993）7 月 1

部於 1951 年 7 月召集有關機關及專家學者進行研究，以嚴密戶口查記。為了適應戡亂動員的需要，蔣中正總統陸續於 1951 年 11 月的國父紀念會、1952 年的元旦文告中提出「改善戶政加強戶警合一」的指示。因此省府於 1952 年、1953 年間，在加強戶警聯繫原則下，曾分別試辦並實施「臺灣省整理戶籍計劃綱要」及「臺灣省整理戶籍實施辦法」，在警察分駐所、派出所成立戶口申報處，試行基層戶警人員合署辦公。1956 年 11 月省府頒訂「改進戶口查記實施辦法」，撤銷各派出所之戶口申報處，戶籍登記改向鄉鎮市區公所辦理申請，以鄉鎮市區公所為戶警聯繫中心。在未設置分局之鄉鎮，一律設置分駐所，以配合戶政改革。參閱陳純瑩，〈我國威權體制建構初期之警政（1945–1947）〉，《人文社會學報》第 3 期（2007 年 3 月），頁 45–72；吳勇正，《戰後臺灣戶政變革之研究——從「接受復員」到「清鄉戒嚴」（1945–1949）》（臺南：國立成功大學歷史研究所碩士論文，2006）

9　1954 年 6 月 1 日臺灣省各鄉鎮依據「臺灣省整理戶籍實施辦法」（1953 年 11 月 17 日公佈）開始實施戶警「聯合辦公」；1956 年集中在鄉鎮公所戶籍整理課辦公。

10　「戶警合一」自 1969 年 7 月 1 日開始試辦，1973 年 3 月正式實施，1975 年 4 月起全面實施；1992 年 7 月廢止。又，參見本書〈曾克平先生訪問紀錄〉；吳俊明撰述，《臺灣省現行「戶警合一」制度之檢討與研究》（臺北：臺灣省政府研究發展考核委員會編印，1973）。

11　1973 年 3 月正式實施「戶警合一」，以警察局副分局長兼任戶政事務所主任。1983 年 3 月，明定戶政事務所置主任一職，由當地警察局副分局長兼任。

日才廢止。於是戶政業務再度回歸民政機關，直隸縣市政府的戶政業務也歸民政局管轄，但各鄉鎮市區的戶政事務所仍保留原建制。

　　以我光復初期曾服務過的臺南縣為例，警察局在未實施戶警合一制度時，為配合當時戶政機關與警察機關辦理戶口查記聯繫辦法的規定，在戶口查察與登記上率先實施「戶口卡」［即「戶卡」和「口卡」；「戶卡」為「戶籍卡」之簡稱］註記制度。[12] 戶口的調查和註記固然是瞭解人事活動的基本資料，然而現代社會活動繁複，如無法從各項人事查察登記的表格書類中，利用最簡便適當的方法加以整理和管理，勢必千頭萬緒，無從著手。欲在瞬息之間查出某戶、某人的情資，必須在資料管理上有所創新改進。因此，臺南縣警察局在警察勤務區制實施的同時，也參照首都南京警察廳實施的「戶籍卡」制度，在每戶設置一張「戶卡」，以簡化戶籍資料上的註記內容。在引進「戶卡」的同時，也創製「口卡」，每人一張「口卡」，因為口卡易於保管，在使用上既迅速又簡便。

　　戶卡是根據各警勤區內警員所上報的戶口調查表而配置的，正面記載著該戶所屬的區鄉鎮里鄰門牌號碼、戶別、戶主，以及戶內其他個人簡化後的資料和每人的異動登記等，背面則記載服役軍種、槍枝登記、財產登記、房產保險以及各種相關統計等。口卡係以個人為單位，對個人情況的調查資料有較詳盡的註記。如果尋找某人，只知其姓名而不悉其住居所在，可以利用「四角號碼編碼法」查尋，一索即得。

　　四角號碼編碼法是一套製作口卡的管理方法，引用自

12　「戶籍卡」，一戶一張戶卡，將每戶的戶籍卡置於一紙袋，在縣市政府將副卡建檔。1946 年底前完成初次設籍登記；1949 年 5 月 3 日前，廢戶籍卡，改為戶籍登記簿，但縣市政府仍採用戶籍卡建檔。

王雲五先生發明的四角號碼檢字法。將每個人的姓名編成八碼，從姓的字型上取四碼，先從左上角、右上角、左下角、右下角等四角依序各取一碼；如係複姓，則從姓氏的兩字型左右上角，各取一碼，左右下角不取碼。名字也取四碼，如為單名（一個字），就和單姓的字型檢字法一樣；若是兩個字，取碼和複姓相同。如此一來，姓和名各取四碼，就構成八個編碼。四角號碼的檢字法，必須熟記口訣，方能運用裕如。口訣是這樣的：

> 一橫二垂三點捺，
> 叉四插五方塊六，
> 七角八八小是九，
> 點下帶橫變零頭。

　　這個檢字法將每個字的筆劃形狀都分成十種，用 0 至 9 的阿拉伯數字來代表字的形狀。只不過，有的字是由一個筆劃寫成的，有的字則是由數個筆劃合成的，所以遇到單筆和複筆合成的字，必須儘可能就字的複筆來取碼，這樣才不會出差錯。

　　光復之初，本國人民欲出國到外國辦理移民定居、就業或就學之際，都要向當地警察局申請警察紀錄的證明書一張，俗稱「良民證」。[13] 該證內容除記載有當事人的家世、學經歷以及兵役、稅負等資料外，還包括其一生的素行紀綠，點滴記載無遺，因此當時是否能獲得外國政府簽證，就憑這一張良民證了。

13　良民證也就是個人的刑事紀錄，可供移民或求職時作為檢附的證明文件。為了保護隱私權，該項文件一向由警察機關受理及核發，民眾必須向縣市警察局外事課申辦。

　　戶卡、口卡制度在臺南縣警察局首先試辦成功後，頗獲上級稱許。警務處據報後，乃通令各縣市警察局、警察所一體實施。直到現在，臺灣還維持這一套既簡便又實用的戶口註記制度。

九、身分證的編碼

　　戶政為庶政之母，也是政府推展各種施政的根源。民國62年（1973）7月17日全面修正並公佈（同日施行）「戶籍法」。依法規定，中華民國人民戶籍的登記項目包括：一、本籍登記；二、身份登記；三、遷徙登記；四、行業及職業登記；五、教育程度登記等項。凡人民「出生與死亡」、「認領與收養」、「結婚與離婚」、「設籍與除籍」、「遷入與遷出」、「行業職業與教育程度登記與變更」之際，都要向居住地戶政機關的「戶政事務所」申請辦理以上各個項目的戶籍登記，作為本人或利害關係人在公、私法上行使權利與遵行義務的憑藉。

　　戶籍法第10條規定，「已辦戶籍登記之地方，應製發國民身分證」。又依戶籍法施行細則的規定：

　　1. 第32條第1項，「已辦理設籍登記或戶口清查之地區，應由縣政府製發國民身分證及戶口名簿」；

　　2. 第33條第1項，「國民身分證及戶口名簿，由戶政事務所編訂號碼，抄錄戶籍登記簿完竣，彙送縣政府審核蓋印後，發還轉發」；

　　3. 第35條第1項，「年滿十四歲之人民，應請領國民身分證，未滿十四歲者，得申請發給」。

　　因此，凡是「本國籍人民」均應申請發給國民身分證，以確證當事人的身份。

　　身分證的製作及號碼編訂，完全是根據一套規範精準的

演算公式來的。這一套公式是根據內政部頒佈的臺內戶字第355664號令（1970/12/18）而來的。如前所述，「戶警合一」制度開始實施之際仍是戡亂時期，戶籍登記是由各縣市警察局設戶政科主管其事，在各地警察分局增設副分局長一名，由其兼任戶政事務所主任。[14] 全省共有三百多個戶政事務所主任，全部由警察局指派〔副分局長〕兼任，而半數以上主任是由我臺幹班學員、學生擔任，其中在戶政事務表現績效傑出者，有服務於彰化縣警察局的黃開基學長與服務於屏東縣警察局的曾克平學長等數位。

國民身分證的製作與編碼，目的在防止身分證被偽造、變造，所以縣市政府所發的國民身分證，各有不同的英文字母代號與代碼。例如，臺北市以英文字母「A」為代號，A的阿拉伯數字代碼為 10；臺中市以英文字母「B」為代號，B 的阿拉伯數字代碼為 11；臺北縣以英文字母「F」為代號，F 的阿拉伯數字代碼為 15 等等。其中最重要的是身分證號碼九個阿拉伯數字中的最後一個數字。這個數字就是所謂的「驗證號碼」，如果這個數字被演算出來與身分證上的最後一個數字不相符合，則此身分證無可疑義必定是偽（變）造的。

根據內政部令頒佈的「國民身分證統一編號檢查號碼計算公式」，試以臺北縣政府發出的 F212345674 號的身分證為範例，來驗算它的計算方法：

一、將英文字母代號「F」換算成阿拉伯數字代碼為 15，再與身分證號碼前八個數字合併排列為 1521234567 的十個數字；最後一個數字 4 係驗證碼，不要換算。

14　1969 年 5 月 5 日頒佈「動員戡亂時期臺灣地區戶政改進辦法」；7 月 1 日開始（迄至 1973 年 3 月 11 日）試辦「戶警合一」政策，裁撤鄉鎮公所戶籍課，成立戶政事務所。同月，身分證總號另外配以檢查號碼，合稱統一編號。

二、將 1521234567 排列的十個阿拉伯數字，分別與 1 至 9 的數字相乘，來換算驗證：

第一位數字不論數字大小，永遠用 1 來乘，第二位數字起至第九位數字為止的 8 個數字，應先用 9 開始與第二位數字相乘，依次連續逆向以 8、7、6、5、4、3、2、1 等數字，分別與上述第三位數起至第九位數個別相乘，所得之積可為個位數或十位數。

就上述號碼試算之，可求得以下的個別結果：

第一位數 1 乘以 1，得積數個位數 1；第二位數 5 乘以 9，得積數十位數 45；第三位數 2 乘以 8，得積數十位數 16；第四位數 1 乘以 7，得積數個位數 7；第五位數 2 乘以 6，得積數十位數 12……；最後一位數 7 乘以 1，得積數個位數 7。

三、將各個相對數字相乘之積數，取其所得的個位數相加。即 1 ＋ 5 ＋ 6 ＋ 7 ＋ 2 ＋ 5 ＋ 6 ＋ 5 ＋ 2 ＋ 7，所得之和為 46。

四、將相加所得之和 46，除以 10，得其餘數為 6。

五、用數字 10 減去前項所得之餘數 6，所得之數為 4。此一餘數 4 即為驗證身分證所要求證的最後一個「檢查號碼」。

十、二二八與高一生

我一直認為「二二八事件」是個特殊的事故。

民國 36 年（1947）2 月 27 日傍晚，臺灣省煙酒專賣局臺北分局人員率同臺灣省警務處警察大隊派遣的警士，在臺北市南京西路、延平北路附近查緝私菸，因現場處理不當，引起眾怒，專賣局主事者被群眾追打時開槍示威，流彈擊傷並導致無辜路人死亡，翌日竟發生震驚中外的所謂「二二八

事件」。

　　事件發生時，我人在臺南縣警察局（新營）服務，並沒有感覺到有什麼特別不一樣。到了晚間，聽到臺灣廣播電臺[15]的廣播，才知道臺北發生動亂情事。第二天，聽到聯播消息說，動亂已經有從臺北開始向南部地區蔓延跡象。

　　3月1日，廣播電臺整天都在播送臺北的動亂情，說是暴徒挾持盲從群眾，看到外省人不會說臺灣話或日本話的，不問青紅皂白就加以毆打，就是婦女童稚小孩，亦難逃被毆辱的厄運；還說有一部份人已搭乘火車南下到了嘉義市區，要去搶奪嘉義機場的武器。

　　臺南縣行政區域當時仍然依循日據時期的管轄區域，轄下有臺南和嘉義兩個市。臺南縣治置於新營，離嘉義很近，但這時各縣市都無法聯絡，無法得知真相。臺南縣袁國欽縣長覺得縣政府的外省籍公務員處境堪虞，要避一避比較安全，所以在縣政會議上指示本省籍公務員留下來處理縣府政務，並指定財政科高錦德科長代行縣長職權。臺南縣境內糖廠很多，有虎尾、斗六、斗南、大林、南靖、新營、佳里、蕭壠、總爺和烏樹林等廠，高級技術人員都是外省人，糖廠只有少數維護廠區安全的駐衛警察，縣政府不可能保護他們的安全。

　　阿里山達邦（今之嘉義縣阿里山鄉）為原住民聚居地，擔任番路鄉（後改為吳鳳鄉）鄉長的高一生[16]和袁國欽縣長

15　昭和3年（1928）臺灣第一座廣播電臺（臺北放送局）成立，隸屬總督府遞信部，並於昭和5年（1930）正式開播。光復初年，臺灣省行政長官公署接收臺北放送局，將之改名為臺灣廣播電臺。民國38年（1949）政府播遷來臺，又改稱中國廣播公司。民國61年（1972），中廣遷址到仁愛路。臺灣廣播電臺舊址在民國86年（1997）改為二二八紀念館。

16　高一生，1908–1954，阿里山鄒族人，族名Uyongu・Yatauyungana。在阿里山的達邦蕃童教育所就學五年後轉入嘉義市區的小學。高父因討伐布農族有功而擔任警職，後意外殉職。高一生便被臺南州警部大塚久義所收養，

有交情。有人便向袁縣長建議，既然到處都在動亂，外省人沒有其他地方躲避，下海不可能，那就上山吧。所以縣府人員便向高鄉長提起此事，高鄉長也立即答應，並說要由他自己護送上山。

　　3 日 1 日午飯後，在新營地區服務公職的外省人計約四十多人先後前往白河鎮關子嶺旅社集合。我們一行人自袁國欽縣長以下的行政主管有丘師彥主任秘書、李勃英民政局長、朱聲濤地政科長和部份區署的區長等高階官員，警察局有陸翰筱局長、胡殿陳主任秘書、黃永碩督察長、吳澤坤課長和課室同仁及保安警察隊全體官警。我們共攜帶兩挺輕機槍、二十餘枝步槍，警察同仁每人另外加一把手槍和彈藥。

　　晚餐過後，聽電臺廣播說，嘉義地區有人鼓噪，煽動無知群眾乘車去新營鬧事。袁縣長與高階主管研判局勢，並和留守新營縣府的高科長通電話，立即決定於夜晚十二點過後起程前往達邦。高鄉長親自帶領大家，沿山路小徑行走，利

並取日本名矢多一生，1924 年保送臺南師範，接受普通科（四年）及演習科（二年）教育。1945 年自臺南師範學校畢業後，返達邦蕃童教育所任教。臺灣光復後，他擔任吳鳳鄉（今阿里山鄉）第一任鄉長，兼任分駐所所長，同時改漢名高一生。1947 年二二八事件爆發，在動盪期間高一生曾經掩護臺南縣長袁國欽等一行人到阿里山避難，事件後高一生（和湯守仁等）辦理「自新」，但也種下他 1954 年遭到整肅的禍根，因為後來袁國欽投共，高一生因此被冠上「窩藏匪諜」的罪名。按，鄭健先生是 2011 年 7 月接受本人第三次訪談（地點在鄭宅）時，以十分謙恭悲憫的心情向本人詢問補述高一生在二二八行蹤的可能性。當天助理因病請假，這個問題又是在訪談快結束時才提出的，所以我就鼓勵他儘量將這段追憶寫出來，因為我知道這一段回憶對他很重要，而且也可以提供二二八事件的另一個思考面相。令我感到意外的是，鄭先生居然請人將他所知道的高一生和二二八請人打字後才送回。鄭先生的文筆好，訪談時的表達清晰，所以這一節「二二八和高一生」的追憶基本上是他自己的文字，我只是略加潤筆，比較重要的補充就是請他提供寫作時的主要參考文獻。簡單地說，鄭健先生認為，如果不是因為高一生曾經在二二八事件中掩護袁國欽等一行人（而他就是受到保護者的其中之一），高一生日後或許罪不至死。這是鄭先生補述二二八事件這一節的原委。

用晚間皓潔月色，沿著好漢坡步道上山。接近天亮之際，我第一次看到阿里山有名的雲海，真是漂亮極了。抵達達邦時，天色已經大亮。

到達山上後，高鄉長把我們分配住到民家，由鄉公所供給糧食，讓大家暫時不必有食物缺乏的困擾，而且每日都供應米酒，使大家有賓至如歸的感覺。但是，高鄉長有一個條件，就是上山的人全部要解除武裝，所以我們到達山上後都將武器全部集中起來，由他代為保管。

高一生鄉長對我們這批外省籍的公務人員可以說是照顧得無微不至。我們在山上待了約莫一個星期，這期間高鄉長和他們那群善良的原住民同胞對待我們始終如一。

到了 3 月 8 日，聽電臺廣播說，有一師國軍已經登陸臺灣，知道各地區的動亂逐漸平息，危險已經過去，各縣市地方逐漸恢復了平靜。袁縣長和高科長通過電話後，得知新營平靜無事，立即決定全體下山。下山前，高鄉長將全部代管的武器還給我們。3 月 9 日上午，我們全體步行到阿里山火車站，搭乘登山火車到嘉義，再轉車回到新營。

住在臺南縣各地區的外省籍公務人員，可以說都是幸運的一群。跟隨袁國欽縣長上山避險的人，只受到一些驚嚇而已，這不得不感謝高一生鄉長對我們的全力保護。小部份沒有跟著上山的同仁，也都受到好心的本地人照顧，被帶回家裡藏起來。

下山回到新營後，我們只知道警察局行政課林金聲課長被人毆打，受了一點傷，其他人都平安無事。新營街上有一位沈崑山老伯伯，祖籍漳州，平常對待我們幾個年輕小伙子好得不得了。他有三位公子，老大沈祖德在日本，老二沈祖杰在新營行醫，老三沈祖海經營事業，他們一家人對待外省人都和藹可親。我們知道，多數臺灣人都是秉性純樸善良的人，他們如果不是來自福建閩南漳泉一帶，就是來自廣東梅

州等四縣。血緣相同，語言相通，風俗習慣一樣，他們和臺灣光復以後來臺的外省人有什麼不一樣呢？但是，臺北發生這次查緝私煙事件，竟然因為主事者現場處理不當，遭圍觀群眾追打時開槍，流彈誤發，擊斃無辜路人，而演變成少數思想偏激的人仇視外省人引起全臺動亂，實在令人惋惜。

　　這幾年，我常常聽到一些和二二八事件相關但又似是而非的言論，二二八事件動亂的事也常被人提出來評論。後來更聽到有人說，高一生鄉長曾經在事件動亂時窩藏共產黨人袁國欽縣長；更有一說是，高一生鄉長曾在嘉義率領高山族人攻打嘉義機場，他因此在民國41年（1952）以窩藏匪諜罪名被逮捕下獄，不久即受到刑求。高一生鄉長在動亂時表現的仁心俠義，竟遭受如此下場，令人殊感意外而且難以想像。它的真實性真是如此嗎？我現在是八十幾歲的老人了，我只想替高一生鄉長說幾句公道的話，在有生之年幫他還原事實真相。

　　臺南縣政府於民國35年（1946）1月7日成立，民國36年二二八事件發生時，首任袁國欽縣長才到任不過一年多，臺灣光復也才不到一年四個月，高一生被派任番路鄉長頂多一年吧。阿里山的達邦位在高山上，當時交通工具匱乏，要下山到縣政府公幹，部份路段必須先步行到阿里山車站，然後再轉乘坐小火車，先到嘉義，再到新營。交通如此不便，任何人都不可能想像袁國欽縣長和高一生鄉長兩人之間有密切往來，或是有任何深厚交情。傳聞所謂他們兩人很要好，應該是指高一生鄉長在任內推行鄉務，得到袁國欽縣長的特別賞識吧！袁縣長身為政府高官，能夠出任臺灣首屈一指的大臺南縣長（當時全縣人口超過二百四十餘萬人），自有他的背景條件，你能懷疑他是共產黨人或是匪諜嗎？高鄉長一年到頭都在山上，你能說他知道袁縣長是共產黨人嗎？你能說二二八事件動亂時他出面收容保護縣政府所屬各單位外省

籍公務員的生命安全，就指控他窩藏匪諜嗎？這種莫名、莫須有的羅織，不是太不可思議了嗎？

　　根據我本人的親身經歷，二二八事件平定後，袁縣長就跟著長官公署陳儀長官一起下臺；袁縣長回到大陸，即被派至福建省政府擔任民政廳廳長。民國37年（1948）初，我回家鄉過春節，從臺北松山乘飛機到福州，曾至省府拜見老長官，蒙袁廳長親自接見並垂詢臺灣情況。袁廳長是福建上杭人，我是福建長汀人。我在上杭讀小學、初中，所以全程都用上杭話向袁廳長報告。民國38年秋大陸撤守後，不論毛氏（澤東）新政權的海軍司令員或是福建海軍司令員，袁國欽縣長都沾不到邊，因為他不是出身國共兩邊的海軍軍種──他哪有資格出任海軍司令員？那時的袁國欽廳長還是國民政府的高官呢！你們說高鄉長是不是蒙受不白之冤？

　　又有傳說，高一生鄉長在二二八事件動亂時，率屬下攻佔嘉義機場軍火庫和機場，或攻佔紅毛碑陣地等。這一說辭的提出，似乎也有可信的事實佐證。但根據我的親身經歷，我認為這是一項不實的指摘。因為前面我說過，在民國36年（1947）3月1日到3月8日這一週的時間裡，高一生鄉長和臺南縣政府袁國欽縣長等一批外省籍公務員都在達邦山上度過。他每天和我們生活在一起，每天都和大家見面。而且，那時期的交通不便，阿里山登山火車聽說兩天才開一個班次。再說，國軍二十一師官兵於3月8日乘軍艦到達基隆，3月9日高鄉長就歸還我們請他暫時代為集中保管的武器，並一路護送我們到阿里山火車站。除非高鄉長和他的屬下有飛天本領，否則他們如何去得了嘉義並攻佔機場？

　　二二八事件發生以後，由王民寧出任警務處長，接掌警政。他出身臺灣，對臺灣的警政推展自然有相當的安定和鼓舞作用。王民寧原來是臺灣警備總部的警備處長，人很好。

　　這幾年來，我看過好幾本有關二二八事件的書，描述到

嘉義地區動亂時，對高鄉長有無率領高砂部隊去嘉義攻打機場或軍火庫，各有不同的報導。[17]對於其中相關的口述紀錄，我想要提出以下兩點存疑：第一，民國 36 年 3 月 1 日下午，高鄉長已經陪同袁國欽縣長到了白河關子嶺旅社休息，準備率領縣政府各單位的公務員前往達邦山上避險。高鄉長此時如何能夠在山上召集族人會商、號召百人組成高砂部隊下山打仗？難怪文獻編者會有「（編按：日期可能有誤）」的按語。[18]

　　第二，同一份口述說，高一生「3 月 1 日下山，向嘉義市挺進，至拂曉時刻，一舉攻佔紅毛埤陣地」云云。[19]我們知道阿里山鄒族居住地以阿里山鄉為中心，住民散居範圍跨及南投縣信義鄉西南隅、陳有蘭溪支流和阿里布東溪流域的望美村、高雄縣內的桃源鄉境，以及三民鄉境內的高屏溪支流楠梓仙溪流域山地。這個地域分佈遼闊，無舟車交通可言，只有靠雙腿步行才能到達阿里山鄉。當時從阿里山到嘉義市區，只有阿里山的登山鐵路可搭。登山鐵路全長 72 公里，共有 88 座橋樑、66 個隧道。如果依上述口述歷史所說，「夜 10 時許下山，拂曉時刻，一舉攻佔紅毛埤陣地」云云，在如此遼闊的山地，在如此有限的時間（約莫 7、8 個小時內），在交通如此不便的情況下，他們能做得到嗎？也難怪編者加

17　鄭先生提供他的資料來源如下：行政院研究二二八事件小組編著，《二二八事件研究報告》（1992）；李敖、陳境圳著，《你不知道的二二八》（臺北：新新聞文化，1997）；林啟旭著，《臺灣二二八事件綜合研究》（紐約長島市：臺灣公論報社，1984）；武之璋著，《一甲子迷障：二二八真相解密》（臺北：風雲時代出版公司，2007）；臺灣省文獻委員會編印，《二二八事件文獻輯錄》（南投：臺灣省文獻委員會二二八事件文獻集錄專案小組，1991 年 11 月）等書。

18　參見〈武義德先生口述〉，收入臺灣省文獻委員會編印，《二二八事件文獻輯錄》，頁 149。

19　同上，〈武義德先生口述〉，頁 149。

「（編按：有待查證）」的按語（頁 149）。另外，又有書刊報導，自 3 月 1 日至 3 月 8 日期間嘉義市區每日動亂情況的相關報導，均未記述有高一生鄉長本人或由他派遣所屬幹部率眾下山攻打嘉義機場或攻佔紅毛埤陣地的情事。[20]我前面提到的回憶是基於我個人的親身經歷，所以我可以合理的懷疑坊間對高一生率族人攻打嘉義等指控或傳說應非事實。

　　最後，我想再補充說明一下。省文獻會的《文獻輯錄》中訪問了高一生鄉長的女兒高菊花女士和兒子高英洋先生，[21]訪問稿中提及高鄉長的生平行事。讀到高鄉長親身向一對子女的真情告白，令人不勝扼腕。

　　二二八事件平定以後，臺灣全省成立了四大綏靖區，臺南縣屬於中部綏靖區第一綏靖分區，設查緝、自新和總務三個組，成員以警察人員為主，其他單位的行政人員、情治人員和軍人也加入各組，共同作業，並透過自清的方式，來弭平動亂期間所造成的許多不幸和傷痕。那時我被派到自新組工作。現在回憶當時我受理的案件，好像並沒有原住民同胞登記自新的印象。這或許可以讓他們家屬們安心，但是高一生鄉長如果蒙受冤曲，有關機關若能將全部案牘公佈解密，不就可以真相大白了嗎？政府又何必去揹負黑鍋呢？

20　受訪者所引用的書刊包括：前述《二二八事件文獻輯錄》；蘇僧、郭建成撰，《拂去歷史明鏡中的塵埃》（阿拉巴馬州：南華文化事業公司，1986）；馬起華編，〈二二八事件日誌〉，收入臺灣省文獻委員會編印，《二二八事件文獻輯錄》，頁 194；馬起華編，《二二八研究》（臺北：中華民國公共秩序研究會，1987），頁 25-84；何漢文著，〈臺灣二二八事件見聞記略〉，收入鄧孔昭編，《二二八事件資料集》（臺北：稻香出版社，1991），頁 173-188，該文原載於《湖南文史資料》第四輯；王建生等合著，《一九四七臺灣二二八革命》（臺北：前衛出版社，1990）；雅三等撰，《二二八事變的透視》（臺北：臺灣月刊社，1947）等書。

21　參見前述《二二八事件文獻輯錄》，頁 421–423。

十一、畢業證書及用印事件

　　我之前說過，臺幹班是為了戰後接收臺灣警務需要而成立的。我們學員班、學生班以及初幹班原訂的一年訓練還沒完成，日本就向同盟國投降，我們也提前於民國34年（1945）10月10日畢業，於10月24日渡海來臺協助接收臺灣警務。當時全體同學雖然已領到畢業證明書，但在時局動盪之下，一時無法送審銓敘，也就不能獲得任官資格。當時第二分校已於民國37年（1948）7月13日奉內政部令於年底前結束校務，歸併中央警官學校。這個學籍問題一直要到我們到了臺灣近四年後的民國38年（1949），透過趙勛奇老師（中央警官學校臺灣警官訓練班教務組組長，後曾任新竹縣警察局長）的協助，方才獲得解決。我們奉令准予畢業，編列特科第八期，並奉飭由該班自行印製畢業證書，送內政部驗印。此時本校已隨政府南遷至廣州。在各學長公推下，就由本人代表學員生赴穗，向本校及內政部洽領畢業證書事宜（圖2-5）。

　　此時，我人在臺南縣警察局服務，因此必須請假前往，共請准事假七天，路程假七天，連同8月14日和21日兩天的星期假日，自民國38年8月4日起至8月23日止共16天。安排就緒後，我來到臺北，攜帶趙勛奇老師親致內政部警政司鄭司長澤光的函件（圖2-6），乘坐中國民航飛往廣州，下榻本校前糧服科長賴閏和老師的寓所。抵穗翌日，在賴老師陪同下赴沙河壩本校洽辦畢業證書用印事宜。

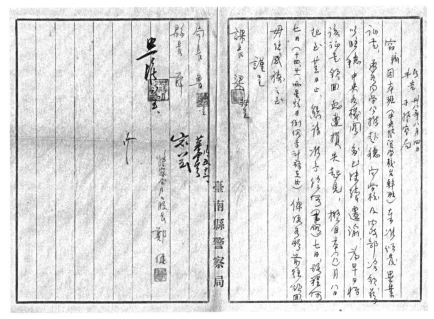

圖 2-5：中央警官學校臺幹班畢業證書回穗用印之鄭健報告（1939/8/4）

到校後，才發現因戰亂逼近廣州，[22] 學校各辦公室教職員都忙著打包遷校，已經找不到人幫我在畢業證書上用印了。因此，掌管印信的職員應允我暫時將校印等借出，並囑咐我在校外用印完後再儘速將印信歸還。殊不知，等我兩天後用印完畢、將印信送回學校時，文書器材都已經打包完竣，準備隨校內遷重慶，找不到人將校印收回保營。無奈之下，我只好在 8 月 19 日帶著借得的印信，乘坐四川輪由海路返回臺灣。

───────

22　廣州在 1949 年 10 月 15 日淪陷。是年元月 21 日總統蔣中正引退，北平於同月 24 日淪陷，政府也輾轉流徙京、粵、重慶、成都。5 月 27 日共軍佔領上海，8 月 4 日林彪部隊進入長沙，17 日福州亦不守，31 日閩南陳毅部隊攻下泉州，10 月 15 日陳賡部隊佔有廣州，17 日廈門也淪陷。

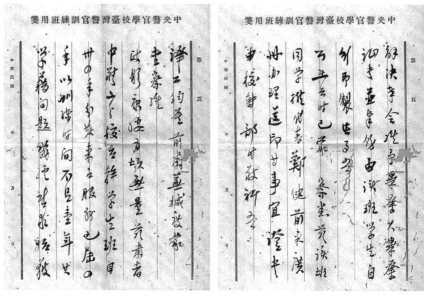

圖 2-6：趙勛奇致鄭澤先請求協助處理畢業
證書用印之信件（1949/8/4），閱覽順序為
左上、右上、左下

　　話說本校內遷重慶後，又新頒一枚校印。一直到民國43年（1954）中央警官學校在臺復校後，王狦文老師來舍找我，才將寄放在我這裡的全部印信取回，這才結束此段公案。所以現在中央警官學校擁有兩套印信。

　　民國45年（1956）間，趙校長龍文面報內政部王德溥部長，建議仿照中央軍官學校統一學籍的辦法，成立補修班，調集全校各班期，包括甲、乙級警官班、特科警官班以及各省一年制的警官班（所）學生，施以三個月在校補修教育，九個月自行研習教育，於完成二年制專科教育後，一律授予正科學籍，以統一學籍。因此，臺幹學員班及學生班全體同學再度被調集參加補修，完成二年教育之後，一律換發正科第十七期畢業證書。至於初幹班，先是編入特科警官班第十七期，其中部份同學陸續參加本校補修教育，二年期滿者一律換發正科第十九期或二十一期畢業證書。[23]

　　回顧我的臺幹班畢業證書，一共有以下三個階段：最初由本校第二分校於民國34年10月10日頒發畢業證明書〔，不是畢業證書〕，到民國38年8月15日才換發特科警官班第八期畢業證書，再到民國45年以後〔，經過補修，再陸續〕換發正科第十七期學籍畢業證書。這段往事，連同趙勖奇老師一封面陳警政司鄭澤光司長未能送達的函件，我都完整地保留下來。對趙老師關懷本班同學的學籍問題並多方予以臂助一事，我至今感念不已。

23　中央警官學校在臺招生唯一的一屆「特科」（警察內部的考試）是「臺灣警官訓練班第二十期」，1954年5月奉准在臺復校後改名「中央警官學校特科第二十期」，受訓時間為一年，因此需要再補修一年，才能取得正科的學歷。關於「補修班」，請參閱〈邢翰先生訪談紀錄〉，註35。參閱張瑞德、曹忻訪問，曹忻記錄整理，《從一線一星到警政署長：盧毓鈞先生訪談錄》，頁47–48。

十二、船舶總隊

　　民國 39 年（1950），大陸情勢丕變。中央為了組訓民眾，防止走私、入境，並預防大陸滲透等情況，成立船舶總隊。船舶總隊有正式編制，設總隊長、副隊長，其下又分數組。那時因為中央政府來臺人數不多，總隊長和副隊長都由警官兼任，我當時也兼任船舶總隊總務組長（圖 2-7）。

　　臺南縣下的七股、北門靠海，因此沿海小漁船全部編入

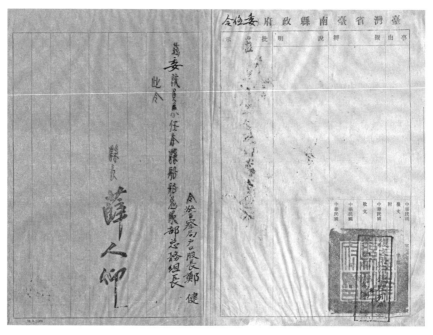

圖 2-7：鄭健兼任臺南縣船舶總隊總務組長的委任令（1950）

船舶總隊。不過，船舶總隊成立的時間很短，後來臺灣省保安司令部海防部隊總隊成立，就將海防轉交給保安司令部管轄。[24] 解嚴後，警政署在 1998 年成立水上警察局，[25] 於是一般派出所的勤務工作就不再包括海防。民國 89 年（2000）2月，海防諸部隊與水上警察局合併，成立海岸巡防署（簡稱海巡署）。[26] 第二任署長是王郡（2000/5/21–2004/5/20），警察出身，之後是王進旺（2006/1/25– 現任），兩位署長都是警察出身，算是特任官。

十三、我的警察生涯

我一生都在臺灣警界服務，從警近五十年。這一段漫長的歲月，我都在臺南縣、宜蘭縣和臺北市這三個縣市渡過。如前所述，民國 34 年（1945）11 月 1 日，我奉派至臺南州接管委員會擔任接收管理員，隨即和岳秉卿學長一同至曾文郡役所，接收日人移交之政務和警務。民國 35 年（1946）1

24　民國 38 年（1949）8 月 15 日東南軍政長官公署成立後，臺灣省警備總司令部旋即撤銷，9 月 1 日設「臺灣省保安司令部」，掌理肅奸防諜與入出境事宜，省警務處亦歸該部指揮監督。民國 47 年（1958）5 月，將保安司令部、防衛總司令部、衛戍總司令部、民防司令部等四個單位予以改編，在國防部下置「臺灣省警備總司令部」。

25　解嚴後，警政署在 1990 年 1 月成立保安警察第七總隊，俗稱「保七」；1998 年 6 月改制為水上警察局。2000 年 1 月 28 日，與海岸巡防司令部、海軍陸戰隊、憲兵、陸軍邊防、關稅總局海關稅警、空中警察隊併合成為行政院海岸巡防署。參見陳純瑩，〈解嚴後我國海上治安機關之建置（1990–2000）〉，《人文社會學報》第 1 期（2005 年 3 月），頁 91–122。又參見張鎮炘，〈臺灣海關艦艇移撥海岸巡防署之研究〉（中壢：國立中央大學歷史研究所碩士論文，2005 年 7 月），頁 67–68。

26　民國 89 年（2000）2 月 2 日，行政院將海岸巡防司令部（國防部所屬）、水上警察局（內政部所屬）、關稅總局緝私艦艇等單位合併，成立海岸巡防署。2 月 17 日成立海岸巡防總局，各地區巡防局也同日成立。參見張鎮炘前引論文，頁 123。

月,臺南縣政府及警察局成立,曾文郡役所改制為曾文區署,丁名楠為首任區長。此時岳學長已調任到東石區警察所擔任代理所長,我也奉局令出任曾文區警察所代理所長,在曾文區服務半年多。這期間,我不辱使命,完成了接管日產和遣送日僑的艱鉅任務。

政府於民國 38 年（1949）末播遷至臺灣後,即實施入境管制政策。[27] 這時我已擔任臺南縣警察局戶口股長,負責辦理入出境證申請等審理業務。期間我的課長周某,毫無原因地要我為他大陸友人申辦入臺證,我未能如其所願,他就把我簽調職務。警務處這一調,就把我調到宜蘭縣。民國 40 年（1951）冬,我離開了服務六年的臺南縣,這是我在職場上的第一次挫折。想是當時年輕,還不曉得職場的亂象吧。

也許是因禍得福,到宜蘭縣只待了二個多月,我的長官知道我被調職的原因,沒多久就將我轉調到臺北市警察局擔任督察員。

來到臺北之後,我利用公餘進修。民國 40 年（1951）私立東吳大學在臺灣復校,我便於民國 43 年（1954）到該校修讀法律學系,民國 47 年（1958）畢業,獲得法學士學位。

至民國 81 年（1992）2 月退休為止,我在臺北市警察局服務共約四十年之久。在此期間,我幾度從總局被調至分局,調至大隊,又調總局。我擔任過的職務很多,職稱包括督察員、科員、隊長、股長、組長、副大隊長、編審、專員、主任等,主辦過的警察事務有戶口、督察、總務、行政、保

27　民國 38 年元月陳誠正式接任省主席後,臺灣省警備總司令部即在 2 月 10 日與臺灣省政府會銜公佈「臺灣省准許入境軍公人員及旅客暫行辦法」（簡稱「入境辦法」）,並於 3 月 1 日正式實施。依入境辦法規定,入臺之前必須提出申請,經核可給證後始得入境,無證入境者予以遣返。參見薛月順,〈臺灣入境管制初探——以民國三十八年陳誠擔任省主席時期為例〉,《國史館學術集刊》第 1 期（2001 年 12 月）,頁 1–32。

安、經濟、司法、刑事、秘書、交通等，彷彿成了一個警察通才。

　　民國50年（1961）間，我在臺北市警察總局行政科專任科員時，還兼任了一年半的臺北市違章建築拆除隊隊長。這項工作做得很辛苦，譬如兩間違建房子同樣是被查報，但經過民意代表關說過的一間可以不拆，而沒人關說的一間則要拆，讓真正任事的人簡直做不下去，而被拆掉房子的民眾則怨聲載道。在任內我曾蒐集資料，撰述〈拆除違建工作之處理與改進芻議〉一文，送呈總局轉呈臺北市政府，隨後我就請調回警局服務。

　　民國63年（1974）冬，我就任刑警大隊組長。在我出任之前，其實有機會擔任縣市警局層次的分局長，這要感謝時任臺北市警察局局長的酈俊厚先生厚愛，向警務處舉薦我出任縣市分局長級的職位。但我與家人商討後，認為子女均年幼，還在小學或幼稚園就讀，內子也在臺北市金融單位服務，全家人都無法隨我赴外縣市上任。況且，外縣市的分局長位階為二線三星的「薦任五級」，與臺北（院轄市）大隊的組長二線三星同階。所以警務處長周菊村召見時，我向他陳述自己的家境，而處長也尊重我的意願，結果就沒有調動我。

十四、警務相關事項
（一）「警民協會」

　　首先要提到的，就是警民之間互動關係較密切的一個民間組織，稱為「警民協會」。這個協會，顧名思義，就是由民間仕紳出面協助警察維護社會治安的外圍協力機構。警民協會是在臺灣光復初成立的，此組織又分臺灣省和地方政府二級，下置分會，這是延續日據時期原有的「警察協會」而

來的。當時，臺灣各縣市都成立有警民協會的組織。縣市政府財力不充裕，警政經費編列不多，所以各地區警察局所需購置的消防車、救護車或警察廳舍，大部份經費均由各該地區警民協會協助籌募或尋求捐贈。該會對各地區警察局的社會安全維護工作，確實助益良多。

　　民國 38 年（1949）間大陸撤守，來臺的大批軍民到處尋覓可以安身的空地。臺灣光復初期接收的日產很多，不少國有土地到了那時都還沒有專責單位和人員管理，因此臺北市沿著中華路鐵路兩旁的寬廣空地就成為他們的最愛，紛紛在該地搶搭低矮醜陋的住家，而且建材全是竹木紙板。這些都不是政府批准發照建築的房子，不能申請水電，因此竊水竊電的情事層出不窮。該地段又鄰近西門町鬧市，部份居民竟將面臨馬路的住戶房子改裝成店面，做起買賣來。不久，中華路從北門口一直到桂林路口，全部住戶都開店做起生意來。這麼一來，不但附近垃圾遍地，環境惡化，而且店家和顧客之間的買賣糾紛迭起，衍生不少治安問題，對消防安全更是一大隱憂，帶給警察機關在治安維護上的困擾不言可喻。

　　當時臺北市政府為了整頓市容，維護社會安全和秩序，乃責成臺北市警察局加以統一規劃，對鐵路沿線的住戶店家加以整頓，而市警局也不負眾望，敦請臺北市警民協會出面執行這項任務，市警局則從旁監督，從中協調。當時警民協會理事長是由茶業鉅子、同時也是臺北市議會議長的張祥傳擔任的，而理監事則網羅了市議員及企業界眾多大亨，所有成員盡是一時之選。

　　在警民協會規劃下，先拆遷鐵路沿線兩旁所有的住戶、店家，然後再在原地興建「忠、孝、仁、愛、信、義、和、平」等八棟不相連接、各自獨立的四層樓房，一、二樓可作商店，

三、四樓則為純住家。[28] 每間店面及住家都是六坪建坪，原有住戶可分得一樓或二樓店面，三至四樓住家則由早先登記有案的市民抽籤價購。至於原址拆遷及之後興建八棟樓層所需的建築費用，一概由協會籌措墊付，於樓層建築竣工、分配完成後，再將收回的款項全部用來償付墊付款。

　　此一空前艱鉅任務，得以順利、圓滿、成功地完成，首先要歸功於市政府的政策正確。執行期間，市警察局全體同仁與警民協會諸公合作無間，不但為此次規劃成功做了最好的示範，也博得了全民的讚譽。

（二）「中華民國警察之友會」

　　其次，民國71年（1982）8月間，「中華民國警察之友會」在臺灣省警務處指導下成立，這是警民協會改組後成立的另一個民間組織。該會以鼓舞提振警察士氣為宗旨，主要活動包括表揚並維護治安、偵破重大刑案以及獎勵工作績優的基層警察同仁。社會需要警察，而警察更需要社會上廣大人民的支持和合作，共同打擊犯罪，共同維護良好的社會秩序，以保障人民的安居樂業，所以各縣、市警察局都協商地方各界企業領袖、社會賢達和民意代表等，成立縣市層次的警察之友會。各會除了每月為當地警察局員警舉行慶生會以外，也在每年6月15日警察節慶祝大會上，分別表彰各警察局推薦的基層員警，並致送紀念品。中華民國警察之友會的總會每年更編列一定經費，贊助約三十位由各縣市警局推薦、再經警政署精選的績效最優基層同仁，前往國外出訪和旅遊。警察之友會這些活動在在肯定了基層警察同仁對警政工作的努力和付出，其用心的確難能可貴。

28　俗稱中華商場，1961年落成，1992年拆除。

（三）警察廣播電臺 [29]

　　民國 43 年（1954）間，臺灣省警務處為了疏導各縣市地區的交通秩序，建議設立電臺，定時報導各地區道路的車輛流量，以疏解車流擁塞的窘況，於是專案呈准省政府撥放專款，成立「警察廣播電臺」，首任臺長為段承愈先生。電臺在編制上設有總務、工務和編輯三課，每日開播的單元主要著重在交通、新聞和氣象上。此外，警察廣播電臺也有其他深受聽眾喜愛的節目，每日定時播送的古典音樂及平劇等就是其中二例。比較特別的一個播報單元，同時也是其他廣播電臺所沒有的，就是為民服務的路不拾遺節目。不論是清潔工人在路上拾得金錢財物，或是計程車司機在車上拾得乘客遺留在車上的金錢財物或文件，拾得的人大多會迫不急待地、親自送到警察電臺招領。這一個節目從構思、製作到播報，都十分博得社會人士的讚譽。影響所及，新竹、臺中和高雄三地也陸續成立分臺，偏遠山地和沿海地區的聽眾因此能夠收聽到警察電臺播放的節目，警察廣播電臺的服務也確實建立了為民服務的口碑。

（四）警察人事一元化

　　從前大陸各省的警察組織和機構都講究派系和人脈關係，雖然同是警官學校畢業，也有用人規矩，也必須講究前後班期。民國 34 年（1945）底臺灣光復那幾個月，僅有中央警官學校臺幹班的師生奉派來臺接管全臺警務工作，而首

29　警察廣播電臺成立於民國 43 年（1954）3 月 1 日，隸屬臺灣省政府警務處。民國 88 年（1999）7 月 1 日，改隸內政部警政署。

任警務處長胡福相又是臺幹班主任，因此縣市警察首長幾乎都是臺幹班的老師或隊職官，警察「人事一元化」制度的實施就是奠定在此時這個堅實的基礎上。所謂人事一元化，就是事權統一的臺灣警察人事管理，舉凡警察人員的任免、昇遷、轉調、考績等人事決策，都歸警務處統一管理。至於政府的政務單位或國營事業機關的安全維護，則統一交由臺灣省警務處直屬保安警察第一總隊、第二總隊、第三總隊或第六總隊擔任。即便是實施地方自治的縣市政府，關於「縣、市警衛實施」之自治事項中警察局及其所屬機構首長的選任，都要由警務處統一派遣；所屬各級員警的升遷、轉調也要循序層報，少有倖進者。譬如，政府國營事業的臺灣糖業公司和所屬各地糖廠的警衛事項，就是由臺灣省警務處直屬保安警察第二總隊負責，鹽業公司的警衛事項由警務處直屬保安警察第三總隊負責，而政府機關辦公廳舍暨首長安全的維護等，則由保安警察第六總隊專任其事。

說到這裡，有一件曾經震撼警界的事值得一提，那是民國 38 年（1949）間大陸撤守之際的事。當時來臺的高級警察首長很多，其中有一位是前福建省警察訓練所所長、曾任新疆省政府警務處長的胡國振先生，他就在這個危急存亡之秋的關鍵時期，被任命為臺灣省警務處長。上臺不久，胡處長就陸續將各縣市在任的警察局長、高級主管等予以更換，任用自己的舊屬，以自己的學生接替，一時警界同仁人心惶惶。政壇上有人看不過去，就向時任國防部副部長的蔣經國報告。經調查屬實後，蔣先生隨即下令撤掉胡處長的職務。胡先生沒有想到只幹了三個月，就這樣自己也被趕下臺。他萬萬沒有想到，大陸那種人事的歪風惡習，在臺灣根本是行不通的。不久，各縣市被換掉的局長和高級主管大多官復原職，警察同仁也都鬆了一口氣。

另外，在政府任官制度中，參加國家考試是晉昇高級警

職的一條捷徑，所以無論是普通考試、高等考試或特種考試，只要能考試及格，即可越級晉昇。臺灣警界就曾經有兩位（顏世錫和盧毓鈞）僅有臺灣省警察學校學歷的同仁，在擔任基層警職時通過了高等警察行政人員考試，經遴選保送到中央警官學校進修，取得警官任用資格後，從此一路從警員職階晉昇到內政部警政署長。

（五）特種考試

我在民國 41 年（1952）參加警察行政人員特種考試，及格後取得薦任任用資格。警察人員特種考試[30]可分甲、乙、丙、丁四種，每種考試各自訂定應考資格，及格後即可取得任用資格。以前警察人員的考試只限警官學校和警察學校的應屆畢業生，或尚未取得任官資格的在職警察人員才可報考。近年（2006）來政府將警察人員的報考對象擴大，即便是未具警察身分的人也可應考，[31]依照其大學至初中的教育程度，選擇上述一種考試報考；一旦考試及格，即視其考試類別，分別進入中央警察大學或臺灣警察專科學校接受為期一年的警察學科訓練；結訓成績及格後，即可分發至各警察

30　警察特考，全稱為警察人員特等考試。依中華民國憲法規定，警察人員須經國家考試及格，方得任用。考選部為因應內政部及行政院海岸巡防署掌理警察行政之特殊業務需要，每年舉辦警察特考。內政部為警察機關最高指導機關，警政署依內政部組織法第五條規定，執行全國警察行政事務，其直屬的警察機關有：內政部入出國及移民署、刑事警察局、航空警察局、國道公路警察局、鐵路警察局、港務警察局、保安警察總隊（保一至保六總隊）、臺灣保安警察總隊（水庫、金融機構駐衛警等）、國家公園警察大隊、警察電訊所、民防防情指揮管制所、警察廣播電臺、警察機械修理場、臺灣警察專科學校等。

31　2011 年開始，警察特考又再度「限警校生報考」；非警校生限考「一般警察特考」，並加考體能測驗。資料來源：〈四等警察特考，錄取率 9 成 3〉、〈非警校生考警察成趨勢〉，《聯合報》，2012/9/12，AA1 版。

單位擔任外勤的實習勤務。

　　警察工作雖有危險性，但工作有保障，待遇較一般公務員優渥。目前〔2008〕擔任基層勤務的警員一職，包括薪資和各種加給，每月共約有新臺幣五萬元左右。因此，近年來考試院舉辦警察人員各類特種考試時，都吸引了很多優秀的青年男女報名應試。[32] 年輕人願意投入警察行列，是一可喜的現象。

十五、大學進修與國家考試

　　民國34年（1945）底臺幹班同學來臺灣之際，學歷都只是高中（含）以下程度，在梅列所受的訓練也只是一年不滿的時間。在臺從事公職以後，大家愈益感到學識不足。因此我們學生班的部分學長乃利用公餘時段繼續就學、自行進修，或報名參加國家各種高、普考試。以下分別就記憶所及，加以追述。

　　王守潛學長畢業自臺大外文系，精通英、日語，任職國防部，擔任翻譯官。李治民學長，回僑居地菲律賓繼續唸大學，畢業後從商，成為僑領，長年出任國民黨中央委員。陳永輝學長，臺大經濟系畢業，出任臺灣銀行公庫部經理。陳樹銘學長，臺大工學院畢業，任職臺灣省工業研究院。[33] 鄒致發學長，基督教神學院畢業，成了牧師。蔡清淵學長就讀延平學院等。[34] 我和鄔振華學長兩人，先後進入東吳大學法學院法律系就讀；鄔學長畢業後到人事行政局服務，我畢業

後繼續留在警界供職。

我在東吳法學院的院長原先是陳霆銳老師，畢業時院長為石超庸老師。畢業後，承蒙四十三級比較法律系的李俊學長（曾任職北美事務協調會駐美辦事處，擔任律師、顧問）薦介我到司法行政部監獄司擔任專員，只是我因志趣不合而未就，所以一直在警察局供職，辜負了他的美意。

至於司法官、律師、高等考試及格的師學長，學員隊有雷烘慶，學生隊有吳德讓、梁福材、戴中流，初幹班一隊有蕭順水等，均曾分別出任地方法院或高等法院法官、庭長或檢察處檢察官等職。更難得的是，蕭順水曾經數度被任命為臺灣基隆、桃園地檢處首席檢察官，還有許多同學報考高、普考或特種警察人員考試及格，而獲得晉昇者更不在少數。此外，臺幹班師學長出任過各縣市警察局長、警察總隊長、或擔任過公路、鐵路警察局長的同學，據我所知，有以下數人：講習班一、二期有王厚才、王啟豐、伍普星、何顯、杜世珪、吳譽賢、林士賢、季發祥、洪以榴、許振庠、陳鼎、黃麗川、黃銘祥、黃祖耀、曾業典、楊元俊、魯廷璧等師長；學員班和學生班一、二隊有王善旺、王琪琨、莊亨岱、鄭文杰、洪鼎元、翁錦魁等人。再者，臺幹班學員生中有多人擔任過副局長、副總隊長以及分局長、督察長和科室主管等職。其中，王善旺於卸職桃園縣警察局長後，又出任內政部常務次長，而莊亨岱則於擔任刑事警察局長時，受層峰拔擢，出任警政署長。兩人厥以警職出任次長、署長，為臺幹班特例，臺幹班全體師生均引以為榮。

十六、我的家人

民國 34 年（1945）10 月 24 日，我隨臺幹班師生奉派渡海來臺灣。如前所述，民國 37 年（1948）冬，我曾請假

返回長汀家鄉歡度春節。這次回大陸搭乘中國民航的小客機，左右各一排座位。從松山起飛後，約一小時多就到了福州，在汀州會館下榻一宿。翌日，買票搭公車經南平、永安回到長汀，和家人共渡一個溫馨歡愉的春節。

民國 38 年（1949）初，春節過後不久，國共二軍戰火正殷，共軍有南向侵犯跡象，臺灣省政府就在這年的二月起實施入境管制，任何軍民人等，凡欲進入臺灣地區都要請領入境證或持有相關證明。幸好我隨身攜帶臺南縣警察局服務證，因此順利地買到廈門飛往臺北的機票返臺。[35] 但是，當時欲跟我一起赴臺灣讀書的朝秋親弟和朝權堂弟就沒有那麼幸運了，我只好拜託就讀廈門大學的上杭中學同班同學鍾史明學長（現為南京東南大學熱能工程設計研究院名譽院長）暫時照顧他們住食。大概過了一個多月吧，鍾學長幫忙買到船票，他們才得以從廈門渡海來臺，從臺南安平港上岸。

我這次離家回臺時，原想邀我大哥鄭國光一起來臺工作。他三十歲不到就先後做過小學校長、縣政府社會科長、民政科長，聰明有才幹，拉得一手好胡琴，更寫得一手好毛筆字，也深受長官器重。他曾受業於福建省音樂專科學校的蔡繼琨校長，當時蔡校長任職臺灣省交響樂團。大哥原已決定赴臺，但是因為母親說了一句：「家中弟妹還小，能賺錢

35　民國 38 年（1949）2 月 10 日頒布「臺灣省准許入境軍民人員及旅客暫行辦法」（簡稱「入境辦法」），實施入境管制，並於 3 月 1 日正式實施。軍事機關及部隊來臺不須個別申請入境證，僅須將部隊名稱或番號、主管姓名、人數、武器及任務、駐地等，事先通知警備總司令部備查即可，整批整隊辦理，不須個別提報。公務人員如係中央各機關派臺工作人員及其眷屬，或是中央各院部會及各省市政府，只要是因公派員來臺者，僅須有主管機關的證明文件，並通知警備總司令部或省政府而有案可查者，即發給入境證。另外，凡是警備總司令或主席邀請、特許來臺者，可以免去申請手續。參閱薛月順，〈臺灣入境管制初探——以民國三十八年陳誠擔任省主席時期為例〉，《國史館學術集刊》第 1 期，頁 225–256。

的都出去了，以後這個家怎麼辦？」大哥生性至孝，又想到家境困窘，只好打消來臺念頭。那知道，共產黨席捲大陸後，民國 39 年（1950）初春就開始清算鬥爭，凡是在國府時代任職縣府科長、國軍連長，以及區分部書記以上職務的國民黨黨員，一律追殺無赦。我大哥只有二十九歲，還這麼年輕就被共產黨政府處死了，令人難掩哀傷和悲痛。

民國 76 年（1987）10 月，總統蔣經國先生開放兩岸探親旅遊後，我曾於民國 78 年（1989）間與大陸家人（母親和弟妹等）聯絡上，彼此相約在香港會面（家父在一九五〇年代已病故）。不過，那時我還在治安單位供職，無法前往，只好由內人帶兒子和秋弟夫婦二人代我和母親等面晤。在臺灣和母親通電話時，母親對我說：「你今年六十歲了！」聽到她老人家的聲音，我不知不覺已淚流滿面。

過了兩年，政府進一步開放九職等以下探親。民國 80 年（1991）春，我再和母親以及弟妹等約在香港見面。母親因不習慣大都市的生活環境，在香港待了五天後，便乘坐大輪船經廈門回長汀。民國 81 年（1992）我屆齡退休，在臺灣過完春節即偕同內子一起回長汀省視老母，並共渡元宵佳節。此時老母親雖已高齡九十四歲，身體仍很硬朗，耳聰目明、思路清晰。十來天後，我回到臺灣。沒想到 5 月 25 日上午就接到熹弟電報說，老母已於午夜仙逝歸天，我和秋弟立即火速訂妥機位返回長汀奔喪。真是樹欲靜而風不止，子欲養而親不在。痛哉，哀哉。

民國 80 年（1991）冬，我邀約熹、源、柯諸弟和芬妹等四人來臺觀光旅遊。我為他們辦妥入臺證，並買好香港到臺灣的來回機票，請他們在臺灣旅遊十天，環島一遊。雖只是走馬看花，他們仍對臺灣的十大建設，讚譽不已，直說大陸要二十年後才趕得上臺灣。

現在兩岸開放已二十多年了，大陸各方面的硬體建設可

說突飛猛進，尤其在交通建設方面，近年來已可和臺灣並駕齊驅，毫不遜色。所以每年清明節前，我都偕同秋弟返回老家掃墓。畢竟離家多年，沒有盡到「父母在、不遠遊」的人子孝道，只好在此有生之年，到父母墳前跪拜求恕了。

十七、警察勤務業務與警察職稱

　　光復之前臺灣原有五州三廳的建置，光復初期民國35年（1946）元月就在此建置上改組，成立縣市政府；在縣、市政府內分別成立警察局或警務科，綜理縣市的警衛事項；各區署所在地設置警察所，其下又根據地理情勢需要分設派出所、駐在所、出張所等。臺灣於日據時期接受日警的高壓統治，人民對於警察都抱著尊敬和服從的態度，所以每一個基層警察單位都只要派駐三、五個警察，甚至只派遣一個警力，便足以維持這一地區的治安秩序。這種警察一般稱為「地方警察」，只限在地方政府管轄下一定地域內行使其職權，通稱「行政警察」。他們每天的例行工作可分為守望、巡邏、備勤和戶口查察等四項勤務。

　　民國38年（1949）間中央政府率領大批軍民人等撤守來臺，社會型態丕變，警察建置也配合維護治安及打擊犯罪的需要而有所更異，縣轄各地的區警察所一律改制為警察分局，基層警察機構的警力也加強不少。此外，光復初期除了地方縣市警察局及鐵路警察署（後改為鐵路警察局）的設立外，還有直屬警政署的中央專業警察機關。最早成立的這類機關是刑事警察總隊（即今刑事警察局前身）以及第一和第二兩個警察總隊，嗣後又陸續成立公路警察局（由公路警察大隊改制而成）、航空警察局（由航空警察所改制而成），以及保安警察第三至第六大隊，共六個直屬警察總隊。後來又成立保安警察第七總隊（後改制為水上警察局），不久水

上警察局又併同警備總部的海防部隊，改組成立海岸巡防署。

　　保安警察第一總隊、第四總隊及第五總隊均為中央警察的機動部隊，直屬警政署指揮監督；第一總隊駐防北部地區，第四總隊駐防中部地區，第五總隊駐防南部地區。一旦某地區有突發狀況，便同時接受該地區警察局長指揮。第二總隊為派遣到國營事業臺灣糖業公司警衛的警力，同時接受經濟部的節制。第三總隊為派遣到臺灣鹽務、工礦公司等警衛的警力，而第六總隊則為派遣到政府機關及首長、以及重要建築物等警衛的警力，同時接受派遣單位的節制、指揮和監督。

　　另外，因服務地域不同，在建置上還有「山地警察」、「離島警察」的建置。偏遠和離島地帶往往缺乏水陸舟車，有些地方即便是最基本的生活條件（如市集、醫療、學校等）也付諸闕如，因此被調派到該地服務者往往是孤家寡人一個，這也是無可奈何的事。不過，在這些地區服務的同仁每月除了俸給和勤務津貼之外，還領有山地加給或離島加給等優遇，而且二年服務期滿就可以有機會輪調，所以精神上或許會覺得孤寂，工作上應該還是蠻愉快的。

　　除此之外，為協助其他機關的業務需要而設置的警察機關也不少；例如，司法機關的司法警察、農林機關的森林警察、環境清潔單位的衛生警察、電信機關的電信警察等，均直屬各該機關指揮監督，但服勤的官警仍歸警政署派遣節制。再者，警察局本身為因應業務執行需要，也設置有各種業務上的專業警察。以臺北市政府警察局編制為例，其下的警察種類就有刑事警察、保安警察、交通警察、消防警察（後改制為市政府消防局）、外事警察、少年警察、婦幼警察以及通信警察隊等。

十八、中華警政協會

　　我們臺幹班是民國 34 年（1945）10 月 24 日抵達臺灣的，所以之後就以這一天當做「來臺紀念日」，每年舉行聚會，參加聚會的人都是臺幹班成員（目前大約只剩三百多人）及其家屬。除了來臺紀念日外，過年時還舉辦新年團拜。這幾年來因為大家都年紀老大、逐漸凋零的關係，參加餐會的同學比以前少了許多。

　　民國 69 年（1980）時為了擴大紀念，在聚餐中成立「臺幹班互助基金會」，並於民國 72 年（1983）4 月發行第 1 期會訊（季刊）。最初該會曾以基金會名義向內政部申請登記社團，但是沒有獲准。民國 80 年（1991）更改名稱，順利成立「中華警政協會」〔翌年（1992）12 月 24 日出版第一期創刊號〕。[36]

　　民國 84 年（1995）為臺幹班來臺五十年，中華警政協會也盛大舉行「來臺紀念日」。協會除特製一枚 20K 的金戒指給每位師生外，並出版一本《中央警官學校臺幹班師生來臺五十週年紀念專輯》。到了民國 94 年（2005），協會再出版《中央警官學校臺幹班師生來臺六十週年紀念專輯》，作為我們臺幹班全體師生獻身警職的歷史見證。

　　關於「中華警政協會」的成立，政府並沒有給予補助，都是靠我們成員捐錢，有人捐五萬，有人捐十萬。我記得在幾十年前人數鼎盛時，協會總經費曾經達到兩千多萬元之多。「中華警政協會」設有理事長，由同學互選，每任四年，

36　中華警政協會為中央警官學校臺幹班來臺師生所成立的團體，於民國 80 年（1991）10 月 24 日成立，由內政部頒發臺內社第 8009015 號全國性及區級人民團體立業證書。

連選連任。現任（2009）理事長是戴良川先生，我兼祕書長。

　　在「中華警政協會」下，分別設有學術研究委員會、互助組和急難救助委員會，主要用意在協助和聯繫臺幹班同學，為會員服務。「中華警政協會」也曾接受大陸委員會委託，研究防制大陸地區人民非法入境的計畫，並出版專書。另外，協會也曾從事國內消防制度、消防人員訓練的研究，並介紹日本的消防設備和方法等。

　　「中華警政協會」成立至今二十年，運作上仍維持每年聚會的形式。當年我們都是離鄉背井、單身來臺的年輕人，在臺灣成家立業、傳宗接代，在臺灣警界服務，為臺灣警界努力多年。如今我們已老成凋零，不免擔心「中華警政協會」後繼無人。

　　我除了擔任「中華警政協會」祕書長外，也擔任「中央警官學校校友會」的總幹事。我們是中央警官學校正科第十七期學生，到了第二十三期以後，中央警官學校改制為中央警察大學。[37] 但是，原本的中央警官學校早就成立有校友會，因此改制後的中央警察大學又另外成立一個中央警察大學校友會，所以現在同時存在兩個警校校友會。

　　「臺北市中央警官學校校友會」有固定會址。該會址是由前中央警官學校校長李夢公捐了一筆錢，在臺北市潮州街91-4號二樓買下一個建築物當校友會館而來的。除了「中央警官學校校友會」之外，中華警政協會又成立警察子弟基金會，為全臺警察及家屬服務，以助學金的方式每年獎助警察

37　民國38年（1949）國共內戰，中央警官學校先南遷廣州，再西遷重慶，其後輾轉播遷來臺，將臺灣警官訓練班予以歸併。不久因為政府機構一再緊縮，乃於民國39年（1950）1月奉令停辦，但仍保留臺灣警官訓練班，繼續調訓現職警官。民國43年（1954）10月中央警官學校奉准在臺復校，繼續辦理正科教育。至民國46年（1957）經內政、教育兩部核准增設四年制大學部正科教育，民國84年（1995）12月正式更名為中央警察大學。

子弟一百人，另外也獎助警察子弟赴國外留學。

　　中央警察大學圖書館裡有一個專櫃，陳列臺幹班成立及來臺的經過，並陳列有我們的相關資料，如勳章、佩劍等，顯示在臺灣建警史上臺幹班有它一席之地，我們也覺得與有榮焉。

十九、一點感想

　　民國40年（1951）底，我奉調離開臺南縣，先到宜蘭縣警局服務一個多月，隨即又奉調到臺北市警察局服務。來到臺北後，我常常會想起在新營時那一段美好的時光。臺北是大都市，總令人覺得人與人之間不夠親切，有點疏離感。有時我會想到在臺南縣時的一些事和一些人。譬如說，大內鄉的楊雲祥老伯、臺南縣議會陳華宗老議長、[38] 曾文郡麻豆街的陳純仁老伯，和一位許醫師（名字記不起來了，我最早在麻豆服務時，他常把自己的摩托車供我練習和乘坐），以及新營街上的沈崑山老伯和新營鎮長沈銀來等和藹可親的長者友人。當然高一生鄉長也是我常常想念的一個好人。要不是他的見義勇為，要不是他的仁心俠膽，怎麼可能一肩挑起觸犯眾怒的擔子，來保護眾多外省籍的公務人員？他這種大無畏的膽識，的確令人欽敬與懷念。

　　我也認為，蔣經國先生對臺灣真的很有貢獻。他是個很好的國家領導者，親民、愛民、公正、認真，甚至比他父親蔣介石替臺灣做了更多事。當然，老蔣總統那時一心對付中

38　陳華宗（1903–1968），臺南縣學甲鎮人，日治時期擔任學甲庄長，1946年獲選臺南縣參議會參議員，1947年二二八事件被指控內亂罪，一度被判處死刑，而後又以無罪釋放。戰後陳華宗連任四屆臺南縣議會議長，任期內與吳三連、高文瑞、劉博文、陳天賜合稱臺南縣議會五虎將；1964年當選臺灣省議會議員，1968年連任，同年在任內車禍過世。

國共產黨，所有的施政措施都是為了這個考量，這也是形勢使然，不得不如此，但蔣經國先生則很用心治理國家，他是愛老百姓的。我覺得本省人應該要特別感念兩位總統，不應該忘記他們，所以中正紀念堂不應該改名，蔣介石銅像也不應該拆。這些都是歷史文物，都應該留下來為臺灣歷史做見證。

鄭健先生簡歷

- ❖ 1945/10/31 － 臺南州接管委員會曾文郡役所接收管理員
- ❖ 1946/01/07 － 臺南縣警察局曾文區警察所所長
- ❖ 1947/08/07 － 臺南縣警察局課員
- ❖ 1948/04/12 － 臺南縣警察局戶口主任、戶口股長
- ❖ 1952/02/19 － 臺北市警察局督察員
- ❖ 1953/12/29 － 臺灣省警務處警察廣播電臺課員、編輯
- ❖ 1955/08/11 － 臺北市警察局課員、文書股長
- ❖ 1958/06/20 － 臺北市警察局分局員
- ❖ 1962/08/31 － 臺北市警察局課員
- ❖ 1963/04/03 － 臺北市違章建築拆除隊（兼任）隊長
- ❖ 1964/08/05 － 臺北市大同區公所（兼任）戶籍副主任
- ❖ 1965/09/06 － 臺北市警察局課員
- ❖ 1968/02/26 － 臺北市政府警察局科員（司法）股長
- ❖ 1972/05/30 － 臺北市政府警察局古亭分局（刑事）組長
- ❖ 1975/03/19 － 臺北市政府警察局刑事警察大隊組長、副大隊長
- ❖ 1987/02/05 － 臺北市政府警察局編審、專員
- ❖ 1991/02/01 － 臺北市政府警察局交通裁決所主任
- ❖ 1992/02/01 － 退休（合格實授）警正一階一級

陳應彭先生訪談紀錄

訪談歷程

❖ 2008/1/16 參加中研院臺史所座談會;2008/4/9、
2008/11/28、2008/12/1 共訪談三次,地點均在本所;
2011/4/26、2011/9/15、2011/12/22 共訪談三次,其中
兩次在臺北陳宅。

簡介

　　陳應彭先生，福建詔安人，民國 12 年（1923）6 月 15 日出生，先後就讀福建詔安中學、南靖師範學校，畢業後擔任過大嶝國校、西嶠國校校長。民國 32 年（1943），應召參加全國知識青年從軍運動，到漳州擔任「大刀報」發行主任。民國 33 年（1944）底，報考並編入臺幹班之學生班第一隊。日本投降後，隨臺幹班來臺，協助接管臺北州宜蘭市警政，1947 年 2 月入警察訓練所接受經濟警察的講習。此後歷任宜蘭警察局長、瑞芳分局長、臺北縣淡水警察所所長、臺北縣警察局督察員、臺北市內湖分局副分局長、南港分局分局長等職。

　　陳應彭在警界服務四十一年，民國 75 年（1986）退休，對臺灣警務、警察法及警界人員多有深刻認識，其主要著作有《白髮警官話當年》（臺北：自刊本，2000）。該書乃集結他多年刊登在《中外雜誌》等文章而成。

一、我的家世

　　我是福建省詔安縣人。詔安是魚米之鄉，物產豐富。我家在當地算是數一數二的大富翁，家裡有田地出租，每年收取實物當租金，另有三棟洋樓房，租給人家做買賣，按時收租。當時我家一冬（即半年）可以拿到六擔穀子，一擔約一百斤左右，夠一家全年吃到飽，多出來的穀子，就賣給別人家。家中設有公廁六間，排泄物每年提供給農家做堆肥，還可以收到很好的回饋。

　　我家擁有十七分之一的「大黛海港」港口股權，只要下過雨，飄流在「大黛海港」的魚產蝦蟹就都歸我們家所有。

因為我家和當地所有賣魚蝦蟹者都有往來，所以家中都不用
花錢買魚蝦蟹。每個小孩一放假回來，經過魚產店面，看到
想要吃的魚產，只要用卡片登記，店家就會自動把魚產送到
家裡，因此我家一年到頭都不乏新鮮魚貨。

　　我的曾祖父是秀才，詔安縣管轄下的東山縣裡有間書院
就是由曾祖父主持的。另外，曾祖父也設私塾，叫「望益學
堂」，是我們陳家的私塾，他就在私塾教書。

　　曾祖父生有五個兒子。分家後，因為老五陳熙臺太年
輕，和老二相差十歲，就由老二（也就是我的親祖父）照顧；
至於老三和老四則另外合住。我的親祖父是曾祖父第二個兒
子，從北京醫學堂畢業後，回到福建，在督軍署當軍醫。他
考了幾次舉人都沒考上，所以就培養五弟讀書、考舉人。親
祖父共生有三個兒子，因為他五弟娶兩個太太後都死掉，沒
生兒子，就把我父親過繼到他五弟名下，所以我有兩個祖父。

　　我的這個祖父陳熙臺，考上地方秀才後，先是拔貢，後
又中舉。我老家門外有一支旗竿就是他中舉後豎立的，家裡
廳堂還有幾塊匾，上刻「文魁」、「貢元」和「同胞登科」。
〔晚清〕罷科舉後，我祖父被分發到潮州道做事，後來又到
廣東法政學堂去讀書，打算以後分發到廣東省內當縣長。後
來有一位同鄉（莆田人）當了巡撫，便指派祖父到平遠縣當
正堂（即縣長），之後祖父又出任廣東同知（五品官）。

　　光緒末年，祖父當平遠縣長才沒幾年，中國就爆發辛亥
革命，於是祖父自廣東回到家鄉。民國8年（1919），他突
然被發表為詔安縣知事，深覺有異，因為一般慣例是要迴避
本籍的，通常地方官派任不會以本地人擔任。他怕是走報的
人搞不清楚，弄錯人了，就去打聽，結果發現是陳炯明[1]派令

1　陳炯明（1878–1933），字競存，惠州海豐縣人。1906年入讀廣東法政學堂；
　　在1911年3月黃花崗起義中，擔任敢死隊第四隊隊長。民國肇建後，陳氏

的關係。據說是因為陳炯明也在廣東法政學堂念過書（1906），知道我祖父在法政學堂做過事，所以發表祖父為詔安知事。

祖父的官職算是很大的。同知以上的官品才能稱為「大夫」，所以我家蓋有「大夫第」。「大夫第」是陳氏家族的房舍，大約在我兩歲時才蓋

圖 3-1：1925 年，時年兩歲，攝於大夫第前。右 4 為祖母謝氏，右 2 為母親沈氏，後排手抱者為受訪者

好，所以我並不是在「大夫第」出生的。民國 8 年至 11 年（1919-1922）間，「大夫第」因軍閥掠奪牽累，遭到燒毀，那時我大約五、六歲左右。所幸我還留有一張發黃的老照片，那是我兩歲時在「大夫第」前面花園裡照的（圖 3-1）。

「大夫第」內一度設有詔安縣內唯一的女子學校，叫「滌亞女子學校」。當時設立學校比較容易，只要有大房子就可以了。滌亞女子學校在當時是全縣最好的女校，縣內許多有名的女子都是這所學校畢業的，像李敏秀就是。我的祖母甚有才學，平時對子女教導甚嚴，因此滌亞女子學校就由祖母主持，由我的父親襄辦，我的母親也在女校協助校務。

我的父親叫陳祖貽，從小過繼給我的祖父。我的母親出身沈氏大族，自小身承家學。父親有個師長駐紮在漳州，「大夫第」被軍閥燒燬後，他去漳州跟隨著那位師長做事，母親就帶著我和其他家人搬到香港。

曾任粵軍總司令、廣東省長、民國政府的陸軍部總長兼內務部總長、中國致公黨首任總理；1921 年，主張「聯省自治」，反對「北伐」。1933 年病逝香港。

二、求學與就業

　　我家三代單傳，父親生了我以後就沒再生了。我到現在也只生個兒子。

　　我小時候在家鄉曾經讀過望益學堂。那時我年紀很小，上學都是由家裡婢女揹去的，她們也幫我洗澡等。去望益學堂讀書的小孩都是我們陳家的人，大家不會覺得我被婢女揹去上學很奇怪。當時我們唸的是唐詩和千字文，唸書時都用當地話唸，也就是閩南語，因為詔安雖然和廣東交界，但講的還是閩南語。

　　不久，我隨母親搬到香港，進入聖保羅幼稚園幼年班就讀。母親在一次體檢時發現罹患肺癆，病情嚴重，於是攜我先回詔安，讓我進入全縣最好的丹詔小學就讀。不久，母親就在她28歲（我年約7歲）時過世，此後我都由祖母養育長大。

　　我小學就讀丹詔，畢業後順利考上詔安中學。抗戰期間，日本飛機不斷來襲，學校便遷到離縣城六十華里的大布寨鄉間，次年才搬回城郊。當時常有空襲警報，生活不安定，學生也無心上課。福建省在各行政區都設有國民師範學校，漳州區的師範學校設在南靖山城，較少受到敵機騷擾。南靖師範學校是省立的，學生全部公費，所以不少詔安中學的同學畢業後都去投考南靖師範。

　　我也考上了南靖師範。該校本來在漳州，原名是漳州師範學校，搬到南靖後才改名省立南靖師範學校。師範生畢業前都要實習，我畢業之際被分發到林頭中心小學大嶺分校去實習，一去就擔任主任，教了一學期。到了第二學期開學，分校升格為國民學校，是完全小學，因為是新學校，很多人來爭取校長的缺。教育科長和我叔叔是高中同學，就發表我當校長。人家跟我講這件事時，我還以為是跟我開玩笑，因

為我還在實習階段，文憑還沒拿到。我趕緊到縣政府去看，結果真的是被任命為校長，我就這麼在大嶇分校當起校長來。當了半年校長後，西嶠國民小學的校長要求和我互調，我就和他對調到西嶠國民小學去當校長。

當校長時，生活上還過得去。但一般百姓的生活是很苦的，物資缺乏，什麼都沒有。大小便後都是用竹片清理屁股，所以當時的廁所裡要準備很多竹片。

暑假期間，教師按例要到學校接受訓練。那年我參加的是暑期校長見習班，前後一個月。但見習不到兩個禮拜，上面就有號召令下來，說是各地教師都要應召從軍。在這之前，政府號召全國知識青年從軍時，本來規定警察和小學老師可以緩召，但到了這時戰事已經危急，連警察和老師都不能緩召，只好全員入伍。大家在暑期見習期間簽名從軍，我也跟著簽了名，其實當時不簽名也不行，還是得去從軍。

簽了字就要出發。我是單傳，祖父、祖母知道以後相當難過，心裡很捨不得，整天哭哭啼啼地。省立南靖師範簽字從軍的老師共有五個人，其中一人和我一樣是單傳，還有一人因為和一個女老師很要好，對方肚子大了，準備要生小孩。所以我們三個根本不想去當兵，但是不去也不行，因為詔安縣的報紙都已經刊登說某校校長和〔四位〕老師要去「青年從軍」了，真是進退兩難。於是我們三人就商量一起溜走，當逃兵，逃到漳州去。我們三個人走了後，剩下那兩個老師，一位沒去當兵，另一位後來去考特警班，日後也到臺灣來，我曾在基隆碰過他。

當年我離家去從軍是趁半夜溜走的。臨走前天氣很冷，五十多歲的祖母送我到外面，一路走一路哭，一直說這一次分開後，恐怕再也見不到我了。說著就將手上的金戒指脫下來，硬要給我帶在身上，還將身上的毛衣脫下來，希望我多帶一點禦寒衣物。我說，我已經有三仟多圓了，加上學校發

給的旅費，夠用了。但她還是不管，一定要給我帶著，結果我這些東西都沒帶到臺灣來。毛衣在半路上就賣了，因為我想身上有一件就夠用了，後來錢用得差不多時，又把衣服給典賣了，而出門帶出來的錢，不久就幾乎都賭光了（後敘）。

當兵不成，三個人必須找工作才能過生活。我想到，我叔叔有一個高中同學華光在詔安當科長，就請他幫忙。叔叔這個高中同學和胡璉同是漳州人，擔任「軍工民食動員會」書記長時曾住過我家，所以我和他也很熟。華光是《大刀報》的社長，他請我到《大刀報》去工作。《大刀報》是漳州行政督察專員公署辦的官方報紙，也是漳州附近老百姓都會看的報紙。行政督察專員這個職位設置於一九三〇年代中期，是相當於縣長以上的官職，管十個縣市：漳州府（第五行政督察公署）、泉州府（第六行政督察公署）、南靖、詔安、龍崎、東山、漳浦、平和等地，算是財源不錯的單位，所以報紙的品質不錯。當時漳州還有《閩南新報》，也是公家辦的報，由漳州縣政府主辦，但辦得就差很多。

華光先生，四川人，可以說是我的恩人，就是經由他的介紹和安排，我才得以到《大刀報》工作。我到《大刀報》報到後，社長下了個條子，上面寫著：「朋友陳應彭已應聘至本社服務，膳宿希賜照顧」，我因此受到很好的照顧。我到《大刀報》報到時，剛好報社有幾個人也因響應青年從軍而離開報社，其中有一位是發行主任，我正好頂他的缺，還入住報社樓上，那個地方有電燈設備，住起來很方便。後來，其他兩位和我一起當逃兵的老師也和我一起住進《大刀報》樓上，吃和住都隨我。這是民國32年（1943）的事，當時一般人民的生活已經很苦了。

我因為在報社服務，常常會注意報紙上各種消息。有一天，我發現《大刀報》上有中央警官學校在閩招生的消息，就抱著不妨一試的心情去報考。

三、中央警官學校臺幹班

（一）報考臺幹班

　　臺灣警察幹部訓練班在漳州的招生和中央警官學校正科十七期同時舉行招考，因此我報名時並不知道有「臺幹班」的招考，以為參加的是正科班招生，後來到學校報到以後才知道有臺幹班，而且我報考的就是臺幹班。[2] 所謂臺幹班，是指國民政府依中、美、英開羅宣言（1943）的聲明，為接收臺灣警政而設立的警官訓練班，以培養警察幹部人才為目的。臺幹班的招生對象以會講閩南語和客家話的人優先，所以來臺的臺幹班成員中以福建人和廣東人最多，其中〔後者〕又以廣東梅縣人為多。

　　民國 33 年（1944），我參加中央警官學校招生的初試以後，在永春住了一個多月，等待放榜。這段期間，同鄉的人都會聚在一起活動，人數眾多，就容易形成群眾，什麼「詔安幫」、「莆田幫」的。這年過年時，剛好大家都在永春，閒著無聊，沒事就賭錢，贏的人就會一個縣幫、一個縣幫地賭。那時賭牌九輸贏很大。剛開始幾天，我都贏錢，就去買螃蟹請大家吃，天天吃螃蟹。到後來，都快要離開永春了，「詔安幫」卻全軍覆沒，我身上的錢也輸到只剩下 40 塊錢，把出門時帶出來的錢都花得差不多了。

　　還好，沒多久就收到警官學校的錄取通知。那時學校在湖南，我們就趕到湖南報到。結果才到湖南住下來，戰事就吃緊，敵軍又打過來，所以我們又跟著學校遷到閩西的長汀。

2　中央警官學校在 1936 年 9 月 1 日成立於南京，1938 年初奉令擴大招生。1943 年又成立臺灣警察幹部講習班，並在西安（1940）及湖南耒陽（1941）創辦西北及東南兩個警官訓練班。陳應彭先生當時所報考的有可能是東南警官訓練班，後來因該警官班裁併入在福建長汀（1944 年 11 月）成立的第二分校，他就成為臺幹班的一員。

沒想到我們到了長汀，又因為戰況吃緊，就再遷到梅列。跟著學校走，雖然吃得不太好，但一路上有人照應，也有特務長理帳。這樣遷移行路，一走就是十幾、二十天，從閩南走到閩北。我身上本來穿的是一雙皮鞋，走到後來皮鞋都壞了，最後只好穿草鞋到學校報到。

（二）第二分校

　　民國 25 年（1936）秋，中央警官學校正科一、二期在南京招生。在正科一期設立前，全國各省的警察訓練機構都獨立招考警員，這些訓練機構有的是警察學校，有的只是警察訓練所。蔣中正為了統一全國警官教育，便設立中央警官學校，將原內政部警官高等學校加以合併，把杭州的浙江警官學校也併過來，由蔣委員長本人兼任校長。除正科教育外，該校又增設特種警察訓練班以及特科警察訓練班，由戴笠[3]當特派員，專門訓練警保人員。

　　民國 32 年（1943）11 月底，中、美、英三國巨頭在開羅會議發表宣言，決議未來抗戰勝利後，臺灣將回歸祖國（中國）版圖，中央政府也隨即規劃收復失地的準備工作，由中央訓練團負責訓練行政幹部，並下令中央警官學校儲備警察幹部。關於警察幹部的儲備，其實施重點如下所述。一、在警官學校本部（重慶），先甄選正科畢業的現職警官 36 人為講習班第一期的學員。二、在第二分校（最後遷至福建梅列）甄選現職警官 28 人為講習班第二期的學員。三、在第二分校招考曾接受警官教育的現職警官一隊，76 人，為學員班學員。四、招考高中畢業或同等學歷的學生班及正科十七期新

3　戴笠，原名春風，字雨農，1897–1946，浙江江山人。浙江省第一師範學校、黃埔陸軍軍官學校第六期畢業，曾任軍統局局長等職。

生，計錄取學生班二班，共 250 人。五、招考中等以上學校
或曾受警察教育的初級警察幹部，共五隊，計 542 人。

　　以上班隊統稱為「臺幹班」，第二分校由副主任〔主任
為陳玉輝，另一副主任為李一民〕胡福相兼臺幹班主任〔副
主任為揭錦標〕負責督訓。胡主任是浙江警官學校正科第一
期畢業，後官費留學日本，先入明治大學法科，再入日本內
務省警察大學。在校期間密獲一厚書，該書為絕版珍藏，胡
主任因此託病，窮晝夜翻譯。他學成歸國後，任職中央警官
學校，曾著有《日本對於殖民地之警察設施》等書，可以說
是我國研究殖民地警察措施的第一人，期間並曾參與中央設
計局收復國土之策略。

　　民國 33 年（1944）5 月 12 日，中央設計局設立「臺
灣調查委員會」及「東北調查委員會」，分別由陳儀、沈鴻
烈主持。「臺灣調查委員會」初設主任委員一人，委員五人，
主任委員是陳儀，委員分別是沈仲九、王芃生、錢宗起、周
一鶚、夏濤聲。沈、周、夏都是陳儀當年擔任福建省主席時
的部屬。

　　抗戰勝利，臺灣光復，胡主任由中央任命為第一任警務
處長。他在民國 34 年（1945）10 月率領我們這批警察幹部
官佐千餘人渡臺接管臺灣警政，並將我國過去的警長、警士
制度改為警管區制（即現在警勤區制），將警長改為委任，
又沿襲日治警力的散在制，將警力散置在基層，使警察勤務
由點及面，開創近代中國警勤區制的先河，奠定了今日臺灣
良好的治安基礎。

　　中央警官學校校長和中央軍事訓練學校以及中央政治
學校一樣，都是由蔣委員長兼任校長。中央警官學校的經費
也是由中央撥款的，但是臺灣警察幹部訓練班的經費比較特
別，是由中央設計局撥款的。因為成立中央警官學校臺幹班
的目的就是要專門訓練一批去臺灣接收的警察人員，因此與

接收相關的一切計劃當然都由中央設計局負責，經費由中央設計局統籌，相關經費也由中央設計局撥款。當時中央設計局設在重慶，其下的「臺灣調查委員會」主任委員是陳儀。

（三）受訓的日子

臺幹班全部的隊員，如前所述，共有九百多人，分四個班別：講習班、學員班、學生班和初幹班。依招生時的規定，學生班的報考資格至少要高中肄業的資格。師範屬「高中以上」，所以我被編在學生班。學員班招收的主要是現任警官，來考的人大多是福建各地方警官訓練班出身的警員，其他兩班的招生資格也各有規定。考入臺幹班後，我被編入學生班第一隊。我們學生班有兩隊，每隊一百多人，訓練時分住兩個營房。

臺幹班的開辦經費是由重慶中央設計局統籌，再匯到福建第三戰區，通常必須經過很多天校方才會收到匯款。這時幣值貶得很厲害，每次校方收到匯款時，幣值都已貶了很多，買到的物資大為縮水，所以我們吃飯、生活都很苦。據我所知，大約在民國 25 年（1936）、抗戰還沒開始時，警官的待遇是很好的，每個月薪水是 3.5 圓，等於一天一毛錢。學生們拿到錢，週日可以到外面喝酒、吃菜，剛好夠用。那時一塊錢不得了，很值錢的。但到了我們受訓時，景況已經沒那麼好，餐餐吃「黃豆飯」。所謂「黃豆飯」，是指軍中發下的軍糧，就是各種雜糧糙米，加上沙石，攪雜著一起煮，很難吃，但還是得吃，我們管它叫「八寶飯」。

訓練所在福建三元縣梅列，是個鄉下地方，那時只有一條街而已，街上總共只有幾個店面，很多東西是買不到的。事實上，訓練期間我們只有週日可以外出，有錢也根本無法買到什麼東西。那時一般老百姓都很辛苦，幣值一直貶，大

家都知道。我到現在還常跟我的兒女說，我們當年受訓時真的是一年只吃五次豬肉而已。

後來回想（其實不太敢回想），在警官學校受訓時，生活真的很苦，有幾個稍微沒有意志力或意志力不夠堅強、受不了吃苦的人，就設法逃跑了。學校規定，每天早上五點起床。起床後五分鐘之內，我們就要將內務整理好，然後穿草鞋上山出操。穿草鞋出操很辛苦，腳趾常常會被操到受傷、壞死，所以穿鞋時必須將大拇趾綁起來，以免受傷。

夏天時我們都到河裡去洗澡，洗完澡順便洗衣服，之後還要帶一盆水回宿舍，以備第二天早上洗臉刷牙用。到了冬天就慘了，溪水很冰冷，印象中好像我根本沒洗過澡。大小解通常都是到山溝中解決。那時沒有草紙，大家都是用竹片清理。

吃穿方面很辛苦，我們的裝備，尤其是槍械，當然也不是很好。我們訓練用的槍械是蔣委員長命令第三戰區提供的，但都是很差的槍，幾乎都是第三戰區淘汰下來的槍枝。當時白天操槍打靶，操到肩膀受傷，到了晚上痛到不能動彈，因為這些槍的後座力實在太強了。這樣的訓練真的很辛苦。

（四）課程與老師

在臺幹班受訓的生活雖然很苦，但教我們的教官們都很優秀，素質都很高。我記得教日文的老師是吳俊明，臺灣人，留學日本。一說是京大畢業，後來被軍統局吸收為情報員，派到東北，後來出了點亂子，人家懷疑他有問題，他就連夜跑了，來到中央警官學校。[4] 這時中央警官學校校長是蔣中

4　吳俊明「先後畢業」於（東京）日本大學和京都帝國大學的法學部政治學科，歷任天津盛大公司的副經理、浙江金蘭日報社社長、福州實業貿易公

正，教育長是李士珍，特警班校務委員會主任委員是戴笠。吳俊明留下來後，因為日文好，校方就讓他到臺幹班來教日文。吳俊明教我們日文，是我們二分校的專任老師，住在教官宿舍裡，大家和他相處時間長，所以我也比較記得他。

除了日文課外，所有和警察相關的課程我們都要學，像民法、刑法等。我還記得教民法、刑法的老師是一位浙江人，他本來在福建省保安處當軍法科長，滿口浙江口音，我們都很怕上他的課。譬如，他講到酷刑有炮烙之刑、凌遲之刑、五馬分屍等，因為口音很重，我們常常聽不懂他在講什麼，但又怕考試，所以聽得很頭痛。那時上課雖然有黑板，可是這位老師又不寫板書，加上他教的課又很多，真的讓我們學得很辛苦。他不和我們住在一起，每天都從福建走三個鐘頭的路到學校來上課，很是辛苦。

還有一位教國父遺教的老師，來自江蘇學院。抗戰時因江蘇淪陷，第三戰區行政長官顧祝同是江蘇人，因此把江蘇學院搬到閩西，就落腳在我們第二分校附近，所以部份跟著逃到福建來的江蘇學院老師就被請到我們二分校來教書。這位教國父遺教的老師就是其中一位。另外，有一位教中國警察史的老師是內政部警官高等學校畢業的警官，還有一位是清朝巡警學堂畢業的，名字我都已忘記，教什麼也忘了。當時雖然有教官宿舍，但大多數的教員或教官都是走路到學校上課的，和我們不大有互動。經過那麼多年後，我現在實在

司顧問、中央警官學校第二分校教官、臺灣省行政長官公署警務處秘書、兼臺灣省警察訓練所講師；章子惠編，《臺灣時人誌》第 1 集（臺北：國光出版社，1947），頁 14–15。戰後他隨政府來臺接收，1969 年奉派擔任省警務處戶政科長，任內大力執行「戶警合一」政策。參閱吳俊明，〈以臺幹班的一份子回顧臺警四十年〉，收入《中央警官學校臺幹班簡史》（臺北：中央警官學校臺幹班互助基金會編印，1987），頁 421–428；〈回顧臺警四十周年補敘〉，頁 428–429；《臺灣省現行「戶警合一」制度之檢討與研究》（南投：臺灣省政府研究發展考核委員會，1973）。

記不起他們的名字。

我們當時都在教室裡上課，晚上自修到九點。教室裡有火力發電的燈，但光度不強。紅紅的燈光，馬馬虎虎地能讀書已經不錯了，寢室裡則完全都沒有燈。至於電話，整個詔安各鄉鎮共用幾支電話都數得出來，臺幹班當然沒有電話，對外聯絡都是派人用走路的出去送信。當時走路是很平常的，連老師來上課都是走路來的。

我們是在大陸招考來臺接收的臺幹班成員，當年在福建梅列第二分校受訓完後，來臺成為臺灣警察幹部。在臺灣從事警務之後，大部份人在工作一段時間後都再被調到中央警校接受補修教育，完成警官二年教育。〔1954年在臺復校的中央〕警校仍然是借用原日治時期的臺灣總督府警察官及司獄官練習所上課，〔臺幹班〕學員必須再調到中央警校受訓，才能正式成為警察。

四、接管警務
（一）啟程赴臺灣

加入中央警官學校以後，我才知道我們將來要到臺灣接收警政。我小學時，書上提過明末鄭成功到臺灣，當然我也知道甲午戰後日本佔領臺灣這個事實。小時候，我家就在福建沿海一帶，家鄉附近常有人和臺灣來來去去，有時連走私物品也會送到我們那裡，因此多少聽過有關臺灣的事，也聽聞戰時日本把臺灣物資都徵收去，弄得臺灣沒東西可買，連花生油都缺乏等事。

我們在中央警官學校受訓，就是準備要到臺灣接收，當然校方會特別著重臺灣的相關課程。校方因為預期要配合軍隊登陸臺灣、接收警務，所以授課重點擺在加強二線接收的需要。譬如，前方打仗，軍和軍對抗，後方的臺灣人和日

本人可能會如何變動，這些都必須考慮，考試也會考到。我還記得，當年關於臺灣問題的考題有一題是「試述淡水港地形」。這主要是考我們究竟清不清楚臺灣的地形、如何考慮淡水街上的後方配合情形，以及如何配合盟軍登陸時臺灣人的抵擋情形。我們受訓期間，尤其快要畢業前的訓練，都放在這些科目的加強上。

　　抗戰一勝利，我們就準備到臺灣來接收，可是當時大家連像樣的鞋都沒有。重慶中央設計局很快就撥下預算來，電匯也很快就送到。學校就在莆田海口幫我們每人訂製了一套卡其布的警察制服，每個人都配發肩章、短佩劍，也都拿到一雙皮鞋。接著，我們到福建馬尾等船，準備出發到臺灣。

　　民國 34 年（1945）10 月下旬，據說我們臺幹班全體員生 932 人，加上重慶官校師長隊職官生一行人共計約一千兩百人，自梅列經南平到福州，10 月 23 日自福州馬尾登艦，由美國第七艦隊[5] 負責載運。其時海上水雷密佈，因此必須由四艘掃雷艇做前導，以肅清海上危雷。10 月 24 日早晨我們安抵基隆港。

　　是日傍晚到達臺北，全體同學都住進位於今臺北萬華的警察訓練所，這是日本時代「臺灣總督府警察官及司獄官練習所」的所在地。第二天早上，也就是 25 日，受降典禮在臺北市公會堂（即今之中山堂）舉行，我們臺幹班的部份成員負責擔任公會堂內受降典禮會場四周及公會堂外圍的警衛工作。

　　次日，〔上級〕開始分發接收工作。除了少部份臺幹班同學被分派到警務處及警察學校等機關，其餘則都被分派到全省各地。誰被派到哪裡，我們事先都不知道，全憑運氣，

5　第七艦隊是 1943 年 3 月由美國西南太平洋艦隊改編而成，1944 年秋歸麥克阿瑟將軍指揮。

一批批陸續分派出去。我被派到宜蘭市接收宜蘭警政工作。

（二）接收宜蘭

　　我和學生隊趙國平等同學五人及初幹班同學四人被派到蘭陽地區接收臺北州下的一市三郡（宜蘭市、羅東郡、蘇澳郡及宜蘭郡）的警政。[6]

　　11 月 1 日早晨，我們自臺北搭乘火車經八堵到宜蘭市，沿途牌樓高築，一眼望去，一片旗海，光輝奪目。近午，火車抵宜蘭車站，突聞鑼鼓喧天，鞭炮齊放。起初，我們以為是宜蘭今天有什麼慶典才會如此熱鬧。及至火車停妥，才看到宜蘭市長、警察署長以及蘭陽地區各界人士、學校代表等都手持國旗列隊在月臺歡迎，事情來得突然。甫下車，赫然看見書寫著「歡迎國民政府官員」的大字以紅布高懸站前。我們這才知道，剛才的鑼鼓鞭炮聲是歡迎我們的。同行諸人驟然有一個共同的感覺，那就是：我們已經不是警官學校的學生，而是中華民國官員，前來宜蘭接管淪陷了五十年、終於重歸祖國版圖的臺灣。

　　我們被安排在當時宜蘭車站前最大的銀座旅社，略事休息後，日人警察署長木村佐吉親自來迎接我們到警察署，到達時又是一番列隊歡迎的場面。首先由木村署長介紹各係主任及外勤單位主管和警務主任（即副署長）給我們認識，接著他就帶我們到市內各派出所、警防團等單位視察。沿途民眾都出來爭看我們這批祖國來的新警官，並舉手熱烈歡呼，我們也誠摯地一一回禮。汽車繞行市內一週後回到警察署，

6　宜蘭市警察課的接管人員為陳應彭、蘇天山、程振南；羅東郡為劉文瓊、潘克倫；蘇澳郡為林登渭、陳天裕、蘇天山、鄭啟良、鄧兆凡；宜蘭郡為呂造就、趙國平。

接著我們被安排聽取警務概況簡報，首先由木村署長致辭。這位日本人署長看來很嚴謹老成，是一個典型的日本警察，對我們還算誠懇有禮。倒是那戴老花眼鏡的警務主任吉田看來不大友善，當他陪我們繞行市區時，我觀察到他對我們這批年輕的中國警察略微帶有幾分歧視的表情。及至吉田報告警務狀況時，他益發呈露對我們輕視的臉色。簡報完畢後，我就透過通譯問他：「宜蘭市上半年發生了多少刑案？什麼區域較多？什麼案件最多？原因何在？」他的警務報告上沒有以上的分析，經我這樣突然發問，一時答不出所以然來，只好帶著笑臉說會補行統計再送閱。他頻頻向隔座的司法主任查問，場面有些尷尬。吉田輕視我們年輕識淺，我也戲弄他大老渾噩，一報還一報，誰也便宜不了誰。警務報告結束後，宜蘭地區的警務自那時起，便由日本人手中轉移給中華民國警察管轄。

　　我到宜蘭沒幾天，一位空軍上尉黃鳳梧便帶著一個勤務兵來宜蘭警政署找我，說他奉命來接收宜蘭兩處機場：員山機場和南機場。[7] 黃上尉基於安全顧慮，要求我們幾位警察和他同往，我當即應允。隔日他要接收機場，請我共同去接收。我問他怎麼接收？他說他有一把左輪槍，但還是有警察支援比較好，所以才來找我幫忙。我們先接收南機場。南機場停置有 250 餘架特攻飛機，〔戰爭末期〕這些自殺飛機專門選定美軍艦攻擊，每機出擊僅攜帶單程油料，滿載炸藥直衝美艦，同歸於盡。我們接收時二百餘架特攻飛機已經整齊排列，機員都肅立在機前。

　　南機場有各型戰鬥機，戰前隸屬日本最精銳的第九飛行團。我們去檢閱時，各機種也是逐一整齊地排列。檢視完畢

7　員山機場應指北機場的「宜蘭飛行場」。戰爭後期南機場的轟炸目標主要是包括那霸在內的琉球群島等地。

後，正午時在大禮堂有大聚餐，黃上尉〔黃鳳梧〕和第九飛行團的一位日本少將團長誠懇地邀請我參加他們的大餐會。我以有他事為由婉拒，誰知這位日本少將團長竟指著我那嵌有校長蔣中正字樣的佩劍，對我說：憑這有校長蔣中正字樣的佩劍，就有足夠資格成為大會餐的貴賓。世事真是難以預料，一個中國警察居然也參與接收飛行場。我因這次接收飛行場的機會，而和黃鳳梧上尉熟識。我問他住哪裡？他說他就住軍方的宿舍。因為那裡住的全部是日本軍人，我怕他身陷危險，就叫他搬來和我們一起住，大家可以互相照應。

　　駐守宜蘭市的日本旅團司令部和我們警察署就在隔鄰，相距不遠。一日，旅團司令副官突然通知說，旅團司令要來拜訪我。未幾，日人旅團司令少將便攜帶特攻隊員專用的名貴乾糧（即脫水乾糧，由雞蛋、魚、肉和麵粉製成，在鐵板上壓得很紮實，泡水即可食用，便於攜帶）作為伴手禮來看我，並且一見面就向我行九十度軍禮。我請他入室。他知道我是閩南人，便問我去過福州嗎？我以「路過，沒有印象」為答。我反問他，到過福州嗎？他說去過，但時間很短。我不好意思問他去福州做什麼。等少將辭出，我福州籍的同學趙國平便說，剛才來訪的旅團司令少將正是前年攻打福州、在軍艦上指揮大軍攻陷我們福州的指揮官。戰前日人在我們華北搞華北特殊化，一個陸軍大佐就把我們華北搞得天翻地覆，如今一個日本少將司令竟來拜訪一個剛出校門的中國警察（那時我還未正式派任），並以九十度軍禮相見，世事真是難以預料。

　　戰前的蘭陽地區包括羅東、蘇澳、宜蘭三個郡及一個宜蘭市，郡役所設於宜蘭市，屬臺北州管轄，沿襲舊稱三郡一市，因地形關係自成一個盆地。光復以後，臺胞由於過去長期受日本人欺壓，報復之心在所難免，對日本警察及戰時主管經濟統制的勸業課人員的報復行為尤其明顯，即使日籍教

育人員也難免遭人報復。事實上，在我們來到前，小偷等竊盜案件已逐日增加。

我們接管以後，隨即展開警政接收工作。這時日籍警察已經喪失往日權威，無法再有效執行警察任務。我們對可能發生事故的酒家、藝妓院、戲院、旅社等公共場所突擊檢查，這樣才把原來漸趨不穩的治安狀況扭轉過來，給一向守法勤勉的宜蘭市父老帶來一點欣慰。

於是，來自中國的新警察到達宜蘭市的消息開始傳遍其它三郡，地方人士紛紛來要求我們去會晤他們，去和臺灣同胞們見面、演講，以安撫地方父老的心情，這個任務就落在我們幾個閩南籍同學的身上。這期間我們忙著到各鄉鎮去拜訪、演講，每到一地都是人人爭睹，真可謂萬人空巷，有時甲地還沒講完，乙地的人士已在催促。我們演講的內容不外是宣揚蔣中正主席領導全民與日敵鏖戰八年的事蹟，以及光復臺灣、以德報怨等緣由。我們也呼籲同胞不要再向日本人尋仇報復，要和警方共同維持地方治安。每天我們像趕場似地去各地宣慰、演講，雖然工作辛苦，但每次接到邀請都欣然以赴。

歲月匆匆，時光流逝，六十多年前的往事歷歷如在眼前。整個接管事務可說無前例可循，也無成規可援。我僅憑一己之愚，在師長們的督責下，順利達成上級所託付的任務。

（二）警察留用問題

接收了宜蘭警政後，我們儘量留用原來的警察人員，因為我們的人只有十名，十個人要管蘭陽地區那麼大的地方並不容易，所以能留用的就留用。當時該地區警察人員的總數約有二百多人，其中日本人有七十餘人。

我們留用願意繼續留下來的臺籍警員，當然也留用一些

日籍警察，保留他們原來的職務，只是改了職稱。[8]例如，原
警察署長木村佐吉改稱「諮詢員」；警察局長和其他幹部依
位階稱為「服務員」、「助理員」。[9]他們薪水照舊，每天照
常上班；底下〔日人〕的警察人員也要照常執行勤務，巡視
各地方。「諮詢員」木村每天都來上班，但實際上因為辦公
室很小，辦公桌也不夠用，沒有空間安置他的座位。只是，
每天都這樣不行，大家也感到很不方便，後來就乾脆在警務
主任旁邊安排個地方給他辦公。

　　留用在宜蘭的日籍警察中有一些是琉球人，聽說也有韓
國人，但人數很少。像我的司機就是琉球人，我們叫他「琉
球仔」。

　　這段和日本人共事的期間，我們都相處得很和洽，有時
也會找他們一起去吃飯，或互相請客，彼此相處得頗為愉快。

　　接收宜蘭地區的過程很順利。相對來講，我們和接收的
日本人容易相處，倒是和臺灣同胞之間比較有隔閡。日本人
留用臺灣各地的大概大多是技術人員或大工廠的技師，戰後
大約半年到八個月左右就都被遣送回日本。[10]我並沒有參與

8　參見湯熙勇，〈臺灣光復初期的公教人員任用方法：留用臺籍、羅致外省籍
　　及徵用日人（1945/10–1947/5）〉，《人文及社會科學集刊》第 4 卷第 1 期
　　（1991 年 11 月），頁 391–425。

9　「臺灣省行政長官公署徵用日籍員工暫行辦法」第三條條文如下：「本署
　　暨所屬各機關，徵用日籍各種行政人員，其原任敕〔勅〕任職務者，暫以
　　諮詢員派用，原任奏任職務者，暫以服務員派用，原任判任職務者，暫以
　　助理員派用。」前項諮詢員、服務員、助理員，各得分為甲、乙、丙三等，
　　但原係擔任主管職務者，在未派定人員前，得仍以其原名義暫派代理。參
　　見歐素瑛，〈戰後初期臺灣大學留用的日籍師資〉，《國史館學術集刊》
　　第 6 期（2005 年 9 月），頁 145–192。

10　「留用政策原先以 28,000 人為上限，1946 年年底必須悉數遣送返日，但迄
　　至 1947 年初，行政長官公署並未悉數將在臺日本人遣送返國，直至二二八
　　事件後，始放棄留用政策。」參閱吳文星，〈戰後初年在臺日本人留用政
　　策初探〉，《臺灣師大歷史學報》第 33 期（2005 年 6 月），頁 269–285。

遣送工作，但我記得當時留在宜蘭的日本警察大約在接收半年後就陸續回國。之後我調往瑞芳服務，他們要離開前還專程去看我，而我也都派我的司機用車送他們去基隆搭船。

　　那時接收委員會對即將被遣返的日本人有相當嚴格的規定。每一個日本人返國時只能帶走五斤米和十斤糖，連衣服幾件都有規定，不能多帶，所以很多日本人離開前會先變賣家中物品。在街頭變賣的東西中，有很多是相當不錯的物件。

　　日本人在等待被遣送回國期間，當然有少數被臺灣人報復、算帳的，也有一個日本校長被學生打死。這個校長為人很好，他被人打死後，我曾叫縣長過去瞭解案情，當然心裡會有點難過，尤其我是當過校長的，所以特別注意這個案子。聽說那個日本校長把錢都擺在身上，不敢放家裡。他教過的學生知道這點，大概是要搶他的錢，才把他打死。

　　另外，留用的臺籍警察有些曾經在日本時代的「警察官及司獄官練習所」受過訓，但戰後初期一律由警員做起，升遷不易。記得當時有一個巡佐（戰前原本稱巡查，戰後改稱巡佐）姓謝，叫謝世禮，公事都由他負責翻譯。我在臺幹班雖然上過日語課，簡單的日語可以聽懂六成，但平日因為公事需要，所有的事還是都有人幫忙翻譯。

　　我們的接管工作進行順利。大約到了 11 月中旬時，接收工作完成後，宜蘭市設警務課，其他兩地（羅東區、蘇澳區）設警察所。[11] 臺北州對我們派任在蘭陽地區的同學做了一番職務調整，羅東警察所長由劉又塽同學擔任，趙國半派任宜蘭警察所長，林登渭派任蘇澳警察所長，我仍舊在宜蘭市宜蘭警察署擔任首任警務課長（圖 3-2）。[12] 我邀請潘、程兩位同學協助我，原來的日人警察署長降為諮詢員，各係主任及

11　民國 39 年（1950）9 月，撤警務課及警察所，改設分局。
12　接收前沿襲日制，稱宜蘭市的警察單位為警察署；接收後，改署為課。

宜蘭市警務課成立首任課長陳應彭暨同仁攝影紀念

三十五年元旦

圖 3-2：1946 年元旦接收完成之際，宜蘭警察署前合影，前排右四為陳應彭

重要幹部改為服務員，事實上就等於「技士」，其餘臺、日人的警察一律留用。那時日人警察已無法擔任外勤工作了，警力頓感不足，幸好警務處適時頒令，要各地成立義勇警察隊輔助正規警察維持治安。

　　警察總部的「義勇警察隊」稱大隊；縣市各依編制，成立小隊，宜蘭屬於中隊。義勇警察隊有點類似日本時代末期的防衛團，有警務、防務的作用，在工作上配合軍隊協助縣市警防，屬於義警性質。當時一個中隊約二、三人就可以編成，有的地方曾招募到七、八十人。當然，只要招到人都會錄用，人數不是問題。

　　命令下來後，我就召集一些人成立一個義勇警察隊。成

立義勇警察隊前有一段插曲。宜蘭市中華會館的老闆陳銀生是一位具有漢民族思想者，在日據時代繫獄數年，光復後獲釋。他知道我也是閩南人後，特地來看我。他看到我時，老淚縱橫。我除了予以安慰之外，並請他在中華會館的成員中遴選若干人擔任義警，藉用他們的力量協助我們維持地方治安。他推薦了28人，我和他們個別談話後，照單全收。另外，我又由外勤單位推選20人，編組為一個義警中隊，施以短期教育，然後參加我們的行列，共同負責市內的治安工作。

宜蘭市內原有兩部汽車，市長的座車在戰爭末期被美機炸毀，僅存警察署長的座車。因此，我將署長座車改為巡邏用的警車，每次巡邏由義警幹部2人、警員2人（1人兼駕駛）及我們同學8人輪流參與，每次共5人。巡邏車白天必須至7個派出所簽巡，晚上及深夜各巡邏一次。這部巡邏車最受市民們歡迎，因為日本時代這部巡邏車是警察署長專用車，如今卻成為警察人員執行勤務的交通工具。義警幹部感觸尤其深刻，因為三個月前他們看到日人警察署長的座車經過時還要脫帽敬禮，沒想到三個月後的今天他們竟然坐在車上協助警察執行勤務。市民們都很喜歡聽到晚上巡邏車經過的車聲。這時宜蘭市的大小案件幾乎是零。

（四）兩件刑案

我在接管宜蘭市警政時的治安雖然平靜，但也有一些小波浪。某晚，一個不良少年名叫黃加走，酒醉後手持短刀到藝妓院去尋仇，胡鬧一番就走了。這類事故與今天持衝鋒槍作案的歹徒相比，可謂小巫見大巫，但當時為維護市內的安寧，我把它當成一個重大刑案來處理，集合同仁分頭搜尋，在天亮前我們就逮捕了黃某。從此一般不良少年再也不敢出來胡鬧滋事。

　　在這個案件之前，市內還發生過一件竊案。電力公司服務所的兩百多個電燈泡被小偷竊走了。我接受報案後，帶刑事人員到現場勘察。現場沒有留下什麼痕跡，但這兩百多個燈泡是戰時路燈用的備用品，本來就存放在倉庫裡，外人根本不知道裡面存放有這麼多燈泡，因此我們推斷這必定是熟悉內部情形的人所竊，有監守自盜的可能性。我請刑事組同仁朝這個方向去追查，果然證實我們的推斷沒有錯，順利地將失物追回大半。此後市內就很少聽到竊盜案件了。

　　幾個留在市內工作的警察同仁，公私生活幾乎都融合在一塊。我們共同住在警察署內，三餐由工友幫忙或自理，偶爾也會叫館子送飯菜來。餐食雖然不太好，但比起戰時在梅列受訓時每日三餐吃雜糧、以「黃豆」（砂礫）當菜餚的生活，已經好得太多了。警察署原本打算列一筆專門接待我們的專款，但被我謝絕了。

　　這時重慶母校中央警官學校教育長李士珍老師轉來主席兼校長蔣公中正的訓令，要求到各戰區接收的文武官員應該公忠為國、潔身自愛。李教育長同時要求同學們堅守紀律，以期無負校長蔣公作育之義。警務處胡明遠處長[13]也來函訓勉同學要有向上心，相互慰勉，勿自鄙下流。我們同學都能遵領袖訓諭，隨時警惕自守，不敢有所逾越。

（五）「重加委派」

　　在戰時空襲下，不少宜蘭市民眾疏散到鄉下，所以戰後初期市區人口銳減，剩下不到四萬人。戰時宜蘭市的基層行

13　胡福相號明遠，詳見本書〈邢翰先生訪談紀錄〉。

政組織是保甲[14]和區會[15]；保設保正，甲設甲長，區設區會長。這些保甲、區會長在戰前都由警察署指派，受警察署監督。我們接管後，很多地方事務也都請他們辦理，原本沒有感覺有什麼兩樣，但問題終於難以避免。

　　有一天，一位區會長請我去參加他們的集會，我便應邀前往。會議快結束時，該區會長突然發言說：「我們這些保甲、區會長都是日本時代指派的。現在光復了，你們（指警察）仍舊要我們做事（包括戶口、配給、兵事等），但你們這樣做卻沒有得到上級機關的授權委派。」他突然這樣發問，真使我一時難以作答。過去日本人將保甲納歸警察管理，這位區會長當然不知道，祖國（中華民國）的保甲歸屬民政，但他看到我身著戎裝，以為我可以解決這一問題。我心裡自然有數，便用很委婉的言詞答覆他，俟請示上級後再行通知。這個問題經我請示臺北州警務接管專員後，終於得到上級指示，請我暫時用我的名義「重加委派」。

（六）晚會演講

　　時間過得很快，才兩個月不到，蘭陽地區的警務接管工作已順利達成。民國 35 年（1946）的元旦即將到來，宜蘭市各界準備熱烈慶祝臺灣光復後的第一次「開國紀念日」。我和檢察官兩人除了白天參加各種紀念活動外，連宜蘭公會堂舉行的元旦晚會都被邀去演講。

　　元旦那天〔晚上〕，公會堂裡裡外外都擠滿了當地鄉親。檢察官是溫州人，年紀比較大，算是我的前輩，而且我不會

14　保甲制度為日治臺灣的基層社會組織。原則上，10 戶為甲，10 甲為保，但實際運作上因地制宜，隸警察系統指揮。

15　區會設於市，自 1941 年起以區為單位將臺灣人的保甲組織及日本人的町會組織加以整合，為戰時動員的基層行政單位。

講臺灣話，很擔心會出醜，還是請他先上臺致辭。與會的市民把整個公會堂內外擠得水洩不通，出席像這樣盛大的場面我還是生平破題兒第一遭。起先我有點膽怯，但事到臨頭，也只好鎮定以赴。首先由法院黃姓檢察官用國語演講，獲得了很多掌聲。接著我用閩南語講，佔了語言上的便宜，所得到的掌聲也就可想而知。這一演講會的報導比較具有實質意義，回顧時也最值得回味再三。

　　為此一演講，我事前的確費了一番心思準備。有次在街上和父老交談時，他們除了問我多大年紀，也問我要當幾年兵才能有今天的職位等等。一位父老突然很鄭重地問我：「你是不是光緒君派來的？」顯然這些父老在日本人愚民政策的統治下，對祖國的一切已經毫無所知，以為我是光緒皇帝派來的官員。因此我藉這個演講會將國父孫中山先生推翻滿清、建立民國，以及蔣公領導北伐、與強敵鏖戰八年，終於打敗日本、統一中國、光復臺灣等豐功偉績，向市民們做一個比較詳細的報導。我認為，我這一個報導遠比在治安上的作為更加重要千萬倍。

五、由宜蘭到瑞芳

　　日治末期臺北州下有三市、九郡，臺北州警務部管轄下的警察組織有五個署，分別是基隆警察署、宜蘭警察署、臺北北警察署、臺北南警察署，以及基隆水上警察署。署長相當於今天的薦任官（日稱奏任官），各郡警察課長則相當於委任官，日本時代稱為判任官。當時的警察官吏地位很高，署長、課長這級更是大得不得了。北署的所在就是今大同分局；南署位在萬華〔應該是座落在今中山堂北側〕，也就是現在的第二分局〔正確的說法是臺北市警察局（總局）〕。順便說一聲，連震東（連戰的父親）是臺北州接收委員會主

任委員，也是戰後第一任臺北縣縣長。

　　光復後，警察的官階和日治時期不太一樣。我們接收完成後不到一個月，原臺北州就廢州改縣。在光復初年改制的八縣、九省轄市、二縣轄市中，兩個縣轄市都在東臺灣，也就是宜蘭市和花蓮市。改制後，蘭陽地區的人口集中在轄區下的四個縣：宜蘭、羅東、蘇澳和礁溪。[16] 基隆市因為是省轄市，所以置警察局。基隆市警察局長郭紹文是我們在梅列上課時的老師，教過我們警察行政，他指定將馬南通調去基隆市。馬南通離開後，宜蘭市頓時沒人領導。我在臺幹班的成績不壞，上面就指定我接馬南通的工作；當時大家都尚未正式派任。宜蘭市因為是縣轄市，所以置警務課。公告發佈後，由我接任宜蘭市警務課課長（接收前稱「宜蘭署署長」）。[17]

　　其實本來輪不到我當宜蘭市警務課課長的。怎麼會輪到我這前不久才穿草鞋的人來擔任呢？這中間還有一點緣故。我到宜蘭市接收警政時，有一天接到一通電話，說有位臺北州的接收專員要來宜蘭，請我們派人去車站迎接。如前所述，全宜蘭市只有兩部車子，一部是市長專用，一部是警察署長專用。當時市長的專車已被炸毀，只剩下署長的專車可以用，所以我就被派去迎接這位接收專員。

　　我接了人以後，這位專員遞了張名片給我。照理他是我的上官，不會給名片的，應該是我給他名片才對，但那天他卻給了我名片。我一看，愣了一下，被他發現了，問我怎麼了。我看他名片上的名字是「鄔榮浦」。我說我在南靖師範學校讀書時，有位教心理〔學〕的老師叫「鄔榮杭」，這姓

16　基隆街在 1924 年升格為州轄市，宜蘭街較晚，在 1940 年升格為州轄市。所以到了光復之際，基隆市為省轄市，宜蘭市為縣轄市。

17　陳先生在口述訪談時多次提及「擔任宜蘭署署長」。此乃因接收完成前職稱仍沿襲舊稱，故稱宜蘭署署長，大致並沒錯。

和名都很少見。結果很巧合，我的老師居然是這位專員的哥哥，他們倆兄弟的父親和胡福相還是表兄弟，都是浙江臨海人。鄔先生是福建警官班出身的，來到臺灣完全是因為胡福相的關係。

他聽到我是他哥哥的學生十分高興，尤其高興我加入臺幹班，又來臺灣接收。當天晚上他本來要回臺北的，結果又找了幾個人和我一起吃飯喝酒，聊得很開心，第二天才回臺北。之後，他升任臺北縣警察局局長。這時碰巧各縣市開始正式委任警察人員官職，臺北縣共有十個科長位階的缺額，他就把我的名字給報了上去。所以警務人員發表時，我升任宜蘭市警務課課長。我想這都是鄔榮浦幫的忙。不過後來因為「二二八事件」（1947年）的關係，胡福相下臺，鄔榮浦也被降調到埔里去，不久他就回浙江去了。

我在宜蘭市擔任警務課課長時待遇很好。當時的接收主管有勤務津貼，有的還配有兩個傭人，一個負責打掃煮飯，一個處理勤務。我因為還是單身，沒有家眷，沒必要請下女或煮飯的傭人，就領了勤務津貼和大家共同生活。宜蘭市警務課裡的工友很會做菜，大家向她包伙食，她做了菜便將食物送到警務課，我也可以把錢給省下來。

我很喜歡宜蘭。宜蘭米便宜，許多臺北人怕沒米可吃，就從三貂嶺坐火車到宜蘭運米。有一次火車停駛了兩、三天，他們照常雇人買米。米價加上三分之一的工錢，還是划得來，所以他們就十斤、二十斤地買。我曾經去查訪過，覺得這些商人的屯積行為很惡劣，所以做過一次壞人，交待巡佐，要求他們把米送回宜蘭，不准運走。

我在宜蘭市服務了幾個月後，第二年（1946）春天就被調到基隆區瑞芳警察所當警察所長。[18] 前後兩個職務的位階

18　瑞芳警察所在1946年1月16日成立，隸基隆區；1949年8月，隸基隆分局；

是一樣的，說不上是調升。我在舊曆年前，約農曆十二月底時，到瑞芳報到。那天歐巴桑問我要不要她幫我煮飯，我想快過年了，便拿了一百圓給她，請她幫我買年菜。結果她居然買了三層肉和雞蛋、糖，還幫我都煮好了。我要吃時才發現，怎麼都加了糖。原來這是宜蘭人的習慣，做任何菜都要加糖，但我吃得並不習慣。

　　說來我在宜蘭服務算是很成功的。離開那天，我搭乘的是正午的火車。宜蘭市警務課為我舉辦了一個歡送會，約有一千人參加，大家一直吃到十一點，才全員到火車站幫我送行。之後在瑞芳，因為我和宜蘭市長、副市長等人都很熟，所以假日常常坐火車回宜蘭玩，直到二二八事件以後才比較少去。

　　我在宜蘭市擔任警務課課長時，中央警官學校六期的朱敬宗在基隆區[19]當區長，和我同是學生班的羅大偉在基隆區警察所擔任所長。當時宜蘭市警務課課長的位階和基隆區警察所所長一樣，所以羅大偉和我的位階一樣。後來朱敬宗被調派到宜蘭市當市長，我就對調到基隆區服務。朱敬宗原是警校六期畢業的，高考及格。二二八事件後，新竹市警察局局長許振庠因參加讀書會，被懷疑有匪諜嫌疑而被槍斃，朱敬宗受許案事件牽連也被槍斃。聽說軍統局在查這個案子時，看到許振庠是中央警官學校第八期學生，朱敬宗也是中央警校的，便罪加三等，把朱敬宗先扣起來，抓去打，再從他開始去查人，共查了了、八個人。有個臺幹班同學是松山分局長，因此被抓；許多優秀的幹部都受牽累而被槍斃了。

　　1952 年，成立瑞芳分局。按，1945 年底接收之際，原郡市這個層級的警察課改置警務課及警察所；1950 年 9 月又撤警務課及警察所，改置分局。

19　光復初年，日本時代的州廳／郡／街庄改制為縣／區／鎮鄉，基隆郡改稱基隆區，區署設在瑞芳。區置警察所和分駐所，屬於第二層地方警察機關。1950 年底，基隆區所轄之地劃入臺北縣。

朱敬宗對我很好，當時查案也曾查到我身上來。

我調到瑞芳警察所服務時，基隆區警力共有 399 人，管理範圍相當廣大，行政區域包括瑞芳、金山、萬里等地。光復初期，縣、市（直轄市）政府設警察局，局下設分局，分局之下設警察所和分駐所；以下設警勤區，民國 39 年（1950）前後警察所改置分局，不過分駐所仍依舊制。警察所不可以關人，但分駐所因為位置偏遠，派人駐守時考量到地方偏遠，允其便宜行事，所以擁有違警罰法的權限。

光復之初，臺北縣下有十個區，基隆、宜蘭、新莊、文山、淡水、汐止、雙溪、瑞芳、貢寮和平溪。當時在瑞芳當首長是一等一級，管轄範圍包括暖暖、七堵、八堵等。舉例來說，光復初期的基隆是區級，基隆區有四個警察所以及數個分駐所；這四個警察所是瑞芳、雙溪、金山和七堵。但是，七堵警察所距離基隆分局太遠，傷人案裁決後要關人還是要送到基隆，七堵只能處理違警事宜，這是為了便宜行事。一般而言，警察所只是勤務機構，沒有違警罰法的權限，出了事只能送到總局或分局去裁決。

在瑞芳服務很辛苦，因為瑞芳地區有二、三十家酒家，狀況很複雜，常常要去突擊檢查。警務工作分定期檢查、不定期檢查和突擊檢查三種，冬天還有冬防，屬於維安工作。展開冬防主要是因為農曆過年前搶案和賭博案件特別多，所以要突擊檢查，有時必須在半夜零時展開，所以又叫夜勤。我被調派到瑞芳後發覺夜勤比在宜蘭更辛苦，因為瑞芳屬山區，管轄九份、金瓜石。戰前九份因為開採金礦而繁榮，戰爭末期人口已經增長到三萬。光復後〔1957 年起採金開始衰退，1971 年〕停止採金，但地方還是很繁榮。

其實九份比瑞芳熱鬧，因為金礦挖掘，所以酒家、戲院很多。當時九份的酒家、舞廳、戲臺、藝妲間，我算一算，沒有一百家，也有九十多家，大多聚集在山上。我記得九份

有很多好吃的餐廳，昂貴的菜色也只有九份的餐廳、酒家才有。九份還可以吃到大隻的龍蝦、新鮮的九孔，一般人請客都會到九份去，瑞芳根本沒幾家店，更別說好吃的菜餚，因此九份的市容特別熱鬧，社會成分當然也就更複雜。五路人馬都聚集這個地方，每天都有喝酒、打架、廝殺的情形，還曾發生過命案。

有一次菁桐礦物局局長請我吃飯，一同參加飯局的人都知道那天老闆要請一位基隆區警察所所長吃飯。結果吃到一半，有個人帶著他的結拜兄弟來，說要和我認識、認識，也有一些他的朋友要和我說說話，結果那個人一進門就跪到地上，我和他講不到幾句話。後來我才知道是為了家產問題爭執不下，沒想到當天下午，他家就發生了命案。

瑞芳那個地方真的很奇怪，天天都有喝酒鬧事、殺人放火的事，而且都是臨時起意的，真的是太亂了。流氓、殺人犯來自各地，還有很多人是去找工作、混口飯吃的，因此必須處理的事情特別多，把我累得很慘，常常趕著回又趕著去。

那時我年輕，走路、做事都趕在前面，碰過的驚險事很多。我曾碰過喝醉酒的，一見面，「嘩」一聲，一把海軍刀就刺殺過來。還好我手一頂就將刀子頂住，立刻叫兩個刑警來把他制服，再抓他來問刑，常常要動用各種刑求，不然對付這些前科累累的犯人實在很不容易。我還記得有人在戰爭時期曾偷刻了兩個臺灣銀行的印章，在山洞裡印製臺灣銀行的鈔票，部分鈔票拿到中南部的銀樓去買黃金，被臺灣銀行查出印章的顏色有問題，因為他用的是普通印泥，顏色一比就看出有差別，這才發現是偽鈔，警方也才找到那個人。

當時在瑞芳山區辦事，必須乘車。若不乘車還可以搭流籠或輕便車上山，到九份更是方便，不過坐流籠還是有風險。在宜蘭服務時我有一部公務車，到瑞芳後也有一部公務車。本來想，跑山區不容易，有車子還是比較方便。直到有次執

勤時，在山裡看到車子翻車，裡面死了一個人，這才覺得自己像是天天在戰場上拼命，也才發現我的車子其實很破舊，便趕緊去修輪胎、換機件。

　　我被調到瑞芳的時間並沒太久，總共待不到一年。民國35年（1946）8月下旬，我又被調到淡水。其實我們的工作就是這樣，其他的警察機關也都一樣，只要正式任命下來，隨即就得調動。我們都很瞭解這個工作性質，也很認命。當時我本來要被派到旗山區 [20] 去的，但是有一個和我非常要好的朋友叫劉有光，他本來在淡水區當警察所 [21] 所長，因為和淡水地區的人處不好，想到警務處服務，便請調到警務處當股長。他聽說我要被調到旗山區警察所去，叫我不要去，說他和人事部門很好，可以請人事想辦法，讓我去接淡水區警察所的所長，旗山就由別人接好了。我一聽，很高興。我不想去旗山的原因是那時我已訂婚，未婚妻家人都住在臺北縣，如果我能留在淡水，那就真是太好了。還好我留在淡水，因為奉調後六天，胡國振 [22] 就上臺。他一上臺馬上換上他的人馬，如果我沒在這時調成，以後要升遷就會拖更久才有機會。

　　來臺警察機構的成份複雜，這要從大陸時期說起。當時除了警官學校的招生以外，還有東南班、西北班，其中又以所謂中美班最為有名。所謂中美班，我的瞭解是，戰爭後期中國、美國合作以後，美國一心要消滅日本海軍，認定如果

20　1946 年 1 月 8 日，高雄縣政府訂立「臺灣省各縣警察機關組織規程」，警察機關在編制上成為縣政府附屬機關。同年 2 月，成立高雄縣警察局，下設旗山等八區警察所。警察所原為縣政府內部單位之一，後因業務特殊，所以在 1949 年 9 月改稱分局。分局設行政、督察、刑事、戶口四組；下轄派出所，仍沿舊制。

21　淡水警察所，1946/1/16 稱淡水區警察所，1949/8 改制為淡水分局。

22　胡國振，浙江東陽人。中央軍事政治學校（黃埔軍校）第四期步兵第一團第一連畢業。1948/11/11～1949/2/26 任臺灣省警務處處長。

要消滅日本，一定要先抓住東南亞沿海的制海權，控制日本戰艦，才有機會消滅日本海軍。美國為了參戰、抓制海權，就派海軍中校梅樂斯（Milton E. Miles）[23]和情報人員到中國來，先是訓練中國方面的情報人員，訓練完成後再將他們派到東海監視日本艦船的往來。這批中國情報人員就是所謂「中美班」，性質上就是情報人員訓練班，算是特種警察。

　　另外，當時招訓的一些訓練單位，通常冠以地區名稱來區分班別；例如，以四川為主的班就叫「四川班」，以東南省分為主的就叫「東南班」。每個訓練班的時間長短不一，有的一個月、三個月，也有的長達三年，都不一定，全看任務需要。至於性別，這也不一定，有的班會男女兼收；譬如，上海缺女性，就派女生去，主要是幫傭煮飯，所以也訓練有女生。有些女性的位階還蠻高的，掛中校、上校銜。

　　至於中央警官學校的招生，由於臺幹班是準備到臺灣接收的，這種性質的警察訓練班就只有我們臺幹班，沒有分地區。但是，1949年大陸撤退來臺以後，很多警察人員都跟著來臺，其中也包括特警班（特種勤務警察訓練班）以及其它班別。

　　說到特警班，有個人要提一下，就是胡國振。胡是浙江人，黃埔四期，畢業後派到杭州警察局當督察長。他擔任特警班班主任的資格比戴笠要早；戴笠是黃埔六期。胡國振來臺以後，曾經在民國37年至民國38年（1948–1949）間擔任過警務處處長。臺灣發生二二八事件後，胡福相辭職下

23　1941年12月太平洋戰爭爆發後一年半，中美兩國在1943年4月1日簽訂「中美特種技術合作協定」。美國海軍和軍統局合作成立「中美合作所」，由軍統局局長戴笠和美國海軍上校梅樂斯分任正、副主任。同年3月17日，戴笠搭機失事死亡。1946年7月1日，中美合作所正式結束。參見國防部軍事情報局編，《中美合作所誌》（臺北：國防部情報局，1970）。

臺,由王民寧接任,然後在民國 37 年由胡國振再接任。[24] 胡國振一接手,班底幾乎全換成他的人。那時臺北縣下四個分局,光是基隆第一天就發表了三個人,第二天發表一個人,幾天下來全換成他的人。我的很多同學都是在他手裡被弄下來的,調職、失職的很多,尤其是淡水、新莊地區,換了很多人。我因為剛調到淡水,幸好沒被動到。總之,那時警察人員的保障不足,升遷不易。

六、調淡水並成家

我在民國 35 年秋冬之際改調到淡水區擔任警察所所長(圖 3-3)。在淡水服務不容易,因為淡水酒家也很多,去了以後才知道警務的落實不容易。

淡水區長卓克淦就住在我家隔壁,和我是鄰居。區長太太是福建師範學校畢業的,在小學當老師,和我原本就熟識。當時石門沒有國民學校,石門鄉公所想要設立國民學校,所以就請我介紹,我就介紹同鄉鄭先生去當校長,也介紹區長太太去該校教書。這個國校後來共聘了五、六個福建師範畢業的老師,其中也有我的初中同學,因此我常到石門去找大家玩。

有一天,我到石門國民學校去,車子到了學校門口時,我未來的太太林寶琴正好從門口走過去。她是受日本教育的,為人很多禮,就向我敬禮,我因此對她印象深刻。鄭校長知道後,便大力在旁敲邊鼓,努力促成我們的婚姻,我因此就結婚了。

我丈人林詩仁的家庭環境不錯,高等科畢業之後在石門鄉公所做事,曾經當過日本時代庄役場的助役,和李登輝父

---

24 參閱本書末「附錄」,表一,「臺灣省警務處長一覽表(1945-1972)」。

圖 3-3：1946 年秋，前排居中為陳應彭，時任淡水區警察所所長

親李金龍是好朋友。光復後他在鄉公所當到課長，後來曾經出任臺北縣〔議會第二屆（1953/1–1955/1）〕縣議員等職。

丈人家世代種茶，在山上有個茶園，戰前曾在臺北市中山北路馬偕醫院附近開茶行，叫「大有」，是一家門面很大的茶業股份有限公司，也經營茶業，將茶業外銷到香港。大陸「解放」（1949 年）後，很多商人為了爭取外匯，便競將商品銷往香港，賣得很便宜，臺灣茶拼不過大陸茶，我丈人的茶也滯留香港碼頭，無法上岸銷售，損失慘重，只好將茶公司收起來。後來他將大有茶業公司的店面改成戲院，叫「大有戲院」，是當時臺灣最新式的戲院之一，比起西門町的兩家戲院，又新又大，很受撤退來臺的大陸人歡迎。聽說當時連省主席都喜歡去中山北路看戲，因為到西門看戲的人太多

了，省主席去那邊看電影反而不方便。大有戲院放映的電影都是香港片，如周璇、李麗華主演的戲，相當受到歡迎，所以戲院收入大增，賺了很多錢。

我在民國 36 年（1947）元月 27 日（農曆正月 3 日）結婚。就在結婚後第四天，我接到命令，要到萬華廣州街的警察訓練所受訓。當時警察機關即將要成立經濟科，為了培育經濟科的幹部人材，必須先徵調一些人去受訓，因此上級就派我去。我在 2 月 27 日前去報到，翌日講習班就因為「二二八事件」而停擺。

七、二二八事件
（一）經濟警察講習班

民國 36 年 2 月，行政長官陳儀下令各縣市警察局成立經濟課，以查緝走私漏稅、維持經濟秩序，並設立經濟警察講習班，以研習經濟法規政策。參加這個講習班的成員大多是警官學校出身者，那時全臺約錄取四十餘人，由各警察機關遴選中級幹部到臺北的〔臺灣省〕警察訓練所上課，其中我們臺幹班同班同學就有 27 人。

戰前日本人在臺灣，將所有戶口、稅務和兵事等事務都交由警察管理，這在大陸是沒有的事──大陸的警察不管這些。戰後初期臺灣經濟出現問題，陳儀決定在警察單位成立經濟科，所以派中級幹部去參加講習。

警察訓練所座落在萬華的廣州街，原本是日本時代的臺灣總督府警察官及司獄官練習所，裡面設備齊全，有宿舍、有教室，我們就住在裡面，上課也在裡面。當時警察訓練所所長是我們的老長官徐勵先生。

我們在 2 月 27 日到警察訓練所報到。這日傍晚剛好公賣局官員查緝私煙，在今臺北市衡陽路、延平南路一帶，看

到有攤販林江邁賣私煙，就前去取締煙販，結果〔大概因為〕槍隻走火，誤傷到在自宅屋簷下看熱鬧的一位路邊群眾（陳文溪，次日不治），於是群情鼎沸，集體包圍市警察局，請求嚴懲兇手，未果。次日，部分群眾聚集在行政長官公署〔原臺北市役所，現為行政院院址〕示威請願，事態慢慢擴大、惡化。後來演變成歷史上所謂的「二二八事件」。

　　我們到經濟警察講習班辦理報到後，就住訓練所裡，根本不知道外面發生了事情，也不知道有包圍行政長官公署的情形。這時有人去叫專賣局〔臺北分局〕局長[25]回來處理。〔分〕局長正在幫我們上課，也不敢說發生事情了，只說家裡有事，必須先離開。

　　後來我才聽說 2 月 28 日當天，因為臺北市警察局有持槍衛兵，群眾不敢去包圍市警局，轉向專賣局聚集請願去，要求專賣局局長下臺。聽說有人將專賣局的門撞開，還進去搶東西，因為金庫打不開，就把辦公室裡的抽屜打開來，偷完東西後還放火燒。群眾向專賣局請願不果，又轉往行政長官公署請願。包圍行政長官公署的人大約有三千多，其中肇事的人並不多。這些人大多是沿途圍觀、看熱鬧的艋舺地方人士，聽說這些人中有很多是海外當兵回來還沒找到工作的流氓。

　　這時的行政長官公署並沒有設衛兵防戍。長官公署設立之初，考慮到站衛兵不好看，所以只安排七個便衣巡守。這些便衣有個服務處，那是給在執勤的人休息的地方。我因為警務處沒有伙食團，常到長官公署服務處和大家一起吃飯，所以和他們都熟識。長官公署服務處沒有什麼裝備，只在門口裝設兩挺機關槍，北方門口一挺、南方門口一挺。服務處

25　當時專賣局局長陳鶴聲人在上海，故此處所指稱的應是專賣局臺北分局的分局長歐陽正宅。

有個處長，叫張次謀，他人在現場，一看事情越來越嚴重，而陳儀又在樓上，就對空開了三槍。這些抗議群眾是烏合之眾，沒有組織，一聽到槍聲就都散開。有些圍觀者是騎腳踏車、穿木屐的，人群散開後，現場留下一堆腳踏車和木屐。

（二）個人經歷

如前所述，民國 36 年 2 月 28 日那天，我們正在上課，研習專賣政策，當天正好由專賣局〔臺北分局〕局長來為我們分析臺灣的專賣政策，講臺灣未來的公賣制度。課程才講到一半，有人進去找〔分〕局長出去，之後就聽說是有人包圍專賣局，我們才知道發生事情了。

〔分〕局長離開沒多久，胡福相處長見事件發生，臨時來電叫我們這天來上課的三十三個同學回去協助防衛警務處。當時，警務處已經沒有半個人留守了，原來這時警務處正派人到六張犁的舊日本陸軍倉庫去，不久就載回二十箱的手榴彈、六隻輕機關槍和步槍；手榴彈一箱箱都是用鐵板裝好的。我們到達警務處後，胡處長馬上把我們三十三人編成三個防衛班，全部調到該處協助防衛。我是副班長，負責北平路及樺山倉庫左側。我們每人都發有一支步槍。

沒想到，二二八事件的事態竟然慢慢擴大，情形也漸漸惡化。3 月 1 日，臺北市面已經失序，陳儀長官整日在廣播電臺（全省只有一個電臺，即臺灣廣播電臺）向全省同胞廣播，要求大家冷靜，呼籲各地民眾遵守秩序、回歸本業，恢復生活常態，但秩序並未恢復。此時，臺省縉紳黃朝琴、林獻堂、羅萬俥也都輪番廣播，向民眾喊話。

3 月 2 日，情形更為失控，臺北市一片紊亂。此時政府及縉紳代表都已不敢出面，暴徒在全臺各地滋事。3 月 3 日，廣播電臺突然播出：「趕走阿山（外省人）」，並要求軍隊

撤離臺灣，我們這才知道電臺已為暴徒佔據。事情延至 4 日，臺北市各警察分局及派出所警員便遵從陳儀指示，不抵抗，避免發生流血事件，紛紛走避民舍。部份警力集結在警察總局，整個市區看不到人車。

大約是 3 月 7 日，我們正在用晚餐之際，突然間聽到圓山方面有大約數百人呼喚著，喊「衝」，步槍聲似乎是對空密集射擊，一路由延平北路群聚到長官公署後面，我們立即各自在戰鬥位置就位、警備。及至他們迫近警務處和長官公署時，我們聽得到警務處外面有喊打聲，卻看不到人影。這天晚上是小月亮，外面什麼都看不清楚，只聽到有人一直叫衝，但沒看到有人真的敢衝，只聽到零星槍響聲。原來他們雖然呼喚「衝呀！衝呀！」，卻都只是烏合之眾，知道衝出來是會要命的。此時，警務處三樓玻璃雖然全部都被擊毀，但沒有任何人傷亡，只有長官公署一位班長在衝入巷內時，為暴徒擊斃。巷內的暴徒看見有人傷亡，都紛紛逃散。天亮後，我們清查內部人員，巷內沒有發現其他傷亡。

眼看警務處待不下去，我心想：當初我如果去讀師範學校、好好教書該有多好，哪知改行當警察，還碰到這種事？！我才結婚四、五天（正月初三結婚），就碰到這種事，只好到我丈人家去躲。到了淡水丈人家，沒想到他們還在睡覺，而臺北卻都已經「淪陷」了！

回淡水後，我發現淡水的流氓也出來滋事了。我住的是淡水的警察宿舍，鄰居是淡水區長，福州人。他家裡有一個珊瑚，是日本人被遣返時送他的禮物。二二八事件一發生，區長一家人趕緊上船回福州。他一走，流氓就來了，珊瑚當然也被搶了。流氓也到我家，把我結婚時人家送的一對銀器搶了，之後還放火燒了區長公館。

民國 36 年 3 月 8 日，福建憲兵第四團以一營（一營約有 300 人左右）兵力支援臺灣，駐福建的閩臺監察使楊亮功

隨同憲兵在基隆港登岸。福建憲兵團來臺共有兩次，一次是在臺灣光復接收之際，一次就是「二二八」這次。楊亮功帶憲兵團到臺灣時是由福建搭乘四條船來的，每條船上載有兩挺機關槍。憲兵團到了基隆時，基隆廟口部份群眾失序，準備抵抗，憲兵怕民眾反抗，對空開槍，但民眾看見登陸憲兵及裝備，槍響了後也紛紛逃命，都跑光了，沒再繼續打。之後，憲兵團經由汐止到臺北來。那時已經沒有火車可坐，因為臺灣一片混亂。他們坐卡車，約有二、三十部卡車，每輛車上架有兩部機關槍，一路開入臺北。

憲兵團進入臺北市後，隨即會同臺北市既有軍警組織，成立一個威力堅強的巡邏隊，以卡車分馳在市內巡邏。8日下午，臺北市民眾開始走出家門，市場漸漸恢復營業，路上逐漸可以看到車輛的行蹤，成功中學等學生也恢復正常上課，全市結束了最長的八日。臺北的治安恢復了，各地警察也回到崗位，〔但〕臺北的省警務處剩下三十多個人留在崗位。

（三）所見所聞

就我所知，很多本省人是因為被人告密，互相抖出參加二二八，結果互相牽連的。當時告你參加二二八比告你搶劫更有效，馬上就被抓去關。

二二八事件之後，一位曾在警察局協助我們翻譯的葉鳳皷被打死。他為人很忠厚，太太是七堵地區有錢人家出身，做人很好，也很會做菜。我們常常去葉家，每次他都會留我們吃飯，和我們很熟。結果，有人報告他參加「二二八」，國軍 62 師登陸後，他就在頭城海邊被打死。他究竟死於什麼罪名也沒人知道，我猜就是人家告他參加二二八，也很可能是他在日本時代當警員（巡查）時得罪過人，所以被誣告

而受害。另外，市公所有一位課員，我知道他並沒有參加「二二八」，但可能是因為戰後經濟統制，他家裡做忌，需要米糧，偷過三斤米，後來也受害。

其實，說到二二八事件，不是全臺都受到波及，至少當時澎湖、臺東和花蓮等偏遠地區，就沒有怎麼受到影響。但是，我認為二二八事件還有一點要講的，就是這個事件的擴大多少和收音機播送有關。當時電臺只有臺灣廣播電臺一家，有收音機的老百姓很少，但我們警察機關裡有。那段時間電臺強力播送，我們躲在警務處裡，天天都聽到收音機裡在罵外省人，當然會深切感到收音機對二二八事件的擴大是有影響的。

平心而論，我覺得二二八根本就是偶發事件。二二八事件的源起，原來就只是因為公賣局的人抓私煙而已。抓私煙應該到海邊去抓，結果卻到市內抓，這就不對了，因此才會造成這麼大的問題。專賣局〔臺北分局〕的緝私員去查私煙的時候，同時也派了六個警察大隊的人一起去緝私。[26] 一出事，看到民眾愈圍愈多，心裡害怕，槍就拿出來了。一發射，不小心就射中人，而且那個人的弟弟還是流氓陳啟水，這才會出狀況，導致群眾包圍臺北市警察局。

對於二二八事件的發生，有人認為是 CC（陳果夫、陳立夫兩兄弟）要給國民黨難看，也有人認為是共產黨鼓動的緣故。但我認為，這件事根本就是偶發事件，不是任何人發動的——既不是國民黨的 CC 發動的，也和共產黨沒有關係。再者，當時國民黨辦事處設在士林，只有一棟破房子，也還沒到衡陽路去設總部，這個事件怎麼會是反國民黨的活動呢？而且陳儀當時是行政長官公署兼警備總司令，陳立夫

26　這六名查緝員為傅學通、葉得根、盛鐵夫、鍾延洲、趙子健和劉超群。另外，還有四名警察同行。

怎麼可能幹得掉陳儀呢？根本不可能。至於共產黨，若和二二八這事有關，應該也只是巧合而已。所以，二二八事件實際上和任何人都沒有關係，應該只是偶發事件。

（四）胡福相與陳儀

提到胡福相老師，他留學日本後，回到中國服務。當時陳儀（1883–1950）在福建擔任福建省政府主席（1934年1月–1941年8月），知道胡先生留學日本，就派他擔任縣長（歷任建陽、永春等縣縣長）。戰爭末期陳儀到中央設計局去準備臺灣接收事務，又把胡福相調到中央設計局。李士珍和胡是小同鄉，在中央警官學校擔任教務長，因此也就找胡到中央警官學校來協助他訓練臺幹班學生。

日本投降以後，國民政府發表陳儀為臺灣省行政長官，人選的佈置也都一併發表了，不料卻沒有出現胡福相的名字。那時我們都還在福建二分校上課。胡福相心想：糟了，沒有他的名字，就到處忙著探聽。過了四天後，陳儀打了個電報來，說是有了，已經發表了，「是警務處長」。為什麼等了這四天呢？因為戴笠不同意。戴笠想要他自己特警班的人來接收臺灣警務，和陳儀爭持不下。最後因為陳儀比較強勢，堅持要胡福相來接收臺灣警務，所以我們才有機會來到臺灣。

或許陳儀的堅持是對的，他用人的原則是，這人可以用就一定用，而他來到臺灣後也確實用了一些還不錯的人材；例如，農林處長趙連芳是中國第一個農林專家，建設處長桂永常是留英的著名建設人材。

陳儀為人廉潔，做事認真，用人唯才，但是他只用自己訓練出來的人。他在福建時喜歡用他在福建省訓練團培訓出來的佐技人員，這些人很多都升到高級幹部，而且都很專業。

他的手下還有一些縣政人員，有初中畢業、高中畢業，或其他普通學校畢業的，都是考上訓練團後，先受訓四、五個月，被洗腦了再任用，有些人還曾被派任鎮長。福建省集美高級農業學校[27]培養的人材也很不錯，初農三年、高農三年，農場裡有教種菜、施肥、種植、實驗等，但是陳儀都不用這裡畢業的人。

陳儀很會用人，但和中央互動不佳。他認為接收不只是經費問題，其它方面也要注意，這是對的。他留學日本，在中國軍人裡訓練資歷完整，但他最大的問題是很討厭當時的軍隊，不但不認同中央系統，也不大理會黃埔系統。

還有一點，陳儀認為蔣中正是青幫出身的，看不起蔣；當時中國許多高級軍士將領也都不太看得起蔣。「閩變」時，[28]蔣派了十九路軍到福建平定「閩變」，其中許多是黃埔的中央軍隊，有些還是陳儀的老鄉。這些人對陳儀滋生反感，彼此之間到了水火不容地步，所以陳儀在福建給一般百姓的印象也不好。

陳儀對中央政府有意見，戰後初期來到臺灣後更堅持拒用中央法幣。當時中國經濟問題很嚴重，通貨膨脹得很厲害，國幣天天貶值。陳儀來臺接收後，不准國幣在臺灣流通，用（舊）臺幣，試圖使臺灣銀行獨立操作。當時國幣每天跌，報紙每天都會報導國幣和臺幣的匯率，臺灣的老百姓也知道匯率波動的幅度很厲害〔，搞得人心惶惶〕。

平心而論，陳儀自己對軍隊的軍紀管理得很嚴格。他的

27　集美高級農業學校是福建同安人陳嘉庚先生創辦的。陳嘉庚（1874–1961），十六歲赴南洋謀生，1912 年回鄉後積極興辦新式學校，集美高級農業學校就是其中一所。

28　閩變，又稱福建事變。民國 22 年（1933）11 月蔡廷鍇、蔣光鼐、陳銘樞和李濟琛等人在福建發動閩變，成立「中華共和國人民革命政府」，未得各方支持，次年即告失敗。

憲兵第四團，就是參與平定二二八事件的那團，軍紀是很嚴的。他原先認為用他那支軍隊駐臺就夠了，蔣介石也同意臺灣不用駐軍，有警察就可以了。但是國幣不准在臺灣流通，國軍也不准來，這個決定〔當然〕得罪了很多人。後來軍隊從重慶來，帶國幣來臺灣使用，陳儀也不買這個帳，所以軍隊對陳儀早就不滿了。不過，對照陳儀的軍隊和後來撤退來臺的軍隊，臺灣人對國軍的印象不好，其實是對後來從大陸撤退來臺的那批軍隊印象不好，才導致對外省人整體印象不好。

　　關於陳儀，還有一件事。福建詔安的張貞[29]是福建出身的陸軍上將，本來和陳儀算是老相好，後來和陳儀處不好，被調到廣東當參謀長。陳儀打電報給蔣委員長，說張貞「附敵求和」，這個敵是日本人；又說張和汪精衛也處不好。這下事情鬧大了，蔣委員長就叫陳儀查清楚。陳儀回報說是：「兄獻身衛國，閩省魯莽，但白玉不容污染⋯⋯。」因此保了張一命，否則以陳儀的手段，會是更可怕的。

　　至於中央警官學校教育長李士珍，他是浙江寧海縣人，民前 6 年（1896）生，原就讀杭州之江大學，畢業後進入黃埔軍校就讀，民國 19 年（1930）前往日本考察，考入日本步兵學校，後改入警校就讀，民國 21 年（1932）返回中國。李士珍到中央警官學校任職後，因為和胡福相既是同鄉，又是日本留學時代的同學，就找胡福相來當二分校臺幹班主任。

　　李士珍是黃埔二期，戴笠是黃埔六期，他們兩人一直合不來。戴笠任職軍統局局長任內，民國 35 年（1946）3 月 17 日飛機撞山意外而死。他所訓練出來的特警班（前後共五

29　張貞（1884–1963），陸軍上將，早年加入過同盟會，畢業於保定陸軍學校。1949 年赴臺，1963 年在臺北病逝。

期）前途深受影響，許多人後來都只當到警員、巡佐就無法
再升上去了。

八、工作憶往
（一）鹿窟事件

二二八事件發生之後（圖3-4），陳儀下臺，胡福相也
因二二八事件下臺，經濟警察的課程因二二八事件停擺。

現在來談一下「二二八」之後我的警務工作。我在

圖3-4：來臺處理「二二八事件」的國防部白部長檢視搶掠武器情形

「二二八」前調到淡水，
之後因為經濟警察制度尚
未成立，做不成經濟課
長，不到一年就從淡水奉
調到臺北縣擔任警察局督
察員；臺北縣警察局的
總局在板橋。民國37年
（1948）農曆過年前，大
約在農曆年底，我調升為
督察長，[30] 進駐鶯歌。[31]
我搬家雖然頻繁，搬起來
並不困難，而且當時警察

主管的公館都是很大一間，住的是日本宿舍，很舒適。鶯歌
的警察宿舍也很大，連警員都配有宿舍。

大陸撤退來臺時，全省有北、中、南三個武工隊，就是
武裝工作隊。這是蔣介石最重視的〔情報單位之一〕，全部

30　督察長是警察組織的編制之一，負責執行考核、監督警察人員。在職務上
　　督察長歸警察局長指揮，在業務上則歸警政署督察室指導。
31　光復初期，三峽分局的轄區為三鶯地區（即三峽、鶯歌及樹林）。

人員都配有槍枝，他們的薪資是用美金計算的，任務是將在各單位——包括行政長官公署、憲兵隊、警務處等機構——所蒐集到的情報上報。我所服務的鶯歌也設有一個這樣的武工隊。

民國 37 年（1948）時的刑警隊 [32] 負有抓共產黨徒的任務，有次任務是要抓四個共產黨派到臺灣的武裝工作隊員，也就是大家所說的「臺灣共產黨」。刑警隊最後只剩下一個沒抓到，就是林元枝。[33] 當時沒抓到林元枝，上級很震怒，就改派鶯歌武工隊去抓。本來這種事是由警察局長處理的，但局長說我在瑞芳警察所所長任內有過捉流氓的經驗，就指定我去。我挑了十個保安隊的人一起去抓人，這十個人日後也都分別由基層升調，還有人做到總隊長等職。這是我在鶯歌任職期間發生過的一個比較重大的事件。

我被分配到鶯歌去抓人，也就是被派去抓林元枝這個任務，對外不能明講，但是我們行動時必須全副武裝，把機關槍、手槍等都準備好。林元枝是桃園八德鄉人，我們研判，去八德鄉要經過大溪、鶯歌；如果情報正確，應該可以抓得到，這就全看情報了。我知道鶯歌柑園里里長林溪安和林元枝是拜把兄弟，而我和林溪安很熟，所以就每天晚上去他家等，幾乎是天天去報到。林元枝躲藏以後，有一天肚子餓，看到人家在大溪裡放網捕魚，就去偷魚來煮，被過路的人發現後密報。不過，他在我們十幾個人趕到前三分鐘逃掉了，功虧一簣。後來林元枝是自己出來自首的。聽說是這樣的：

32　刑警隊隸屬於各縣市警察局，主要掌管偵查犯罪預防工作。

33　林元枝（1899–1982），今桃園市蘆竹鄉人，日治時代就讀臺北二中，光復後出任蘆竹鄉首任鄉長，二二八事件後去職，透過簡吉、張志忠介紹，加入「中國共產黨臺灣省工作委員會」，建立「武工隊」；迄至 1949 年底，「省工委」在全臺已有三千餘名成員。林元枝展開他的逃亡生涯後，在 1952 年 7 月出面自首，被送往火燒島十餘年後才返鄉。

他在八德鄉的老家外面有稻草堆，他在下面挖一個洞躲在裡面，由他的老母每天送食物給他吃。這樣過了一段時間，最後他還是出來白首。

當時追捕共產黨的案子很多，像是汐止的「鹿窟事件」（1952 年 12 月 28 日），我也協助處理過。鹿窟就在汐止、石碇的交界處，據報有一部份共產黨員躲在那裡。鹿窟事件鬧得很大，原先有一師部隊要去圍剿鹿窟，所以才通知警察前去協助，說是地方戒嚴，要我們派人協助。其實是因為他們不會講閩南語，才要警察去幫忙。我們去時軍隊已經到了，後來軍隊也要警察到警備總部協助審問，我因此在那裡住了大約一個月。鹿窟，山上的人叫「高高崙」，所以也有人叫「高高崙事件」。他們晚上以打燈當作聯絡方式。追緝時，軍方追到鹿窟，但由鹿窟再深入進去就沒路了，所以涉案者最後還是逃不掉被捕的命運。

鹿窟事件是發生在民國 41 年（1952）年末「白色恐怖」[34] 時期開始的事，又稱「鹿窟基地案」，被抓的人很多，有不少是被冤枉的。當時我聽說，汐止東山裡的 14 鄰和 15 鄰都是共產黨，全鄰都是共產黨，因此特別注意這個問題。我想，奇怪，共產黨怎麼會用這些人，有些是老人，有些根本不認識字，因此特別前去瞭解。這是在汐止山上的十三分派出所查到的〔案子〕。剛開始聽說真的有共產黨派人來滲透，說是只要蓋章加入就可以得到兩塊錢美金。山上的人都很高興，就找親友蓋章加入，因此全鄉的人都參加了。後來不管有沒有參加，反正有名冊，有蓋章，全都抓走。調查後才發現，大多民眾都是盲從的，不是真正的共產黨員。

（二）調遷二、三事

民國56年（1967），臺北市改制為院轄市，內湖、南港、木柵和景美歸併到臺北市，並在各區成立分局。南港分局轄有南港派出所、玉成派出所和舊莊派出所。我本來在內湖分局擔任副分局長，分局長是莊亨岱。臺北市改制後，我改調到南港分局，仍然擔任副分局長，分局長是顏昭民。

顏昭民分局長是警官學校六期，擔任過中央警官學校臺幹班學生隊的指導員，算是我的老師。顏分局長平常對人客客氣氣地，但有一次不知為什麼，對第四組組長發脾氣，一直罵。有同仁一看情形不對，就請工友來叫我去。我因為是分局長的學生，就被他一起罵。罵到後來有點過火，我也不高興了，整個臉垮下來、臭臭地，他看我這樣才不再罵人。

我到南港分局擔任副分局長時（圖3-5），南港分局還沒有自己的房子，一切都簡單行事。分局裡的一般行政事務工作分四組，第一組管行政，第二組管督察，第三組管戶口，第四組管保防。後來不知道什麼緣故，又分出一組保防，我們都叫它為第五組。之後，人事「考績」又獨立出去，變成「人二」。不過，原則上警局裡的主要業務分組就是上述四組。

圖3-5：南港分局副分局長時攝

民國68年（1979），高雄市改制為院轄市時，我從內湖副分局長調到高雄市警察局保安大隊，擔任副大隊長。這算是升調，因為院轄市的大隊長比警察局分局長還大；有些大隊長還可以指揮分局長。當時院轄市在警察局下成立有保安大隊、刑警大隊、消防大隊和交通大隊，這在一般縣市

裡只叫隊，不叫大隊。

　　高雄警察局保安副大隊長的公文發表後，我才發現上級所派的大隊長是一個老百姓出身的人。這人從大陸撤退來臺後，先是當警察局雇員、辦事員，一路調升到專員，什麼實務經驗也沒有，連槍都沒有拿過。這樣的保安大隊長，大家都覺得很離譜。像我這樣夠資格的警官有五個人，每個人都在等著調升。但是警務處的人事任免已經發表了，又不能辭退。保舉我當保安副大隊長的人是李維嶠，他叫我暫時忍耐，還因此和警務處長吵了一頓，我只好先去當保安副大隊長，兼女警隊隊長。民國 69 年（1980）時，我調升為保安大隊大隊長。保安大隊是維勤單位，可以在六十歲就退休。

　　民國 70 年（1981）後，我曾在高雄當了三年主任祕書，這個職務是警察局的對外窗口。一般來講，警察局置局長，其下只置兩個副局長，一個負責刑事，另一個負責行政、總務等職務，對外就由主任祕書和督察長負責；不過這個制度現在有些改變，督察長的工作現在被副局長取代了。〔在高雄市服務〕這期間我並兼任警政署勤務指揮中心（署處中心）的執行官，在職五年多。警政署勤務指揮中心負責〔統合指揮〕全國警察機關重大事故、災害、刑案、突發事件，並處理署長、副署長交辦事務。民國 75 年（1986）我退休，但仍由警政署聘任為顧問。

（二）相關講習班、訓練班

　　我在警界服務期間參加過的各種相關講習班、訓練班，仔細算起來約有八個之多。除了最早的經濟警察講習班（前敘）之外，還有革命實踐研究院初級班、高級講習班，以及國家安全局警察安全班、警察政訓班、警政高級班和戰地政務班等。我還參加過為期一年的特別警衛講習班，時間從民

國 64 年（1975）7 月 1 日到民國 65 年（1976）6 月 30 日，這個訓練班成立的目的是在培訓未來擔任蔣總統侍衛官的維安人員。參加這個講習者有分局長以上警官、中級憲兵和營長以上職務的人員，講習的主要內容是道路系統的維安。我當時任職臺北市警察局保安大隊，負責警衛工作，所以被派去講習。

　　作為中級警察幹部，幾乎每年都會有單位要我們去受訓；例如戰地政務班，我就參加過一、兩期，受訓地點在北投政工幹校。參加這種訓練的人數特別多，有時多到八百人左右。所以有時上大合堂，有時分班、分組上課，也有些課是到木柵的革命實踐研究院去上的。反正每年許多單位都會想辦法舉辦一些講習班或訓練班，把警察幹部找去受訓一、兩個月，這些受訓基本上對我們都是好的。當時要辦這些講習班，主辦單位只要把簽呈送呈總統，一批准下來就可以拿到經費，馬上可以開辦。尤其是夏天，許多學校、單位放暑假，可以利用空教室上課，因此班期辦得特別多，我們也就常常有各種訓練和講習的機會。此外，我還參加各種相關的集訓活動，其中包括為儲備未來警察局長、警察學校校長、教育科長等人材而舉辦的訓練班。

（四）二次覲見蔣中正

　　我總共覲見過蔣中正校長兩次，都是到臺灣以後的事。一次是在我們中央警官學校的〔一次〕畢業典禮上。他以中央政治、軍官、警官三學校校長身分參加在中山堂舉行的畢業典禮，但他的扈衛事先不敢將他的光臨讓任何人知道，以免消息走漏會有安全問題。另一次〔更早〕，是在臺灣光復週年紀念會（1946）上，當時我在淡水警察所擔任警察所長。那次他要到淡水看紅毛城，還要上臺講話，那個維安工作必

須做得非常嚴密，任何人都不許帶手槍。我們警察人員隨身帶有配槍，但也只能放在袋子裡，因為手不能放在口袋裡。侍衛長還親自把我的手槍拿走，叫我不能帶槍。蔣總統由陳儀陪同一起前來主持典禮，我和縣長〔臺北縣長陸桂祥，任職時間為 1946/1/16–1947/6/6〕、區長等人在一旁作陪，聽他訓話。印象中，他講話很大聲。

（五）我與胡適

今天（2008 年 4 月 9 日）我抵達中央研究院，感覺很親切，因為早在胡適（1891–1962）先生擔任中央研究院院長（1958–1961）期間，我就見過他。那時我正好擔任南港分局副分局長兼第一組行政組組長，應院方要求到過院區。我幾次到中研院都是為了公務。

我記得第一次到院區是為了瞭解中研院有沒有佔用老百姓地界線的問題，另一次是來看院內某建築物是否違建。這期間我來過好幾次，因為這事屬於我的行政業務，所以一定要親自來查看。有兩次是由總務主任帶我去見胡適先生的，那時他還住在院區內現在成為胡適紀念館旁邊的那間房舍。

後來再度拜訪中央研究院是胡適先生過世（1962 年 2 月 24 日）以後的事了。當時院方決定將胡先生葬在胡適公園，但下葬前附近老百姓有意見。只不過，預定下葬之地是公家的，那塊地已經劃歸給中研院，老百姓大概是想爭取補償，所以找找麻煩，我當然要來查看。這是我管區內的大事，但後來也沒事。

我很愛看胡適先生的文章。聽說，胡先生的機要秘書是傅斯年的姪子。[35] 有一次胡先生看了蘇東坡寫的詞，「臨江

仙」：「夜飲東坡醒復醉，歸來彷彿三更，家僮鼻息已雷鳴，敲門都不應，倚杖聽江聲。」我和傅秘書說起這事，傅秘書笑說「家僮是小孩子，怎麼可能會雷鳴呢？可見這是書生寫文章愛誇大的毛病」。

　　我也曾讀到胡適、徐志摩和陸小曼之間的文章。有次陸小曼學畫，畫了一幅山水畫，請胡適在畫上面題字。胡適寫了：「畫山要看山，畫虎要看虎，小曼聰明人，應該會知道。」陸小曼看了這幾個字不高興，胡適知道後，以後幫她題字都特別題好一點。

九、警務相關議題
（一）警察法

　　國民政府成立以前，內務部設有警官高等學校。[36] 北伐成功以後，蔣中正統一黨政軍，於是在中央成立「中央警官學校」，「中央軍官學校」、「中央政治學校」，三校都由他自兼校長。

　　中央警官學校是培育全國警察人員的機關。後來戴笠奉令組織軍統局，[37] 另外培養了一批特種警察人員。戴笠小學畢業後，擔任地方的自衛隊隊長，因為擁有幾把土槍，在地方勢力很大。後來工作沒了，就去考黃埔軍校，是六期畢業生。他字寫得不錯，西安事變之後，寫了一張字條給蔣委員

謝胡適紀念館許惠文提供此資訊。

36　中國的警政教育始於清光緒 27 年（1901）創立的京師警務學堂，歷經政權變換與時間遞擅，先後改制為高等巡警學堂、內務部警察學校、警察傳習所、內政部警官高等學校。

37　軍統局是國民政府軍事委員會調查統計局（BIS）的簡稱，前身是中國國民黨黨團組織「復興社」下所屬的特務處，也是民國 27 年（1938）至 35 年（1946）之間成立的情報機關之一。該局早期由戴笠負責，民國 35 年戴笠過世後，由毛人鳳繼任局長。

長，開始受到蔣委員長的重用，最後蔣交待由他成立並領導軍統局，也成立了特警班。[38]特警班是在中央警官學校正科之外所設的特科，因此現在許多調查局老一輩的調查員都是特警班出身的。

我們臺幹班出自中央警官學校〔特科〕，是由胡福相班主任領導的，設立的主要目的是為了接收臺灣警務。胡福相主任在警界來說是文人警察。他是和陳儀一起來臺接收臺灣的高級官員之一，在二二八事件發生後基於職責而辭職，比陳儀先一步離開臺灣。

胡福相主任離開臺灣警界之後，戴笠系統就迅速滲透到臺灣警界，此後警政單位的最高長官不是特警班出身，就是軍官出身，其中有中將，也有少將，就是沒有警察出身的。一直到了解嚴（1987）之後的民國 78 年（1989），莊亨岱（在任期間 1989/8–1993/12）被派任為警政署署長以後，臺灣警界才由警官學校畢業的人擔任警政署長。莊亨岱可以說是第一個由警官學校畢業的警政署長，他的任命也是我們多年來努力爭取修法的成果之一。我們爭取修改警察法，[39]要求警政最高長官一定要由警官學校出身者擔任。

中華民國的憲兵有憲兵法，這和警察法並無關。我曾在一次和行政院主任祕書等八、九人餐敘時，提到應該要好好規劃、修正警察法，因此從警務處弄了一個規畫案，報到行政院，行政院還因此撥了一筆經費下來。這大概是民國 59年（1970）時的事情。我當時因為在內政部警政署服務（圖

38　「特警班」的全稱為「特種警察訓練班」。民國 25 年（1936）國民政府為統一全國警官教育，合併內政部警官高等學校及浙江省警官學校，於同年 9月 1 日成立中央警官學校。民國 26 年（1937）在正科教育外，增設特種警察訓練班及特科警官訓練班。

39　民國 42 年（1953）6 月 2 日由總統下令制定警察法，6 月 15 日公佈全文 20條，民國 75 年（1986）6 月 17 日修正第 15 條，以後陸續在 1987、2002 年都有修正。

圖3-6：服務於內政部警政署時攝

3-6），時間上比較有空，大家就推我寫規畫案。我只好深入瞭解，搖起筆桿來，很多內容都是自創的，因為沒有前例可循。「檢察官一定要警察正科出身」這樣的警察法條例，就是我增訂的條文。

為了修正這個警察法，我真是忙了很長一段時間，開會、修正、再開會、修改、再討論，一直到條文確定後才提交內政部；內政部通過以後，再將條文送到立法院三讀。警察法在立法院三讀又經過很長一段時間才通過，通過以後當然是我們警察正科出身的人受益最大。差別在哪裡？從此以後警務再也不能由軍人去包辦、任由軍人去做[40]——必須是警察正科出身的人才能擔任。這個警察法的規定對日後警察的升遷等權益影響很大。畢竟，不論法令、法規、規章，一切都應該要依法行事才是。

當然，改正後的警察法剛通過時，還是需要一段時間

40　關於此點，盧毓鈞在其訪問稿中有相當直率的批評。高階軍人轉任警察後，大多被授予編制外的省警務處專員職銜，雖不佔原有的警官缺，「但他們初來乍到，對警察業務恐一無所知的情況下，即擔任『專員』這個比照一般警員終其一生都未必能達到的荐〔薦〕任一級、三線一星高階警官職位，對佔全體警務人員絕大比例、出身警校的警察同仁真是情何以堪。」（張瑞德、曹忻訪問，曹忻記錄整理，《從一線一星到警政署長：盧毓鈞先生訪談錄》，頁16）。他進一步指出，「『後備軍人轉任公職考試比敘條例』也就是俗稱的『文武比敘條例』…雖為軍人轉任各類公務人員予以法制化，但另方面卻也大開方便之門」。例如，該條例第五條的但書就將軍人得以由原本的「編制外」轉為「編制內」佔缺之途予以合理化。詳閱張瑞德、曹忻訪問，曹忻記錄整理，《從一線一星到警政署長：盧毓鈞先生訪談錄》頁17。

才能看到成效，也必須等擔任警務處長的軍人下臺才能真正落實。最後一任軍人出身的警務處長是羅揚鞭（在任期間 1968/9/10－1972/7/5），他應該不瞭解修正後的警察法對軍人參與警政的影響。他下臺後就再也沒有軍人出身者擔任警務處長了。

（二）閒談警察福利

過去我們還在職時，大家常開玩笑說：「如果要全島旅遊，只要花個二十元就可以了。」因為我們每到一個地方，該地的警察局都有我們的同學，吃、住、坐車，不是有人請客，就是可以有折扣，花費不會太多。

我曾在三重擔任督察，待了約一年，那時真的是坐車從沒買過票；就是我要買，站長也不會收錢、不查票——不只是公路局不向警察要票，一般公共巴士也不敢向警察收錢。照法律講，警察坐交通工具是有折扣的，但仍要買票，可是交通機關怕被找麻煩，所以都不敢收；怕真的收了，第二天車子經過會被攔下來檢查，天天這樣麻煩就大了，所以都不敢向警察收車錢。

不只是車錢，水、電等用費都有優待，有些警察家庭連住家水電都不用付費，甚至有些人家連煮飯用的電爐等都免收電費。至於水，過去大多接消防用水用，所以也可以免費使用。這些不只是警察家庭如此，軍中情形更普遍，教育界也享受半價優待。

十、隊友追述

關於中央警官學校臺幹班一行人當年由福建渡臺時的人數，每個人說的數字都不太一樣，有人說 932 人，或說 950

多人，或說 990 餘人，也有人說 1,001 人。我記得那個總數
大約差 2 到 3 人就滿一千人了。算一算就知道，講習班 1 隊、
學員班 1 隊、學生班 2 隊、初幹班 5 隊，再加上隊長、教官，
以及來自福建永春的行政幹部，搭軍艦來臺者的人數應該近
千人。不過，就我所知〔至少〕有兩個隊員沒來臺灣，他們
兩人好像是初幹班的同學；當時有些人被派到廣州，他們就
跟著去。

我們臺幹班同學的感情向來很好。受訓時，不論是讀書、
作息都在一起，日後在警察崗位上我們也常有往來。同學們
各式各樣的人都有，和我最熟的就屬莊亨岱。[41] 說句開玩笑
的話，他有幾根腸子、腦筋在轉什麼彎，我都一清二楚。莊
亨岱小的時候，他的父母親在新加坡任教，把他留在家鄉。
他在泉州生長、上學、應試。莊亨岱之所以會加入臺幹班，
也是因為當時很多青年沒地方去，不是選擇從軍，就是選擇
當警察，因此他才會去考警校，跟著臺幹班來到臺灣。

我與莊亨岱從臺幹班學生隊起就常在一起，後來他當到
內湖分局長，我是副分局長。我們兩人非常要好，後來又為
警察法的修訂共同努力。莊亨岱是我們臺幹班第一個升任為
警政署長的人，也是我們臺幹班表現最出色的一位。

我們班上還有一位同學叫李治民，菲律賓華僑，父祖三
代都住在菲律賓，聽說他家在菲律賓有很多財產。他在故鄉
泉州的家和莊亨岱的故居在近鄰。民國 33 年（1944）冬有
一次李治民剛好回泉州，就跟著莊亨岱去參加考試，就這麼
進入中央警官學校臺幹班。民國 34 年（1945）10 月李治民
來到臺灣，沒多久就回到菲律賓去協助家業。他現在（2008

41　莊亨岱，福建泉州人，1926 年 10 月 7 日 –2009 年 9 月 13 日。莊先生是臺
　　幹班學生班一隊，來臺後歷任警局局長、保一總隊長、刑事局長、警政署
　　長及國策顧問等職。

年）是菲律賓國民黨總部書記長，很照顧我大女兒〔陳紫霞〕。

潘克倫是和我一起去宜蘭接收的同學，梅縣人，父親在香港開店，來臺以後沒待太久就回香港去了，現在已經過世。

賴仲留原來是初幹班的，擔任過巡佐。初幹班有人當到派出所主管，他則離開警界去當法官。

王魯翹，他是現任警政署長王卓鈞的父親。王魯翹提拔了盧毓鈞，[42] 之後盧毓鈞也提拔了王卓鈞。

臺幹班留在臺灣的同學很多，現在每年都會聚會。〔臺北市〕這個聚會的開始，最早是因為我調去高雄以後，大家久久才能見一次面，所以每次見面都聚餐，慢慢地就開始我們每個月的餐聚。剛開始的時候，先生加太太共坐滿四桌，要開四瓶洋酒才夠喝。後來有人生病或過世，現在聚會時連一瓶紹興酒都喝不完，當年的開山老祖宗目前只剩下九個人而已，像莊亨岱、戴良川、賴仲留、邢翰都是後來才參加的，這也是中華警政協會成立〔1991〕的緣由。現在〔2008〕中華警政協會的理事長是戴良川。

十一、我與盧毓鈞

關於盧毓鈞（1930–2011），和他的交往是從我在鶯歌服務時期開始的。我在鶯歌任職時，盧毓鈞還只是個小警員，〔後來〕常來我家吃飯，對我和我太太非常敬重。

42　盧毓鈞，山東省平度縣人。民國 38 年（1949）來臺，翌年考入臺灣省警察學校警員訓練班第七期，中央警官學校在臺復校第一期（正科班二十二期）畢業，之後從巡佐一路晉升到警政署第六任署長，任期 1993–1995。參閱本書末「附錄」，表二，「中華民國內政部警政署長一覽表（1972 起～迄今）」。盧先生已於 2011 年過世，生前曾接受國史館訪談；參閱張瑞德、曹忻訪問，曹忻記錄整理，《從一線一星到警政署長：盧毓鈞先生訪談錄》（臺北：國史館，2011）。

　　鶯歌地方小，警務繁重，但是警察倉庫裡的器械連手槍都沒有庫存。有一次我知道剛好有個部隊撤到鶯歌，便決定向部隊購買武器。當時購買武器還沒有管制，因此我就去商量買手槍的事，而且買成了。那是最好的德國盒子炮，又叫百發槍，可以連發 20 顆子彈，是非常好的手槍。鶯歌的警察因此有器械裝備。

　　我選保安隊隊長時有幾個條件：大陸來的閩南同鄉我不要，家裡有錢的我也不要。挑來挑去，最後挑上盧毓鈞，他是山東人，長白師範學院來臺的流亡學生，撤退來臺以後沒地方去，所以加入警官學校。那時進入警官學校不用考試，只要資格符合，再加以訓練就可以了。我看他是個不錯的人材，就提拔他，後來證明這個決定是對的。剛開始時，我曾邀他到我家吃飯，但他〔很客氣，〕寧可自己一個人回去吃麵或叫湯配山東大餅，也不到我家吃飯。

　　盧毓鈞是警察學校警員班第七期畢業的，是戰後在臺灣招收的警員。他在警員班受完訓後，因執勤認真，在我力薦下升任巡佐。之後他考上中央警官學校，到警官班受訓，並通過高考，派任到臺北縣永和頂溪派出所當主管。當時那個轄區附近住的很多人都是大陸來臺的大官。

　　盧毓鈞於民國 53 年（1964）內調警務處科員，因為幾宗重要案子他都有參與而升調，其中最關鍵的一次是一宗刑案。兇手把手榴彈丟過來，他搶前去處理，救了大家，也把兇手抓到，我就把功勞都報在他身上。此後他就一路升上去，由股長而專員，還差點和我同時當科長。之後，他曾擔任臺南市警察局副局長，後來以三線一星調任臺北市督察。

　　盧毓鈞為人很好，人廉潔，能力又好。警界要出一個警政署長並不容易，但也一定要有出線的機會，剛巧盧毓鈞有這樣的機緣，所以大家也願意協助、成全。我常講，當初我提升他為巡佐時，根本沒有缺額；當時只要有缺額，都有很

多人爭取。我想盡辦法才讓人事主任以專案將他報上去，還特地買了四、五斤荔枝去看人事主任，幫他爭取升級的機會，人事主任因此發了我一頓脾氣。

後來盧毓鈞繼莊亨岱擔任警政署長，大家歲末聚餐慶祝。新署長上臺總要致辭一下，結果他一上臺致辭就說：「當年如果沒有陳應彭的提拔，就沒有今天的盧毓鈞。」我一直坐到邊邊去，不找他們講話，但他一定要我和他合照。盧毓鈞講過這話以後，有一陣子我家的電話響不停，大家都知道他對我敬重，因此請託不斷。我記得當時幫了幾個人的忙，也介紹了幾個人給他。我因為常寫文章，後來出版了《白髮警官話當年》一書，書中第一篇就是由盧毓鈞幫我寫的序。

前面提過，我不用閩南同鄉，這也有段緣故。我在內湖擔任副分局長時，有個安溪同鄉人來找我幫忙，我就介紹他到西湖派出所當警員，當時內湖的轄區很大。我介紹的人，人家不敢不接受。結果他到差後，大家要排班值夜，這傢伙不是不值班，就是找人代理，不然就到旅館喝〔花？〕酒。這些行為被人發現後，他還大聲講話，說是沒關係，反正和副分局長同鄉。我知道後非常生氣，把他叫來罵了一頓，從此不再介紹同鄉人，免得自己惹麻煩。

在警界，請託找事或靠同鄉關係打進工作圈的情形相當普遍，其實各行各業、各階層、各單位，牽親帶戚都很普遍。現在這種狀況應該已經改善很多了吧。凡事都有制度，用人或升遷都要靠自己的才能，畢竟社會結構也已經改變了。

十二、鄉情與親情
（一）遙憶家人

遙想當年，初到臺灣，因為通信不易，家裡並不知道我來到臺灣。大陸淪陷以後，和親人通信都要經過國家安全局

的檢查，所以聯絡根本不可能。

　　我自民國75年（1986）退休以後，因為兩岸開放，曾經回去老家看過親戚朋友，也花了錢修祖墳，每趟回去都花好多錢。我的祖母活到91、92歲才過世。記得退休後第二年第一次回詔安時，我把行李放下來後，第一件事就是去看她的墳。那時父母的墓都沒了，我家的大夫第早在民國17、18年就被燒掉，我們住的老房子也在人民政府「解放」中國時，早早就被沒收、分配給許多戶人家住了。我回去後，發現舊房子還在。房子佔地很大，只是被隔成九棟分給人家住，所以後來我還是出錢整修一番。

　　後來我聽說，當年詔安解放後，共產黨要捉的第一個對象就是我叔叔，因為我家族把「公米」（即公家大廟名下的穀子、稻米）一百多擔都掛在叔叔名下，所以他成了大地主，第一個被捉去關，而且關了很久。和他同時被捉去關的七、八個人後來都被槍斃了，他還算幸運，逃過一劫，這也是有段典故的。

　　因為我家太有錢了，隔壁一戶許姓人家和我家向來不合，兩姓家族幾十年來常年互鬥。有一天，我祖父做夢，夢到祖先流血。傳說我家是水牛命，許姓人家是八哥鳥，因為八哥鳥常常騎在水牛背上，所以我祖先受傷流血。後來這姓許的家族中很多人去加入國民黨，甚至還有人當到詔安縣國民黨的黨部領導，在縣裡有權有勢。我們陳家則除了我以外，沒有一個人加入國民黨，所以到了共產黨統治大陸以後，我家因為沒有太深的國民黨色彩，受到的迫害減輕很多。至於我個人，我應該是在南靖參加三民主義青年團[43]時才加入國

43　中華民國國民黨三民主義青年團，簡稱三青團，是中國國民黨領導的青年組織。民國27年（1938）7月9日在武昌成立，首任團長是蔣中正，陳誠為書記長。民國36年（1947）9月召開國民黨第六屆四中全會暨中央黨團聯席會議，會中決定黨團合併，將三青團併入國民黨，三青團員一律登記

民黨的，那時入黨還要接受訓練。

我回大陸探親以後才知道，有一個同父異母的弟弟後來被歸劃為黑五類，不能升學，也找不到工作，只能幫人家打石頭，生活過得很苦。我知道後趕緊匯了美金一千元過去給他。當時不能從臺灣直接匯款到中國，必須經由新加坡。他因此可以開始做點小生意。

我後來常回鄉探親，也常會記起一些小時候的事。我還記得小時候家裡有個放旱煙的銅盤，裡面的圖案刻得很漂亮，是兩條捲起來的龍，底部有「內用」（宮內專用，據說是慈禧太后專用）兩字。還有一件也是宮內專用的瓷瓶，上面刻有詩詞，很名貴，也很值錢，我後來把它帶回臺灣。這瓶是屬於我祖父的，本來是由一個堂兄弟保管。我姪子說他想賣，我一看底部，是明朝成化年間製作的，宮中御製，就帶回來做紀念。

（二）黨員的故事

說來我是有六十幾年黨齡的國民黨黨員——我早在就讀南靖師範時就加入了青年團。蔣總統當時成立「中華民國國民黨三民主義青年團」，目的就是要和老國民黨分裂。我從南靖師範畢業後，回到家鄉詔安，還幫三青團工作過。不過蔣總統到臺灣以後不久，就把三青團取消，只是入黨的三青團團員還可以保有國民黨黨員的身份。

關於我加入國民黨黨員這件事，還有個插曲。前述在我家鄉詔安，姓陳的（我家）和姓許的是死對頭。北伐以後，國民黨開始掌權。我們家鄉有一位國民黨書記長就是姓許的，他開始威脅姓陳的這一方。

為中國國民黨黨員，並在中國國民黨中央執行委員會之下設置青年部。

　　北伐期間，各地軍閥割據，佔領福建的是北方部隊張驤和孫傳芳，佔領廣東的是陳炯明和蔣介石。國民黨軍隊在各地來來去去，我家鄉也被國民黨軍隊進進出出。民國 16 年、17 年時，也不知是哪一支軍隊進駐到我家鄉，不知原因地就燒了我家的大夫第。還好我祖母逃得快，大夫第在前面燒，她趕緊從後門逃了出去。當時我才五、六歲，被母親抱在手裡。我母親來不及逃，抱著我，眼看就要被抓去時剛好有人看到，說小孩不准關，才把我和母親放走，但是我家從此中落。

　　我們懷疑這是姓許的人家蓄意報復陳家，因此陳家有個不成文的規定，不許家人加入國民黨，並且要求世代都不得入黨。所以我雖然加入三青團，但在家鄉並沒加入國民黨。一直到了來到臺灣以後，國民黨黨部在士林成立，才加入國民黨。

　　我有一個兒子和三個女兒，兒子叫陳紫傑，在廈門和美國兩地經商。大女兒陳紫霞，住菲律賓，她是忠實的國民黨黨員，菲律賓總部副常委，還曾以菲律賓國民黨黨部代表的身份返臺參加第十七屆國民黨黨代表大會，近十年來菲律賓國民黨黨部的文宣、演講都是她幫忙寫的。

　　二女兒陳紫鶯年輕時到拿中山獎學金到美國讀書，結婚後留在美國做生意，每次國內選舉她都會返臺，表現相當出色，人也很孝順，是我最大的驕傲。

　　三小姐陳紫薇來頭最大，結婚後住在士林。她在民進黨還沒成立、還只是黨外的時代，就去聽施明德演講。之後馬永成競選臺北市議員時，她也去聽政見發表會，後來和她先生兩人就加入民進黨，是早期入黨的黨員。

　　我家還有人支持宋楚瑜的親民黨。所以我家「各有其黨」，五顏六色。三個女兒意見不同的時候，常會互相批評，有罵民進黨的，也有罵國民黨的，相當熱鬧。

（三）文章述懷

　　民國 75 年（1986）我退休後，有空就搖筆桿，寫的文章大多刊登在《中外雜誌》。當初之所以會和《中外雜誌》牽上關係是有一段軼事的。中央警官學校紀念成立四十週年（1985）的時候，同學們想要出個紀念刊物。大家已經很久沒執筆了，怎麼寫稿呢？我喜歡看書，每天都要看書才睡得著。因為要寫文章，怕寫不出來，就特地到旅館去開房間、寫文章，寫完以後再抄謄一遍才寄出去。有一天，我在閱讀《中外雜誌》時，剛巧讀到一位大陸返臺的教育處副處長寫的一篇文章，內容是他在民國 34 年（1945）10 月 25 日到臺灣來參加受降典禮及接收臺灣的事情。我看到這篇文章後，覺得他寫的還不如我在中央警官學校四十週年紀念刊物上寫的那篇文章精采，所以就把那篇文章拿出來修改後再投稿。因為投到紀念刊物上的語氣和投到雜誌上的語氣有所不同，所以必須修改。

　　然後我寫了一封信給《中外雜誌》社長王成聖。我說，我是沒動過筆桿的人，只是看到教育處的人員寫了這麼一篇文章，所以我也想寫一篇。如果他覺得寫得不好，把文章丟在字紙簍去也沒關係。我只是用信箋寫這麼幾個字，也沒說我是誰、做什麼工作的。沒想到他一接到信，馬上就打電話到警務處問人事室找人，接著就打電話給我，說這篇文章他已經收到了，寫得很好。那個專輯拖了幾個月才出版，不過他們還是把我的文章登了出來，也附了照片。文章登出來後，王成聖社長請我吃飯，還找了幾個四川的大人物一起聚餐。後來他常常邀我寫稿，因為他一再催促，所以我也陸續寫了一些文章，都刊登在《中外雜誌》。王成聖社長和我熟識後，我們經常見面。他後來擔任過國民大會主席團代表，已過世。

十三、回首從前

（一）對陳水扁的認識

我自行出版的《白髮警官話當年》一書中收了我過去寫的幾篇文章，其中有一篇提到陳水扁。陳水扁是福建陳鄔人，〔地緣上是今天的〕詔安白葉村人。嚴格說來，我和陳水扁還是源出同一個祖先呢。我的祖先曾做過一門風水，祖墳的風水叫「風吹羅帶（衾）」，意即風水飄渺的樣子。前面提到，我曾返鄉修祖墳、照相，也查了相關資料，知道陳水扁那一族是第 17 代到臺灣的，陳父是第 18 代。白葉村有個縣長和我很要好，還有一個政協主席也協助我〔查族譜，我就這麼〕查到陳水扁的族譜。那份族譜不能隨便給外人看，但他知道我和陳水扁源出自同一祖先，所以拿給我看，我也把那份資料抄錄下來。

我們陳家在還沒分嗣前，曾由某位皇帝賜了二十個字，按字排輩分。這二十個字是：

上和日基泰，興朝茂盛彰；
君恩藩寵錫，諮爾益熙昌。

依輩分說，我是彰字輩，陳水扁是君字輩，算來他是要叫我叔叔的。

福建詔安的白葉村和瑞山村都很窮，白葉村人一半講客家話，一半講閩南話。那地方很窮，許多人都到縣城去找工作，在磚窯裡做工。磚窯多靠船載運，從運河運出，時間一久運河容易淤塞，磚窯工人便無工可做。剛巧鄭成功（1624–1662）洪門天地會的四大天王之一萬提喜的後人萬禮（1612–1659），號召一些人要打南京，陳鄔這些到縣城做工的人沒工可做，就跟著萬禮走。萬禮是鄭成功底下的大紅人，幫鄭成功攻打南京時死在南京，手下就改編在洪旭（1605–1666）的部隊裡。洪旭是鄭成功的軍師，也負責鄭

成功總部的總務。後來鄭成功帶著部隊來到臺灣，在臺灣只待了83天〔就病死〕。不過，跟他到臺灣的部隊卻留了下來，把他留下的一個鋼盔視為精神象徵。

陳水扁的祖先隨鄭成功的將領洪旭留在臺灣，那應該是排行「盛」字輩的祖先。他們留在臺南官田一帶，軍隊開墾種稻，就落地生根了。我曾寫過一篇文章叫〈陳水扁祖宗的靈蔭〉，刊登在《中外雜誌》上，文中指出由白葉村族譜可以很清楚地知道陳水扁家族的譜系。

自福建到臺灣的人很多，電視上的名主持人張小燕和我很熟，她就是福建詔安官陂人。她的父親〔張珍〕是警官學校第三期畢業生，在上海市擔任過分局長，是詔安第一個警官學校出身者。她叔叔是我初中同學。

（二）兩個觀感

起先在大陸時，我很恨日本人，簡直恨死了。因為如果不是日本人打中國的話，我家一年可以收成兩「冬」（即兩次，俗稱六月冬和十月冬），每次都可收到六、七擔（挑）穀稻，日子可以過得非常好。在我們縣城，平常一家十幾個人，一擔米吃一個月都還有剩糧可賣。我們詔安人用來指有錢人家的一句話是說：「一冬吃，一冬糶。」但是日本人打來之後一切都改變了，米的收成減少，很多人拿田地去抵押都沒人要，因為收成困難。所以日本人整個改變了我們的生活和命運。

在大陸時，我們只知道臺灣被日本人佔領，後來也覺得我們應該解放臺灣、拯救臺灣。但是，到臺灣接收後，接觸了一些日本人，覺得他們受降都沒有抵抗，對他們也就不大有什麼壞印象。

結婚後我育有四女一男。我常常提醒他們要多想想我當

年的生活。我的兒女也都很爭氣，每個人都接受完善的教育，生活也都過得不錯〔，讓我覺得很安慰〕。

呂泰山先生訪談紀錄

訪談歷程

❖ 2008/1/16 參加中研院臺史所座談會，2009/1/17、2011/3/23、2011/12/22 臺北呂宅訪談。

簡介

　　呂泰山先生，福建南安人，民國 13 年（1924）11 月 14 日出生。高中畢業後，通過南安縣政府師資人員考試，曾任南安縣士茂國民學校校長。民國 33 年（1944）底，到泉州報考中央警官學校臺幹班，先到長汀受訓，後隨校到梅列，編入學生班第一隊。民國 34 年（1945）10 月，隨臺幹班來臺，先是協助接收臺灣高等法院，隨後改派至鐵路警察隊服務。

　　民國 35 年（1946）1 月，呂泰山奉調至基隆市警察局擔任巡官，協助基隆市政府接收日產。3 月，派任基隆市警察局水上分局直轄派出所主管，負責港區治安及船舶進出管制的業務。民國 36 年（1947）的二二八事件前夕，調訓到警訓所接受經濟警察的訓練。之後歷任臺北市警察局第五分局局員、彰化市警察局司法科科長、鹿港分局分局長、臺中縣警察局經濟科長，其中以在彰化工作崗位上的時間最久，達十六年之多。1969 年「戶警合一」制度試用後，請調回臺北，先後出任臺北市警察局古亭分局、內湖分局、龍山分局等副分局長，主掌戶政工作達二十年。民國 78 年（1989）在龍山分局任內退休，共計在警界服務四十四年。

一、加入臺幹班緣由

　　我是福建南安人，出生於民國 13 年（1924）11 月 14 日。南安土地貧瘠，多務農人家，收成不好，又常受天災水患所苦，地方建設差。當地完全沒有水力、火力發電，交通很不方便，連馬路都沒有，平時根本看不到汽車，出門都得靠雙腳走路。一般人家境都很貧困，因此很多南安人到東南亞工

作。

　　家父在我出生以前就到印尼去工作，在泗水的華人公司幫忙記帳。因為我舅舅在那邊，所以把他找去幫忙。後來叔叔們也都到印尼去工作，叔母們都是在印尼過世的。我的哥哥少年時也去印尼工作過，18歲才回家鄉成婚。

　　父親去印尼工作，家鄉裡就由母親和祖父照顧我和哥哥。我的母親是童養媳，嫂嫂也是童養媳，這種現象在當時是很普遍的。我曾聽說，祖父年輕時也到過緬甸去做工。祖父的知識程度低，沒辦法做別的工作，只能做粗工。大約在我十歲左右，母親過世，父親就結束他在印尼的工作回到家鄉。家父回鄉以後就留在家裡種田，從此沒再去南洋，但他在家鄉做了不少公益事業。

　　我在家鄉讀完南安縣立中學以後，考上了私立培元中學高中部。[1] 培元中學分初中部和高中部二部。培元中學是男校，另外還有個全部都是女生就讀的中學，叫培英中學，兩個學校都在福建泉州西門邊，現在也都還在。培元中學是一所基督教學校，當時一個班級大概只有三、四十人，一個年級才一班而已，人數不是很多。當時培元中學的學費不算太高；如果學費太高，大概很多人會讀不起。我唸書時，同學中有一些是從香港、菲律賓來的華僑，但比例並不高。

　　戰前教育不普及，泉州地區的學校也不多。泉州只有一個公立高中，就是晉江中學；一個私立中學，就是培元中學。另外，還有一個民生農業學校。[2] 這三校都座落在泉州市附近。

　　在培元中學時，因為學校沒有提供宿舍，我和王家鶴、

1　關於培元中學，參閱本書〈阮傳發先生訪談紀錄〉及文末所附〈楊一彪校長訪談紀錄〉。

2　私立泉州民生農校，即今泉州市農業學校，民國24年（1935）創辦，原名私立晉江民生初級農業職業學校，簡稱民生農校。

黃開基、莊亨岱等幾個同學都在學校附近租房子。我和王家鶴在校外合租，三餐都自己煮，每個星期天就回家拿米糧。我們住的房子是向一位醫生朋友王廷輝租的，地點就在泉州大光明戲院對面。莊亨岱住的地方和我們隔一條街，因此每天都和我們兩人一起上下學。陳愛民是福建惠安人，他家就在泉州，所以他是住家裡。

從培元中學高中部畢業後，我就去參加縣政府的師資人員考試。當時我們地方的教育程度都很低，所以初中畢業就可以參加師資檢定考試。我通過教師檢定考試以後，縣政府把我分發到南安縣隔壁鄉的士茂國民學校當校長。當時縣政府沒錢，發不出薪水，只能發米糧。

抗戰時期中國地方經濟不好，我們鄉下尤其嚴重，加上戰爭頻繁，大家生活都很辛苦。平時家鄉的人多靠親戚由南洋匯錢回來接濟、照顧家計，但這時沿海港口都被日本人封鎖了，錢無法匯回家鄉，生計益加困難。

我擔任士茂國民學校校長的時間很短，只有一個學期。因為對日抗戰，日子實在苦得過不下去，很多年輕人都想要從軍去，尤其是沿海港口被日人竊佔後，非從軍即從警。有一天我看到《泉州日報》上登載一則中央警官學校在泉州招考警員的消息，受訓後將去臺灣接收，就徵求父親同意，讓我去報考。父親問我，知不知道臺幹班訓練以後是要到臺灣去的？臺灣都還沒光復，你去幹嘛？我說，假使臺灣沒有光復，我們就不會被派去臺灣，中央警官學校也會安排我們留在泉州工作，不用擔心。父親這才贊成我前往應試，而且他還說臺灣和南安都講閩南語，語言可以互通，工作上會比較方便。考試那天，他一路上幫我挑著行李，送我去泉州考試。

錄取後，我必須先受訓。當時中央警官學校二分校已在長汀成立〔1944年11月〕，我和王家鶴兩人雇了一個人帶路，陪我們一道走路到長汀，一共走了十三天。沿途有土匪

搶劫，我們雖然只帶著幾件衣服及一點旅費，一路上還是要擔心受怕。入學後，雖說是有公費可領，但金額很少，而且旅費要自己準備，因此我父親還是必須寄錢給我，生活上才夠用。

二、臺灣警察幹部訓練班

　　中國的警察制度及教育肇自清末。民國建立以後，各省警政分歧，學制不一，內政部也成立警官高等學校。民國25年（1936），中央銳意整理警政，著手統一警察教育。先總統蔣公採納李士珍的建議，將各省警官學校停辦，並加以合併。同年9月1日成立中央警官學校，由蔣本人兼任校長，以李士珍為教育長。這是我國警察史上劃時代的創舉。

　　蔣公認為，國家要強盛，端賴良好的治安，而良好的治安又取決於健全的警察，故提出「建國必先建警」的主張，將「安內」的重大責任託付給本校全體師生。為了陶冶學生高尚的品德與廉潔的情操，蔣公特別頒定校訓，並以「誠」為本校校訓，揭示「力行」為本校校風，明示「仁」為中心思想，勗勉大家不懈不怠、善盡職責。

　　從民國25年（1936）9月1日到民國36年（1947）10月1日，蔣公身兼中央警官學校校長達十一年零一個月之久，對本校可說關懷備至，照顧有加。時逢抗日、戡亂之餘，也在日理萬機之際仍不時蒞校主持典禮，訓勉師生，或循循善誘、諄諄教誨，或剴切陳辭、珠璣嘉言。他的訓示如暮鼓晨鐘，為本校師生精神教育的圭臬、人格塑造的典範。

　　民國33年（1944）9月1日，國民政府軍事委員會下令成立中央警官學校臺灣警察幹部訓練班（簡稱「臺幹班」），目的在儲訓戰後接收臺灣的警察幹部。11月設立第二分校於福建省長汀，裁併東南警官訓練班。臺灣警察幹部

訓練班隸屬第二分校，開辦費為法幣[3] 30 萬圓。

　　民國 33 年（1944）10 月 28 日，蔣公在重慶本校對高等研究班和臺灣警察幹部講習班〔第一期〕開學典禮上做了以下的訓示。現在中國最重要的工作就是建國；建國如果不能成功，就是抗戰勝利也是白廢，數百萬將士的血將會白流；建國要靠誰呢？最主要就是靠警察。臺幹班畢業〔1945/10/10〕的紀念配劍上刻有「仁民愛物」（圖 4-1）四個字，因為校方期待我們要「行仁政」、「仁民愛物」和「除暴安良」，並提示我們：警察的一切作為最重要的就是要能得民心、移風易俗、改造社會，警察的使命在於建設三民主義新中國。

　　梅列二分校的臺幹班共分四個班（講習班、學員班、學生班和初幹班），我是學生班第一隊。重慶時代的講習班第一期有學員 36 人，招收曾受二年（以上）警官教育的現任警官，授予一般警察課程，並側重臺灣情況講習與方言訓練。梅列二分校時代的講習班為第二期，學員共 28 名，招生資格及講習內容大致與第一期相同。此外，學員班共 76 名，招收曾受警官教育、具有高中程度，精通閩南、客家語的現任警

圖 4-1：中央警官學校臺幹班畢業的紀念佩劍，1945/10（呂泰山先生提供）

3　1935 年起國民政府發行法定貨幣。法幣的發行結束了中國使用近五百年的銀本位幣制，後來因大量發行引發惡性通脹，在 1948 年由金圓券取代。

官。學生班有兩隊，共招收 250 名閩粵浙等省籍的高中程度者。初幹班共有五隊，542 人，招收通曉閩南語、客家語者。

臺幹班上課時多用國語（北京話），輔以閩南語和客語。我們訓練時主要的口號如下：實踐「親愛精誠」的精神，建立「力行」校風，以「誠」為原動力，以「仁」為行動中心，以「公」為總目標。校方希望我們本著自覺、自治、自動的原則，追求真理，力行法治，以德化人，奉禮義廉恥為自治指南。

民國 34 年（1945）2 月 28 日，我在梅列第二分校禮堂首次聽到臺幹班主任胡福相對我們訓話。我記得最深刻的是他說的以下這段話：一個人的成功必定是有他人幫助，但一個人的失敗絕對是自己造成；凡事不要以事小而不為，要有恆心，因為登高必自遠，行遠必自邇，當代許多偉人都是這樣誕生的。胡主任的這番話使我一生受用不盡。

副主任揭錦標來自東南警官訓練班，出身於戴笠的情報系統，來臺後轉到公賣局服務。其他還有一些教官，都是有事才會來第二分校。我比較熟的，像是邢世彥教官、郭紹文教官，他們只做專題演講，並沒有特別教什麼課。邢世彥是教官兼祕書，所以我比較有機會見得到他。至於其他人，因為各班有各班的教官，我不一定都認識。我記得有一位教官叫陳蕭，和我同鄉。還有一位教官叫許珩，他其實和我們是同一隊的，但被派去支援初幹班。另外還有一些是代理教官，像葉啟基就是。

至於吳俊明教官，他教我們日文。吳俊明為人很忠厚，人很好，做事也很負責。他從五十音開始教我們日文，上課時直接用日文教學，寫在黑板上讓我們跟著唸。可惜我們學習的時間太短了，沒多久日本就投降，所以其實並沒有學到很多日文。

有一位教音樂的教官叫吳勇。我們每天都要唱歌，唱

的不外是校歌和軍歌。中央警官學校的校歌就是臺幹班的校歌，警魂歌（圖 4-2）、力行進行曲（圖 4-3）則是臺幹班早晚升旗或集會都要唱的歌曲。

　　學校給我們的指導很周到，而所有的訓練都集中在教我們如何準備到臺灣服務。當時我們想的都是未來如何為民服務？如何為老百姓好？大家都抱定到臺灣服務的心情在學習，也都抱定為臺胞服務的心情在受訓。

　　臺幹班同學大家都很合作，互相關心，像兄弟一樣，彼此用心對待。其中王家鶴和我交情最好，他是我從初、高中到臺幹班的同班同學。印象中，王家鶴有點娘娘腔，事不關己絕不肯出聲。他對祖母非常孝順，鄰里都稱讚他為人和善，初中在學中就奉祖母之命結婚，生活很儉樸謹慎。

　　我進中央警官學校學生隊後，才發現培元中學的同學中有許多人考上臺幹班，莊亨岱、陳愛民、王琪琨、戴良川、蔡清淵和林梨生[4]等人都是。但我和其他同學也都能打成一片，大家的感情都很好。我們臺幹班同學來到臺灣以後，雖然被派到各鄉鎮縣市服務，但是長期以來大家常常聯絡，每年舉行同學會，互通近況，也互相照顧，所以一直到現在感情都還是很好。

三、臺灣接收及任職初期

　　民國 34 年（1945）8 月 10 日晚上（9 時 45 分）學校熄燈後，我們突然聽到教官的廣播，宣佈日本接受中、美、英三盟國的波茨坦聯合宣言（7 月 26 日），已經無條件投降。頓時全校師生互相通報，聲震如雷。大家鼓掌跳舞，狂欣萬分，鞭炮聲響徹雲霄，終夜不息，當時的歡樂情景絕非筆墨

4　林梨生，原名林勵生，參見《中央警官學校臺幹班學生隊畢業同學錄》。

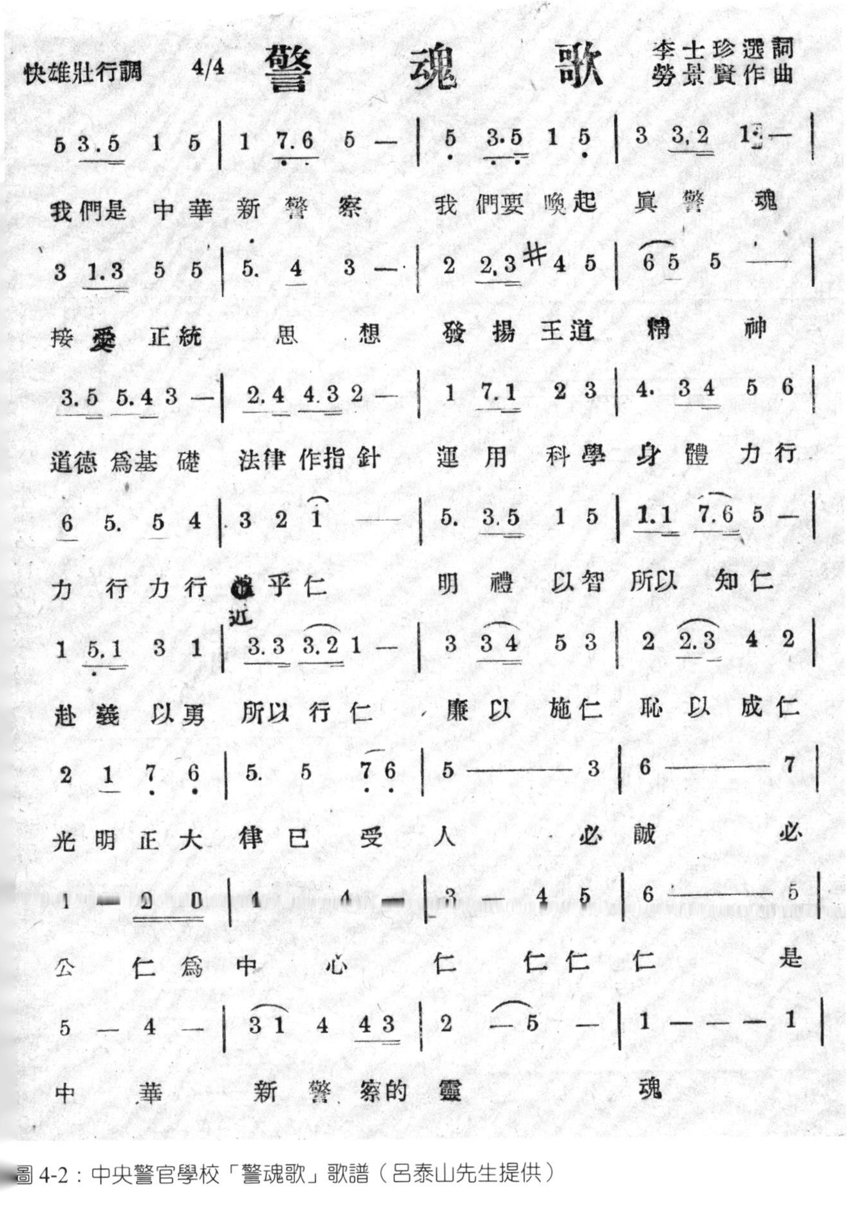

圖 4-2：中央警官學校「警魂歌」歌譜（呂泰山先生提供）

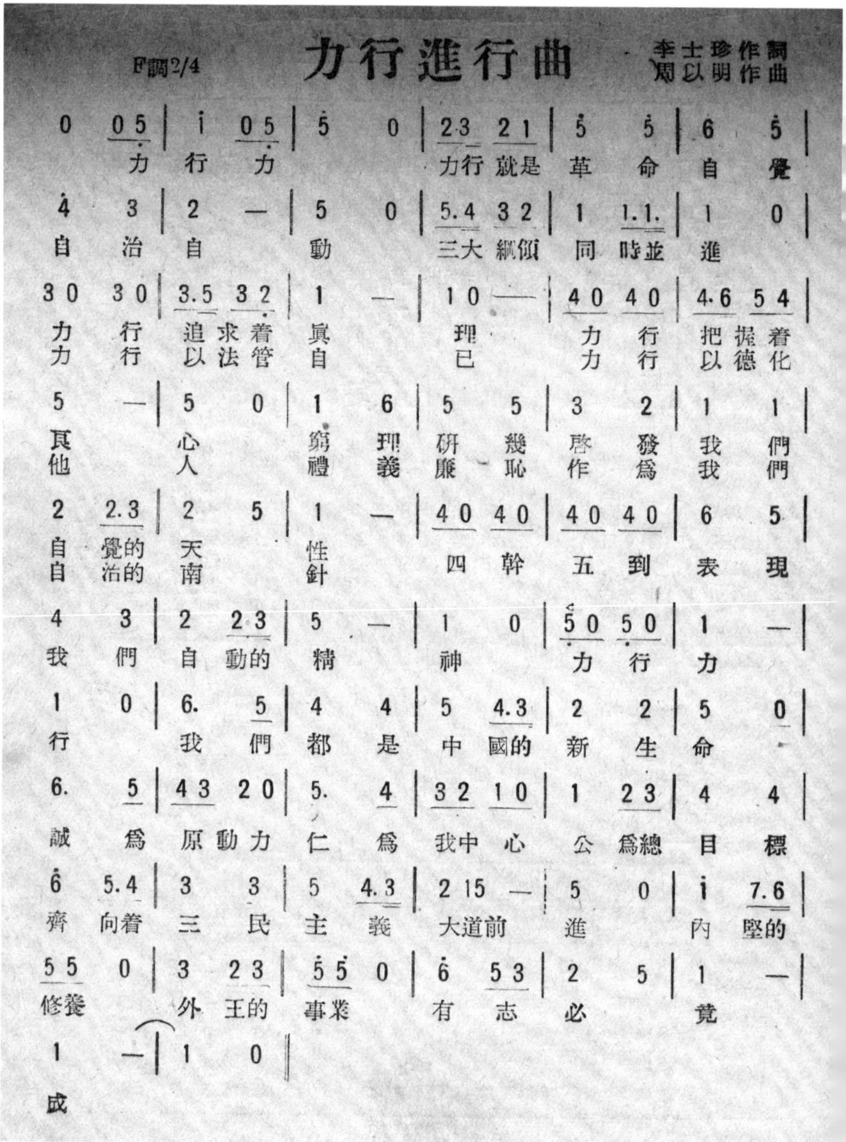

圖 4-3：中央警官學校「力行曲」歌譜（呂泰山先生提供）

所能形容。

　　10 月 21 日，我們從福州到達馬尾港，當時已有三艘美國艦艇在港邊等候。到了傍晚，美國艦艇一艘一艘地駛進馬尾港，後來才知道總數共有二十七艘。當天我們臺幹班乘坐第三艘 609 號〔一說 F609 號〕艦艇，上船安頓後休息一天。23 日早上六時許，我們由馬尾朝臺灣前進，24 日約上午五時駛進臺灣北部的基隆港。在碼頭上岸用過午餐後，我們全員由基隆坐火車到達臺北市，進駐廣州街前原臺灣警察官及司獄官練習所。

　　踏上臺灣後，我的第一印象是臺灣風景優美、氣候溫和。看到民眾親善、樸實、勤奮善良，我有種回到家的感覺。看到沿途民眾的歡迎場面，我感動流淚，心裡只想著要如何誠實地、負責地為他們做最佳的服務。

　　我對臺灣的印象很好，尤其是聽到臺灣人也講閩南語，心中真的很高興，非常高興，對臺灣的感覺自然不一樣。雖然小時候我對臺灣的印象是臺灣的山地同胞會殺人、臺灣的土匪很多，也聽說當時有一些閩南的流氓、浪人會到臺灣為非作歹，就像臺灣的流氓、浪人會到廈門〔等地〕為非作歹一樣，給人不好的印象。但這些人都只是少數而已，而且我們就是要來感化他們的，使他們改邪歸正，所以不覺得有什麼值得驚訝或奇怪的。其實，我們就是要為地方做事、為自己的同胞服務才到臺灣來的。更何況，臺灣的老百姓都很善良，很多人的祖先都來自大陸，只要治女問題做得好，接收臺灣的工作根本不用擔心。

　　我們到臺灣後翌日，就參與光復臺灣接收典禮的警衛工作，之後沒幾日就開始被派任到各地。我的第一個工作是到臺灣高等法院協助接收。[5] 民國 34 年（1945）11 月 1 日，郭

5　關於司法接收，請參閱劉恆妏，〈戰後初期臺灣司法接收（1945-1949）：

紹文總隊附命令我和二隊同學林其琳到臺灣高等法院去協助法院的接收工作。臺灣高等法院位在現今總統府旁邊。我立刻跟隨胡處長的座車到警務處臨時辦事處對面的法院宿舍去找毛檢察官，和他同車去接收臺灣高等法院的案卷。法院的接收是靜態工作，不是事務性任務，我們也不過問接收的物品內容，所以我不清楚接收的究竟是書籍或判決書。當時只是聽從檢察官的指示，〔上級〕要我們幫什麼忙，我們就奉令協助。

圖 4-4：鐵路警察萬華分隊分隊長

　　兩、三天後，我奉派到鐵路警察隊[6]當鐵路警察，時間很短，大約只有兩個月。當時還沒有成立鐵路警察局，只有鐵路警察隊。鐵路警察隊成立於民國 34 年 11 月 7 日，共有兩個分隊，臺北車站一個分隊，萬華車站一個分隊；我是萬華分隊的分隊長（圖 4-4）。鐵路警察的主要任務是維持鐵路交通的秩序，因為接收那一段期間臺灣的交通很亂，很多人都不買票就上車，甚至在車上發生搶東西、搶貨物等情事，秩序很亂，需要警察出面維持秩序、整頓交通，我們負責的就是這樣的工作。我們不管鐵路〔警察隊〕的行政，只管車站的治安和交通秩序；鐵路〔警察隊〕有鐵路〔警察隊〕的行政系統，和我們無關。臺幹班來臺接收的警察人員很少，卻還要分出兩分隊負責鐵路交通的秩序，真是不容易。

　　人事、語言與文化的轉換〉，《臺灣史研究》第 17 卷第 4 期（2010 年 12 月），頁 33–80。

6　民國 34 年（1945）底初設鐵路警察隊，民國 35 年（1946）初擴大為鐵路警察署，民國 38 年（1949）10 月改制為臺灣省鐵路警察局。

　　這段時間我們約有十幾個人一起住在萬華的鐵路宿舍，那個宿舍就在萬華火車站後面，那是日本人留下來的宿舍。因為臺灣剛回歸祖國，許多臺灣人想學國語，也想知道大陸的情形，所以工作時間之外，我們就在萬華的鐵路宿舍開辦補習班，教臺灣人國語。這個國語補習班的教學完全是私設的、義務的，我們都是利用工作餘暇去教授國語，而萬華附近也有很多臺灣人集合起來向我們學國語。我們自動自發地教，他們自動自發地學，大家相處得很好、互動關係很合諧。

　　鐵路警察的工作非常辛苦，工作量很重，幾乎日夜不休地幹，沒有星期假日可言，每天都要工作。當年我才二十幾歲，但是身體還是負荷不了，不久就生病了，心臟和氣管都出了問題。所以我在鐵路警察隊只待了兩個月時間，就以健康理由請調。民國 38 年（1949）10 月當鐵路警察隊改制為鐵路警察局時，我早已離開了鐵路警察隊。

　　離開鐵路警察隊以後，我在民國 35 年（1946）1 月奉調到基隆市警察局擔任巡官，協助基隆市政府接收日產。來臺接收當時，臺灣警力不足，必須仰賴部份日本時代的留用警察協助。有一份資料顯示，當時警察官吏人數共有 1,717 人（其中臺籍 255 人，包括警部 1 人、警部補 253 人，測量繪圖技手 1 人），巡查部長和巡查共 11,263 人（其中臺籍 5,427 人）。後來，除了留用日籍技術人員 50 人，其餘全部遣送返日。至於臺籍官警，除昔日欺壓民眾、經檢舉查實者外，計留用警官級 68 人、佐警級 3,870 人（其中山胞 817 人）、雇員 1,947 人（山胞 8 人）。[7]

7　關於警務處人員接收統計，請參考臺灣省行政長官公署祕書處編輯室、民政處祕書室編，《臺灣省行政長官公署施政報告——臺灣參議會第一屆第一次大會》（臺北：臺灣省行政長官公署，1946 年 5 月），頁 17–20。又，參閱蕭富隆，〈臺灣省行政長官公署對臺籍行政人員之接收與安置〉，《國史館館刊》第 24 期（臺北：國史館，2010 年 6 月），頁 15，註 22。

民國 35 年（1946）3 月，
基隆市政府接收工作才剛結
束，我就接著被派到基隆市警
察局所屬的水上分局擔任直轄
派出所主管（圖 4-5），負責
港區治安及船舶進出管制的業
務。當時臺灣的水上警察只有
兩個大隊，一隊在基隆，負責
臺中以北沿海水域；另一隊在
高雄，負責臺中以南的沿海水
域。花蓮和臺東兩地的水域屬
於地方警務，當時這兩個地方
的編制不大，人口不多，船隻
的進出也不多。民國 34、35
年時，我們水警隊人員很少，

圖 4-5：任職基隆市警察局水上分局任內

北部水警隊只配有巡官一名、
辦事員一人、警長四位，還有二十幾位警員。

　　基隆港的船舶很多，什麼船都有，大船、小船、帆船、
機帆船等，船隻出入相當頻繁，將基隆港擠得滿滿的。當時
臺灣沒有海關，幾乎所有人由水路來臺灣都必須搭船進港，
而基隆港水上警察的工作主要就是監管船舶與人員的進出。
我是負責港口派出所的主管，「位拜」巡官。當時巡官的職
權很大，負責基隆港所有船隻的進出管制，通行許可證都要
蓋我的印章才可以放行，船隻和人員的進出都屬於水警隊權
限的管轄，所以那時我的權力是很大的。

　　剛開始時，我們還負責日僑遣送作業和海外臺胞（含軍
屬等）的返臺作業。從基隆港進港的船隻一靠岸，我們就得
登船處理入港的登記作業，主要是登記船隻和人員的進港時
間、數量和人名等資料。每天的工作非常多，二十幾個人手

完全不足。我們上船只做文書的登記檢查這項工作而已，但光是這樣每天就有做不完的工作，根本沒有辦法進一步檢查行李和身體等，所以通常辦完文書登記手續就下船。每天進出基隆港的船隻多到查都查不完，工作相當繁重。還好當年我們都還很年輕，工作經驗雖少，大家都做得很認真，表現也還不錯。

基隆港是軍事要塞，同時駐防有海軍、憲兵隊和水上警察隊。水上警察只負責人員（旅客）進出的登記，船隻本身的管制工作是由海軍負責，軍艦出入應該也是由海軍負責，不是我們的權責範圍。這段期間沒有海關，也還沒成立保安司令部，當然警備總部也還沒成立。或許有些保安工作是由憲兵處理，而憲兵隊就在我們水警隊對面，但我不是很清楚。大家各司其職，我們有我們的工作，憲兵有憲兵的任務，海軍也有海軍的職責，工作範圍不同，應該是各司其職的情形吧。

我在基隆水上警察隊就職期間，有一位同姓呂的長輩也在基隆工作。因為我們同鄉又是本家，他很照顧我。有一天他來找我，說是有朋友被警察抓去，請我幫忙。這時臺灣的情形很混亂，因為大家都是從大陸來臺的，我瞭解情況以後，發現應該不會有事，就協助他把這位朋友放出來。之後，他朋友的女兒大概很感激我的幫忙，就特地來謝我，我和我內人李碧珊就這樣認識了。她的祖籍也是南安，祖父、父親很早就跨海到臺灣來，世居基隆。我內人年輕時曾經到日本唸書，學護理，回臺後擔任助產士。

我和內人認識一段時間後，決定和她結婚。結婚前我向家父告知和內人認識的經過，家父希望到臺灣來看看我的未婚妻。我就職水上警察隊，所有基隆港船隻的進出都在我的管制下，安排船隻接駁比較容易，所以我就接父親來臺遊玩。這是民國 35 年（1946）年初的事。

家父才剛抵臺灣，我就接到家鄉來信告知叔叔被搶。叔叔當時剛從印尼搬回南安定居，因為行李過多，搬了好幾天才搬完。家鄉的土匪大概認為他很有錢，就到我們家裡行搶。我哥哥因為抗拒土匪，被打了一槍，家裡許多值錢的東西全被搶光。之後，叔叔曾一度到臺灣來找我，不過大陸淪陷之際他還是決定留在大陸。

我接到家鄉的訊息，知道家裡遭搶，但是心裡想：我父親才剛到臺灣來，縱使讓他知道家裡遭搶，也於事無補，又何必讓他玩得不安心、搞得他心情不好？因此決定不告訴他，就這樣帶著他在臺灣各地遊玩了半個月，才陪他返鄉。

我回家鄉待了一個月之後，才回到臺灣。沒多久，民國35年（1946）4月16日，我結婚。我們在基隆住了四年，之後我服務的單位一再調動，內人也跟隨我住過很多地方，從基隆到臺北，又南下搬到彰化、鹿港和臺中縣。

四、從水警隊到經濟警察

我在基隆港水上警察隊前後只工作了幾個月的時間。因為我為人靈活，對走私或違法的工作很清楚，任內表現不錯，所以沒做多久就被調到經濟科擔任經濟警察。

關於經濟警察的成立，主要是陳儀在擔任臺灣長官公署長官任內，發覺臺灣的經濟情況很不好，走私情形嚴重，煙、酒、樟腦的專賣問題尤其嚴重，加上大陸走私到臺灣的物資管制、臺灣物資（例如糖和五金）〔出口〕的管制，以及從日本走私進來的輪胎、棉花、布匹、棉紗、糧食、貴金屬等，在在使得臺灣的經濟狀況更加混亂，所以他決定在警察單位成立經濟警察隊來協助維持經濟秩序。陳儀為人很好，是個好人、好長官，開會時講的話都是不外什麼事該做、要做，是個很有心要把臺灣治理好、很負責任的長官，我們當時都

很被他感動。這時候臺灣的物資相當缺乏，供需不平衡，物資上的調配問題很嚴重。因為發生了問題，所以才要管制。但是一管制，問題就更複雜了，不但走私盛行，而且因為要調配和管制，例如糧食從臺北運到新竹必須有許可證，結果引發更多問題。當時臺灣走私出去的物資以糖、米和樟腦為主，走私進來的以藥和煙酒為大宗，[8] 在這樣的糧食管制下，走私當然就越來越嚴重。經濟問題影響民生非常大，經濟問題沒處理好，民心浮動，社會當然就會產生很多問題。[9] 因為這樣，長官公署認為有成立經濟警察隊來維持秩序的必要。不過，經濟警察只是負責執行層面的第一線人員，政策的決定還是上面的問題。我們不需要負責決策，只管執行。

一旦上級決定要成立經濟警察，就必須先在各縣市遴選人員。民國 36 年（1947）2 月 20 日確定經濟警察的成員名單，2 月 27 日開始上課，地點在警訓所，就是現在臺北市廣州街南門國中的所在地。[10] 這些來參加經濟警察講習者人數

8　日本與中國大陸成為主要的走私市場，走私米糖出境成為此階段最大宗且衝擊最嚴重的課題。在走私進口方面，西藥、人蔘乃是這兩個走私市場的共同交集。此外，日本的海產、機械零件與製品，大陸的香煙、紡織品、化妝品與各類雜貨等，交互構成進口走私的整體樣貌。參閱李文環，〈戰後初期臺灣走私問題之研究（1945–1949）〉，《高雄師大學報：人文與藝術類》第 28 期（2010 年 6 月），頁 25–54。

9　光復初期臺灣經濟警察的工作重點是執行經濟管制與協助稅務機關催繳稅收，與日治末期戰時經濟警察的色彩相當接近，因此其作為在戰後往往引起民怨。參閱陳純瑩，〈戰後臺灣警察之研究（1947–1960）〉，《人文社會學報》第 2 期（2006 年 3 月），頁 151–182。

10　民國 36 年（1947）2 月，警務處在臺灣省警察訓練所設置經濟警察講習班，從現任警官及經濟事業機構中羅致人材，全省共計 100 人，施以一個月的講習，本來講習時間預定從 2 月 23 日到 3 月 23 日，結業後學員隨即分派到各縣市任用。但是，「二二八事件」後鐵路警察署遭裁撤，經濟警察編制也被劃入港務警察。4 月 1 日，警務處暨各縣市警察局設置第四科（課），基隆、高雄二港務警察所設置第二課，各縣市警察局亦增設第四科（臺東、花蓮、澎湖等縣設股）。陳純瑩，〈戰後臺灣經濟警察之研究（1947–1960）〉，《人文社會學報》第 2 期（2006 年 3 月），頁 151–157。

約有一百多人，大多是臺幹班出身的，也有少數是民國34年以後來臺的各省警察人員以及日本投降後留用的〔臺人〕警察人員。不料，我們在警務處受訓的第一天，就發生了「二二八事件」。

二二八事件發生後，我們就留在警務處駐守。在缺糧的情況下，每天最多只能吃糙米飯。當時情況很混亂，我們雖是派來接收經濟警察訓練的警察人員，後來也外派出去維安巡邏。我親眼看過很多人被打得一塌糊塗，甚至有語言不通、不會講閩南語的人被打──在火車站這種情形尤其嚴重。我還看過火車、汽車被燒掉的情形。據說當時南部有一、二位臺幹班同學還被暴徒打死或打傷。「二二八」發生後全省各地治安和秩序都很亂，加上警力不足，秩序維持很不容易。但整體而言，多數警察人員與當地人民相處得都很好，也有人因為受到臺灣人保護才得以免於傷害。老實說，我當時還很年輕，不懂得怕。

國軍登陸（3月8日）以後，臺灣的情勢逐漸安定下來，又經過一段短期的經濟講習訓練後，我們才〔如期〕在3月23日結業（圖4-6）。分發時我奉調擔任基隆市警察局經濟科的科員，[11] 開始協助公賣政策的執行、[12] 工廠安全的維護等工作的落實。我們要處理私煙、私酒、樟腦等走私問題，也要查抓釀造私酒，另外還有森林盜採、私宰豬隻（關係到屠宰稅）等，這些都是經濟警察的工作。

11　有鑑於穩定臺灣經濟秩序的急迫性與重要性，「二二八」事件過後警務處即於4月1日設置經濟警察。參見陳純瑩，《戰後臺灣經濟警察之研究（1947–1960）》，《人文社會學報》第2期（2006年3月），頁151–182。

12　二二八事件之後，「專賣局」改組為「公賣局」。臺灣省政府在1947年月16日成立，臺灣省政府委員會在第二次會議中通過省主席魏道明的提案，將原臺灣省行政長官公署專賣局改組為臺灣省菸酒公賣局，直屬臺灣省政府。

圖 4-6：臺灣省警察訓練所紀濟警察講習結業攝影紀念（1947/3/23）

圖 4-7：臺北市警察局第五分局成立暨修建落成典禮（1949/12/24）

　　二二八事件之後，臺幹班裡頭也發現有所謂「匪諜」
人員，後來這些人都被抓去槍斃。印象中最知名的個案是前
臺中市警察局長何顯和前新竹市警察局長許振庠，[13] 他們兩
位都是講習班二期的。民國 38 年（1949）我在臺北市五分
局[14] 服務時，局裡也有個人以匪諜之嫌被抓去槍斃。這個人

13　據《中央警官學校臺幹班學生隊畢業同學錄》載何顯和許振庠皆為臺幹班
　　講習班第一期（36 人）33 年 12 月畢業。
14　臺北市第五分局在 1967 年更名為城中分局，1993 年改為中正第一分局。

姓吳，是我們臺幹班學員隊的。槍斃地點在馬場町，我們很多同學都去現場看他被槍斃。那時臺灣雖然情勢很混亂，但根據我們辦案的經驗，我認為這些人都不是冤枉的。

民國38年，臺北市警局第五分局成立（圖4-7）。5月4日，我奉調到五分局。關於我的調派，我想上面有上面的考量，和我之前的學歷、資歷等都沒有關係，可以說只是機運，剛好都被調到有特殊任務的警察單位。

臺北五分局的分局長是陳聖德。陳聖德是本省人，戰前在警察系統中負責管理山地同胞的業務，光復之際奉派到警務處接收，好像是戰後臺灣總督府留用警察中位階最高的警察人員，和各方關係都很不錯。[15] 臺北五分局在城中區，成立之際陳分局長把我從基隆調去幫忙。當時政府沒錢，連籌辦五分局的地方都沒有，我們四、五個被調去協助的局員什麼事也沒法做。陳聖德為了找辦公地方，很努力地想辦法。他運用地方關係安置我們，後來找到了消防隊，我們晚上就睡在辦公桌上，那些日子其實過得很辛苦。

這時國民政府陸續從大陸撤退到臺灣，島內到處都很亂，我們每天的勤務工作也相當繁重。在臺北五分局，我每天最主要的工作項目就是臨檢、檢查身分證件，連戲院都要查，所以每一場戲散場時都要派人去查，沒身分證的人就要

15　陳聖德，臺北市人，在戰後警界的口碑甚佳；《民聲日報》稱其「為人和藹，處事大公無私」（時年五十八歲，1961年9月5日，第一版）。陳氏「自日本時代就服務警察行政達二十五年，迄至光復歷任警務處、臺北第五分局長等職」。1950年6月，調任彰化市警察局長，在位近一年（1950年7月10日，第四版）；1951年6月，調任苗栗縣警察局長，在任十年兩個多月，「實為本省警察界有史以來的最長久紀錄」（1951年6月22日，第四版）。1961年9月，升調警務處專員（1961年9月5日，第二版）。《民聲日報》又稱《臺灣民聲日報》，1946年1月1日在臺中創刊，初期發行週刊，翌（1947）年擴大發行日報；1980年停刊。1985年8月，國防部總政治作戰部指示購入《民聲日報》；1986年1月1日改名《大眾報》，1987年6月停刊。

把他們帶回警局問訊。那時沒身分證的人很多,我們警員人手有限,還好公車處很幫忙,協助我們把這些沒有身分證的人載到分局。也還好分局剛成立,地方很空,才可以容得下這麼多人。我們每天的工作都非常忙碌,有時忙到連睡覺的時間都沒有。

五、司法警察

一年多以後,第五分局變成衛戍區,地位變得重要了,人員部署也有所調動。分局長換人,陳聖德被調到彰化。我也跟著調職,自願和陳聖德一起調到彰化市警察局擔任秘書,後來升任彰化警察局司法科(即第三科)[16]科長(圖4-8)。我在彰化待了一段很長的時間,大約從民國38年到54年(1949–1965),前後長達十六年。

圖4-8:任職司法科長任內

司法警察主要是管一般犯罪。法院在春冬兩季由司法警察協助辦理民事協調上的公證,我們便透過村里長在警勤區擴大宣傳。所謂民事協調上的公證,就是為了減少法院的工作量,先由我們司法警察在民事協調上幫忙處理,以減少法院訴訟程序。一般犯罪經過公證後,等於判決確定。違警〔罰法〕也是刑事處分,算是我們處理的業務之一。特種訴訟如政治犯,我們可以直接將他們移送法院起訴,不必經過檢察官。所以當時我們司法警察的權力很大,很多司法警察辦案

16　邢翰先生補充如下:警察制度依組織章程,設有第一科、第二科、第三科等,
　　各自有規定職掌,例如第一科掌行政、第二科掌安安、第三科掌司法等。

也都非常認真。

　　除了執行違警罰法之外，當時司法科管的事項還真不少。例如，當時規定腳踏車晚上要點燈，這個法令的執行是由司法警察處理的。另外，像是妨礙交通、妨礙風化、違警罰法等，我們都可以依權限加以裁決拘留，甚至處以罰金。拘留屬於人身自由權，罰金是財產權，所以罰金收到後必須上繳國庫。至於「檢肅流氓條例」則屬於行政法，行政法要根據條例才能處理。

　　關於「特種刑事案件處理條例」的審理，在「特種刑事案件訴訟條例」（1944/11–1954/1）[17]還沒廢止以前，我們的權限等同檢察官，可逕行將案件移送法院，因此司法警察和檢察官的互動關係非常密切。當時和法院的互動方式就是開會、檢討和討論。民國45年（1956）曾舉行「高級檢警聯席會議」（圖4-9），這是當時全省首席檢察官、司法科長、法院推事和司法警察共同參加的聯席會議，在臺北最高法院召開，主要是檢討一般犯罪辦案時所遭遇的問題，我也曾經代表司法警察出席過。「高級檢警聯席會議」大概每半年到一年開一次會；有重大問題要討論時也曾經三個月就開一次會，屬於臨時召開的會議。

　　這段期間辦案的對象主要是針對有政治犯罪和社會犯罪，大體上我覺得我們辦的案沒有錯。至於是否有疏失，我想當時臺灣情勢很混亂，我們警力又不足，或許會有疏忽的地方，但大體上都是正確的。事實上我們的工作也是非常辛苦的。

　　當時警界和司法界的關係很密切，類似的會議現在還

17　「特種刑事案件訴訟條例」於民國43年（1954）1月1日廢止。資料來源，《臺灣省臨時省議會公報》第2卷第6期（http://catalog.digitalarchives.tw/item/00/17/72/3d.html）。另參閱《總統府公報》第458號（公佈日期：民國43年1月1日）。

圖 4-9：中華民國四十五年度臺灣省高級檢警聯席會議（1956）

有，但已經沒有那麼密切了，久久才開一次聯席會議。我認為這樣的情形和個人的領導作風有關。當年的最高法院檢察署檢察長趙琛很注意檢警互動的問題，所以他時常召開檢警聯席會議。[18] 現在檢察官和警察已經有很清楚的分工，處理手段也不同，這或許和戒嚴解除有關。再者，以前大家都很團結，所以遇到共同問題會一起討論應如何解決，現在則較重視個人本位主義，各自獨立做事，不大管協調。其實我個人覺得還是應該協調比較好，畢竟個人看法不同，容易有爭論，協調以後比較好做事。

我在彰化市先是當司法科長，後來司法科改為刑事科，我也改任刑事科長。算一算，司法科長和刑事科長的任期合併計算，我一共在這個崗位上擔任了十年。因為工作順利、成績不錯，各方面表現都做得很好，所以地方人士對我也都非常好。

民國 47 年（1958），我被派去受訓，翌年（1959）7月就奉令調到鹿港分局當分局長（圖 4-10）。當時我不願意到鹿港，還去找上司陳友欽警務處副處長談。我問他，我做得好好的，為什麼要調我走？他告訴我，很多人都在活動，想要爭取這個職位，沒想到派我去我還不想去。我是因為我做得好好的，小孩也都還在上學，不願意離開彰化市，但最後我還是接受命令，到鹿港分局擔任了六年的分局長。期間我協助「八七水災」（1959 年）的重建工作，在土地重新劃

18　趙琛（1899–1969），浙江東陽人。趙琛為民國時期著名法學家，留學日本，進入日本明治大學學習法律。1924 年歸國，歷任安徽大學、復旦大學和政治大學教授，1925 年加入國民黨，1928 年在上海兼律師業務。1933 年出任行憲前立法委員，參與審訂「五五憲章」；1936 年擔任中央警官學校教授；1943 年受聘中央訓練團臺灣行政幹部訓練班司法組導師。抗戰勝利後，趙氏出任首都高等法院推事兼院長；1948 年底，歷任司法行政部政務次長、代理部長職務。1949 年到臺灣後，歷任臺灣大學、陸軍大學等校教授、最高法院檢察署檢察長等職。

圖 4-10：彰化縣警察局鹿港分局王呂分局長交接典禮留念（1959/7/5）

分工作上也著有績效。另外，在鹿港任內，我曾經破過一個
強盜案，因破案有功，被害人還送我一個獎章。我也曾經協
助電影「蚵女」在鹿港地區的拍片作業。後來警務處長羅揚
鞭先生任職期間（1968/9/10–1972/7/5）到鹿港訪問，也都
由我主持會議、負責維安。

　　我在彰化地區前前後後一待就是十六年，和地方各界都
很熟。例如，彰化基督教醫院院長蘭大弼，[19] 我當司法科長

19　蘭大弼（David Landsborough Ⅳ，1914–2010），英國蘇格蘭人，民國 3 年
　　（1914）生於臺灣彰化，民國 99 年（2010）3 月 2 日在倫敦逝世。蘭先生
　　是倫敦醫學院博士，也是臺灣著名的傳教士、醫生。其父蘭大衛醫生（David
　　Landsborough Ⅲ，1870–1957）為彰化基督教醫院的創始人。蘭大弼接掌彰

時常和他碰面，所以和他很熟。蘭大弼院長是英國人，但他在臺灣彰化出生、成長，所以也會講臺灣話。蘭醫生為人很親切，和地方人士都很熟，很多病患很喜歡他。他的名望很好，在彰化地方很有影響力。

民國54年（1965）我奉調到臺中縣警察局擔任經濟科長，我想這是因為我〔在1947年〕參加過經濟警察講習班的關係。當時經濟警察管的事務很多，有盜伐森林、私宰豬隻、偽造私煙、私酒等。現在的警察單位已經不再設經濟科了，警察制度改了名稱，制度運作不同，甚至連院轄市和地方縣市的制度也不一樣。這是旁話。

我在臺中縣警察局前後擔任了五年多的經濟科長。臺中縣警察局設在豐原，當時因為臺中縣轄區大，山區多，所以經濟科會管到山地、森林。我的主要職務是監督當時臺中縣最猖獗的山林盜採、煙酒走私等工作，還有一些濫墾以及在山地種植水果蔬菜等問題。這些經濟案件很多，問題也很嚴重，都需要經濟科協助處理。

經濟警察偵查到走私事件後，要和各相關單位合作處理。譬如盜伐森林，我們要和林務管理局合作，將盜伐贓物交給林務管理局，人則送交法院；又如私釀煙酒，要和公賣局合作；再如私宰豬隻，就和稅捐處共同處理。但是，經濟警察人力有限，要處理這麼多事務當然也要有人脈，要找對人脈，每個地方都要有接觸和瞭解的人協助。有時我們也會找線民提供情報，佈置網絡，設立臨檢管制站等。可以說，這個工作事情很瑣碎，接觸的人事物卻相當廣泛，所以工作量也不輕鬆。

化基督教醫院後，也把大半生奉獻給臺灣，在臺服務達三十餘年。參閱劉翠溶等訪談，《蘭大弼醫生口述歷史》（臺北：中央研究院臺灣史研究所，2002）。

　　在這段期間，我住在臺中市，住家就在臺中一中旁。因為當時警察的經濟情形不是很寬裕，我曾經把住家隔間租給學生，收取一些房租以應付生活所需。內人自從嫁給我以後，為我生了四個女兒、一個兒子。她把家庭治理得很好，子女也教育得很好。可是後來因為身體不好，民國 54 年（1965）6 月 14 日就因生病在臺大醫院逝世了。

六、「戶警合一」

圖4-11：退休留念（1989）

　　我在臺中縣擔任了五年多的經濟科長之後，適逢臺北市改制為院轄市（1967），警察單位有所調動。加上我內人過世後，孩子都到臺北讀書，大女兒讀實踐家專，大兒子讀文化學院。為求生活安定，我就請調到臺北。不久，「戶警合一」制開始試辦，我就在民國 58 年（1969）成功地請調到古亭分局，擔任副分局長兼古亭戶政事務所主任，負責戶政工作。期間我曾改調到大同區建成分局七年多，之後又調回古亭分局、內湖分局、龍山分局。這段時間我都擔任副分局長兼戶政事務所主任，一做就是二十幾年，一直做到民國 78 年（1989）才從龍山分局退休（圖 4-11）。

　　這次戶政改革（即「戶警合一」）以後，臺灣各縣市的分局裡原則上都設有兩個副分局長，一個副分局長管行政，另一個副分局長管戶政。我大多是以副分局長的身份兼管戶

政。戶政是靜態性工作，最主要是要管理戶籍和監視人口進出、流動等問題。人口素質好壞對治安的影響很大，古亭區屬於文教區，居民以公教人員居多，人口結構比較單純。相對地，建成分局在大同區，靠近萬華，臺灣人很多，又是老社區，居民成份比較複雜，煙、毒、風化案件都比較多，當然工作也比較辛苦。因此，建成分局要處理的流動戶口和人口素行問題當然會比較多。

在我長期的戶政事務處理經驗中，最重要的工作是治安問題及人口管理。戶政工作做得好，警政工作就會相對輕鬆。前面說過，民國 58 年（1969）中央基於戡亂時期強化戶口管理的考量，開始試辦「戶警合一」制度，並在民國 62 年（1973）正式實施。所謂「戶警合一」，就是把戶籍科歸納到警察單位管理，由後者來指揮和監督。當時為什麼要實施「戶警合一」制度呢？最主要就是為了臺灣的治安問題。因為實施戶警合一制度，警察可以把握人口、數字，尤其是流動人口、進出人口的掌握，對治安的管理比較容易落實。

在戶政工作上，我們要確定老百姓的身份，也就是人口素行問題、家庭問題或糾紛，這些戶政工作對治安管理的幫助很大，但有關老百姓權利義務的保障我們也要注意，所以戶政的人口管理確實很重要。確定身份這件事自接收時期就開始了，因為日據末期很多臺灣人改成日本姓名，臺灣光復後又要改回原來的姓名，所以一定要確定身份、鑑定印鑑，才能保障個人財產和家戶權利，這使得我們在戶政上的工作十分吃力。戶政最主要的工作還是戶政管理，因此登記程序和執行過程一定要非常講究、嚴密、確實，這樣社會治安才會上軌道。「戶警合一」制度一直實施到解嚴（1987）數年以後的民國 80 年（1991）才被廢止，此後戶政才又改由戶政單位接手。

在解嚴之前，戰後臺灣每十年就要舉行一次全國戶口普

圖 4-12：臺閩地區戶口及住宅普查特優獎狀（1981/11）

查（圖4-12）。普查是為了對整個地區的人口數字及人口素質做完整的瞭解，所以資訊一定要掌握清楚才可以。當時查察戶口不只是核對資料而已，而是對每個人的身份都要一一確認比對，因此警員對人口數字要很清楚，對每一戶的行為動向要充分瞭解，才能事先掌握誰會做非法的事。如果警勤員做得好，多對不守本份的對象多加注意，就可以減少犯罪案件的發生，整個社會才會安定；如果不做或做不好的話，社會漏洞就多。

　　但是，現在戶口查核很鬆散，人口流動也很迅速，警員對很多戶口狀況多不瞭解，無法掌握，這樣很不好。我認為任何制度還是要各方面多做配合才好，譬如有人存心做壞事，警勤人員如能透過勸導加以預防，就可以減少很多事；或者，如果警勤人員知道各家經濟狀況，也可以針對窮苦人

家進行協調，加以救濟，社會問題自然會減少很多。現在大家都不管這些，都等發生事情再來處理，社會問題當然一定增加。現在想來，戶口普查的功能還是頂強的，不但應該做，還要做得更好才對。

七、退休生活

我今年（2009）已經 85 歲了，自民國 78 年（1989）退休至今已十幾年了。前面說過，我的元配生了四個女兒、一個兒子，後來因病過世。民國 61 年（1972）2 月 2 日我又再婚。第二個太太連寶瓊〔又幫我〕生了一個女兒、一個兒子呂榮達。這些孩子（共二男五女）年紀都不小了，不過我的大兒子本來在育達商職教書，有一年因為感冒感染，併發肺炎，很年輕就過世了。五個女兒都已出嫁：二女兒呂靜彥在馬來西亞，三女兒呂靜慧在美國，其他三個女兒呂靜英、呂靜琦和呂青蓓，一個在龍潭、一個在臺北、一個在南港。

我現在和小兒子呂榮達住在一起。他從大學畢業以後就從事電腦工作，還沒結婚。我退休以後的生活很單純。我喜歡收藏古玩，偶爾寫寫字，做做菜，生活很自在。

八、警察問題之我見

我在臺灣待過不少警察單位，在分局擔任副分局長、分局長多年，長期在地方服務，對於警察和地方人士之間的相處問題有些瞭解。一般來講，警察問題和領導者的風格有很大的關係，也就是說分局長的選任很重要。如果分局長是個很正派的人，本身很有是非觀念，就能看到老百姓的辛苦，也比較可能幫助老百姓走到一個正確的路上，這是非常重要的。當然，預防重於一切，平時做好宣導工作也很重要，就

不容易發生像賄賂等給人負面印象的行為。至於警界中收受
賄賂這種事，當然很難避免，尤其是警員和地方勢力結合以
後，問題變得更複雜。像是賭博、賭場、風化區、遊樂場所
等，更多也更容易發生這一類的情形，這完全要看領導人的
態度。如果領導人很正直的話，這種事情還是比較不會發生
的。

　　問題是，警察處理事情必須因對象而異；對象不同，處
理方式也應該不同，這樣才能真正解決問題。例如，一般的
風化問題主要是經濟上的問題，貧苦人多的地方容易產生風
化區，處理方式和處理賭博的方式應該有所區分。我在龍山
區待過，龍山區的問題當然很複雜。但你要去想，龍山區很
多居民都是從新店、新莊和三重埔遷移來的，他們遷移大多
都是因為經濟問題才會冒險從事這樣的行業；如果能夠改善
他們的家庭經濟，問題自然會減少，也不用警察這麼辛苦去
處理。至於警界收受禮物的情形，我認為這要看個別情形而
論，也要看有沒有交情、有沒有目的，不是這樣簡單批評就
做準的。

　　我們在地方服務，當然直接會接觸到地方派系，究竟我
都如何處理？地方派系最麻煩的問題當然是利益問題，要處
理利益關係以及個人利益衝突等問題，我們能做的當然會儘
量去做，譬如說儘量加以開導。對警察來講，最重要也唯一
能做的就是開導。開導很重要，方式不完全一樣，有時還要
從它相對的問題來考量，不是很鬆或很嚴就可以處理得好。
當然這些問題都不容易處理。我也不很喜歡處理這類問題，
所以我後來選擇戶政工作。戶政工作比較好做，和人家不會
有利益衝突的問題，在戶政上能夠幫助老百姓，做起來當然
就輕鬆很多。做行政工作相對來講就不一樣了，會有利害相
關問題，因此複雜很多。我比較不喜歡行政工作，但也擔任
過這方面的職務。像是在彰化工作時期，我做的就是行政方

面的事務。我都做得不錯，很得到大家的認同。

　　我想，一個人只要做得正就對了。我當初在彰化就是行事為人都很公正，觀念也很正確，所以大家都認為我做得好。這並不容易，但不是做不到。在警界服務，我常用一句話勉勵自己：「做人做事要在本份內努力；良心安，地方才會做得好得好。」我想這句話也可以用來作為我在警界服務〔近半世紀〕的心情寫照。

　　回想臺幹班時代，我們同學對上面交待的事都做得很完滿，不辱校訓：「誠」和「仁」，誠心誠意，對人有愛心，做事才能做得更好。這些校訓對我們影響很大，讓我們都能在正確的觀念下做〔我們認為〕對的事，地方服務工作也才能做得好。我想這也是臺幹班教育成功的地方。

　　回顧在臺幹班的日子，胡福相主任對我們的身教言教影響我們最深。雖然胡主任為我們上課的時間不多，他的許多話語對我們的影響卻很深遠，我們臺幹班學生都〔點滴〕銘記在心。但我想他的影響應該不只是這樣，他的仁慈，他對我們的照顧，在在影響到我們的為人。事實上，當時整個臺幹班的師長都教導我們為人做事要走正路，這對我們〔的人格形塑〕日後都有深遠的影響。

　　對於臺幹班的歷史定位，可以這麼說，我們臺幹班來到臺灣接收以後，大家都很認真做事，盡忠職守，用心把該做的工作做好。大家的想法就是這樣，完全沒有私心，沒有派系問題，也都願意互助合作，同心協力。有困難就互相討論，研究解決之道，大家都像兄弟一般，不分彼此。反正大家都來來去去地，不論在什麼崗位上都是同學，都是兄弟，當然要互相合作，和諧相處。所以後來我們成立同學會，[20] 到現在大家都還保持聯繫。

20　參見本書〈程琛先生訪談紀錄〉。

　　我們臺幹班同學間的情誼和後來警察人員間的情感自然不一樣，但我們彼此之間也都能互相合作，目的不外是想把臺灣的治安做好。我們都曾經很努力地做好警政工作，而且我相信都達到共同目標。

〈臺幹班教職員一覽表〉

臺幹班的教職員有班主任胡福相，副主任揭錦標。

特約講師：黃朝琴、連震東、謝南光、林忠、王迺章。

教官兼秘書：邢世彥。

教官：汪啟麟、鄭暉、李柳非、徐士元、郭紹元、楊春同、徐心仁、李家麟、宋成德、劉文祥、鍾朝丞、王甦、吳鎮昌、呂之亮、楊可成、宋訪高、胡志強、黃銘祥、吳九成、陳鼎、許珩、范球、黃夔龍、楊伯泉。

代理教官：張希鴻、林振中、楊錦楓、楊殿雲、葉啟基、吳勇、陳濠、李昌梗、童軍。

助教：夏啟承、鄭重、楊經文、卜一鵬、李端生、俞錫荃、周植榆、譚偉、項義章、楊松泉、李國民。

辦公處長：黃初葵

人事科長：姚啟洪

文書科長：張明堡

收發科員：賴培俊

機要組科員：李菊生

教務處長：陳千焰

課程科長：趙勛奇　　科員：梁五雲、黃克歐

編譯科長：黃洵柳

刑事室主任：羅文宗

訓練處長：侴勵　　科員：王狲乂

訓育科長：姚椿　　科員：朱振周

體育室主任：譚覽時

總務處長：何思源　　副處長：王昌堉

事務科長：樓萼　　　副科長：徐公嚴
保管科長：張鑑宗　　副科長：劉延鐸　　科員：劉洪鈞
糧服科長：賴閏和　　副科長：姚景琳　　科員：施增欽
會計主任：朱澄源　　科員：鄒公蓀、余增相、徐彭
醫務室主任：陳宏　　醫官：曾一和、陳廣
總隊附：黃行健
第一大隊長：龍斐然　　　　　　大隊附：尹熊
第二大隊長：鄧榮民　　　　　　大隊附：黃祖耀
第一大隊長：何振鏞　　　　　　大隊附：洪以榴
講習班一期隊長：張惠文　　　　隊附：何文樸
講習班二期隊長：鄭暉　　　　　指導員：李家麟
學員班隊長：謝子靜、顏昭民　　指導員：劉紹昆
學生班一隊隊長：魯廷璧　　　　指導員：李昌梗、莊喬松
學生班二隊隊長：張杞康、朱亞擎
　　　　　　　　　　　　　　　指導員：楊伯泉、王啟興
初幹班一隊隊長：吳譽賢　　　　指導員：林勝雲
初幹班二隊隊長：陳震　　　　　指導員：林金聲
初幹班三隊隊長：童立言　　　　指導員：朱啟洪
初幹班四隊隊長：劉紹昆　　　　指導員：陳志斌
初幹班五隊隊長：梅群　　　　　指導員：吳積漣

蔡清淵先生訪談紀錄

訪談歷程

❖ 2008/1/16 參加中研院臺史所座談會，2009/2/13 在中研
  院臺史所訪談。

簡介

　　蔡清淵先生，福建泉州人，民國 12 年（1923）8 月 8 日出生。初中念的是福建省立晉江中學，高中就讀私立培元中學，畢業後在晉江擔任一年多的小學教師，民國 33 年（1944）底，前往報考中央警官學校臺幹班，編入學生班第一隊。

　　日本投降後，蔡清淵隨臺幹班來臺接收警政，隨即派赴接管花蓮廳警務科。民國 35 年（1946）6 月至翌年（1947）10 月，調回臺北市擔任臺灣省警察訓練所助教，期間他報考延平學院法律系，並就讀一學期，但二二八事件後因為閉校，學業未完成。民國 36 年（1947）10 月之後，分別任職於基隆市警察局、臺北市警察局、桃園縣警察局楊梅分局、花蓮縣警察局新城分局、臺中縣警察局霧峰分局等地。民國 77 年（1988）退休，在警界服務四十二年十個月。民國 100 年（2011）6 月 15 日身故。

一、家世背景

　　我於民國 12 年（1923）8 月 8 日出生於福建省晉江縣石獅鎮。那時的晉江縣包括現在的晉江市、石獅市及泉州城內三個區（鯉城、豐澤、洛江）。石獅市以前就是晉江縣第三區

　　我家世代耕田，到祖父蔡垂眸時才由石獅市搬到泉州市區，改行經商，經營有道，生意興隆。後來父親蔡裕八及諸伯父分別繼承祖父的事業，經營得也還不錯。家父主要是做麥芽糖原料的，將原料賣給人家製作蔴粔、米粔、花生粔和花生糖。

　　泉州府大約就是現在的泉州市，以前下轄五個縣，其中有四個縣靠海，就是同安、南安、晉江和惠安。這四個縣的老百姓有很多人都到國外謀生，也有不少人渡海到臺灣來。

靠山的安溪也有些百姓移居南洋。泉州人以到菲律賓的人數最多，新加坡、馬來西亞、印尼泗水和越南各地都有泉州人，可以說在泉州幾乎每戶都有人到海外營生。我父親後來也到菲律賓做生意。

家父到菲律賓謀生時，我年紀還很小，大約十歲，因此我對他做生意的內容並不清楚，只知道他在菲律賓待了一段很長的時間，把母親和我們兄弟都留在家鄉。母親李蚵娟是個鄉下人，沒讀過什麼書，一直留在家鄉料理家務，也幫忙做生意。我父母生了五個小孩，我排行老二，家境小康。

二、求學時期

我讀小學時，中國對日抗戰已經開始了。民國 27 年（1938）日本佔領廈門、金門後，[1] 日本飛機從金門、廈門一飛上天空，隔個海就到了泉州。日本飛機每天都來騷擾，只要飛機一來空襲，學校就拉警報，我們也就無法上課，大家都很痛苦。小學六年級時，學校搬遷到鄉下，我們也跟著學校到下鄉。

初中時，我考入晉江中學，這是泉州唯一的省立中學。那時晉中已經無法在泉州開課，我只好跟著學校搬遷到德化縣的孔廟。從泉州到德化要經過南安、永春，共走了兩整天才到。

我從初　到初三都在德化唸書。晉江中學的管教很嚴格，畢業後大部份同學都選擇繼續升學，少部份去謀生、找工作，也有人到海外發展。但因為是戰爭時期，到海外並不是那麼容易，而且到海外的人數很少。

1　1937 年日本佔領金門，金門縣政府遷搬到大嶝鄉（今廈門市大嶝鎮）。1938 年日軍進攻廈門，大批華人避居鼓浪嶼。

　　唸完初中後，我繼續升學，就讀私立培元中學高中部（圖 5-1）。當時培元中學也疏散到南安縣的九都。泉州附近只有這一所學校有高中部，因此晉江、南安、惠安等縣的學生要升學，大多會優先選擇培元中學就讀，我們臺幹班就有不少同學是培元中學畢業的。[2] 當時泉州的學生如果無法就讀培元中學，就要到廈門附近去讀集美高中。[3] 集美高中是僑資學校，由旅居新加坡的華僑陳嘉庚先生所創設。[4] 他不只創立集美高中，還創辦

圖 5-1：培元中學高中部時照片

了集美小學、初中及職業學校，可以說中小學和職業教育都面面顧到。我們臺幹班同學也有一些人是集美高中畢業的。

　　高中畢業後，我在晉江鄉下當了一年多的小學教師。戰爭時期外匯中斷，大家的生活都過得很苦。

三、中央警官學校臺灣警察幹部訓練班

　　民國 32 年（1943）11 月，中、美、英三國領袖在開羅召開會議。會後蔣主席盱衡世界局勢，預料對日抗戰的最後勝利即將來臨，乃著手準備收復臺灣，一方面命令中央訓練團開辦臺灣行政幹部訓練班，召訓民政、工商、交通、財政、金融、農林、漁牧、教育、司法各組人材，一方面儲訓警察人員，由中央警官學校辦理招生。

2　參閱本書〈阮傳發先生訪談紀錄〉文末所附〈培元中學校長楊一彪先生訪談紀錄〉。

3　福建省廈門集美中學成立於 1918 年 10 月 18 日，為陳嘉庚所創辦。

4　陳嘉庚，1874/10/21–1961/8/12，福建同安縣集美社（現廈門市集美鎮）人，為馬來西亞及新加坡地區著名的華人企業家，也是東南亞地區的華僑領袖。陳先生在福建省與新加坡創辦多所學校，包括廈門大學、集美大學。

　　民國 33 年（1944）8 月，中央警官學校在重慶招訓臺灣警察幹部講習班第一期，以儲備師資。是年年底，在福建成立第二分校，〔新置〕臺灣警察幹部訓練班（簡稱臺幹班），招考有志於警察工作的青年。校方考量到臺灣居民大部份是來自閩南（包括泉州、漳州、廈門）及廣東梅縣的移民或其後代，閩南地區講閩南語，梅縣地域講客家話，將來政府到臺灣接收時，警員應該要會講閩南語或客語才比較容易溝通，所以在招考簡章中附加一條資格，要求應試者要會講閩南語或客語。

　　中央警官學校在福建泉州、漳州、廣東梅縣等地區陸續招考臺灣警察幹部訓練班學生一事，因為培元中學同學們互相通報招考消息，我知道了以後也去報考。我的初試是由縣警察局承辦的，錄取後就到福建梅列中央警官學校第二分校報到。到學校後我還要再接受一次考試，複試錄取後才正式編入學生隊。學生隊只招兩隊，因此很多人沒考取。我們初試和複試都是筆試過就放榜，國文、英文、數學、歷史、地理和公民等科目都考。

　　中央警官學校有正科及其他班期，原先規劃正科要修滿兩年課程。我們臺幹班是特別為了接收臺灣而設的特科，原訂修業時間為一年，但修課時間不到一年日本就投降了，所以我們沒有完成學業就到臺灣來。其後〔指 1954 年中央警校在臺復校之後〕，學校特別提供我們在職補修課程，只要我們修滿兩年就可以編入正科 17 期，因為當年在二分校我們招考時和正科第十七期是同時辦理〔、同期間受訓〕的。

　　依招生時的理想，二分校的中央警官學校「臺灣警察幹部訓練班」又依入學資歷分成四班：（一）講習班：招收曾接受二年警官教育的現任或具有相當資歷的警官，受訓期間為六個月。（二）學員班：招考曾接受警官教育的現任或具

有相當資歷的警官，受訓六個月。（三）學生班：招考十八歲以上、高中畢業或同等學歷者，受訓一年。（四）初級幹部訓練班（簡稱初幹班），招考初中畢業或同等學歷者，受訓六個月。

梅列只是一個小鄉鎮，中間隔著一條河叫沙溪。我們受訓時，講習班、學員班和學生班都配置在列西（梅列之西），初幹班在列東。學生班共有二個隊，每隊有三個區隊，每區隊有三個班，每班約十四或十五人不等。我被編在學生班第一隊。

入伍後，我們的生活教育基本上以體能訓練為主，天天出操。正式上課時，除日語（教官是臺灣新竹〔州〕的吳俊明先生）外，偏重政治學、法學、警察專業課程以及臺灣的政治情況介紹。隊長及隊上官長來自各省，用國語教學，沒有講方言的。至於課餘交談，同鄉的都是用方言交談的比較多，像南安、晉江等地來的都是用閩南語交談。

我們在臺幹班所用的課本是校方發給的，主要是警察專用書籍，其他就靠自己做筆記。第二分校先是〔1944/9〕

圖 5-2：中央警官學校臺幹班時的〔畢業〕照片（1945 年 10 月於梅列）

設在福建長汀，不久〔1945/1〕遷到梅列，利用原福建省保安司令部訓練基地為校舍，基地的設備很簡陋。〔以學生一隊而言，〕我們過的是團體生活，大家都住在基地內，三餐一起吃，每隊有一個伙食團，各由一個特務長負責伙食管理及採買，兩、三個伙伕負責全隊一百三十人左右的飯菜。吃食很簡單，通常大家都是匾蹲在地上吃飯，那時代的三餐都是能吃得飽就不錯了。我們睡的是〔正順廟內〕兩層的〔簡易木製〕床舖，早上起來就在沙溪河裡洗臉，晚上洗澡也在河裡洗，還好

河水很乾淨。

訓練時過的日子相當辛苦，但隊長魯廷璧對我們很不錯，區隊長都是軍校畢業的，大家也都很守規矩。所以我們的軍事訓練雖然很苦，但彼此感情都很好，相處得非常愉快。

臺幹班招考時，簡章上說明受訓時間是一年，畢業（圖5-2）後要到臺灣服務，所以大家就等著日本投降。到了民國34年（1945）8月，大家開始擔心畢業後會不會沒有去處。若臺灣去不成，是繼續留在學校受訓嗎？還是要做什麼？不意，有一天晚上熄燈後，值星的區隊長突然來叫醒我們，向我們宣佈日本投降的消息。大家都感到非常興奮，不只是因為中國打敗日本，也因為我們馬上可以去臺灣工作了，所以情緒都很高昂。

圖 5-3：中央警官學校臺幹班制服照，來臺初年〔1945-1946〕與友人合影

民國34年（1945）10月底，我們從福建到臺灣，搭乘的是美國軍艦，但我不知道軍艦的名字〔和數量〕。出發前〔在福州〕，學校給每人訂做一套新制服（圖5-3），並發給每人一枝步槍；每一班與 挺輕機關槍。就在這樣簡單的裝備下，我們航向臺灣。

四、接收臺灣

民國34年10月24日晨，船隊抵達基隆港，當天晚上我們就宿泊在臺北。翌日一早，〔學生班〕大多數同學們都被分派在臺北市公會堂（現中山堂）受降典禮所在地的週邊

勤務。11 月 8 日，我們同步分發到各縣市，我被分發到花蓮
接收警務課，職稱為〔接收〕管理員（簡稱「接管員」）。

　　臺幹班奉派到花蓮接管委員會協助接收〔警務〕的同學
計有學員班 5 名、學生班 12 名，均以管理員任用；初幹班
16 名，以佐理員任用。11 月 8 日下午，我們在講習班王啟
豐專員率領下到達花蓮市〔，我奉派到花蓮港廳協助接收警
務課，職稱就是「管理員」；另外兩名「管理員」是王善旺
和葉青龍〕。在日據時期〔指戰爭時期〕，花蓮港廳〔在廳
置警務課〕，[5] 市設警察署、郡設警察課；課內再分設警務、
調查、高等警察、刑事、經濟警察、保安、衛生、警備八係；
郡市下又設派出所或基層派出單位（駐在所）。民國 35 年
（1946）年初接收完成之際，警務課改稱警務科，係改稱股、
警察課改稱警察所。學員班同學因在大陸時期有警察工作經
驗，均派任股長、所長，學生班同學派任科員、所員或巡官；
初幹班同學派任警長、警員。

　　日據時代警察管理制度較中國嚴格，山地警察的管轄權
限尤其廣泛，區域內的公共事務不限治安，連衛生、藥品等
都是由警察負責管理。民國 34 年（1945）11 月接管之初，
我負責接收原花蓮郡警察課下的衛生係。衛生係的接收工作
主要是檢點所有藥品、做清冊，之後點交給接管委員會。這
是當時比較特別的部份，因為後來衛生事務都歸併到縣政府
行政體系裡。

　　接收時有「劫收」一說。依我的瞭解，花蓮當地警務〔機
構〕接收的財產很少，資源也不多，而且我們臺幹班都是剛
從大陸來的學生，年輕又幾乎都是單身漢，沒有眷屬，不會

5　花蓮港廳在昭和 12 年（1937）與臺東廳同時實施街庄制，改支廳為郡，改
　　區為街庄，至昭和 20 年（1945）轄下共有一市三郡。以 1945 年的花蓮港
　　廳警務課而言，轄下分置花蓮港警察署、花蓮郡警察課、鳳林郡警察課、
　　玉里郡警察課。

想要房子，就是要了房子也沒用，所以大家接收時應該都不會有私吞財物的情事發生。至於其他單位有沒有這種事，我就不清楚了。

接收之初，最先碰到的問題就是臺灣人警察的留用問題。日據時代臺灣的基層警察稱為巡查，警官有警部或警部補等位階。接收之際，〔據我了解〕全省臺人警部只有一名，是一位新竹人，位階相當於委任一級；警部補 253 名，相當於今日的委任七級或八級；巡查 5427 名，相當於警員。[6] 接收後，原則上臺灣人警察在戰後能留用的就全部留用，他們戰前的資歷可以加以承認，但這些人必須再經過臺灣省警察訓練所初補班〔初級補習班〕補修後，才能正式以辦事員或警員身份派用。

依據當時長官公署的認定，日據時代巡查的報考資格是公學校或高等科畢業或同等資歷；高等科相當於戰後的初中、國中程度。所以依認定，他們的報考資格大約等同臺幹班的初幹班，工作性質也差不多。因此，民國 35 年（1946）〔初〕警制變更後，就將日本時代的巡查改稱警員。

接收後，各地分別成立縣政府，內設民政、財政、建設、教育等科，另置警察、衛生等局以及稅捐稽徵處等機構。不過在離島和東臺灣的花蓮、臺東、澎湖三縣〔日治後期的三廳〕未設警察局，而設警務科。科下分三股，第一股是行政股，掌管警察行政以及保安工作；第二股稱司法股（含刑事）負責犯罪偵防，案件移送及違警罰法等，第三股為總務股，管理警務科的總務行政。我被派在第二股擔任科員，代理股長。

接管工作告一段落不久，花蓮縣政府開始舉辦國語教學班。臺幹班官警大部份會講閩南語，容易和當地人溝通，所

6　受訪者所根據的資料應該是來自《中央警官學校臺幹班簡史》，頁 89。

以我被選去教國語。接管委員會編有國語教材，我就照著課本教。我第一個教的單位是《〔臺灣〕新生報》花蓮分社。報社最忙的時間是晚上，所以我只能利用早上上班前的時段去幫忙上課。我每天早上六點到《新生報》教上一個小時的課，然後才去上班。之後，省立花蓮醫院、縣政府及明禮國民小學等機構都邀我去教〔國語〕。於是，我將縣政府的教學時段改為下午四點半到五點半，花蓮醫院調到晚上七點到八點教，明禮國小排在晚上八點半到九點半。就這樣每天除上班外，我還要義務上四個小時的國語，生活可以說相當忙碌、辛苦。

五、臺灣省警察訓練所

　　民國 34 年（1945）10 月 24 日來臺的警政接收人員計 1,001 人，卻要接管 1500 多個警察單位，以及原來〔戰前臺灣〕近 13,000 名警察人員的工作。[7] 即使留用臺人警員之後，警力仍嚴重不足，因此臺灣省警察訓練所自民國 34 年 12 月起，陸續招考警官講習班兩期 73 名（大學畢業或同等學歷）、警官訓練班兩期 426 名（高中畢業）、初幹訓練班共五期 1,865 名（初中畢業），同時開辦初幹補習班（簡稱初補班），並分六期調訓臺人留用警員 1,824 名。[8]

　　民國 35 年（1946）7 月，我奉調到臺北市擔任臺灣省警察訓練所助教。有一天，偶然經過濟南路開南中學，看見佈告欄上貼有延平大學[9]（後改稱延平學院）的招生公告。我

7　關於來臺的臺幹班人數，本書各個受訪者提供的數字多少有些出入，因為都是追憶的，參考文獻大同小異，因此原音照錄。

8　受訪者此處所依據的資料應該是《中央警官學校臺幹班簡史》，頁 137。

9　民國 34 年（1945）朱昭陽、宋進英等人籌備成立大學，翌年（1946）9 月因學科數不足三科，而以延平學院為名建校，招收經濟、法律兩科的夜間

很想多學點與我工作相關的學識,而警察工作又和法律息息相關,所以就去報考法律系。

延平學院是臺灣光復初期幾位留學日本的臺灣人返臺創辦的學校,校長朱昭陽及創辦的那批臺灣人菁英都很有理想、很用心在辦學。延平學院延請的教員都是有名的學者、專家。後來因為該校的規模太小,不足三個學科,不能成為大學,而改名延平學院。[10]

我在延平學院進修那段期間都是晚上上課,因為白天還要上班。晚上上課很辛苦,那時上課都沒有書本可用,完全得靠自己勤做筆記,因此每個人上學都要帶一大堆筆記本。晚上上課時教室燈光都暗暗的,所以做起筆記來很費眼力。我們的教員都是本省人,用閩南語教學,上課時常在專有名詞中夾雜著英文或日文。我是閩南人,還好大致都能適應,沒有受到太多影響。

我在延平學院只上過一個學期的課,學期剛結束的民國36年(1947)2月底就發生了「二二八事件」。延平學院因為有學生參加暴亂,學校就被關掉了。因此,嚴格說來,我在延平學院的學歷並沒有為我加分,或對我後來的警察生涯有多大幫助。當年的「學生身份證」(圖5-4)及校徽我已經捐給座落在〔新公園〕的「二二八紀念館」。

部學生。同年10月10日舉行開學典禮,時人譽為臺灣人所創辦的第一所大學。民國36年(1947),該校因二二八事件而關閉。民國37年(1948)9月,又以延平高中補習學校的名義復校。民國48年(1949),改稱臺北市私立延平高級中學。

10　朱昭陽(1903-2002),臺北縣板橋市人。朱氏在十五歲未滿就考入國語學校,1921年赴日本讀書,首開臺灣子弟考上一高的紀錄。1925年考入東京帝國大學經濟學部,1928年進入大藏省理財局調查課兼專賣局管理課任職,判任官;三年後升奏任官,調往專賣局大阪分局。1946年2月返臺。關於朱氏生平與延平學院創校始末,請參閱林忠勝撰述,《朱昭陽回憶錄:風雨延平出清流》(臺北:前衛出版社,1994)。

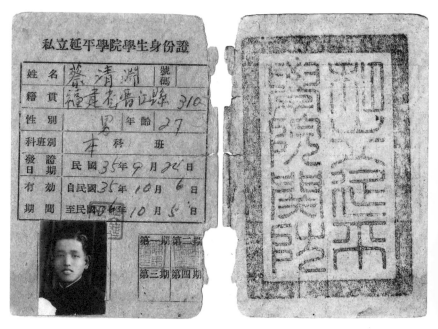

圖5-4：私立延平學院學生身份證，1946/10/6-1947/10/5（二二八紀念館提供）

　　延平學院在二二八事件後關閉了一段時間，後來（1948年9月）申請復校時只獲准成立補習學校，最後（1959年）才成立延平中學。校長朱昭陽（已故）一心想要復校，幾年前曾找我們這些老校友回去幫忙，最後還是沒有如願。

　　談到二二八事件發生當天，某位本省籍的同事回校，曾說到他外出時所看到的情況。在臺北火車站，他看到一個客家人被打。因為當時暴民碰到人就問：「會不會講閩南語？」不會講的就被打，因此很多外省人都被打，那個客家人也因為不會講閩南語而被打。不過，他立即改用日語問，為什麼打他？這些人看到他會講日語才停手。

　　事件發生過後，大約是十幾天後吧，受訓的學員們陸續

回到臺北〔市的省〕警察訓練所上課,一切彷彿又恢復正常。但是二二八事件之後臺灣情勢很混亂,〔昔日長官紛紛下臺——當時稱為「榮調」(圖5-5)〕加上臺灣人對外省人的排斥性很強,一直都叫外省人「阿山」、「阿山」地,而我

〔5-5:「臺幹學生班歡送胡揭二師榮調留影」(1947/3)

雖然是閩南人,也感到臺灣不是久留之地。

　　那年5月我便請假返回泉州探親。我一到泉州,父母便透過親友介紹,安排我結婚,因此我連相親都沒有就結婚了。之後,本來我不再想來臺灣,打算乾脆到菲律賓去幫助家父的事業,因此回去泉州待了約一個月,就準備一到臺灣就請長假。但是返臺後,服務單位不讓我這麼做,我只好繼續留下來〔圖5-6是臺幹班渡臺兩週年之際在中山堂前所攝的紀念照〕。

圖 5-6：中央警官學校臺幹班渡臺兩週年紀念留影，于臺北市〔中山堂〕（1947/12/24）

六、行政警察

　　民國 36 年（1947）10 月，我奉調到基隆市警察局擔任科員（委任 6 級），在局長室負責文書和監印等工作（圖 5-7）。當時基隆市警察局長是陳友欽，臺灣臺南人。陳先生戰前就到大陸，中央警官學校正科第 3 期畢業，因此戰後很快就出任〔縣市級的〕警察局局長。陳局長很信任我，把大印交給我管理。

　　四個月後的民國 37 年（1948）1 月，我調到臺北市警察局第三科擔任科員。這時臺北市警察局的編制共有五科，第一科，行政科；第二科，保安科；第三科，司法科；第四科，經濟科；第五科，總務科。以後編制略有擴大，又增加戶口

圖 5-7：基隆市行政人員講習班第一期畢業第七分隊師生留影紀念（1947/12/7）

科、民防科和交通科，共有八科。後來臺北市改制為院轄市（1967 年），將交通科併到交通大隊，因此減為七科。此外，市警局還有刑警、交通、保安、消防等隊。

第三科掌理司法，根據業務性質又分為違警股和司法股（但在組織上並沒有正式設股），違警股辦理違反違警罰法及其他較為輕微的案件，[11] 有罰鍰與拘留的裁決權。司法股辦理刑事案件的偵訊與移送，將刑警隊所抓的嫌疑人經初訊後送交司法股再訊問，確定刑責後就送交法院檢察官處理。

1991 年 6 月 29 日廢止〈違警罰法〉，改置〈社會秩序維護法〉。

七、升遷經歷
(一) 副分局長

　　民國 47 年（1958）改制，縣市甲等警察分局各增設 1 個副分局長，全省共需增設十五個副分局長。政府委請各縣市警察局及專業警察單位推薦五十五位委任職警官參加高級班訓練，再自其中挑選考試成績最優異的前十五名調升為副分局長。

　　那時我在臺北市警察局第三科已經待了十年八個月了，但一直都是委任科員。由於我平日表現良好，長官就推薦我去受訓。訓練過程並不輕鬆，每天上完課就考試，考試完立即張貼成績在公佈欄，因此每個人都很緊張。受訓期間達三個月，結訓之際才依成績排名次，只有前面十五名的人才有機會被選派為副分局長。很幸運的是，我的名字就在這十五個人的名單當中。我們臺幹班同學還有二位也同時在受訓後獲升為副分局長：邢翰和柳李成（已逝）。我們三人都是學生班同學。

圖 5-8：桃園縣警察局楊梅分局前留影

　　警察分局依地方警務的繁簡、人口的多寡，而分為甲乙、丙等分局。市警察局所屬分局或縣的重要市鎮分局，目

警務繁重、人口眾多，置有副分局長。因此，在警察人員由委任升薦任的順序中，副分局長這一級是一道重要的關卡。

民國 47 年（1958），我奉調升任桃園縣楊梅分局副分局長，一做就是近七年（圖 5-8）。我剛說過，副分局長只有在警務繁重的甲等分局才會設置，其主要任務是在工作上輔佐分局長；分局內的所有業務都必須先經過副分局長過目，重要事項再上呈分局長。楊梅分局是個比較單純的客家地區，因此我一切業務的執行都很順利。

（二）分局長

民國 54 年（1965）8 月，我調到花蓮縣新城鄉。一般而言，警界升遷有一定順序，通常第一次擔任甲、乙等分局長或副分局長的職務者，都會先被調派到偏遠、業務較單純的丙等分局；等到完全熟悉分局內的所有工作之後，再調派到事務較繁重的乙等分局或甲等分局。這也是一種學習。

花蓮縣新城分局是一個丙等分局，所以沒設副分局長一職。新城分局雖只是丙等分局，轄區內只有新城及秀林兩個鄉，但是轄區幅員遼闊。新城鄉範圍雖然不大，秀林鄉卻很大。秀林鄉北和宜蘭交界，西沿太魯閣、合歡山，隔著中央山脈與南投縣交界，有些地方只能用走路的，爬過山頭才能到達。由於山區都是原住民，警察治理事務除了一般性的之外，往往還有其他的管理問題。有一次，一位新派來的警員上山去看他即將就任的派出所。他一下山就說，光爬山就很累了，還要辦事，而且沒有任何加給，不幹了。還好當時社會環境很單純，因此我在警察工作進行得還算順利。

我在花蓮只待了兩年多一點，就在民國 56 年（1967）調到臺中縣霧峰分局擔任分局長。這時臺灣經濟已經開始起飛，霧峰鄉是省議會所在地，緊鄰南投中興新村，轄區內有

省政府教育廳和衛生處，以及高等法院臺中分院三個大機構，因此治安問題是最重要的課題。那時臺灣省議會是個很大的權力機構，重要性等同現今的立法院，省議員的安全、省議會內外，以及省議員辦公地點及宿舍等地的維安工作都屬於我的責任區，所以工作量和責任都很重。省議會開會期間，警政工作更是繁重，我每天都要親自到省議會各單位巡視，議員們進進出出地，他們的安全、交通維護等都是維安重點。所幸，我的運氣還不錯，在霧峰分局三年期間地方上沒有發生過任何重大案件。

（三）從督察長到副局長

我擔任分局長前後共約五年，然後在民國 59 年（1970）5 月調任臺北縣警察局督察長。在警界，分局長升遷必須經過督察長這一層級，其後再升為局長，因此要升到局長這位階不容易。

督察長這個工作比較特別，其任務包括考核警察風紀、警衛勤務、以及執勤情況。臺北縣轄區遼闊、警務繁雜，所以警察局人員的編制也較多。督察室共有十二位督察員，三位負責內勤，分管警察風紀、勤務查察及特別警衛；另有九位督察員，派駐到九個分局，每一分局一位，分別代表督察長隨機抽查分局內各派出所警員執務的勤惰及風紀。督察長對轄區內的每個警察單位都要一一加以查訪，一年至少一次。

臺北縣管區遼闊，幅員廣大。從宜蘭、瑞芳交界到桃園境內，身為督察長的我對於每個分局、每個派出所一年至少都要去查訪一趟。轄區內有幾個山區內的派出所非常偏遠，連車子都到不了，只有走路才去得了。例如，闊瀨漁光派出

圖5-9：臺東縣警察局留影（右為蔡清淵）

所，走路一趟就要四小時，來回要八小時，去一趟真的很不容易。所以我在查訪之餘，也同時慰問山區警員的辛勞。

我在臺北縣警察局擔任督察長四年，於民國63年（1974）3月才調升到臺東縣出任副局長（圖5-9），副局長一職是二線四星。迄自民國65年（1976）10月這兩年半期間，我前後共擔任過三個縣的副局長。這

圖5-10：南投縣警察局副局長任內留影

三個縣分別是座落在東、中、南部臺灣的臺東縣、南投縣和臺南縣。每次的任職期間都不長，在臺東縣警察局待了九個月，南投縣警察局（圖 5-10）待過一年三個月，臺南縣警察局待了大約半年左右。

（四）臺北市政府警察局

圖 5-11：蔡清淵先生早年照片（遺族提供）

民國 65 年（1976）10 月，我與盧毓鈞先生對調，到臺北市政府警察局擔任督察，其後（1982）1 月調任第三科科長。[12] 臺北市是院轄市，所以科長位階比縣市的科長高。督察和科長均為三線一星，但工作沒有副局長來得重要，算是明升暗降，不過生活上比較安定。我在臺北市政府警察局又做了六年八個月，才於民國 77 年（1988）9 月在科長任內屆齡退休（圖 5-11）。

總計我從大陸來臺接收到退休，共在臺灣警界服務長達 42 年 10 個月。

八、回首警界

在個人生活方面，我是個平凡人，凡事按部就班，一生經歷也很平順，我自己覺得很滿意。我有六個小孩，四女二男，其中除了大女兒到臺北就讀中山女中外，其餘都在楊梅唸完國民中學、小學，直到民國 54 年（1965）我調升花蓮縣新城分局分局長，全家才離開楊梅，搬到花蓮，子女也分

12　關於蔡先生北調臺北市警察局擔任督察的緣由，盧毓鈞先生在其訪問紀錄上有一些追憶說明可以用來補敘，茲不贅述；詳參閱盧毓鈞口述，張瑞德、曹忻訪問，《從一線一星到警政署長：盧毓鈞先生訪談錄》，頁 168–169。

別轉學到省立花蓮中學以及花蓮女中就讀。現在兒女都已長大，不需我操心了。

回首警界，我有幾點感想。接收初期，臺灣省政府第一任警務處長胡福相先生是警察出身的，但是以後幾十年都是軍方派來的長官，一直要到民國 78 年（1989）莊亨岱先生出任警政署長，警務才再度由警官來領導。莊亨岱先生是臺幹班的學生班第一隊，受過警察教育，比較適合領導警政。不過這些事情都已經過去了，不需要再檢討。

最近（2009）臺北縣因升格為準院轄市，發生縣長頒授警階一事。我認為臺北縣這樣做，有點不妥，因為警察是全國性的建置，應該隸屬警政署統轄。即便是院轄市警察，警察人員的升遷調動等決定，還是要和各縣市警察協調才可以，不能任由一個縣市處理。

現今在警察體制中成立有警察大學。年輕人考進警察大學，畢業後馬上有工作，而且至少是巡官職，這是很好的培育人才方式。況且，現在警察的待遇很好，不像其他大學生，畢業後還要自己找工作，所以我對現在的警察制度很有信心。

至於臺幹班的歷史定位，說起來我們來臺接收，一切都很順利。民國 36 年發生的二二八事件和光復之際的警察接收工作兩者之間，我認為並沒有很大的關係，因為二二八發生的原因是專賣局人員查緝私煙引起的，和警察無關。

最後，臺幹班以單薄的警力來臺灣接管龐大的警察機構，而能順利接收臺灣警務，如期達成歷史任務，將日本時代欺壓臺灣人民的日本警察制度變為戰後臺灣民主的警察制度，其歷史貢獻仍有待專家學者來評斷。

蔡清淵先生簡歷

- ❖ 1945 年 11 月－花蓮接管委員會接管員、警務科科員代理股長
- ❖ 1946 年 06 月－臺灣省警察訓練所助教
- ❖ 1947 年 10 月－基隆市警察局科員
- ❖ 1948 年 01 月－臺北市警察局科員
- ❖ 1958 年 09 月－桃園縣警察局楊梅分局副分局長
- ❖ 1965 年 08 月－花蓮縣警察局新城分局分局長
- ❖ 1967 年 09 月－臺中縣警察局霧峰分局分局長
- ❖ 1970 年 05 月－臺北縣警察局督察長
- ❖ 1974 年 03 月－臺東縣警察局副局長
- ❖ 1974 年 12 月－南投縣警察局副局長
- ❖ 1976 年 03 月－臺南縣警察局副局長
- ❖ 1976 年 10 月－臺北市政府警察局督察
- ❖ 1982 年 01 月－臺北市政府警察局科長
- ❖ 1988 年 09 月－屆齡退休

〈憶半世紀前的往事〉[1]

　　民國八十二年四月九日聯合報鄉情版刊載：「消失的延平學院」及「朱昭陽一生奔走為延平」。讓我這鬢髮已白的延平老學子，回憶起「日為師，夜為生。」多采多姿的生活。

　　那是民國三十五年的秋天，我在臺灣省警察訓練所任助教，每日授課四小時，偶見當時私立延平學院招考新生。不顧白天工作忙碌，立即報考，果被錄取，在本科法律系就讀。

　　閱報後，從書櫥找到了已塵封將近半世紀的學生身分證，白色紙張已經泛黃，週〔周〕邊破缺，正面是姓名、號碼、籍貫、性別、年齡、科班別、發證日期、有效期限，並貼有照片，背面蓋有「私立延平學院關防」。還有一枚嵌有螢火蟲的三角校徽，默默地沉思，時光似在倒流。

　　記得當年開學典禮時，躋在法律系的隊伍中，是晚，月微明，星卻稀，如螢火般的燈光，臺下一片漆黑，同學們靜聽朱昭陽院長致詞「……因係初辦，先以學院立案，為紀念鄭成功驅逐荷人，建設臺灣，所以本學院定名延平學院……」。

　　上課第一天的第一堂課，來的不是教授，而是一位職員，開宗明義地說明：創校的艱辛，校舍是借的，課桌椅也是借的，白天開南學校用，晚上我們用，希望同學們多加愛惜。

　　剛開學時，沒有固定教室，上課先找教室，教室燈光如豆，如果說是伸手不見五指，固是有點誇張，因為鄰座同學仍可辨清五官相貌，所以同學戲言：念完四年，大家都成了四眼田雞。環境雖然不好，同學們都能遵守校規，自動向學。第一學期，所有課程，均為必修，英文課以英語溝通，法律

1　原文刊錄在《中央警官學校臺幹班師生來臺五十週年紀念專輯》，頁281–282。文中所提及的延平學院「學生身份證」，請參閱本文圖5-4。

經濟等課程以國語、臺語為主，偶有日語、英語，同學們都能適應。

　　光陰似箭，日子如梭，距今已快五十年了，所憶有點模糊，但朱昭陽院長的創校治學精神，至今我仍然敬佩不已。

周永宏先生訪談紀錄

訪談歷程

❖ 2008/1/16 參加中研院臺史所座談會、2009/4/11 於臺北
　周宅訪談、2009/3/30 於臺北周宅訪談、2011/6/02 於高
　雄周宅補訪。

簡介

　　周永宏先生，廣東五華縣人，民國 17 年（1928）11 月 7 日出生。太祖開設商行，從事油米糖鹽等大宗買賣。周父自小就將他送到梅縣讀書。就讀梅縣東山中學高中部時，適逢中央警官學校招生，錄取後被編入臺灣警察幹部訓練班初幹班受訓，戰後隨隊來臺接收警政。

　　二二八事件之際，他正在警察大隊受訓，目睹萬華一帶事件發生的經過。民國 38 年（1949）2 月，受「何顥事件」[1]連累被免職，一度離開警察單位。同年底重回警界，從基層警員做起，民國 50 年（1961）之後逐漸升調到巡佐、巡官、分局員（相當於今日的分局組長）、分駐所所長，服務地點都在南臺灣的嘉義、雲林、高雄等縣內，民國 77 年（1988）12 月在梓官分駐所所長任內退休，共計在警界服務四十三年。

一、家世

　　我出生於民國 17 年（1928）11 月 7 日，是廣東省五華縣水寨圩上壩村人。水寨圩鎮現在叫水寨鎮，是五華縣政府所在地。我家算得上是大地主，有很多田地，家境算是很好的。太祖憲廷公開設「悅興商行」，並耕種田地，種不了的地就放租，每年收的租穀都是以幾百擔算。

　　太祖生有五個兒子，人口繁多，因此把家裡房子建得很大、很堅固，我們客家人叫它「圍籠屋」。因為是大家族，

1　何顥事件發生於民國 38 年（1949），後敘。何顥，廣東興寧人，任職警務處經濟科長，民國 38 年升調臺中縣警察局局長，翌（1950）年 7 月以匪諜嫌疑被捕、槍斃。

全家共三、四代人都住在一起，家裡吃飯要敲鐘，每次吃飯都是幾十人輪流吃。我記得家裡有一幅對聯是我從小看到大的：「悅富悅貴悅順利，興丁興旺興財源」。

我的祖父叫周訪琴，開設「增興號」商行，從事油坊、米、糖、鹽等批發生意，部份米糧自己耕種，其他商品是買進的；還有花生，自己種和買進的都有。油坊是自家設的，因此大房子「圍籠屋」內放置了很多大油缸。油坊都是自家榨油後，再分批賣給中盤商。此外，「增興號」還經手點燈用的番仔油（煤油）買賣，全都是幾千噸或幾十萬斤地進出交易，所以我家裡的商行規模算是很大的。祖父是水寨士紳，曾與水寨地方人士李端模、李惠君、李竹庵、李興民等人共同創辦五華縣的（私立）振興小學。[2]

祖父的事業由我的父親周懷仁和叔叔周懷寬、周懷忠繼承。我父親有一妻一妾，大娘生了四個兒子，細娘生了五個兒子。父親繼承的祖業，後來傳給胞兄周永壽經營。我是大娘生的末子，和大哥哥周永祿差了很多歲。算起來，大哥哥如果還活著，今年（2008）應該已經九十幾歲了。他很會讀書，在我小時候他就考上了廣東中山大學，但那時是抗戰時期，他無法前往就讀，精神因此受刺激而導致異常，家裡花了很多錢醫治他。他病癒後曾經去報考黃埔軍校第十七期，但最後還是鬱鬱以終。

我是家裡大房最小的兒子，從小就備受疼愛。家裡自設私塾，請先生來家裡教，所以小時候我們小孩都在自家的私塾念書。當年沒有繳學費這件事，只要送米、菜等束脩給老師就可以了。但私塾不收女生，我們客家人重男輕女，女生

2　五華縣振興小學在 1944 年改名為水寨中學，前身是 1914 年創辦的私立振興小學。1950 年改為公辦的水寨中學，1974 年改名五華中學，1981 年又恢復水寨中學校名。

不能讀書；除了家裡有錢又〔家風新式、〕開明的人家以外，一般人家都只有男生才可以上學。我每天和同伴打赤腳上私塾，雖說是讀書，也都只是背課而已，背一些像「上大人，孔乙己」、「化三千，七十子」的句子，或者上些填字課程。

　　我八歲時開始上小學。蓮香小學校是村裡的學校，只有提供初小的課。我們當地的小學分為初小和高小，分別讀三年。蓮香小學校離我家很近，才一、二千公尺遠，所以每天放學後我就到店裡去幫忙。初小畢業後，我必須到水寨圩才能繼續讀高小。我高小唸的就是五華縣水寨圩的振興小學。

　　抗戰時期大家的生活都很艱困。我家並沒有因戰事受到太大影響，但物資普遍缺乏，生活還是比以前困難，早上吃粥，中午吃地瓜，晚上再吃粥。由於米糧減少，就把飯都留給老人吃。全家只有爺爺一人可以吃米飯，家人都是把肉切得細細碎碎的，做成肉餅讓他就飯——全家只有爺爺才可以這樣吃。

　　到了戰爭末期，我們鄉下地方並沒有人逃難到外地去，家鄉有些年輕人便組成自衛隊。日本飛機常會來低空掃射、轟炸次數頻繁，因此生活還是很緊張。記憶中有一架日本飛機，因為飛得太低而被掃射下來，它後面緊跟著一架水上飛機前來救援，但因河水太淺，飛不上去，結果兩架飛機都無法起飛。後來那兩個年輕的日本飛行員都被自衛隊員抓去，交給政府處理。我對這件事的印象至今仍然很深刻。

二、初幹班第五隊

　　我生下來時，家裡人幫我排八字。鄉下人迷信算命，非常相信算命先生的話。算命的說，我的命一定要出遠門，將來才會光宗耀祖；又說我青壯年命運不好，時好時壞，好似一開一謝的雨中花。所以在我自振興高小畢業後，約十五歲

時，家人就要我參加少年兵，那是指到四川當海軍少年兵。
當年我都已經理完髮、剃光頭，準備要出發了，才被發現年
紀太小，不符合參軍資格，這才沒當成兵。

少年兵沒當成，我就繼續升學去讀初中。當時五華縣有
三個初級中學，分別是五華第一初級中學、河口第二初級中
學和安流第三初級中學。我就讀的是河口第二初級中學。

我家屬於弱房，也就是說家裡雖然有錢，卻沒有人在朝
做官，有錢無權，易遭人欺侮。父親有感於此，就希望我初
中畢業後能外出唸書、做官，說是或許能闖出一番事業，人
生才會有希望，所以就把我送到梅縣東山中學讀高中。他還
半威脅地說，如果我不去讀書，從此就不理我，因此我只好
到梅縣去上學。

梅縣是文化城，出了很多名人，羅家倫、羅友倫兄弟等
名人都是梅縣人。當時能去梅縣唸書的人不多，要經濟條件
許可才行。梅縣距離五華縣較遠，往返都是靠韓江的船隻載
運，一坐就要一、兩個小時，所以我在學時很少回家。

我在梅縣的東山中學就讀高中才一個學期（圖 6-1），
家裡就已經無法繼續幫我繳學費了，要我趕快出門找機會。
我沒辦法，只好開始留意相關訊息。有一天，[3] 我剛好看到中
央警官學校在梅縣縣政府警察局前張貼的佈告，其中有第二
分校招考的消息，就去應試。依招生規定，中央警官學校的
報名資格是初、高中程度，會講客家話或福建話者優先錄取。
我們幾個同縣的一看條件符合，就一起去報名。當時報考的
比例大約是十個人中就錄取八個。報名之際，沒有人向我們
說明是要到臺灣，也沒說將來待遇會是如何。政府那時正是
需要人力的時候，所以很容易就考上了。

3　推算應該是民國 34 年（1945）年初前後，因為周先生是初幹班最後一梯次
　　所招的學生，但周先生已不記得是哪一個月份了。

圖6-1：廣東梅縣東山中學肄業證明書（1946/9/16）

　　考完試後，一、兩天就放榜了。考上了的同學都很高興，因為無論如何，總比去當兵好。考上後就要去梅列報到，由學校先發給我們路費，看路途遠近給路費，每個人大約拿到三仟圓國幣（法幣）。當時的人都很淳樸、單純，不會拿錢就走人，因此大家都按時到指定地點去報到。我就這樣莫名奇妙、糊裡糊塗地跟著同伴出發。因為急著要去學校報到，我連回家跟家人講一聲也沒有，就匆匆忙忙地趕到福建梅列去報到。同行者約有十五人，除了我同縣的五個同學以外，其他人分別來自梅縣、興寧、龍川及其他縣市。

　　由廣東梅縣，我們一路上用走的走到福建梅列。路上很是辛苦，經過龍巖、十方、上杭到永安，光是走路就走了十幾天。每天趕路，天黑就找旅舍睡覺，拿到的旅費大多花在吃飯和客棧上。一路上我們都很省著用，但一直到永安才有車可坐，當時也只有火炭車可坐。火炭車必須靠蒸氣發動引擎，動力不大，行駛到上坡路時，人還要下來幫忙推，車子才走得動。我們就這樣坐車到永安，然後再改搭船，最後才抵達梅列。

　　進了二分校以後，我們又經過一次複試測驗，然後再依年齡、學經歷等條件，分別編班。我高中只念一個學期，年紀又小，才十六、七歲，所以被編入初幹班（圖6-2）。順便一提，我們臺幹班共分四個班次：講習班、學員班、學生班和初幹班。其中，初幹班共有五個隊，我報到較晚，被編在第五隊；第四隊有129人，第五隊112人，兩隊共241人。

　　我們初幹班四、五隊的241人成員，來臺以後因個人的成就和際遇等種

圖6-2：臺灣警察制服照，福州製裝，1945年底臺北攝影

種條件和因素而有不同的生涯發展。雖然分班之際，講習班、學員班和學生班的同學位階較高，但來臺之後講習班和學員班的同學沒有多少年大約都已經升到頂了，要再升上去不容易，而我們初幹班同學還有機會可以繼續升上去，後來也有些人升到副局長、局長。畢竟警界的人材很多，每人的機遇有異，並不一定是會讀書、學歷高的人就一定會在事業上有比較好的發展。

我們初幹班中成就最高者是洪鼎元，如今還健在。他的兒子就是籃球國手、後來出任立法委員的洪濬哲。還有一位曾擔任過刑事警察、組長，後來調升為高雄縣警察局副局長、內政部警政署高雄港務警察局長的翁錦魁〔中央警察大學 21 期畢業〕，不過他已過世了。

初幹班同學裡以福建人最多，廣東人居次，還有少數浙江人、江蘇人。福建人中又以閩南人最多，其次是來自莆田、惠安、晉江、廈門者。廣東人中有來自五華、梅縣的，另外像興寧、龍川、大埔來的也不少。至於我們初幹班裡的五華同鄉，一共有十幾個人從我家鄉和我一道參加臺幹班招考、受訓，並前來臺灣接收警政，例如張國傑、李聖宗、李鴻高、李超民、高靈光、劉富光和魏國漢，他們都已經過世。同縣的還有廖福根，他也已過世了。

三、抵臺初期

抗戰勝利後不久，十月底我們臺幹班全體師生就渡海到臺灣來接收。我可以說是莫名奇妙地隨著臺幹班來到臺灣的。在梅縣參加考試時，我並不清楚臺幹班是準備要到臺灣接收的，是到梅列受訓後才知道的。但受訓不到一年，日本就戰敗，於是我們成為最早來臺接收警政的一批人員。

童年時，我曾聽過臺灣這個地方。依稀記得，有一首歌

謠內容為：「臺灣糖甜津津，甜在嘴裡痛在心」，指的是在甲午一戰我軍大敗，臺灣從此割讓給日本。臺灣被日本佔領五十年，國人當然痛心。現在臺灣終於被中國收回了，大家當然高興。

剛到臺灣時，講習班和學員班的學長因為受訓前已經有警察工作的經歷，所以他們都被指派擔任比較高階的警務。學生班同學大多被派到警察所或區警察所擔任中階幹部，至於我們初幹班學生剛開始時都留在〔臺灣省〕警察訓練所，繼續接受訓練。警察訓練所是日本人留下來的場所〔臺灣總督府警察官及司獄官練習所〕，佔地很大。初幹班四隊和五隊比學生班的招生和受訓時間晚，年紀又較輕，所以必須再受訓後才分發。

第四、五隊的 241 個初幹班成員被編入艋舺（今萬華）廣州街警察訓練所的警察大隊，我也被編在警察大隊中受訓。警察大隊負有鎮壓任務，強調的是軍事訓練，因此配發有輕重武器，學科只佔課程中的少數。在警察大隊受訓期間，大隊也發給我們薪水，待遇不算太好。我當時是一等警員〔長警〕，一個月 85 圓（圖 6-3）。其實當時大家的經濟情況都不好，差不了太多，我們能有固定薪水，生活上不太受物價上漲的影響，已經算是很好了。

我們初幹班四、五隊受訓完成後（圖 6-4、6-5、6-6），就分發到全省服務。初幹班成員大多被派到基層派出所維持治安，大概都是分派到各地擔任派出所主管。那時派出所仍然沿襲日制，規模很小，一般的編制都只有一到二、三人，因此巡佐位階的主管待遇算是不錯的。

民國 35 年（1946）1 月，在警察大隊的初幹班同學開始被調派出去，分別擔任糖廠、倉庫等機構或政府各機關的維安工作。我被調到警務處服務。臺灣省行政長官公署警務處是在民國 34 年（1945）10 月底接收之際成立的，我到

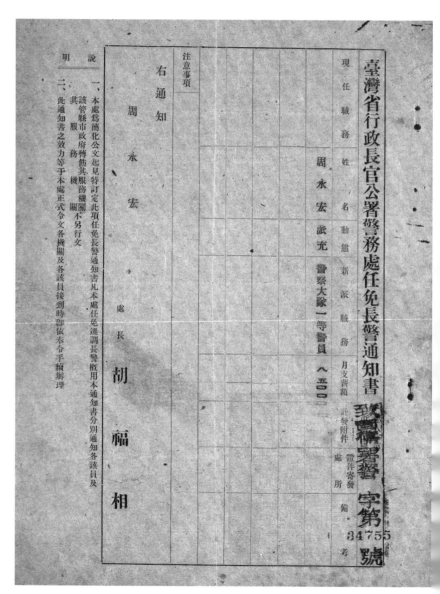

臺灣省行政長官公署警務處任免長警通知書

現任職務	姓名	動態	新派職務	月支薪額	計發附件	備考
	周永宏	派充	警察大隊一等警員	八五〇〇	證件寄發處所	

注意事項

右通知

　周永宏

處長　胡福相

說明

一、本處為簡化公文起見特訂定此項任免長警通知書凡本處任免遷調長警概用本通知書分別通知各該員及其服務機關不另行文

二、該管縣市政府轉飭其服務機關此通知書之效力等于本處正式令文各機關及各該員接到時即依奉令手續辦理

致民署警字第34755號

圖 6-3：臺灣省行政長官公署警務處任免長警通知書

圖 6-4：中央警官學校第二分校附設初級幹部訓練班畢業證明書（1945/12）

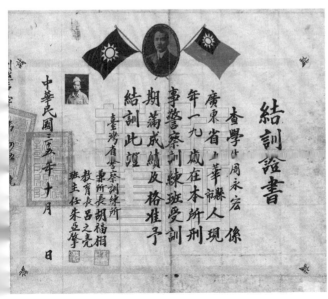

圖 6-5：臺灣省警察訓練所結訓證書（1946/10）

圖 6-6：中央警官學校正科第21期畢業證明書（1961/4/5）

警務處經濟科擔任辦事員，算是升調，這個工作屬於內勤。警務處經辦的是全臺的經濟案件，像是物價、鹽、煙酒專賣等，直隸長官公署，不是地方單位，所以處內分「科」，不是「課」，管的事務比較多，權限也比較大。我們做內勤的，除了薪水以外，沒有其他津貼可拿。外勤的單位才比較有機會拿津貼，像是派到山上的有山上津貼，主管有主管津貼，另外還有出差可以報出差費。不過，內勤雖然沒有津貼，但是工作比較安定，工作上也比較沒有風險。

　　當時警察好做，地位又高，不像現在這麼麻煩。臺灣老百姓被日本政府高壓統治了近五十年，習慣被管，都很好管。至於留用警察，就當時我任職的單位而言，日本時代留用下來的臺灣人警察並不多，事實上幾乎沒有，所以我對留用警察的印象不深。

四、二二八事件

　　民國 35 年（1946）元月，初幹班同學分發後，仍有部份同學留在警察大隊繼續接受訓練，在這段期間他們也會支援其他單位，像是協助專賣局查緝私煙。查緝私煙的出勤時間不一定，但總是配合專賣局需要而行動。查緝私煙的員警每次被派出去總要先領用槍枝，一定要佩槍才能外出，而警察大隊則配合他們的行動，保護他們的安全及維護秩序，所以我們也需要武器裝備。每次配合專賣局查緝私煙行動，警察大隊派出的員警人數大約是一組四個人。

　　民國 36 年（1947）2 月底，臺灣發生所謂「二二八事件」。我記得，二月二十七日那天警察大隊配合專賣局查緝私煙的人有張國傑、蔡厚勳和張啟梓等四人。據說，他們先到淡水查緝，但沒有查到私煙。回到臺北後，他們怕沒業績，無法交差，心想太平町（今延平北路）一帶賣私煙的人很多，就去那邊查。沒想到卻因為專賣局的人開槍，不小心射傷一個路人，〔導致那人翌日死亡，〕引起百姓圍聚、抗議，進而擴大為臺灣歷史上有名的「二二八事件」。

　　說到張國傑，他是我最要好的同學。「二二八」之後，張國傑一度被調到臺中月眉糖廠當駐警分隊長。沒多久，他就辭掉警察工作前往香港找他兄弟，並留在香港發展、開酒店，後來賺了很多錢，不過現在已經過世。張啟梓也已經過世，現在（2009）只有蔡厚勳還在，但身體也不好。他們雖然和二二八事件有相當的關係，但因為二二八是偶發事件，不是他們引起的動亂，所以後來的升遷沒有受到影響。

　　〔我所屬的〕警察大隊所在地就在萬華，距離事發地點不遠。當天配合的員警回到隊上時，我們就知道出事了。沒想到第二天四處就開始動亂，老百姓包圍臺北市警察局、派出所、專賣局，而警察大隊也不敢掉以輕心，架起機關槍戒

備。我們那時不能外出，也奉令不許外出。因為只要是外省人、不會講閩南語的，都被叫做「阿山」；一旦確定不會講閩南語，就會被圍打，所以隊上要求我們不得外出。

「二二八事件」剛發生時是外省人被臺灣人圍毆，打死的也有。但沒多久（3 月 8 日），中央軍的部隊抵臺，就開始捉人、殺人那時死的大多是臺灣人，外省人少。在部隊抵臺以後，我們警察大隊必須派人出來維持治安，一班九個人，一起到街上巡邏。就我親眼看見的，這時候被殺的臺灣人真的很多，很悽慘。很多都是無頭公案，事發後很多臺灣人出來找屍首。我們巡邏時也看到人被打死後的慘況，心裡感到很難過。由於巡邏的地點在萬華（艋舺）一帶，所以我知道萬華那地區死了很多人，但確實死多少人並不知道，只知道水溝頂（今天萬華的東園派出所附近）死了很多人，事後還有人開卡車載去淡水河丟的。我們那時都只是十八、十九歲的人，年紀還小，也不懂事，只覺得事件發展得莫名奇妙，令人感到驚惶害怕。

五、何顥事件

在事件後那年（1947）的 10 月，我奉調到警務處服務，翌年（1949）卻發生一件影響我日後前程很大的案子，就是「何顥事件」。

何顥先生是廣東興寧人，中央警官學校正科四期，後為臺幹班講習班第一期，曾經擔任過警務處經濟科科長，本來是我的上司，但他在民國 38 年（1949）初調到臺中縣警察局出任局長。有一天，臺中縣警察局倉庫失火，損失慘重，許多糧秣、槍枝都被燒掉，其中包括很多武器、彈藥和槍械。〔政府〕徹查後，據說是有匪諜作亂，〔1950 年 7 月〕何顥被指控涉有嫌疑，就被送去槍斃。這起案件連累了不少人，

還有幾個人也被槍斃，其中有〔兩位都是講習班第一期的，〕一位就是新竹市警察局長的許振庠，另一位是省警察訓練所訓導主任吳彬泉〔廣東潮陽人，所著《經濟警察綱要》為經濟警察的教材〕。

這時臺灣才光復三年多，地方很紊亂，時局也很緊張。他們三人就因為匪諜案的罪名而被槍斃。為什麼何顯會被槍斃呢？據說，他弟弟在大陸時就加入共產黨，共產黨策動他弟弟來臺灣叛亂，所以何本人也被認為有重大嫌疑，甚至是燒燬倉庫的主謀，因此被送到保安司令部接受軍法審判。當時是軍政時期，一審就判死刑了。

我還有一個初幹班的同學叫沈再光，在這段時間也莫名奇妙地被槍斃。沈再光，福建詔安人，民國 35 年（1946）有一天早上，警察大隊的大隊長何振鏞突然在集合時宣佈，你們同學某某人因為犯了罪，已受到最嚴厲的判決，送去川端町槍斃了。我不知川端町是今天的哪裡，大約在當年警察訓練所附近罷。[4] 後來聽說他好像是偷了東西，這應該屬於司法案件才對。其實我們也不知道沈再光有沒有經過審判，反正「砰」、「砰」、「砰」，人就死了。我們當時都很年輕，什麼都不懂，光聽到這種事，就很害怕，嚇得發抖，所以我對這件事的印象至今仍很深刻。

沈再光的事情發生在二二八事件前。當時臺灣很亂，聽說有福建來的一些同學為沈再光抱屈，有人想要往上告。不過，後來大隊長何振鏞也逃回大陸，事情就沒下文。我們初幹班就只發生過這一件同學被槍斃的事，其他事件的處置都比較輕微，只以關關禁閉或屁股打板子的方式處罰而已。

4　川端町為日治時期臺北市行政區之一，約在當時市區的南端，臨新店溪，是臺北近郊的遊憩場所。該町因位在「川端」（河邊、河岸之意）而得名，範圍大約包括今天中正區的汀州路二段、廈門街、同安街、金門街等區域。

右列請求證明人自民國卅六年八
月十日止充任本庭辦事員，
支委任十級俸體於卅七年八月
十日免職
元特此證明。
0年九個月最後俸薪爲
臺灣省警務處處長
中華民國卅七年九
王戈寧
月二十二日給

請求證明人周水富年廿一
歲廣東省五華縣人
警人（）三字第
在職

服務證明書

圖6-7：臺灣省警務處服務證明書（1948/9/22）

我在警務處經濟科待了一年多，就因何顯和我同鄉、又提拔過我，結果受他案子牽連而離職（圖6-7）。當時有人說我和何顯是一夥的，又因一些報表的問題，我和長官發生衝突，和他大吵一架，結果上級沒經過申訴程序，連問都沒問，就把我處以行政處分，用莫須有的罪名將我免職，我因此被迫離開警務處。那時我年輕氣盛，人事關係沒搞好，心中也不在乎，就這樣離開了警務處。但我後來的生涯一直浮浮沉沉，想來多少應該是受到何顯事件的牽連。

民國38年（1949）底大陸淪陷，臺灣情況緊張，到處都很混亂，物價上漲，加上大陸撤退來臺的人數激增，人心惶惶，社會很不平靜，生活各層面也受到很大的衝擊。這時我一度想要回家鄉，但因為沒錢，就一直留在臺灣。還好那時沒回去，回去也會很慘，因為大陸淪陷後，共產黨到處清算鬥爭，留在大陸會更沒出路，甚至被公審、被槍斃都有可能。我家是〔大〕地主，村中最少有三、四個人被槍斃，但是爺爺因被認定是大善人，長期濟人無數，所以後來還是被釋放了。我的父親就很慘，因為淪陷前我家擁有自衛槍枝二、

三十枝，共產黨以「提供武器打土共」為由，把他視為「國特份子」，在1950年將他公審槍斃。這些都是我叔叔後來〔在1951年〕自香港寫信給我，信輾轉送到我手上，我才知道的。

六、在臺發展

　　前面提到，小時候算命的說我「年輕時的命，好似一開一謝雨中花」，從以後的發展印證，看來還很準。到臺灣以後，我的人生真的是一波三折，頗為坎坷。

　　我在警務處服務一年多，之後因莫須有的罪名被免職。我常想，要不是受到何顯事件牽連，我在警界可能早就升上去了。所以這件事對我一生確實影響很大。民國38年初，我去找恩師幫忙，也就是以前的二中校長曾偉賢先生，當時他是大臺中縣政府主任祕書。在那個時代，只要有〔人事〕關係，都很容易找到工作。他就把我介紹給臺中縣稅捐稽征處處長徐南祥〔1948年5月1日接長該處〕，我因此被調到臺中縣東勢鎮擔任屠宰管理員。屠宰稅歸稅捐處管，我的工作主要是蓋屠宰章，憑繳稅單蓋屠宰大印；未蓋印就是私宰，罰錢加倍。這份差事不算警察的份內工作，但可以抓私宰，擁有警察權限。不過，我在東勢屠宰場擔任管理員的時間不長，只工作了不到幾個月就離開了。

　　過了一段時間後，我又寫報告申請復職，終於在民國38年（1949）年底再度被派任為警員，這次是到嘉義市長榮派出所服務。長榮派出所在嘉義火車站旁，算是大管區的派出所。當時這個地區〔指今嘉義市西區的第一分局管區〕只派一個巡官蔣秋桐，他一人監督五、六個派出所。[5]

　　之後沒多久，我又遭巡官蔣秋桐陷害。他檢舉我，理由

5　長榮派出所管區相當於今天的長榮、竹圍、北興、北鎮、八掌等五個派出所。

說是我強迫推銷儲蓄券。其實那時政府沒錢，就想辦法推銷儲蓄券，要商人認購，也叫我們管區警員去推銷，這算是警察的一項業績。我是外勤人員，本來這項業務就是我負責的，結果被打小報告。當時巡官認為我對他的態度不好，惱羞成怒，便故意找藉口，誣告我招搖撞騙。但是，局長相信巡官的報告，沒經過查證就把我免職。蔣秋桐，福建人，是特警班畢業的。身為巡官，他的職務是專門查察警員的勤務，然後向上級寫報告。我就是得罪了他，所以被免職。

我被免職後，再寫報告、找關係，找到我一個同鄉人李國俊，告訴他我是冤枉的。李國俊原來是黃埔軍校四期出身，曾擔任過南京警察廳副廳長、汕頭市市長、廣州市警察局長，這時他是基隆市黨部主委。他瞭解我的情況後，便寫了一封信給當時嘉義警察局局長李道和。李道和是李士珍（繼先總統蔣公出任中央警官學校校長）的女婿，在南京警察廳時是李國俊先生的部下。李道和找我去溝通，說這種事只要找他就可以了，怎麼好去麻煩長官呢？於是就由他派工作給我。我先是被派到嘉義市自來水廠，後來又調到嘉義市植物油油廠，後來再到嘉義市電力公司管理處（協助稽查人員捉拿偷接電者等）。這些工作都是幾個月、幾個月地換，相當辛苦，一共做了一年多。

我於民國40年（1951）12月再度申請復職成功，又是從基層警員做起，先是派到嘉義南門派出所，後來調到東門及公園派出所，之後又派往竹崎分局、瑞里派出所、山美派出所，就這樣慢慢地由基層警員升為資深警員、主管警員。後來再做了很多年主管警員，起起落落，才升為巡佐、派出所巡官、分局分局員、分駐所所長。

一般而言，低階警官的起跳應該是從巡官開始。當時從警員升調到警官的位階（含以上），一定要到警官學校進修過。巡佐升巡官一定要有警官學校（現在的警察大學）畢

業的資歷，再參加半年到一年的講習，結業後才可以調升巡官。[6]一旦升到分局長，再往上升就比較快了，不過通常還要再完成進階的進修講習等。

我在警界當了很多年的基層警員，約在民國50年（1961）左右才開始升調，先後升為巡佐、巡官，服務地域都是在嘉義、雲林、高雄縣區內。我在高雄縣待過不少派出所、分駐所，依序分別隸屬岡山分局、六龜分局、鳳山分局所管轄。另外，我在高雄縣分局也擔任過分局員，等同組長，後來才調任為分駐所所長。

這部份的工作調遷是這樣的：最先，我從雲林縣臺西調到高雄縣岡山分局當巡官，巡官是查勤的。之後，我陸續被調到岡山分局壽天派出所、嘉興派出所（原稱五甲尾派出所）、前鋒派出所，位階為主管巡官。然後，我又被派到鳳山分局擔任查勤巡官，並調升到六龜分局當分局員。其後，我才被調到高雄縣〔四個〕分駐所擔任所長，前後待過桃源分駐所、彌陀分駐所、永安分駐所，最後在梓官分駐所所長任內屆齡退休。

分駐所所長的位階比派出所主管高，現在還是這樣。分駐所監督轄區內的派出所，以鄉為單位，但不一定都座落在偏遠地區。譬如說，彌陀分駐所轄下有一個舊港派出所。梓官鄉轄區內也有一個派出所、一個分駐所，分駐所就叫梓官分駐所，派出所叫赤崁派出所（原名叫蚵仔寮派出所）。永安分駐所轄區面積較小，所以下面就沒有設置派出所。桃源分駐所轄區面積最大，因此設有多個派出所，如復興、樟山、

6　盧毓鈞先生在其訪談錄中指出，「特科畢業者雖也取得以巡官任用的資格，但是需先以原職原階回原單位繼續服務，直到遇有巡官缺時方可優先補實，但何時能真正補上就難說了。而正科畢業者，則一律以一線四星巡官身分任用。」（盧毓鈞口述，張瑞德、曹忻訪問，《從一線一星到警政署長：盧毓鈞先生訪談錄》，頁46–47）。

梅山、天池、藤枝、建山、寶山等。當時我在每個派出所和分駐所大約待上兩年到三年，是為一任。我每次的調任都有派令，這些派令我都留了下來。

在鳳山分局擔任巡官時，我主要是做內勤工作，查勤巡官。在六龜分局員任內時，我做的也是內勤工作，督察兼行政分局員。督察管的是風紀問題，是整個分局裡最重要的工作，專門監督查勤分駐所、派出所。之外，我在幾個分駐所或派出所任內做的都是外勤工作。我在分駐所、派出所的服務時間比較長，所以外勤的工作時間相對也比較久。

民國 77 年（1988）12 月 16 日，我從梓官分駐所任內退休。上級本來又要將我調任，改調為內勤，如此可再延五年才退休。但我已在外勤職務上擔任較長的時間，突然又要調去做內勤職務，心裡老大不願意，所以就辦理退休。

七、警察生涯

我們剛到臺灣時，覺得在臺灣做警察真是很容易的差事。臺灣人在殖民地時代被日本人管得乖乖的，到了戰後對我們警察也是畢恭畢敬地，所以很容易管理。那時警察要管很多事，而且每件事情的規定都很嚴密。比方說，腳踏車夜行要掛燈、掛車牌；不照規定做，被警察捉到要罰款臺幣五圓。這些錢雖然是繳給政府的，但只要百姓違法，根據違警罰法的行政規定，警察都要處以罰錢或拘留。當然，這樣做，警察也都有抽成獎金可拿，這是公開的祕密，也等於是一種變相的警察福利。但我想，這些都是大形勢造成的，近年來警政改革很多，這種現象就少多了。我也瞭解，解嚴以後，雖然當警察比起以前來更不容易，但待遇也比以前要好得多。

此外，當時連慶典節日掛國旗這種事，都是警察職責內

的項目。光復初期一直到五、六十年代，只要碰到國家慶典，家家戶戶依規定都要懸掛國旗。警察必須在前一天挨家挨戶地去宣導、提示，當天還要挨家挨戶地去催掛，連插幾號國旗、旗桿粗細、懸掛高度等等都要一一檢查，而且管得很仔細。其他項目例如清潔、衛生、違章建築等事，也都是警察督管的要項。

　　一般而言，警員、巡佐以上位階或者巡官、所長等職，都屬於外勤人員。我因為從事外勤職務的時間較長，很能瞭解外勤工作比內勤辛苦。外勤人員什麼都要管，查戶口、公關等更是大事、馬虎不得。說到公關，那時任何行業都要和派出所建立良好關係，所以過年過節，工廠、公司等行號都會送禮、打點關係。例如中秋節，每年都有人將中秋月餅或禮盒送到派出所，有分送主管的、管區的、警察團體的。當然送禮這種事是不成文規定，這種習慣在日本時代就有了，不過那個時代主要是為了表示敬意，送的都是生活上的小禮物。到了光復以後，變本加厲，不送、不收都不行，日久成西規，風氣不好。總之，民國60年（1971）以前擔任警察的人，日子過得都還算不錯，因為警察在地方有地位，有的還有「外路」，譬如過年過節都會有百姓或商家送禮，中秋等節日當然一定有。這不是我們去敲詐、強迫來的，而是慣習上的不成文規定。很多百姓或廠商是為了感謝我們平日照顧他們而送來謝禮，各地方都有這種情形，這也是人情世故的一個面向，但現在應該比較沒有這種情況」。

　　在警察外勤任務的執行過程中，最重要的當然是和鄰里之間的互動要良好。每一個管區、派出所都要和地方配合才能做好工作，所以首先和鄉鎮代表、縣議員的關係要處理得好。其次和里長、村長的關係也要處理好，不然就很難做事。這事當然有好也有壞，好的話就是工作容易推動，但配合不順利的話就怕會惹麻煩，這些都全得看警察的服務態度而

定。至於風評的事，我們能做的就盡力做。所以說，公共關係是派出所一定要做的，如此一來做事才能順遂。

在警界服務四十多年，我深深感到警界很黑暗——不只是外勤，任何升遷多少都要有關係，否則很難有所發展。我認為，警察系統裡最大的問題就是人事制度不建全，凡事大多靠關係。這個問題在升遷之際尤其嚴重，沒關係的人幾乎行不通。只要有任何關係，親戚、裙帶、同鄉或同學都好。一定要有某種關係，否則要只靠本事，通常是比較難升遷的。其次，我認為比較嚴重的是貪污和政治惡鬥這兩個問題，不過這些我就不多說了。

八、警政點滴

所謂「戶警合一」，[7]是指警政和戶政是一條鞭的政策。戶政事務所負責申報，屬靜態戶政，分駐所、派出所等基層警察派出單位管理人口動態。也就是說，當人民向戶政事務所申報戶口資料等，戶政事務所都要將副本送到當地派出所。不論出生死亡或任何人口異動，警察派出所都保存有副本；之外，警察還要隨時復查人口的動態狀況。因此以前管區的警察查戶口查得很勤，幾乎每天都要去查戶口。查的時候什麼都問，不論是戶內人數、異動，還是住戶的工作、居住狀況，都要查問。

警察查察戶口是臺灣民眾習以為常的體驗。民國96年（2007）7月以後開始漸進式的變革，廢除「三種戶」的戶口查察就是最受矚目的一項。「三種戶」就是將戶口分成三

7　1969年7月1日開始試行「戶警合一」，1992年7月廢「戶警合一」，改制為「戶警分立」。又，參見本書〈鄭健先生訪談紀錄〉、〈曾克平先生訪談紀錄〉。

種，以戶為單位。「一種戶」主要是指犯過罪的地痞、流氓、接受管訓者，全戶都在管區警員的注意下，管區警員每個月要去查訪兩次。「二種戶」指的是地方上有頭有臉的人物，警員要常去查看、訪問，看看有沒有什麼需要協助的，一個月去一次。「三種戶」指的是一般戶，是「比較沒事」的戶口，約三個月去查看一次就可以了。以前全部都要依規定處理，執行得非常嚴格，上級還要戶口考詢。現在不一樣了，都是用電腦處理，執行上很方便，執法也沒那麼嚴格，違法輕微者和芝麻小事都不管了。

另外，查戶口和選舉多少也有關係。尤其是早年，那時警察大多是國民黨黨員，所以影響力也比較大。通常只要上面交代要辦理的，警察一定要幫忙。現在當然不一樣了，這種事也就少了、乾淨多了。

至於戶口普查，民國 43 年（1954）左右我在嘉義服務時參與過一次。那時臺灣還是戒嚴時期，百姓到了普查那天夜間，原則上全部都不能出門，必須在家裡等候普查。時間一到，警員、戶政人員全體動員，挨家挨戶地去清查地方戶口。不過，這種事後來（大概在民國 50 年以後）就幾乎不可能再這樣做了。

民國 60 年（1971）左右，我在高雄縣六龜分局任職，擔任督察組兼行政分局員。分局長覺得我人很忠厚，做事負責、不會亂來，可以託付、信任，所以臨時出差都會請我代理職務，而我也盡心盡力做好該做的事，將代理的職務都做得很好。這期間讓我印象最深刻的一事是長官指定我代為培訓山地青年。六龜分局位屬山地，管區內有很多原住民（當時稱為山地青年），我們的任務就是將他們加以組織，施以訓練。「山青訓練」有時是季訓，有時是月訓，主要是儲訓他們擔任急救、救災、防火等能力。每次「山青（山地青年）總訓練」都有上千人參加，期間長達一、兩個月。訓練後總

會有校閱，而我每次也都能圓滿地完成任務，因此很得到長
官讚賞。

在其他職務上，我也將治安工作做得很好。記得在我六
龜分局任內，曾經有一架飛機在山區摔落，失事地點的救災
及運送等事都需要警察加以協助。當時我負責指揮所有緊急
搜尋及善後處理等事宜，而我也都一一完成任務。

基層警察人員的工作有時是非常繁重的。比方，先總統
蔣中正、蔣經國以及前李登輝總統下鄉巡視時，只要有到六
龜孤兒院等地探視，我們都要配合執行維安工作。所謂「維
安」，主要是維護總統的人身安全和警戒交通問題，警戒區
內不得有一點差錯，所以責任相當重大。當時他們常南下巡
視，每次去巡訪我們就都很緊張，因為不只是安全問題要注
意，從他們蒞臨轄區開始，所有行程中的警衛、情資，甚至
連車隊經過的崗哨佈署、車隊通過前後的安全維護等，只要
是警衛區內的大大小小事情，都要事先規劃、安排，全盤掌
握警務，一點都不可以疏忽。我們當時只要一聽到「總統」
兩個字，就都要立正站好，這不是開玩笑的事。

在我的警察生涯中，我覺得我是在民國 60 年（1971）以
後工作才開始順利。這不是指論功行賞，而是指能夠將任務
順利達成這個自信。這種感覺很不錯，讓我感到頗有成就感
的，很對得起自己。所以我從不後悔當初走進警察這個行業、
來到臺灣的決定。雖然我一生中有很多挫折，但我對這些決
定都從不後悔。我知道、也瞭解到，每個行業都有它的困難
和苦衷，也見證了臺灣百姓從以前的淳樸純真到現在民主多
元的複雜性。

九、我的家庭

民國 40 年（1951），我在嘉義市南門派出所擔任警員

時，管區裡有人看我做事認真又厚道，就說要幫我介紹對象。但我當時沒錢，沒能力結婚，對於相親的提議很是猶豫。媒人說沒關係，他可以先借我錢，等我收完禮、有錢後再還他。因此我在民國43年（1954）10月3日結婚，辦了十三桌，一桌四十圓，之後才把錢還給媒人。

我的太太吳鈺枝很賢慧，家世不錯，是國畫大師林玉山[8]太太黃惠的妹妹。她從小給吳家當養女，個性很溫和。鈺枝嫁給我以後，就跟著我生活。警員生活雖然比較安穩，但也很辛苦。她只是國校畢業，但很能幹，很勤快，也很肯學，幫人家裁製衣服，養豬、養雞，幹活養家，用心栽培小孩。我太太後來學畫，她的畫畫得很好，曾經被選為模範母親。

吳鈺枝是基督徒，屬岡山長老教會福音派會友，畢生宣揚福音，擔任過小組長、執事。她於民國95年（2006）過世，享年75歲，算起來（迄至2009年訪問之際）已經離開人間三年了。我退休後也受洗成為會友，信仰是太太牽成的，屬同一個長老教會。現在我的生活大多和教會的作息活動有關。

我有兩個兒子、四個女兒。長子周志中畢業於國立成功大學中文系，參加教師考試及格後，就一直在高雄市七賢國中教書。七賢國中校風很好，他也教得很愉快。次子周志明，桃園萬能工專畢業後，曾在臺北一家貿易公司服務，通過國家肢障考試後，任職國校行政幹事。至於四個女兒，大女兒周翠芬和三女兒周翠蓉結婚後都定居臺北，她們都把家庭、小孩照顧得很好，也培育得不錯，孫子有的已在美國讀書，

8　林玉山（1907/4/1–2004/8/20），本名英貴，字立軒，後更名玉山，以字行，1907年出生在嘉義廳。嘉義第一公學校畢業後，積極學習詩畫，先後參加「嘉社」、「小題吟會」、「瀛社」，主島「春萌畫會」、「鴉社書畫會」、「嘉義書畫自勵會」、「墨洋社習畫會」等。參見王耀亭，〈林玉山的生平與藝事〉，《臺灣美術全集3：林玉山》（臺北：藝術家出版社，1992），頁17–47。

這讓我感到很安心。二女兒周素蓮和女婿曾華清到美國後攻讀神學，二女兒現在擔任牧師，是屏東靈糧堂的牧師。四女兒周美滿和她先生涂明峰結婚後，女婿在南亞集團勝普電子公司當總務經理。子女生活無虞，讓我感到相當放心。

在太太生病期間，我因為到醫院照顧她，認識一位由大陸嫁到臺灣的女子，張淑賢。後來，她先生過世了，我太太也過世後，我們兩人才辦理正式的結婚手續。這樣她才可以繼續留在臺灣，但主要也因為我們兩個人都可以互相照顧。我和第二個太太相差三十歲，不過她現在也五十幾歲了。她到臺灣來已經有很長一段時間，目前已取得臺灣的工作權，白天在醫院擔任看護工作。

我雖然年紀很大，但身體還很健康，心中又有信仰，精神非常充實，心情平靜，健康開朗，所以我對現在的日子感到很滿意。

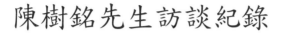

陳樹銘先生訪談紀錄

訪談歷程

❖ 2008/1/16 參加中研院臺史所座談會、2008/4/10 受訪於
暖暖博愛仁愛之家。

簡介

　　陳樹銘先生，民國11年（1922）1月29日出生，福建林森縣人。福州中學畢業後，民國29年（1940）就讀福州省立工業專門學校機械科。對日抗戰後，家道中落。民國33年（1944）底，報考中央警官學校，編入臺灣警察幹部訓練班學生班一隊，抗戰勝利後隨臺幹班來臺接收。

　　陳樹銘在警界服務的時間很短。光復之際，他先後被分發到高雄〔某〕分局、花蓮玉里分局擔任科員，並當到玉里分局的分局長。二二八事件後，辭掉警察職務。民國44年（1955）進入臺灣大學就讀商學系，此後一直到1984年退休之前，都以技術人員的身份服務於政府機構，工作經歷皆與警察職務無關。

　　由於很早就離開警界，一生只擔任過兩年警察，也很少和臺幹班同學聯絡，因此陳樹銘對臺幹班師生的印象不多。他在參加臺史所舉行的「臺幹班相關人物座談會（2008年1月16日）」不久，接受初步的口述訪問乙次，同年12月3日辭世。

一、福州憶往

　　我生於民國11年（1922）1月29日，是福建省林森縣人。我的父親叫陳玉田，是個有錢的生意人，經營「天吉錢莊」，生意不差。家裡除了我以外，還有兩個姊姊、四個哥哥和一個弟弟；弟弟小我一歲，民國12年生。哥哥和弟弟比較不愛唸書，所以父親便努力栽培我（圖7-1）。

　　我從林森縣的小學畢業以後，父親就送我到福州市去讀福建省立福州中學。那個時代中學以上學校不多，福州市的

圖 7-1：小時候與家人合影

中學也只有一個省立福州中學，想要進中學就讀不是一件很容易的事。

　　民國 29 年（1940），我自福建省立福州中學畢業，並順利考上福建省立工業專門學校。日本攻打到福建以後，父親的錢莊生意無法繼續經營，家中生計大受影響。我父親因此鬱抑以終，這是民國 31 年（1942）的事。福建省立工業專門學校本來是三年制，後來改為四年制，由教育部託辦，所以我是四年制機械科畢業的，那年是民國 33 年（1944）。

二、我與臺幹班

　　我從福建省立工業專門學校機械科畢業後，因為那時是抗戰末期，工作不易找，加上我也有知識份子不當兵的心理，

因此一知道中央警官學校在梅列招生，就去報考，也順利成為中央警官學校學生班（一隊）的一員。

我在〔梅列的〕中央警官學校接受近一年的訓練。日本投降之際，我一度因家人不許我當警察而想要回家鄉去。但校方認為國家給我住、給我吃、給我用，還訓練我，現在打勝仗了，臺灣光復了，怎麼可以就這樣離開？不允許我離開，我只好跟著學校來到臺灣。

民國 34 年（1945）底，我來到臺灣（圖 7-2）。我覺得臺灣人都很善良、很熱情，對中國人都很好。因為我的看法是，如果沒有中國、沒有打敗日本，就沒有臺灣的收復，所以臺灣人對我們都很好。

剛到臺灣時，我被分發到高雄市警察署接收，職稱為（接

圖 7-2：中央警官學校特科警官訓練班第八期畢業證書（1945/11）

收）管理員。接著被分發到高雄〔一個〕分局〔局名待查〕
當科員，當時的〔分〕局長是董寶州。我的個性比較衝動，
有一天晚上，有人請客喝酒，在酒店裡吃飯。董寶州意氣風
發，說他是〔分〕局長，飯後就帶著幾個酒家女到〔分〕局
裡來，得意地指著我們，告訴她們說：這些都是我的部下。
他的口氣很是得意，但我偏偏不買他的帳。他認為我破壞他
的好事，使他的名譽受損，過沒多久就把我調走，調到花蓮
玉里去。

　　我剛到花蓮玉里分局時，也只是當一個科員。當時的花
蓮縣長張文成對我的印象很好，認為我做事有規矩，凡事都
依法辦理，事情也做得好，對我非常照顧，一段時間後就把
我升為分局長（圖 7-3）。

圖 7-3：玉里分局長任內，1946 年前後

三、離開警界

　　我在玉里分局擔任分局長的時間不長。家人一直不贊成我當警察，所以二二八事件後，我就將警察職務辭掉，在警界服務期間很短，只有兩年。民國44年（1955），我考上臺灣大學商學系，再度返校讀書（圖7-4）。[1]

　　順便說一下，張文成是宜蘭人，他當花蓮縣長後，有段時間做不好，就被搞了下來。之後，他擔任高雄大貝湖（今之澄清湖）水廠的廠長。民國48年（1959）我自臺灣大學畢業時，他特別派人到臺北找我，請我去高雄大貝湖水廠擔任工程師（正式職稱為「高雄澄清湖工業水廠工務課長兼總工程師」），所以張文成可以說是我一生的恩人。

圖7-4：國立臺灣大學法學院商學系四十七學年度師生合影（1959/5/29）

1　從1947年到1955年期間，以及他就讀臺大和日後擔任技術官僚的風采和生涯，因為陳樹銘先生在接受初訪不久就過世而從缺。

　　我後來先後在臺灣省公共工程局、臺灣省自來水公司、臺灣省住都局、臺灣省住宅及都市發展局等機構任職，都是處理一些自來水、污水處理及機電工程等事務。這段期間，我發表過一些相關論文，也曾被派往美國考察（圖7-5）。[2] 民國 73 年（1984），我在臺灣省住宅及都市發展局內辦理退休，退休後自己創業。

圖 7-5：陳樹銘先生生前的公職照片

四、我言我見

　　我來臺灣後曾和大陸的家人聯絡過，也曾把我弟弟接來臺灣，供他讀書，可惜他很年輕就過世了。當初因為家人不希望我從事警察工作，所以我後來才會再去上大學。我一生總共讀過三個大專院校，分別是：福建省立工業專門學校教育部託辦四年制機械科、中央警官學校臺幹班，和臺灣大學法學院商學系。

　　我生有兩個兒子，三個女兒。後來我太太離開我。她現在（2008 年）還住在臺北，我則搬入基隆暖暖的博愛仁愛之家。我在這裡住不慣，曾經五次進出，也一度回去過福州，但我在福州也住不慣——我從年輕就不喜歡福州。

　　我不喜歡福州，也不喜歡福州人。陳儀當過福建省主席，那時大家對陳儀的觀感都很不好。我認為，陳儀要對臺灣的二二八事件負最大的責任，因為他擔任臺灣省行政長官公署的長官，二二八事件發生了卻沒能力處理，一點小事就打電

2　採訪之際，陳先生提供本所他在公共工程事業上的一部份代表作和檔案，數量不多，目前由檔案館典藏管理。限於採訪主題，此處敘述從略。

報叫蔣中正派中央軍來。中央軍自基隆登陸後，一路上看到有問題的人就殺，許多老百姓都被打死。我認為，這時壞人老早就逃走了，被打死的臺灣人都是好人。可是這種時候這麼亂，誰也不能說什麼，所以很多人對陳儀不諒解。二二八事件後，我雖然沒離開臺灣，但這事件也是我下定決心一定要辭去警職再去讀書的主要原因。

　　我的個性孤僻，[3] 加上很早就離開警界，一共只做過兩年警察，後來也很少再和臺幹班的同學聯絡，所以對臺幹班的師生幾乎沒有太多印象。感謝妳們上次舉辦的座談會和這次親自上門訪問，也謝謝你們注意到臺幹班的存在。

3　陳先生接受訪談時說到自己個性孤僻。他往生（2008 年 12 月 3 日）後，其女兒陳君明女士代為校稿，陳女士提及，她父親在世時個性開朗，並不孤僻。

曾克平先生訪談紀錄

訪談歷程

❖ 2008/4/2、2008/4/3 訪談兩次，2011/3/12 訪談乙次，
 地點均在屏東曾宅。

簡介

　　曾克平先生，廣東梅縣人，民國 13 年（1924）出生。廣東梅縣東山中學畢業，民國 31 年（1942）7 月進入廣東省警察訓練所第一期受訓，結業後分發到梅縣警察局擔任巡官。民國 33 年（1944）進入中央警官學校臺幹班學員班受訓，日本投降後隨臺幹班來臺接收，擔任臺中州接管委員會管理員，兼能高郡警察課長，嗣後派任埔里鎮能高區警察所所長，積極投入山地青年編訓、治安維護等工作。二二八事件後升調，先後在臺北縣警察局、高雄縣警察局服務。民國 39 年（1950）因被指涉有匪諜嫌疑，遭逮捕調查，十五年後才逐步調升。

　　曾克平歷任副分局長、警政署股長和課長，以及分局、分局長等職，曾擔任高雄縣林園、旗山分局長，民國 81 年（1992）任內延退五年後屆齡退休，共計服務臺灣警界四十七年（如果包括來臺前在粵閩兩省，年資長逾半世紀）。曾先生對「戶警合一」制度及身分證編碼作業有深入研究，著有《淡溪文摘》。[1] 他的書法精湛，著有書法集二冊。

一、家世

　　我出生於民國 13 年（1924），廣東梅縣人，老家在梅縣東山中學旁邊千佛塔下的曾屋。曾屋不是地名，而是指曾姓族人居住的地方，是族人為能便利通訊而取的地名。老家的房子是圍籠式的，同一宗族共幾十戶人家世居於此，〔代

1　《淡溪文摘》，2003 年 11 月由屏東縣政府出版，收錄有曾先生數篇多年前已發表在《警光雜誌》的文章，其中有多篇是他參與戶政實務的心得和建議。

代〕以農耕為業。屋門前有一個大魚塘，由各戶輪流養殖。池塘水供消防救火之用，整個宗族人共用一口井水。曾屋究竟住有多少人，我不太清楚。離鄉數十年，近年我曾返鄉探親，但鄉人已經都不認識我了，反而問我「客從何處來」。

　　我老家雖在曾屋，但自我懂事以後，雙親就在縣城凌風東路經營偉成酒樓，兼顧農業。我們全家都住在店裡，從店裡到祖宅走路要二、三十分鐘。我母親勤勞治家，除了照顧店裡和養育子女外，還經常要到田裡農作，是一位標準的「商農之婦」。在我十二、十三歲時，母親在六月天照常收割稻穀，但那天老姑婆光臨舍下，母親專程從田裡趕回去準備午餐。或許因為天氣太熱，她忙裡忙外，疲勞過度，在用餐時間心臟病突發。當時雖然延請外籍教會醫院的醫生前來診治，幫她打針，餵她服藥，仍未能挽回她的生命。我母親在中午發病，到晚上外婆到來時已往生。母親去世時才三十三、三十四歲，我和姊妹五人都還是稚童。外婆僅生她一女，痛不欲生。白髮人送黑髮人，真是情何以堪。

二、求學歲月

　　梅縣東山中學附設有小學，所以我小學、中學都在該校就讀。東中是私立學校，由華僑出資興學，是梅縣一帶水準最高的學校，許多鄰近縣市的小孩都來應考，就讀的學生素質好，老師也是一流的。從我家到東山中學走路不過只有十數分鐘。我和姊姊一同上學，但我下面三個妹妹就沒那麼幸運，她們都沒有機會上學。我是家中唯一的男孩，自小就養成刻苦耐勞的自立精神，這在我長大後進入社會時很有幫助。

　　母親過世後，父親就不再做生意了。他討了填房（後母）料理家務，千里迢迢地到重慶軍事委員會委員長行轅去擔任

中尉軍需軍官。大約做了三、四年後，因惦念我們和故鄉的家務，便辭職返家，親自課讀我和我姊妹。

民國27年（1938）日寇佔領廣州後，廣東省政府北遷韶關（即曲江，靠近湖南）。省府為整頓警政，創設廣東省警察訓練所，由廣東省主席李漢魂[2]兼任校長，民政廳長何彤[3]兼副校長，易敬簡為教育長（中央警官學校高教班畢業），專責校務。易先生在抗戰勝利後曾經擔任警察總署處長，來臺後擔任過內政部警政司副司長。

我於民國31年（1942）考入廣東省警察訓練所，是一期生，畢業後分發還鄉，在梅縣警察局擔任巡官，當時梅縣警察局局長是吳鎮昌先生（中央警官學校正科二期）。吳先生是我在警訓所受訓時的大隊長，我受他照顧、愛護很多。至今雖事隔六十多年，我對他的恩情仍時常惦記在心。

三、臺幹班點滴憶往

民國32年（1943）底，中、美、英三國在開羅召開會議，共同發表宣言，聲明一旦戰爭結束，「日寇」必須將所佔領的東北三省、臺灣、澎湖列島歸還中國，因此中央警官學校奉令儲備警察幹部，並於民國33年（1944）〔9月開始籌劃〕「臺灣警察幹部訓練班」設立〔事宜〕，招訓愛國青年加以培訓。我得知此一消息，參加招考後，編入學員班（圖8-1）。二分校的臺幹班先後共分四班招訓，即講習班一隊〔第二期〕

2　李漢魂，1895/11/23–1987/6/30，字伯豪，廣東吳川市中山鎮人。廣東陸軍小學畢業後，入武昌陸軍預備學校就讀，1916年入保定軍校，六期畢業。李氏曾在閻錫山部見習，後返回家鄉，參加過北伐、抗日戰爭，1947年在原籍當選第一屆國民大會代表。

3　何彤，1892–1972，字葵明，廣東順德人，保定陸軍軍官學校畢業，曾任粵軍第三師參謀長、兩廣緝私局局長、汕頭市長、廣州市長、制憲國民大會代表。

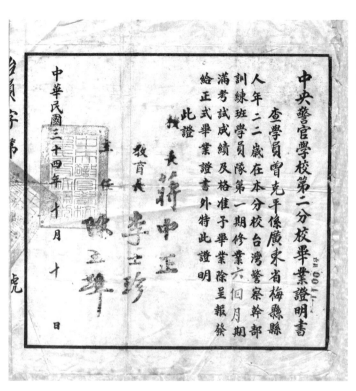

圖 8-1：中央警官學校第二分校臺灣警察幹部訓練班學員隊第一期畢業證明書（1945/10/10）

（第一期先前已在重慶校本部結訓）、學員班一隊、學生班二隊、初幹班五隊，錄取之初共計 1,020 人。

　　考取後，我和一批學生在校方招考人員率領下，徒步行軍，先到福建長汀集訓，然後再隨校方到福建三元縣梅列鎮。當時究竟步行了多少時日，走過多少里程，今已無從記憶起。行軍雖然辛苦，卻是鍛鍊身體最好的方法。我迄今身體健壯，多少受惠於當年的鍛鍊。

　　在梅列受訓的生活雖然艱苦，但期待中前途應該是光明的，因此我在精神生活上非常愉快。在我進入臺幹班受訓之際，中國已到了八年抗戰末期，學校所有設施都非常簡陋。

學校經費經常不夠，無法供應熱水，所以我們都到學校旁的沙溪洗澡、洗衣；有時也要從河邊抬水，這個工作若非身體強壯，絕對難以勝任。早餐吃飯「打前鋒」（意指吃飯爭先恐後、怕吃不飽）、吃稀飯。午晚兩餐，一人一袋飯包。三餐的餐食鮮有魚肉，幾乎每餐都是青菜、鹹菜湯。穿的衣物不外是草鞋一雙、棉冬服一套，草青色布軍裝二套只夠換洗用，內衣褲則由各人自備。受訓期間生活辛苦，但是大家都能體會政府抗戰多年，民窮財盡，因此不免將未來一切的一切都寄望在臺灣光復上。

中央警官學校是由蔣中正主席兼任校長，教育長為李士珍（黃埔二期）。二分校主任是陳玉輝，臺幹班主任為胡福相（他也兼二分校副主任）；臺幹班副主任是揭錦標，總隊長為徐勵。胡福相曾經留學日本，來臺之初擔任光復後第一任警務處長；揭錦標擔任副處長，徐勵為臺灣警察訓練所所長，其他教職員的姓名我都已忘記。至於警訓所，那是光復後針對警力不足問題擴大招生而設立的培訓機構，充實基層警力是其創立目的。

臺幹班除警察業務之外，還開班教授警政相關法律，例如刑法、刑事法、民法、違警罰法等，此外還教授國父遺教、總裁言論、日語、臺灣地理、臺灣歷史、臺灣警察等課程。法律課程外聘，由專家講授，警察專業課程由校方教職人員擔任，日文、日語由出身臺灣的吳俊明先生擔任。吳俊明戰後曾經擔任戶警合一時代的警務處戶政科長。

在梅列上課時，我們客籍同學的「普通話」雖然不夠靈光，但仍可勉強聽課、與同學交談。校方只對部份課程提供講義，因此我們必須做筆記，至於軍事訓練所需的械彈、糧秣、被服，都由第三戰區統一供應；第三戰區司令長官是名將顧祝同將軍。受訓期間校方常邀請軍政長官來校對我們精神講話，用意在鼓舞士氣。

有一天，校方根據情報判斷，宣佈共匪可能會偷襲本校，因此那天全體員生均實槍備戰，戰戰兢兢地進入戒備狀態，事實上偷襲事件並未發生。情報是真是偽，有時很難說，但事後我們推測，這可能是一次無預警的軍事演習。不過，那次我們有備無患地完成了一次戰鬥演習，總是好事一樁。

四、進駐臺灣

民國 34 年（1945）8 月 15 日晚，學校宣佈天皇已透過廣播〔向盟軍〕全面無條件投降。抗日戰爭勝利了！我們狂歡了一晚，都認為中國很快便可接收臺灣，我們也即將一展抱負，解救水深火熱、受苦受難的臺灣同胞。當時大家都非常興奮，期盼中的光復臺灣大業不日可實現，這不再是夢想。

我們於 10 月中旬開抵福州，整備治裝（圖 8-2），10 月 23 日晚乘美軍軍艦浩浩蕩蕩地向臺灣出發，24 日清晨抵達基隆港。那時基隆已被美機炸得面目全非、殘破不堪。稍事休息後，我們改乘火車到臺北。

抵達臺北後，一行人從火車站步行至廣州街警察官及司獄官練習所，是日安頓就緒。翌日上午，長官公署在臺北市公會堂（今中山堂）舉行受降典禮。10 月 25 日這天是一個燦爛光輝的好日子，當天風和日麗，國旗飄揚，街頭彩牌林立，紅男綠女，大家莫不高興。臺幹班警力所負責的是會場中山堂內外的警戒工作，並負責指揮中山堂前的交通。

圖 8-2：臺灣警察制服照（福州治裝，1945 年底攝於臺北）

　　在受降典禮中，臺灣總督安藤利吉[4]簽署受降書〔「降書」的「受領證」〕。是日，臺灣正式歸還我國，故稱「光復節」。百年國恥得以雪洗，日人也成為垂頭喪氣的「三斤狗」。

五、分發埔里

　　接收工作開始前，臺灣省警務處為使接收工作步調劃一，曾經召集臺幹班人員參加講習。11 月初，我奉令跟隨臺中接管委員會警政長官一同南下臺中，暫住臺中公園旁的臺中警察會館。臺中州係由當時臺中州接管委員會主任委員劉存忠率領專員五人、接管員七人前往接收。我當時的職稱是臺中州接管委員會能高郡警察課接管人員兼能高郡警察課長（圖 8-3）。[5]民國 35 年（1946）1 月接收完畢，立即成立縣政府，由劉存忠出任臺中縣長，黃銘祥出任臺中縣警察局長。

　　民國 34 年（1945）11 月中旬，我和張其辰、鄭信同（兩人都是臺幹班學生班）三

圖 8-3：中縣警察局能高區警察所

4　安藤利吉（1884/4/3–1946/4/19），日本宮城縣人。1944 年晉升陸軍大將，12 月 30 日受命為第十九任（最後一任）臺灣總督並兼任第十方面軍司令官
5　1920 年日人設能高郡警察課；接收後在 1946 年 3 月，改制為能高區警察所 1949 年，再改制為能高分局；1950 年改稱埔里分局迄今。

人奉派到能高郡接收警政。我們隨同郡守白福順（埔里人，從業律師）前往埔里，展開接收工作，並兼任宣慰臺胞的工作。〔接收完成後，1946年3月改郡為區，郡警察課也改稱區警察所，〕我是所長，鄭信同是佐警，張其辰是巡官，我們三人都住入警察所宿舍。埔里的警察所宿舍就在武德殿對面，那個武德殿是日據時期的警察練習所，現在已變成埔里警察分局。我還記得，武德殿對面除了一間警察所宿舍外，還有一間〔舊〕郡守宿舍。在光復之際（1946年3月），郡守因改制而稱為區長，所以郡守宿舍就稱為區長宿舍。區長宿舍隔壁是民政科長蕭添貴的宿舍，再隔壁才是警察所宿舍。

　　接收後，我以警察首長身份勉勵同仁，要以「責任第一，愛護人民，操守至上」為我們的工作信條，一切都必須以「仁民愛物」為前提（圖8-4）。當時埔里留任的日本警察不少，臺警與日警比例約為二比一。日警雖仍照常服勤，但不敢有

圖8-4：能高區警察所前合照

圖 8-5：接收之際，能高區警察所與同仁合影，第一排中坐、著西裝者為郡守白福順先生，第一排左三為曾克平（攝影年代至遲應在 1946 年 3 月改郡為區）

所作為；臺警也心猿意馬，無積極表現。我們三人那時真可以說是以一當百，日夜奔馳地工作，所幸人民守法，和我們彼此之間協力同心，所以地方也大體安定。經過數月考核後，留用約六分之五的臺人警員。政府一直要到警訓所招訓的警察畢業、警力補充後，才開始遣送留用日警。

　　能高郡役所於民國 35 年（1946）3 月〔因為廢郡制，改行區制，而〕改稱區署，區署轄區包括埔里鎮、國姓鄉、仁愛鄉（即霧社所在的行政區）。能高郡警察課也同時改制為區警察所（圖 8-5）。我被派任為警察所長，可以頒發印信，獨立行使職權（圖 8-6）。能高區警察所下設國姓、仁愛兩分駐所，由巡官擔任分駐所所長。埔里、國姓二分駐所轄下各有十個派出所；仁愛鄉有二十四個派出所，內外勤警力共約 220 人左右。警務處為補充警力，乃適時頒佈義務警察的組訓辦法，我奉令慎選人員，積極加以編訓，共計成立一個能高中隊、三個埔里分隊、一個國姓分隊；仁愛鄉未編入，因為山地青年另行編訓。編組完成後，即加以集訓，以協助警察執行勤務。義警也由警察駐在單位配發服裝、皮鞋、

圖 8-6：能高區警察所所務會議會眾攝影紀念（1946/6/25）

長現良好者日後可望保送警訓所受訓。部份義警服務時間長
達十數年，其中也有人晉升至巡佐、巡官。

　　〔在埔里服務這段〕時期，我的工作重點不外以下三項：
（一）詳實考核留用臺警，汰弱留強。（二）加強政令宣導，
剔除含有日本精神、皇民化等意義的文字，例如「明治」、
「昭和」、「大正」以及其他日文招牌、神社、街路和會社
的日文名稱，以展現臺灣回歸祖國的新氣象。（三）維護治
安。

　　為了維護治安，我們採取的重點措施包括：清查日軍投
降後埋藏在各地的武器物資、民間私藏武器等；查察流氓以
及開釋後故態復萌等危害地方治安的人事；加強查管火藥、
瓦氣、瓦斯、汽油、煤油、酒精、爆竹等危險物品；協助遣

返日僑、日俘；協助人民辦理恢復國籍、姓名，並將在外臺
僑的戶籍註記在戶口籍冊。這是一套以「對內清查、對外封
鎖」為原則，以鞏固埔里統治的重要措施。當時埔里對外的
主要幹線只有兩條，一條經國姓、草屯到臺中，一條經由日
月潭。因此，只要平時做好對埔里、仁愛、國姓的清查工作，
一旦重大治安事件發生，只要封鎖這兩條路，加以臨檢，收
效自然大。

當時埔里有個「雙九會」，聽地方上人士說是一個流氓
組織，性質上近似「地下警察所」，共有成員八十一人，都
是二、三十歲的年輕人，時有欺壓善良、魚肉鄉民等情事，
被當地人視為毒瘤。地方老百姓說，這些人多為日本時代的
軍伕或失業流氓，到處搶劫毆打外省人，要嚴加注意；若發
生事端，應該要懲處法辦。因此我據報後，對他們特別注意
嚴懲取締非法組織，管得也特別嚴厲。[6]

六、二二八事件

民國 36 年（1947）二月底，臺北發生「二二八事件」，
3 月 2 日事件已蔓延到埔里。當時，服刑回家的雙九會份子
趁機在當地蠢動，到處找機會毆打外省人。事實上，那時警
察已無力取締，警察機關都不見有人上班，大家都避難去了

6　關於雙九會的組織，另有一種說法。二二八事件發生後，臺北民變的消息透
　　過收音機的廣播傳抵埔里，一時人心惶惶。埔里警察所轄區下的大部份警察
　　都潛伏起來，某些外省籍的公務員怕被人毆打也躲藏起來，社會秩序一度相
　　當混亂。於是地方士紳出面組織「雙九會」，成員約有三、四十人，公推施
　　雪釟為會長，會內另置行政主任、訴願主任等，依行政分工（是人的設置，
　　不是制度的「組織」）扮演臨時警察所的角色，因此該會在當時對埔里鎮的
　　治安不無貢獻。參見埔里鎮公所，〈二二八事件，烏牛欄之役〉，「媚麗埔里
　　魅力之旅：大埔城誌」，下載日期：2013 年 7 月 24 日，網址：http://www.
　　puli.gov.tw/web_travel/history/index.php?index_id=3。

這些雙九會份子到處搜捕外省人，見到不會講閩南語或日語的人就出手打人，社會秩序非常不好，並揚言要報復本人。我前此曾經因他案取締雙九會，這時他們因為我管得太嚴，居然成群結隊，開著搶來的消防車，持槍前來搜捕我。

大約在 3 月 1 日那天晚上吧，我到一位同鄉家裡吃晚飯，這位同鄉是林業試驗所所長。他說他那兒有狗肉，邀請我一起吃，我就一個人去他位在埔里鎮林試所的宿舍；〔日後〕我聽說，張其辰那天是在民政課長蕭添貴家裡。後來我一聽到發生事情了，便趕到大楠派出所，[7] 當時我並不曉得埔里警察所的總機已被雙九會控制了，還叫人去找我的司機，想要去霧社指揮。我的行蹤可能因此暴露，雙九會成員便派人來抓我。當時我人已在大楠派出所，不知情況，就被抓去了。被抓之後，我被人用車載回埔里。暴徒不問是非黑白，將本人凌辱毆打，打得遍體鱗傷，差一點喪了命。

2000 年出版的一本書〔《二二八口述歷史補遺：中央警交臺幹班的集體記憶》〕[8] 中訪問了鄭信同。[9] 他提到我當時是：

> 被迫從大楠那邊爬下來的，他們叫他要用爬的，用槍、用腳打他、踢他，從大楠到能高，大概爬了三、四公里，就他一個人被打，那傷口一直都還在。[10]

7　大楠為日治後期埔里街下 16 個大字（段）之一。埔里街當時屬於能高郡的轄域，而能高郡在 1945 年接收之際屬於臺中州。臺中州轄下有 2 市（臺中、彰化）11 郡（大屯、豐原、大甲、東勢、彰化、員林、北斗、南投、竹山、能高和新高）。

8　習賢德，《二二八口述歷史補遺：中央警校臺幹班的集體記憶》（臺北：財團法人二二八事件紀念基金會贊助研究報告，2000 年 6 月）。

9　同上書，〈訪談紀要：鄭信同先生〉，頁 151–157。

10　同上書，頁 153。按，「從大楠到能高」的說法似乎有誤，此處應該是指從大楠到埔里。

同樣地,那本書中也訪問了張其辰。[11] 他也說:

> 流氓就在局長那裡等候他的電話,就是要找他,目標
> 就是要找我們所長,流氓都從火燒島回來啦!流氓聽
> 到他的電話來了,就問從哪個地方打來的,沒辦法,
> 就查出來是在附近的一個派出所,那時候叫作大楠
> 派出所,距離沒有好遠,大概一公里左右吧。他在那
> 裡打電話,流氓馬上就到了派出所把他抓起來,抓起
> 來就打,要他跪著爬,由派出所那裡一直跪爬到分局
> 來。[12]

　　其實,這些都是他們搞錯了,根本不是這麼一回事。首
先,他們不在現場,都沒親眼看到,他們怎麼會知道詳情?
其次,大楠派出所在埔里的地理中心,從大楠派出所到埔里
有幾公里啊?不可能叫人就這樣爬幾公里的。他們沒叫我
爬,當時是用消防車載我的。妳想想看,叫人爬幾公里,膝
早就爛掉了,我怎麼到現在腳都還好好的?!所以根本不可
能叫我用爬的,而且還是爬上幾公里。

　　確實,我被抓以後,是有被打,全身都有傷,但只是
小傷,沒有刀傷。幸好我祖上積德,療傷後我的身體大體恢
復如常。本人因為懲辦雙九會非法組織和辦理繳交不法槍枝
獲得地方好評,事件後警務處以我處置得宜,記功獎勵(圖
8-7),我的職務因而調升。另外,在我身體受傷後,地方耆
老林其祥老先生贈送我高麗蔘一盒供我療傷,一位中醫師的
客家鄉親送傷藥一包給我服用,摯友林火木也仗義邀我等三

11　同上書,〈訪談紀要:張其辰先生〉,頁53–57。
12　同上書,頁55。按,文中局長和分局這兩個詞不太正確。在當時,此二詞
　　應該分別指稱警察所所長和警察所。另外,曾先生指出,大楠派出所距離
　　埔里應該有四公里,不是一公里。

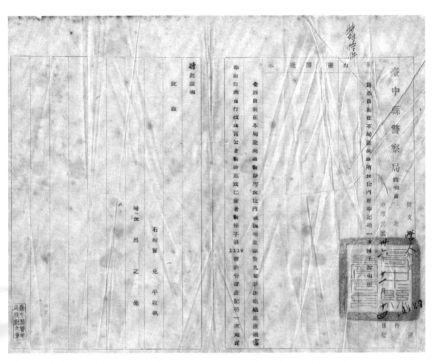

圖 8-7：臺中縣警察局證明書，能高區警察所所長任內記功（1947/11/14）

其家避難。這些真情厚意，都令我至今難忘。

後來，我聽聞國軍鎮暴部隊開赴臺中，謝雪紅[13]率領的一批暴徒也到了埔里，與雙九會會合，弄得地方雞飛狗跳。幸好國軍分批趕到埔里，他們才逃離而去，此事件整整經過十天才平息。關於謝雪紅到埔里這件事，我要說明一下，我從來沒見過謝雪紅本人。當時是有聽講謝雪紅到埔里來，帶

13　謝雪紅（1901-1970），本名謝阿女，臺灣彰化人，臺灣共產黨創始人。二二八事件發生後，民軍設立「臺中地區治安委員會作戰本部」，由謝雪紅擔任「二七部隊」總指揮。詳參閱陳芳明，《謝雪紅評傳：落土不凋雨夜花》（臺北：前衛出版社，1991）。

著學生軍到山上，所以國軍也來了。那時警察、警力都已經真空，不能下什麼命令，所以根本無法配合國軍。謝雪紅和國軍的事，是不是真有這樣的情況，我也不曉得。但是軍隊到埔里來，我就覺得工作上可以互相配合了，於是命令警察開始勤務，並執行清鄉工作，收繳散佚的武器。

我對政府處理這件事的看法是，上級對這個事件的處理應該是沒有錯的。我離開埔里的時候，有位臺灣籍的立法委員羅萬俥[14]特別寫了一首詩，並將詩文裱褙好，連同我的照片送給我。羅萬俥是很正派的人，但我和他並沒有什麼特別交往。

回顧二二八事件，我認為當時長官公署如能做到以下幾點，應該可以避免該事件波及全省。第一，控制各廣播電臺，並派軍把守，不讓暴徒把持電臺，利用電臺散佈、鼓舞各地造反。[15]第二，全面停止交通和郵電，包括禁止車輛、火車等行駛，使暴徒無法到處流竄——由於暴徒到處流竄，以至於讓事件演變至幾乎無法收拾的地步。第三，增派國軍駐守臺灣——軍力不足是政府最大的失策。

外省籍公務員在事件時被挨打、凌辱、遭受財產損失等事，至今未見政府提出積極的慰問、賠償、醫療等辦法，而臺幹班同學陳澤春二人分別在屏東車站前和高雄市區被暴徒槍殺致死一事，迄今也沒有看到政府出面撫卹。這些都是值得檢討的地方。

近來部份反政府的人士不明事理，將二二八事件發生經

14　羅萬俥，1898–1963，號半仙，臺灣南投人，曾留學美國。戰後初年擔任過臺中市參議會參議長、國民參政員。1948 年當選第一屆立法委員，並出任臺灣省黨部執行委員、彰化銀行董事長等黨政商界各職。1963 年赴日本參加中日合作策進會時，病逝東京。

15　關於戰後初期臺灣廣播電臺的研究，請參閱林平，〈戰後初年臺灣廣播事業之接收與重建（1945–1947）：以臺灣廣播電臺為中心〉《臺灣學研究》第 8 期（2009 年 12 月），頁 119–138。

過完全歸咎於長官公署和蔣中正主席，這是很不公平的。這樣做只是要製造對立，只考慮到個人的利益而已。

我派駐在埔里時期，還有幾件往事值得一提。二十世紀三十年代初（1930），霧社爆發一件震驚世界的霧社事件。該地一些山地同胞因不滿日本政府欺壓，趁著霧社小學舉行畢業典禮時殺死日本官吏、眷屬，人數超過百人。本人曾下令將日本政府在霧社所立的「霧社事件殉難日本官吏紀念碑」改立為「霧社原住民抗日殉難同胞紀念碑」。民國40年（1951）省府在紀念碑前建立牌坊一座，上書「碧血英風」。我也洽請（來臺遊覽的）廣東中山大學農學院院長侯過先生用隸書寫「忠烈祠」二幅，分別將這三個字做成匾額，刻掛於原埔里神社〔能高神社〕所在，以懷念抗日忠魂。[16] 同時，我也將原日本政府在霧社深山所建的富士溫泉警察療養所改名為「廬山溫泉」，以發揚中國抗日戰爭的廬山精神。

另外，我還向當時的民政處處長周一鶚[17] 建議：理蕃政策宜保持原狀，俟新政府運作上正軌，再逐步檢討，放寬改進。周處長甚表嘉許，認為此意見相當符合該階段的山地政策，當下以電話向警務處長胡福相推許本人。

16 此一神社應指「能高神社」。日治時代的能高神社（位於能高郡埔里街，位格為鄉社）現址為國立埔里高工，祭祀能久親王和開拓三神，下轄霧岡社（霧ケ岡社）社祠，後者原址為今德龍宮。神社最初建立在平地的主要街庄和日本移民村，後來也興建在「蕃地」和漢人聚落。「蕃地」的聚落大多稱為「社」。為了不與神社的「社」字混淆，原住民聚落的神社也稱「祠」（平假名讀作やしろ）。

17 周一鶚，福建人，在臺灣省行政長官陳儀延攬下出任臺灣省行政長官公署民政處處長，二二八事件發生之初與包可永、任顯群等參加處委會；3月26日長官公署成立二二八事變臨時救恤委員會，周氏擔任主任委員一職。

七、「白色恐怖」

　　民國36年（1947）7月1日，我奉令調升到臺北縣警察局擔任第一課長。當時縣警局的課長在編制上位階較警察所的所長為高。在我調任之際，地方人士曾上書警務處挽留我，後來知道挽留不成後，便盛大地設宴為我惜別（圖8-8）。當時羅萬俥先生曾代表埔里各界致贈本人錦旗一面，文曰：「臺警先鋒」。他還贈我中堂一幅，詩曰：「曾參列聖孝當先，克壯中華治大千，平得民心功顯著，君名到處慶迎緣。」這是用本人的名字所撰的詩，甚有意義。

　　臺北縣的縣治在板橋（今宜蘭縣當時仍屬臺北縣轄區）。不過，我調任到臺北縣才服務三個月，就隨同曾任臺幹班講

圖 8-8：能高區署警察所長曾、錢兩所長送迎會留念（1947/4/23）

習班老師的臺北縣警察局黃麗川局長調任到高雄縣警察局服務，仍擔任第一課長。高雄縣的縣治在鳳山。

　　民國 39 年（1950）7 月，我被調查局逮捕。調查局在毫無事證下，指稱本人有匪諜嫌疑。和我同時被捕者還有同鄉、同事三人。調查局在多次調查搜證後，最後確認指控一事為空穴來風。警務處長周中峰在知悉全盤情節後，乃向調查局交涉，將此案移回警務處辦理，我因此得以釋放，返任原職。但是，匪嫌的紅帽子一旦戴了，之後十五年中除了升官無份外，還常遭同仁白眼。我在忍無可忍之際，乃上書給公正廉明的周處長，於是周處長再指定保防室岳主任調查。查明我是無辜的之後，我在警界才一步一步調升到副分局長、警政署股長、課長以及分局長等職。

　　民國 40 年（1951），我在課長任內參加警務處徵文比賽，得到第三名。文中我建議警察局、分局應設置機動警力以應付突發事件。我早已預見各警察局、分局的警備隊和交通隊的建制有其時代需要，所以立言敦促立政者加以注意。

　　民國 58 年（1969）初，中華航空公司班機自臺東飛高雄途中，在屏東大武山撞山，我奉命搶救有功，經過各報報導，得到內政部頒發二等警察獎章。自此以後，我官運亨通。同年，我奉調到臺北，昇任內政部警政署警務處戶政科第一股擔任股長，參與「戶警合一」政策試辦後的戶政改進工作。

　　在警務處任職一年後，我曾被徵詢是否願意調任到澎湖擔任望安分局長，但我放棄了。民國 60 年（1971）8 月，我調任到高雄縣警察局擔任戶政課長，任內我曾編有《戶政法令暨解釋大全》一冊。民國 67 年（1978）7 月，我被派任到林園、旗山等地擔任分局長，分局長一職本來做到六十三歲必須退休，或轉為內勤主管。我選擇延退多做了五年。直到民國 81 年（1992）8 月 10 日才屆齡退休。

八、戶政我見

　　臺灣的戶籍在日據時代原由警察機關主管，光復後在民國35年（1946）初移交給民政機關辦理。民國62年（1973）正式實施「戶警合一」制度。[18]

　　戰後二十多年來，臺灣原則上實施的是雙軌制的戶籍行政，由警察管理流動人口、查察戶口、記錄人口素行等；由民政機關掌理戶籍行政，例如戶籍登記、人口政策、人口統計分析、戶籍回報等。自民國58年（1969）7月1日起，政府為安定地方、肅清匪諜、落實人必歸戶〔政策〕、杜絕戶口空漏、嚴密社會組織，並配合反攻復國的需要，開始試辦「戶警合一」，由民政機關將戶政業務移交警務處管下各級警察機關。同時，警務處成立戶政科，各縣市再成立戶政課（科），而各鄉鎮區則成立戶政事務所。警務處戶政科共設四股，戶政科科長為吳俊明。第一股主掌戶政改進，尤其重視便民。其他股分別是：第二股掌戶籍行政；第三股負責戶口查察、流動人口、人口素行；第四股主掌統計。

　　臺幹班學生班同學許志明曾經發表過一篇文章，〈論基層人口管理勤務三結合〉，[19]文中提到戶警合一的問題。這一政策的重要性，以前老蔣總統講過很多次，其實日本統治臺灣時期就很重視戶口管理的實行。我們來臺接收以後，各鄉鎮也都設有戶政課。民國59年（1970）我參與不少戶政工作，對戶政有一些瞭解，也寫過幾篇戶警合一的相關文

18　「戶警合一」制度於1969年開始試辦，1973年正式運作，1992年「戶警分立」，「戶警合一」制度從此走入歷史。又，參閱本書〈呂泰山先生訪談紀錄〉。

19　許志明，〈論基層人口管理勤務三結合〉，收於《中央警官學校臺幹班師生來臺五十週年紀念專輯》，頁179–188。

章，[20] 裡面把我對戶警合一應該如何在臺灣實施的意見講得很清楚，不論戶口改進、身分證問題，我都講了。

我在警政署戶政科擔任股長任內，極力推行戶政便民的措施，其中特別值得一提的是減免戶籍謄本的使用。這個措施，略言之，即是以省政府名義由臺灣省薦請中央各相關機關共同商議，減免使用戶籍謄本達數百種，依法分別准以繼續使用原有名稱、減免使用名稱、部份減免使用名稱，逐次上報行政院，然後再由行政院以公文函送各機關執行。此一便民措施深得上司稱讚。另外，我也參與了簡易國民身分證的頒佈，檢查號碼計算公式的加註，以及流動人口管理上便民措施的推行。[21] 當時政策的執行面都是由副分局長兼戶政主任負責。

至於「戶警合一」制度的成效評估，我擔任過這個職務，因此多少知道其中的問題所在。戶警合一原則上採申報制，戶政員比較少去查戶口。當時每年舉行戶口校正，校正的時候一旦發現有申報不對或沒有申報者就會提告，所以這個政策依我看，在那個時空背景下大體上是對的。

關於查戶口的法律問題，許志明在那篇文章中提到：

> 依法律的規定，警勤區警員是無「清查戶口」、「查對戶口」、「戶口校正」的。雖然戶籍法第七條第二

---

0 〈戶警合一之時代意義及成效〉、〈戶政改進辦法實施之後〉、〈肅清空戶口之途徑：嚴密戶籍管理〉、〈從減免使用戶籍謄本說起〉等文。以上各文原先刊於《警光雜誌》，後收錄於曾克平，《淡溪文摘》（屏東：財團法人屏東縣文化基金會，2003 年）。

1 〈如何強化警勤區戶口查察〉，《警學叢刊》，第 4 卷第 3 期（1974/4/4）；〈肅清空戶口的途徑：嚴密戶籍管理〉，《警光雜誌》，第 126 期（1970/7/1）；〈從減免使用戶籍謄本說起〉，《警光雜誌》，第 116 期（1970/2/1）；〈國民身分証加註檢查號碼作業程序和意義〉，《警光雜誌》，第 119 期（1970/3/16）等文。以上各文後來收錄於曾克平，《淡溪文摘》。

項有「動員戡亂時期，戶籍事務所得經行政院核准，隸屬直轄市，縣警察機關。」但仍沒有賦與警察「戶口調查」的權力。[22]

　　這是說，真正有法律上戶口調查權力的機關不是警察，而是戶政事務所的戶籍調查員。事實上行政院的規定是什麼？我不知道，我們都是根據戶口查察辦法來辦理的。

　　至於我對警勤區的看法，當時縣市警察局警勤區的劃設都是依縣市人口多寡而調整的，但警員編制卻不是依據警勤區大小，而是看治安環境，也就是根據事務繁簡來決定。有治安顧慮的地方就要多配置一些警員，至於山地等特殊地區，因為平常性事務不多，只要配置一、兩名警員就可以了。這完全得看治安環境來決定，反正警力都是看治安來決定的。關於這部份，還牽涉到兩個因素，一個因素是警力不足，另一個因素就是治安本身不是單純的問題。這兩個因素都會影響到警勤區的人員配置。

　　我在潮州擔任副分局長（1967-1969年）時，警力運用主要是依據治安狀況而定。我將警力彈性運用，地方單純一點的，警力就少派一些，或將警勤區域加大一點；地方複雜和犯法人口多一點的地區，警力就多派一些，或將警員負責的區域縮小一點。這樣的話，派任的警員各自有其負責的區域，警力的配置才能夠合理配置。所以警勤區的劃分不是絕對的，處理上要能彈性運用。當然硬要說法令，法令也是有規定的，但一般都要這樣做才對──要彈性運用。

22　參見許志明，〈論基層人口管理勤務三結合〉，頁187。

九、臺幹班與臺灣警政

　　《中央日報》、《自由時報》等報紙在臺幹班來臺四十週年時，分別在社論上刊出臺幹班同學對建立戰後臺灣警政以及維護安定社會等貢獻的報導，讚揚臺幹班是臺灣經濟建設發展的功臣，功不可沒。這裡我要特別指出臺幹班對臺灣警政的貢獻。

　　民國 38 年（1949）大批軍民自大陸撤退來臺，份子複雜，近百萬的人口〔一百五十萬軍民〕大量遷徙到臺灣而未發生社會亂象。[23] 本人認為這應歸功於警察勤務的落實，更應歸功於臺幹班同學對戰後臺灣警政的全力投入。當年臺幹班同學投身革命洪爐，胸懷壯志，本著效忠國家、服務人群的精神，為復臺建警而鞠躬盡瘁。在當時社會亂象下，臺幹班成員不眠不休，夙夜匪懈，以有限警力接收日警龐大的組織和業務，使社會得以安定，治安得以維持良好，也贏得了全民喝采，使人心歸向祖國。戰後這幾十年來，臺幹班同學發輝了仁民愛物的精神，奉公守法、潔身自愛，做到「警察民眾化、民眾警察化」的理想，因此社會上對我們警察都有好感，也非常敬重。

　　臺幹班人材濟濟，在升遷管道壅塞下，大家仍力爭上游，迄今擔任過警察局長以上者有十數人，另外也有擔任內政部次長、省府副祕書長、直轄市政府祕書長、警政署長者，甚

23　戰爭的失敗使得防制「匪諜」潛伏的考量在臺灣主政當局的決策過程中扮演重要角色，入境管制即其中一例。就預防臺島人口過度增加而言，從各縣市的幾項統計數字來看，准許入境的比例並不高，確已阻止人口的增加。就保防的功效而言，它阻止了可疑的中共份子入臺，也達到防制「匪諜」的功效。就統治者來說，這項措施不但隔離了可能威脅政權者，也達到鞏固政權的目標。參見薛月順，〈臺灣入境管制初探：以民國 38 年陳誠擔任省主席時期為例〉，《國史館學術集刊》，第 1 期（2001 年 12 月），頁 225–255。

至有人轉任法官、律師，還有數位成為美術家、書法家，其中尤以分局長一職在任一、二十年以上者人數最多。

今日（2008年）警政人事升遷以資績計分，教育訓練紮實、素質提高，警教也邁向大學之林，社會繁榮，臺灣躍身亞洲四小龍〔之一〕，這一切都是臺幹班同學付出畢生之力協助建立臺灣警政有以致之。臺幹班為國家做出這樣斐然的貢獻，應該是全民所共睹的。

十、退休生活

我認為人生是經驗的累積，一個人必須能通過每一個磨練，才能成為有用的人。人生難免有失望、失敗、悲傷的日子，但我們都要鼓起勇氣，本著堅忍不拔的精神，繼續向前邁進。這是臺幹班全員的精神所在，也是我人生的座右銘。

退休至今（2008）二十年，我選擇了練習書法來排遣漫長歲月。

老來無事不從容，
看書寫字度時光，
日臨羲之百千字，
樂將光陰付墨池。

數十年來，我的心境誠如我這幅對聯所述：「筆硯生涯娛我老、簞瓢樂趣少人知」（圖8-9），在退休之後書法學習成為我的生活重心。我也體會到：字，不管寫得好或不好，只要隨興，既可自娛，也可自賞。練字對個人的修身、悟道、養性、強身，都很有益處，都有助於達到「藉一管之毫，顯大千世界」的境界。

這些年來我在書法上頗有成績，先後著有書法集二冊，

圖 8-9：書法作品代表作之一：「筆硯生涯娛我老，簞瓢樂趣少人知」

圖 8-10：屏東市芯鳳宮（媽祖廟）的匾額，題字：「德澤海疆」

並在高雄、屏東地區開過四次個展，也曾參加行政院書法比賽入選優作，在內政部警政署第一屆書法比賽中得到佳作，參加過大陸、兩岸四地（臺灣、香港、深圳、澳門）的書法展，也獲頒行政院文建會資深文化人獎，並曾經應友人之邀，為屏東市慈鳳宮（媽祖廟）在匾額上題字（圖 8-10）。民國 96 年（2007），我獲選為屏東縣模範父親。這些都是我退休後為光大中華文化所盡的心力，也是我最引以為傲的事，讓我在退休生活中得到最大的安慰與滿足。

曾克平先生簡歷

- ❖ 1945/11/14 －奉派任臺中縣能高郡警察局課長
- ❖ 1946/05 －警察課改制警察所，職稱改為所長
- ❖ 1947/07 －升任臺北縣警察局課長
- ❖ 1947/09 －調高雄縣警察局課長
- ❖ 1950 －調屏東市警察局任課長，後改調屏東縣警察局任課長
- ❖ 1967 －調屏東縣潮州分局副分局長
- ❖ 1969/07 －升任警政署（警務處）戶政科科長
- ❖ 1971/04 －調高雄縣警察局戶政課課長
- ❖ 1978/07 －調高雄縣林園分局分局長
- ❖ 1980/07 －調高雄縣旗山分局分局長
- ❖ 1986 －調警局勤務中心擔任主任
- ❖ 1992/08/01 －屆齡退休

吳譽賢先生訪談紀錄

訪談歷程

❖ 2008/6/2、2008/6/3 訪談兩次，2011/3/11 訪談乙次，
地點均在臺南吳宅。

簡介

　　吳譽賢先生，廣東梅縣人，民國 8 年（1919）出生。梅縣廣益中學畢業後，回到家族辦的仁本小學教了半年書。民國 27 年（1938）10 月報考福建省保安幹部訓練所軍事二期，結訓後奉派到部隊擔任少尉。民國 30 年（1941）3 月考上中央警官學校正科第十一期，到重慶受訓兩年。民國 32 年（1943）10 月結訓後，先後在福建省長汀縣擔任警察局巡官、警察所所長。民國 33 年（1944）11 月中央警官學校在福建成立二分校，接受徵召進入臺灣警察幹部訓練班第二期講習班受訓三個月，1945 年 5 月起擔任初幹班第一隊隊長等職務。日本投降後，隨臺幹班來臺，奉派至澎湖接收警務。民國 35 年（1946）1 月中旬奉派擔任澎湖縣警務科科長，為光復初年澎湖縣警察機關的最高主管。

　　二二八事件後，辭職返回大陸，民國 38 年（1949）再度來臺，先後擔任彰化市長祕書、圖書館館長、自來水廠廠長、宜蘭縣民防指揮部組長、苗栗縣船舶總隊副總長等職。民國 68 年（1979）3 月在屏東縣警察局船舶大隊長任內退休，共計在臺灣警界和相關機構服務三十四年。

一、家世、求學

　　我是廣東省梅縣人，自開基祖算起，是吳家第二十三世孫。我家族男丁名字的最後一個字是依系譜排的。就我所知，這個排序如下：

　　康 祥 榮 文 元 賢 輝 方

　　我屬賢字輩。我們吳家是大家族，堂號延陵，約有三十幾戶族人都住在一起。據家父告訴我，高祖父吳贊祥是做米鹽買賣的，在世時賺了不少錢，名下的田地不少，也捐了官，

所以在村子裡辦了一個學校，叫仁本小學，只要是村子裡的小孩都可以來唸書。曾祖父繼承家業，仍然從商，但到了我祖父吳進文這一代家道中落，幾乎坐吃山空，後來就分家了。我的父親吳仁波（仁波為其號）是革命元老，在中國國民黨梅縣縣黨部擔任過黨書記，之後曾被推為梅縣參議會議長。

　　我們梅縣地方地方平靜，但山多田少，不易耕種，所以很多人到了十四、十五歲時都到外面去打拼。家世好一點的就到梅縣去升學，差一點的就到南洋（像菲律賓、馬來西亞、爪哇、印尼、泰國等地）去闖天下，所以鄉下地方多是老弱婦孺。據我父親說，我自幼比較聰明，所以他對我的期望較高。家父送我到縣城去讀書，還告誡我做人做事的道理，教我人在外面要如何交朋友、如何做事等。

　　梅縣景點很多，但我記得的並不多，比較有印象的是「半坑瀑布」，畢竟我年少時就離開了家鄉，對家鄉最深刻的印象要推土共，也就是地方流氓。嚴格說來，土共也可以說是共匪的外圍組織。記得我小時候家裡曾經有兩個叔父被土共綁票，土共的目的當然是要錢，所以都會找大戶人家綁票。我家怕土共來找麻煩，曾經組自衛隊，地方人士會將武器捐給我們，大家共同保衛家鄉。我家兄弟也參加了這種自衛隊。

　　我有五個兄弟姊妹，我排行老大，下面有三個弟弟和一個妹妹。我六歲以前就在家族所設的仁本小學就讀。仁本小學是私塾，教的是舊漢學，我受益甚多。六歲時，家鄉不安靖，父親當時任職縣府，於是帶著我家族離鄉，住到縣城去，將我送進梅縣廣益小學念書。這是一所私立的教會學校，屬耶穌浸信會。我們自五年級開始學英文及注音符號，學生們和外國老師比較有接觸，因此也感覺到外國的風氣比我們好。

　　梅縣的文風很盛，抗戰以前讀書人很多，縣城裡光是小學就有 36 所，中學 22 所，大學 2 所。自廣益小學畢業後，

我進入廣益中學就讀，我的國語ㄅㄆㄇㄈ是到初中才開始學的。高中時，我讀的是省立梅州中學。梅州中學座落在縣城裡，是省政府辦的學校，也是縣裡最好的中學校，通過全省會考者才得以入學。高一、高二還要參加會考，會考及格者才能繼續升學，不及格的就會被退學。如果被退學，還想繼續唸，就要補習、再考試，考上才能再就讀，所以這個學校並不容易畢業。梅州中學對於功課要求很嚴，讀書風氣很盛，但是我們也常找機會運動打球。

我高中畢業後，父親已退休，家中的經濟情況不是很好，所以父親希望我先找個工作，積攢一些錢以後，想唸書再唸。但這時的時局已經很亂，工作不好找，有半年時間我幾乎都在找工作，所以就暫且回到家族辦的仁本小學去教一陣子書，只是待遇並不是很好。仁本小學之前都是到外面找老師來教，但這時外面已經亂得不得了，不容易找到老師，所以就由我去教。

二、福建省保安幹部訓練所

教了半年書，也就是民國 27 年（1938）10 月，適逢福建省保安幹部訓練所到各校招生，我得知招生的消息後也去報考。[1] 報考資格要高中畢業或同等學歷，考上後授以軍事教育。參加這次招生考試的人很多，競爭相當厲害，考試科目包括國文、數學、物理和化學，同時也有口試。

我們這屆是為福建省保安幹部訓練所軍事二期，共招收了 145 人。受限於經費，招生的人數不多。考試通過後，要

1　福建省保安幹部訓練所座落在梅列，該基地後來撥給臺幹班做為訓練基地。吳先生報考當時，柯遠芬（1906–1996）是福建（全）省保安司令部少將參謀長（司令由陳儀兼任），兼保安幹部訓練所教育長。

先接受六個月的訓練。受訓後我的官階是少尉，待遇是一個月 60 塊大洋，不算多，但當時豬肉一斤才賣 5 毛錢，所以生活算起來也還不錯。

福建省保安幹部訓練所屬於軍事系統，隸屬福建省政府，負責培訓地方保安隊的基層幹部，將他們加以訓練後派到部隊服務；例如到軍隊當少尉、中尉或排長，主要是帶軍隊，負責地方治安。民國 30 年（1941）夏，我辭軍職，進入中央警官學校繼續求學。

我在福建省保安幹部訓練所雖只是基層幹部，但因工作比較穩定，一待就是兩年多，這在同學中算是久的。我還記得當時的幾位長官，例如：保安司令部副司令為黃珍吾，[2] 保安司令部參謀長為柯遠芬、保安團團長王成章，另外還有陳餘珊等人。他們都在民國 38 年（1949）左右先後來臺：黃司令轉任憲兵司令，柯參謀長出任臺灣省行政長官公署警備總司令部參謀長（司令為陳儀），王成章團長後來出任臺灣省民防司令部司令。

三、中央警官學校正科第十一期

一個服務單位的範圍如果太小，會使人的視野變小。在部隊裡服務是很辛苦的工作，所以我一直希望能有機會到外面走走。在部隊中待久了，又是在小地方工作，如果能看看外面的世界會比較好，因此民國 30 年（1941）夏我參加了中央警官學校的考試。

當時我在梅列的福建省保安幹部訓練所看到省府公報，

2　黃珍吾，1900–1969，籍貫為廣東文昌縣，黃埔陸軍軍官學校第一期，為華僑回國從軍第一人，故有「華僑將軍」之稱。1938 年 7 月，調任福建省保安司令部副司令，兼保安處處長等職。

知道中央警官學校的招生消息，決定報考。這時，共匪已經侵佔、騷擾、轟炸了閩北很多地方，大家每天的日子都過得很緊張。那時老蔣總統鼓勵青年從軍，我本來也是要去從軍的，但後來想想，警官學校的訓練和軍隊的訓練性質差不多，所以決定從警。同樣是保護人民的工作，警察以治安為主，去當警察應該是很不錯的。

當時一般人對警察的觀感不好，但我認為國人不應有「自掃門前雪，休管他人瓦上霜」的心態，所以也沒想太多，就去報考中央警官學校。我知道父親認為去當警察沒什麼發展，至少不像在軍隊中那麼有發展，總之他就是對警察工作不大滿意。所以我去投考警校時只告訴母親，沒有告訴父親即加入警察的行列。也可以說，我考中央警官學校是為理想所驅使，希望改造社會，完全是自己的主張。

民國30年（1941）3月間，中央警官學校在福建各地招考，共錄取六十幾個人，我和江秋心、張建謀三個人都上榜，正式成為正科十一期生。考取後，中央警官學校提供經費給我們前去四川重慶報到。這時已是抗戰中期，由福建前往四川並不容易，運輸交通工具又很少，我們一路上坐車、坐船，加上走路，才終於到達重慶。

我們由梅列出發，先坐公路局汽車到湖南，再轉搭火車到廣東韶關，然後經貴州到四川。由韶關到四川這段路，我們透過人事關係，搭乘貨車經桂林、貴州到四川。當時我們躲在貨車裡，藉由貨物的掩護才安全抵達目的地的，因此被稱為「黃魚」，也就是搭霸王車的意思。這趟行程共花了我一個星期的時間才抵達。

民國30年（1941）9月我到重慶中央警官學校〔本部〕報到，正式成為正科第十一期生。當時中央警官學校已經遷到重慶市彈子石，隸屬內政部；抗戰勝利以後，該校才搬到南京羊皮巷。其實，在中央警官學校成立以前，全國各地

的警察機構都是拼湊而成的。〔1936年〕中央警官學校成立後，才統一集訓各地警察，再分派他們到各省市警察單位任用。

中央警官學校的校長是蔣公中正，教育長是李士珍，孔祥熙是教務委員，下面有行政、庶務、督察和訓練等處。我們的校歌是「力行進行曲」。當時招的學生少，後來才慢慢增加，為的是日本有可能隨時會投降，必須多訓練一些人協助接收。所以我們十一期學生只有148人；本來是招160人，畢業時只剩下148人（圖9-1）。之後的十二期、十三期〔人數較多，〕就分成第一隊、第二隊，之後招生人數就更多了。

圖9-1：中央警官學校正科第十一期畢業同學錄（1943/10）

中央警官學校正科班每年招生一次，後來因應時局需要，每半年招一期。以學生素質來講，中央警官學校正科班的學生素質都很好，訓練時間長，一般是兩年，沒有寒暑假，所以訓練時間是滿滿的兩年。我們的訓練課程非常嚴格，每個月都有考試，考試未達標準者會被刷下來，刷下來的人就被分發到後一期或送到分校去受訓。在我印象中，我們十一期的同學約有百分之二到三被刷下來。

在中央警校時，英文、中文、歷史、地理的課我們都要上，每月有月考，每期有期考，還要寫讀書心得，但訓練中最重要的還是思想。思想訓練的目的在於確立我們忠黨愛國的情操，所以要上三民主義、國父遺教，並請大專院校的教授來教，只有作戰方法等課程會請軍校的教官來上，不過軍

校教官上的課較少。我本身是黨員，早在中學時就入黨了。當時學校教官鼓勵大家入黨，因為要進軍校或警校就要入黨，否則會和其他人格格不入。進了警校以後，隊上設有小組，經常開會討論〔包括學習和〕進修等問題。

當時上課都是所有課程大家一起上，直到快要畢業時才分班，分別是刑事班、行政班以及照相指紋班。我選擇行政班，所以日後分發的工作都偏向行政。如果三次指定考試未達標準就無法畢業，順利畢業者才能接受工作分發。

我在重慶這段時間是生活上最苦悶的時候，但也可以說是人生最美好的時刻，因為那段期間接觸到的東西很多，同學之間感情也最好。記得在重慶接受警官訓練那兩年，敵軍來轟炸得很厲害，幾乎每隔兩、三天我們就要進防空洞躲空襲，那時生活真的很苦。有次在防空洞中躲空襲，炸彈就在洞口爆炸，當場死了六、七十人，這一幕讓我終生難忘。

民國 32 年（1943）10 月我從中央警官學校畢業，接著被派到福建省長汀縣警察局擔任巡官，其後升任警察所所長。前面提到，我們考上警校後，由福建到四川這一路上的交通並不容易。現在畢業了，要從四川回到福建也不容易，尤其在抗戰末期，時局更亂。但是我們已經接受過訓練，懂得如何應付各種情況，所以在回廣東、福建的路上都平安無事。

本來去四川時是三個人一起前往的，現在要回福建了，三個人最後終須分手。江秋心是福建福州人，就回福州家鄉服務；張建謀是梅縣人，就回梅縣服務；我則被派到福建長汀。我們三個人一道搭船經長江到江蘇，再到湖南，最後在耒陽附近分手，從此「兄弟登山，各自努力」。

四、受徵召入臺幹班：講習班及隊長職

我回到福建後不久，適逢開羅宣言發佈，未來日本投降後應將臺灣歸還中國。政府需要開始訓練一批人員到臺灣去接收，因此中央警官學校特別設立臺灣警察幹部訓練班，準備未來赴臺接收警政。

中央警官學校臺灣警察幹部訓練班〔是特科，〕經費來自中央政府，不是由地方經費支出。嚴格地說，臺幹班共分兩期，第一期在重慶訓練，當時只設講習班，也就是一般所說的講習班一期；第二期在福建三元縣梅列訓練，先設講習班，接著又在講習班下設學員班、學生班和初幹班。[3] 講習班徵召的培訓對象〔主要〕來自各縣市現職警官，學員班招考的對象是各縣市的現職警員、巡官，學生班以高中畢業或同等程度的學生為對象，至於初幹班則以初中畢業或同等程度者為對象。學生班有兩個隊。初幹班最初招生四個隊，後來又增加一隊，成為五個隊。不論是學生班或初幹班，一個隊約有一百多個人，看招生情況而定。招生招得好，人數就多；招生情況不佳，人數就少了。招生成績好的時候就多錄取一些人，招生情況不好就少取一些人。招生標準都是不齊的。

第二期講習班在招考時，先由中央警官學校正式發公文到全國請求各縣市警局推薦，也就是由上級先向下屬徵詢意見，再從其中徵召受過警察訓練的適合人選。在各縣市徵詢時，〔上級〕會考慮到申請者未來是否有意願到臺灣服務，所以我們〔一開始就〕知道訓練之後是要到臺灣來接收的，而很多人也都表示願意。徵召時，第一期到第三期的中央警校學生已經四散了，可能因為戰亂，有的人死了，有的人不

3　吳譽賢先生特別強調，〔從臺幹班的組織實務而言〕，臺幹班不是分四班，而是在講習班下再加設學員班、學生班和初幹班。

易聯絡。第四期到第十一期〔〈邢翰先生訪談紀錄〉作「十二期」〕的警官都還在警察崗位上服務，要先問他們願不願意到臺灣，也要看他們對臺灣民情風土瞭不瞭解。願意去的人才會去登記，而且徵召對象大多是中國南部幾省的警官，因此選取的範圍就變小了。無論如何，徵召前都會先問過被徵召者本人的意見。我就這樣徵得上級同意，帶薪受訓，加入臺幹班講習班。

中央警官學校的校長是蔣公中正，教育長是李士珍，臺幹班班主任是胡福相；總隊長有兩位，一位是揭錦標，一位是徐勵。徐勵原本在警官學校正科班擔任總教官，二分校成立以後，校方把他調過來擔任總隊長。李士珍，他沒管二分校的事。陳玉輝是第二分校主任，他是軍人出身的，很少講話，來臺以後我們也很少和他接觸。胡福相長得斯斯文文的，一表人材，他會和我們一起吃飯、聊天、也會談工作上的事，做事很負責。他沒有正式授課，但是他和我們隊長時有互動，會講講話，朝會完後會召集我們這些隊長加以重點指示，告訴我們業務要怎樣規劃、怎樣進行。他和我們一起住在梅列，所以我們之間的接觸比較多。

臺幹班的組織從上而下是主任、副主任、總隊長，下面再分大隊長、隊長、〔隊副、〕區隊長；一個區管三個班。隊長什麼都管，包括學科方面；每隊另設指導員，主要是管思想的。隊長和指導員的職務都是由講習班的人擔任，至於區隊長則是由隊長看學員班或學生班有那幾個同學表現不錯、可以擔任某個職務，就簽報上去請示，只要上面同意就可以派任為區隊長。

前面說過，中央警官學校臺幹班講習班第一期設在重慶本校，共有同學36人；講習班第二期設在福建省三元縣梅列，有28人。但是，第一期和第二期的學員之間並沒有聯絡，我也不清楚第一期的情形。

在二分校講習班上課時，我們有所謂「四君子」，就是我、曾業典、王啟豐和劉紹昆四個人。因為我們四個人比較談得來，表現也比較突出，舉止禮貌周到，所以被稱為「四君子」——我們怎麼敢當啊？！曾業典是中央警校第九期生、王啟豐是六期生、劉紹昆是八期生，他們都是我的學長，承蒙他們看得起我，抬舉我。四個人中我年紀最輕，被認為是「四君子」中年輕人的代表，但這真是讓我承受不起，實在不敢當。

關於曾業典，講習班裡有人當隊長，有人當指導員；我當隊長時，他是指導員。來到臺灣後，曾業典一直在警務處服務。民國39年（1950）以後，他爬得很快，尤其是民國45年（1956）以後，他爬到臺北市警察局副局長，在警界一直做到退休。

王啟豐，我有印象，已經過世了。當年分發時我在澎湖，也在花蓮。那時電話不方便，我們久久才碰一次面，平時是不會聯絡的。

在梅列，臺幹班的講習班學員才28個人，大家天天在一塊，都處得還不錯，但是來臺以後，就不常聯絡了。28個人當中，我是初幹班第一隊隊長，第二隊隊長是陳震，第三隊隊長是童立言，第四隊隊長是朱啟洪，第五隊隊長是劉紹昆。童立言，他和劉紹昆一樣是正科八期生，浙江人，來臺灣後曾經在宜蘭當分局長，已經過世了。

顏昭民，福建永春人，中央警官七期的，是學生隊一隊的隊長。學生隊第二隊隊長是張杞康，他不是講習班、也不是學員班出身，而是中央警官學校三期直接調過來當隊長的。

林勝雲是我第一隊隊上的指導員。他是警官九期的，所以我當了隊長以後，他心裡就不大舒服，一直想離開，但又走不成。我們一直到臺灣以後才分開，他到板橋去服務，一

直待在警界，做到退休。洪以榴，他是中央警官學校二期的，曾在新竹當警察局局長，也是一直待在警界。

其餘的人，像林金聲，分發到基隆，後來不知道怎樣。黃祖耀，一期的，來臺灣後到高雄接收，〔聽說〕二二八以前因家庭糾紛在官邸裡切腹自殺，很早就離世了。許珩現在（2008年）人在美國，不知道還在不在世？他到臺灣以後沒多久就到美國去了，很早就離開警界，以後都沒聯絡。陳鼎在警界很有名，也是很早就退休到美國去了。他是東南警官訓練班的，沒有進過警官學校。他那時候已經做事了，所以才會徵調過來臺幹班任職。

我們講習班同學現在（2008年6月初訪之際）還在世的，據我所知有曾業典、黃昌介、陳祖汾、陳震及江秋心。黃昌介是外事班的，在學員班當指導員，和我交情不錯。中央警官學校每個班都分有刑事班、行政班、外事班，他是外事班的。陳祖汾比我小一歲，應該還在世。大家年輕時都有互動，但年紀大了，行動都不方便，就少來往了。

講習班成員都是中央警校正科班畢業後，再徵調到臺灣警察幹部訓練班加以培訓的。被選上的成員大多是中級以上警官，例如所長、局長、局員等。講習班的實際訓練時間只有三個月，上課很自由，時間一到，大家都坐在那裡準備上課。施教內容是通才教育，沒有考試，只需繳報告及寫讀書心得，上課的目的是要讓我們瞭解臺灣的風土人情、語言、治安、自然環境以及戰前日本在臺的警政、臺灣舊有的制度習俗等。我們當時就已知道將來要到臺灣接收，所以大家對臺灣的風土人情都很注意學習。

在我印象中，有一個老師叫邢世彥，他教過我們日本話。據說他是班主任胡福相在日本留學時的同學，但只教了一個半月，才講完五十音就沒再教了，後來我們講習班的日文就由原來充當翻譯的吳俊明先生來教。吳俊明是臺灣楊梅人，

在日本唸過書，本身並不是警官學校出身的。中央警官學校請他擔任翻譯，他剛去時只當翻譯，沒有帶我們上課。胡主任福相知道他日文好，又因為我們未來是要到臺灣來接收的，便請他到臺幹班來教日文。他和邢世彥後來都參與接收工作，邢世彥在來臺之際擔任〔臺南市警察署的專門〕專員，接收完成後擔任〔改制後的〕臺南市警察局局長等職。

　　就我印象所得，我們講習班28個人在梅列時是一起開伙的，但和學員班、學生班和初幹班分開吃飯，所以相對來說，我們的行動是自由一點，伙食也吃得比較好一點。不過那時是戰爭末期，敵機時常來轟炸，有錢也買不到〔什麼好〕食物。

　　臺幹班每天的訓練生活如下。早上5點30分起床，點名、升旗、早操，接著就要走正步、分列式，還要邊走邊唱國歌、校歌。8點用早餐，8點20分上課，上午上課4小時。午餐後休息1小時，有人午睡，也有人利用這段時間補習功課。下午再上課4小時，主要是術科，訓練項目除了立正、稍息、走正步之外，也要打野外，與假想敵上山打仗等。

　　講習班的人不必上術科的課程，但我們要擔任班隊、隊職人員，工作並不輕鬆。我們每個人在開始上課的三天內就要將自己隊上一百多人的名字全部記住；每天都要巡堂，監督其他班學生的上課情形，糾正上課時搗蛋的學生，晚上還要監督他們的晚自習。事實上，全體臺幹班學生每天的作息都非常緊湊，米糧不足時要上山去扛，運水都要輪流挑，物品也是大家輪流下山採購。自己的衣物自己找時間清洗，每天都很忙，但大家都很認真學習。

五、到臺灣及澎湖接收

　　在訓練接近完成之際，我們〔間接〕聽到電臺廣播，說

是原子彈落在日本廣島、長崎。有情資顯示，日本大概支持不久了，所以我們也加緊訓練腳步。民國34年（1945）8月15日，日本一投降，我們就奉命整裝來臺接收。這中間校方並沒有時間讓我們回家，所以這一別就是幾十年過去，一直到退休後我才返鄉一次，而這也不過是幾年前的事而已。

臺幹班在10月13日離開梅列，步行出發到沙縣，再到南平、福清，然後到福州、馬尾。到臺灣前夕，學校幫我們把制服換新的，發給每個人制服一套，只發一套。沒發製裝費，但發旅費，每人28萬國幣，給關金，算起來並不多，來臺前發的都是這個幣值。錢還是來臺後才拿到的，有名冊可查，用不完就得繳回去。

我們從福建馬尾分別搭乘〔多艘〕美國軍艦來臺。我記得，臺幹班搭的軍艦後面跟著三艘驅逐艦及〔一艘〕掃雷艦，坐了一天一夜。因為外頭風浪很大，船巔得很厲害，十個人中有八個都吐了，我還好沒嘔吐。我們就這樣一路來到臺灣。

剛到臺灣時，我們都懷抱著很大的希望來接收。戰爭勝利加上心情興奮，大家的情緒都很高昂。那時大家都很年輕，心裡只想到將來工作順不順利，沒有考慮到別的問題。雖然從吳俊明老師所上的課中，我們大體知道臺灣的現狀、地形、民族、生活、風俗習慣等，但畢竟沒有親歷其境，感覺上還是很陌生。臺灣經過日本統治了五十年，有三分之一的人都被日本人同化了，參加過皇民奉公會，另外二分之一不在乎臺灣屬於哪一邊，還好仍有三分之一的人心向祖國，歡迎臺灣回歸祖國的懷抱。

說到對臺灣的認識，我們當然知道臺灣物產豐富，也知道臺灣人講閩南語、客家話和日本話。我們對日本的認知當然受到戰爭影響很大，因此對日本的印象很不好，觀感都是負面的。尤其是在福建受訓時，口耳相傳很多日本〔臺灣〕浪人到福建做壞事、抽鴉片等情事，無形中對日本的印象就

更壞了。只要一想到日本人攻打中國、欺侮中國人，我們就覺得臺灣回歸祖國懷抱是對的，奉命來接收臺灣也是對的。

10月24日清晨我們〔的艦隊〕抵達基隆。在基隆碼頭聽到民眾歡呼「萬歲」的聲音時，大家都很興奮。隨後我們搭火車到臺北，住進警察訓練所（前臺灣總督府警察官及司獄官練習所），全部臺幹班成員都住了進去。

10月25日早上，〔初幹班四、五兩隊除外，〕臺幹班成員幾乎全部參與日本受降典禮〔內外〕的警備工作，地點就在現今的中山堂（當時的臺北市公會堂）。我被分配在中山堂裡負責〔廊下的〕巡視防衛。當時被安排在中山堂內部的警衛人員大多是講習班的同學，也有一些是中央警官學校十一期的，至於學生班的同學絕大多數都在中山堂外守衛。我想這是因為講習班所受的訓練較多，相當於高級警衛，當局怕觀禮現場有危險，所以特地安排講習班的成員在中山堂內部巡視防衛。

受降典禮之後約一星期到十天左右，我們臺幹班全數被分發到臺灣各地去協助警政的接收工作。我被派到澎湖〔廳，後改制為縣〕去接收警政。赴澎湖者有我們警察人員和縣政府接收人員，共約四十餘人，一起搭警用船「天南丸」前往。縣政府的接收人員又分行政、人事等，各部門都是分開接收的。軍隊也有軍隊的接收，空軍、海軍都有，也都分開接收。這些人和警察一樣，都是自大陸來臺的接收官員和行政人員。我記得，當時接收澎湖的主任委員是陳松堅先生，他是海軍出身。其下有接收專員；我負責警政，至於民政的接收專員我已記不得姓名了。

澎湖地區警政接收中的最高職務就是專員，由我擔任〔，另一位專員叫潘碧雲〕；其下有督導員、管理員和佐理員，

負責派出所的接收工作。[4] 我總共帶了二十幾位學生班和學員班的人到澎湖接收與警察業務有關的所有事務，〔所以光復之初〕警察局、分局和派出所都由我們二十幾位負責。

說起來，我們在澎湖的接收工作是很順利的，因為日本人把臺灣管理得很好，臺灣人都很服從命令，我們說什麼，他們就做什麼，沒有任何反抗。我們負責警政的接收，接收的內容包括武器、人員、文案、檔案、資產（日產）、名冊等，甚至連制度都一併沿襲了舊制。

我們在澎湖的接收工作應該是和臺灣本島的接收大同小異，接收時間就是三個月（1945 年 11 月到 1946 年 1 月）。但事實上因為澎湖地方小，接收的物件也不多，所以兩個月就都接收完畢了。我們將彈藥倉庫、武器槍械都造成清冊，器械就放在倉庫裡，只將清冊資料往上報。

我在澎湖接收警務時，還有一項工作，就是要清查各地受轟炸毀損的災情報告。我每天都要到各地去探查災情，放眼看去，到處都是斷垣殘壁，受損情形相當嚴重（圖 9-2、9-3）。我探查災情時，都會有市府人員一同前往勘查，並派攝影人員隨行將受災情形現場拍照，這些照片當時都要呈報上級。我當時覺得這些照片十分珍貴，便順便加洗一份留作紀念。至今我還完整地保留一些照片，可提供臺史所作為參考資料。

根據我的看法，在整個接收過程中，警察人員的接收是最清廉的。當時我們來臺灣時都還很年輕，不懂得要拿什麼

4　澎湖廳接管警務人員配置如下：警務科置專員二名，吳譽賢、潘碧雲，由吳
　譽賢擔任警察機關負責人，其下置管理員五名、佐理員九名。另外，馬公
　支廳置管理員兩名、佐理員兩名；望安支廳置管理員共三名。參閱《中央
　警官學校臺幹班簡史》，頁 81–87。接收之際，澎湖縣仍沿襲日治末期舊制
　和臺東與花蓮兩縣一樣，設科不設局，因此吳譽賢先生的正式職銜是警務
　科科長，是澎湖地區最高警政首長。警務科內置督察長一人，下分三股，
　其他大多是留用的警察人員。

圖 9-2：澎湖縣馬公鎮光復里中山會館西臨民居，接收之際所攝（1945/6/13 轟炸日）

圖 9-3：澎湖縣馬公鎮啟明里北極殿中心附近，接收之際所攝（1945/10/13 轟炸日）

也不會多要什麼。我還記得在澎湖接收期間，曾經有民眾在海上撿到兩箱飄流的鈔票，打開來看是日本鈔票吧，便送到我宿舍。大概他認為我是警察，可以處理這些鈔票。當時這些鈔票都是可以流通的現鈔，可是我一張也沒拿，就全數送到警察局去，列為接收物，之後這兩箱鈔票再被繳回臺灣的中央銀行。日後我講到這件事，常被我太太笑，說我頭腦簡單。

我們在接收澎湖的期間，都住在日本人留下來的宿舍裡。我住的是主管宿舍，吃住都有接管人員負責招呼，所以生活還不錯，可以專心、安心辦理接收事務。唯一的問題是語言不通，這部份大多要靠翻譯官代為溝通。翻譯官有臺灣人、也有日本人。我記得，當時澎湖警局留用三個日本人，都是刑事警察，不過沒有多久，他們都被遣送回日本。至於留用的臺灣人警察，大約每個派出所都會有兩、三名，畢竟是過渡階段，需要他們幫忙。後來日本人統治下的舊警察就慢慢被淘汰，連名稱也改了。

接收工作告一個段落後，民國 35 年（1946）1 月 15 日，我接到一個派令，指定我擔任澎湖縣第一任「警察局局長」（圖 9-4）。我到現在都還留有「臺灣省行政長官公署各處會室暨所屬機關各級主管人員一覽表」〔的公文〕（圖 9-5），上面就有派令

圖 9- 4：吳譽賢先生（推測攝影年代在光復初年）

臺灣省行政長官公署各處會室暨所屬機
關各級主管人員一覽表(1946/1/15)

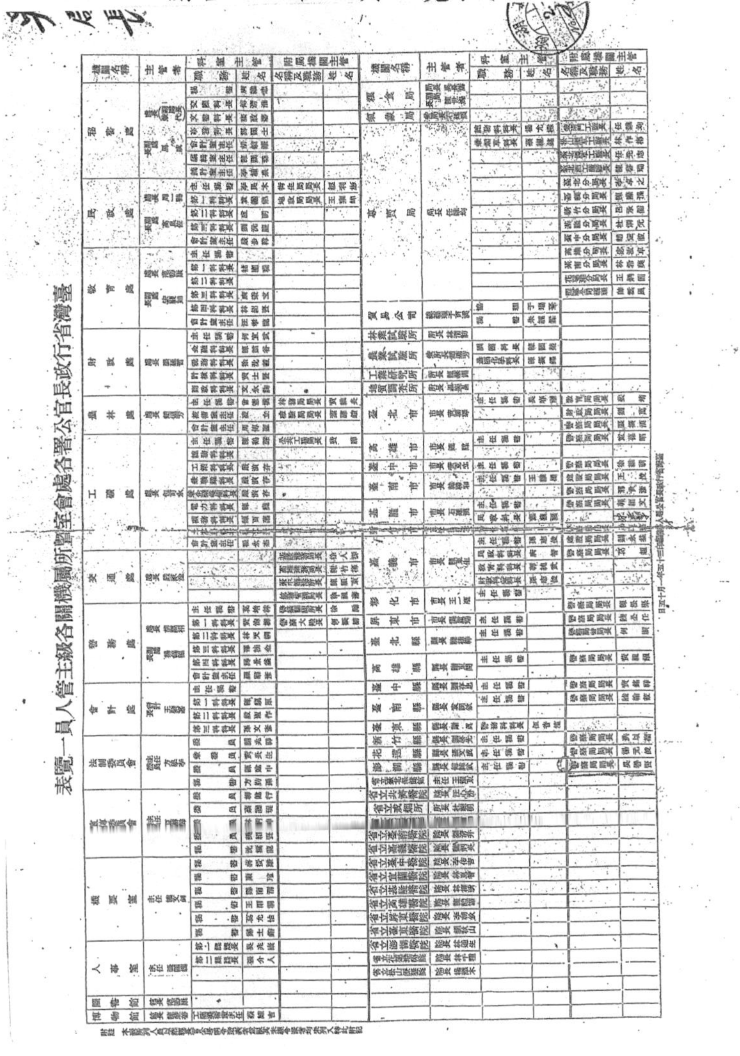

圖 9-5：臺灣省行政長官公署各處會室暨所屬機關各級主管人員一覽表（1946/1/15）

我為澎湖警察局局長的記載。至於第一屆澎湖縣長傅緯武，他是行政系統出身的。[5]

我在澎湖只擔任了五個多月的「警察局長」就被調回本島，派任屏東市警察局督察長。我在屏東大約待了七個多月的時間。

六、二二八事件與傅學通

在屏東警察局服務時，有一次我上臺北開會，順便去找老同學傅學通，當時他住在幸町[6]的一間日本宿舍。扣門時，沒想到應門出來的竟是我未來的太太林素，她碰巧也有事來找我同學。至於我的老同學，也就是房子的主人傅學通，正好因事外出。

傅學通，我的同鄉，也是我在福建省保安幹部訓練所的同學。他畢業後在福建服務；我到重慶中央警官學校就讀時，他留在福建服務。戰後他隨軍隊來到臺灣，原本在警備總司

5　參見《澎湖開拓館導覽手冊》（澎湖：澎湖縣政府文化局，2003）。1947年3月二二八事件之後，依「臺灣省縣市警察局組織規程」規定，廢警務科，成立澎湖縣警察局，局本部設督察室及四課；局以下設望安、馬公兩區警察所；1948年兩區警察所擴大編制，改設分局。1993年3月，增設白沙分局。按，本文所附，「臺灣省行政長官公署各處會室暨所屬機關各級主管人員一覽表」（1946/1/15，臺灣省行政長官公署發佈，吳譽賢先生提供）將吳譽賢先生稱為局長，將澎湖廳警務科稱作警察局，雖有官方派令表和印文為證，實際上不合組織規程的規定。實際上，目前在澎湖縣的官方文獻上似乎完全看不到吳先生為「第一位警察局局長」這個說法。又，在《中央警官學校臺幹班簡史》中，提及同一份文件也稱「澎湖縣警務科」、「科長吳譽賢」。由於吳先生所提供的文件出處不明，日期待考，雖然文獻的正當性不容懷疑，卻不是正式派令。不過，在實際運作上，離島的警務科長，權限不但不下於「警察局局長」，而且還更大、更廣泛。

6　幸町為日治時期臺北市行政區之一，位於樺山町之南，為日人居住地區。該區政府機構林立，也有著名的幸町教會，其範圍約在今中正區的濟南路、青島東路、徐州路、臨沂街一帶。

令部擔任少校參謀，做了一段時間後好像因為沒有升官，剛好專賣局需要查緝專員，他就轉到專賣局工作。所以民國36年（1947）2月底二二八事件發生時，他的身份正好是專賣局查緝專員。我和傅學通既是同鄉，又是同學，所以每次上臺北都會去找他，並且住在他的宿舍裡。

「二二八」前夕，基隆有情報指出，有很多私煙要運到臺北市來，所以那天我同學傅學通就帶著一批人出去查緝私煙，但查了一天並沒有查到。傍晚時分，當這批查緝人員回到天水路，正經過天馬茶房樓下時，剛好看到有個歐巴桑在賣私煙，當即前往查詢，並要她把攤子拿開。查看時可能因為言語不通，加上天馬茶房前有很多地痞流氓乘機叫囂，說不應該欺侮老婦人；說大家都在賣香煙，為什麼只查她一人等等。講著講著，大家起鬨，十幾個人就包圍查緝人員，所以傅學通才對空開槍，試圖威嚇包圍者。沒想到流彈掉下來時剛好打到一個旁觀的路人，後者〔翌日〕不治死亡，因此這個事件就一發不可收拾。

就我所知，當時專賣局查緝私煙的查緝員都配有槍枝，他們外出查緝時都要帶著武器。那時臺灣剛剛光復，局勢尚未穩定，查緝當然要帶武器，不帶武器怎麼查？如果碰到壞人不講理怎麼辦？所以他們是合法帶著武器外出查緝的。只是沒想到，那天會因語言溝通不清而出現這種狀況。

當天傅學通很晚才回到宿舍。他一回來，我就問他，怎麼回來得那麼晚？他說，出事情了。我問他，出了什麼事？他說，一言難盡。後來他簡單地跟我講了一下，說是他們和一批地痞流氓發生衝突，他開了一槍——那一槍就是他開的槍——雖然他本人並沒有受傷，但好像傷到別人。傅學通還說，以後如果有什麼事情，要請我幫忙。說完，他就把槍往天花板上藏。沒想到，第二天早上憲兵隊人員就來抓人了。兩個憲兵把他帶走，關入臺北監獄，他從此就沒再回來。他

被帶走時，我在現場。因為我是現役警察，憲兵也知道我的身份，所以我並沒有受到牽連。

當天晚上一出事後，臺灣各地不良份子就全省串連，造謠、打人、把車打翻等等。發生這一連串的事情，我當時並不知道，因為傅學通回來那時也沒說得那麼詳細，只說他出事了。我是後來聽到電臺廣播，才知道事情原委，原來事情鬧大了。

他被帶走後，我仍繼續住在他的宿舍裡，但不太敢出門。我未來的太太那時天天來和我作伴，因為她是臺灣人，可以保護我。雖然我沒做什麼壞事，心中坦蕩蕩的，也不太害怕，可是真有危險時也由不得自己，還曾經因此去找過吳俊明幫忙，請他讓我躲在他家。

傅學通被帶走後，關在臺北監獄裡，我曾送飯去給他吃。有一次我外出，在公園旁碰到一群地痞流氓要打我。我說我是新竹客家人，他看我確實是講客家話的，才放過我。

傅學通好像被關了幾年，[7] 出獄後改了名字，聽說曾經在金門當過教師，之後也曾在嘉義農業學校教了半年書。我在彰化市政府擔任祕書時，他曾經來找過我，聊過他的情況。後來我就再也沒有他的消息，找都找不到他。傅學通的弟弟在傅學通被帶走以後來過臺灣。他是軍人，來宿舍取了槍就走。他弟弟以後的事我並不清楚。

就我的立場來看所謂「二二八事件」，我覺得現在所講的「二二八」大概有三分之二的說法都太言過其實。在當時，

7　1947 年 3 月，傅學通與葉得根、盛鐵夫、鍾延洲、趙子健、劉超群等六人均被逮捕。4 月 3 日，地方法院宣判，誤殺臺北市民陳文溪的傅學通判死刑，褫奪公權終身；以槍托打傷林江邁的葉得根判 4 年 6 個月；其餘盛鐵夫、鍾延洲、趙子健及劉超群四人，無罪開釋。同年 5 月 17 日，傅學通上訴最高法院，獲得改判十年定讞，而葉得根則維持原判。關於傅學通的判決書，參閱《臺灣新生報》，1947 年 4 月 6 日，第四版；又見〈引起臺變主犯傅學通判死刑〉，《中央日報》，1947 年 4 月 5 日，第二版。

臺灣人經過日本統治五十年，許多臺灣人在日本政府體制下做事，已經被皇民化了；一般所謂的「士紳」，其實就是走狗。一些從事日本生意的商人在臺灣換由中華民國政府來管後，利益有所損失，當然心裡就不舒服。雖然一般老百姓很歡欣、很高興臺灣回歸祖國，可是有些人心裡就是不滿、不舒服，所以趁機煽動老百姓起來暴動、罵政府，把國家批評得一文不值。

　　現在講二二八事件，也有很多人是為了得到政府的補償而把當時的內容加油添醋，將本省人死〔傷〕亡人數誇大其辭，外省人死亡的人數提都不提。其實各縣市的外省人也死得不少，他們為什麼都不提呢？就我所知，我就有一個朋友的爸爸叫彭清，當時被打死，還倒吊。後來清查，說他是做情報工作的，長期潛伏在國民黨裡工作，就把他槍斃。[8] 這些例子很多，現在也不用多講。

　　謝雪紅是埋伏在臺灣的匪諜，乘機四出活動，並將搶來的槍枝分發給武裝部隊使用，造成更多混亂，一直到國府的軍隊來了以後才逃走。這是我們臺幹班的人員在各縣市警察局、分局、派出所蒐集到的情資，應該是正確的。

七、前塵往事

　　二二八事件發生後，我在臺北待了兩、三個月左右，每天都和找來的太太相處，後來我們就結婚了。之後，我覺得臺灣太亂了，就回大陸去。我先到南京找老師黃珍吾，那時十一期的同學朱正南兄也在南京，剛好他被發表為（南京對岸）江浦縣警察局長，邀我同往，於是我掛名分局長，襄辦局務。

8　此處受訪者所舉的例子，應該是屬於「白色恐怖」時期的例子。

　　我在江浦服務了一段時間後，大陸時局已經很混亂，不少人都出走到臺灣。江浦是津浦鐵路的終點站，徐蚌會戰（1948 年 11 月 9 日至 1949 年 1 月 10 日）前已經有很多災民沿著津浦鐵路來到江浦避難，所以江浦碼頭每天都有很多人擠得像螞蟻一樣，就是動用分局所有人力維持秩序也沒有用。謠言紛至，人心惶惶。我正在左右為難之際，剛好政府宣佈接管江浦，我與正南兄方得以脫身。那時我既無法回家鄉探望父母，父親又已病逝，沒辦法，只有再回臺灣來。事後回想，我真是幸運。

　　入境臺灣時，因為我是警察出身的，填完資料後海關人員並沒有跟我要身分證。我想這應該是和我的工作、身分有關，所以當時我進出海關不是問題。[9]

　　回到臺灣後，我本想申請復職，但剛好警政機構都沒有適當的缺，而這時彰化市政府的祕書出缺，經由民政廳副廳長翁鈐推薦，我便到彰化市政府去擔任薦任的市長祕書。說來也是機緣巧合，因為當時縣市長是經由考試錄取的。[10] 那年（1948）有三個市長通過考試，一個是彰化市，一個是屏東市，另外一個是嘉義市。這三個市長通過考試後，因為都沒有班底，很需要人協助辦理事務，所以才有祕書的缺。當時我因為認識民政廳長的祕書，正好去找他，他提到彰化市長需要一位祕書，翁民政廳副廳長就幫我寫了推薦信。我這

9　民國 38 年（1949）元月陳誠正式接任省主席，不久臺灣省警備總司令部即在 2 月 10 日與臺灣省政府會銜公佈「臺灣省准許入境軍公人員及旅客暫行辦法」（以下簡稱「入境辦法」），並於 3 月 1 日正式實施。依「入境辦法」規定，軍公人員及旅客入臺之前須先提出申請，核可給證後始得入境，無證入境者予以遣返。參見薛月順，〈臺灣入境管制初探：以民國三十八年陳誠擔任省主席時期為例〉，《國史館學術集刊》，第 1 期（2001 年 12 月），頁 225–255。

10　1948 年透過考試錄用市長之舉，或許可謂空前絕後的一次。1950–1951 年市長由省府指派，1951–1954 年為首任民選市長。

才得到這個工作，而我的人生因此變得很不同。

當時彰化市長是陳錫卿，[11]南投竹山人。民國 37 年（1948）陳錫卿考上市長後，就請我去當祕書，他市長任內的很多文章都是由我代筆的。陳錫卿後來（1966 年）是在民政廳廳長任內退休的。

我擔任市長祕書（1948/8–1950/10）時，原來是以技正的缺兼祕書。但是這個期間，彰化市警察局保安科長出缺，警局知道我是中央警官學校畢業的，就請我去代理科長。不過，我還是等不到正式的缺，他無法把我補上，加上市長也不讓我走，所以一個月後我又回市長那裡當祕書。

到彰化當祕書是我在臺灣工作最愉快的一段時期，因為主管信任我，很多事都放手讓我去做。凡事只要請示、審核就可以，不須操勞，而且送上來的文稿都沒什麼太大的問題，所以我辦起事來得心應手，非常愉快。

離開警察單位以後，我又做過很多不同性質的工作（參見文末的「吳譽賢先生簡歷」），但常常只是幫人家的忙而已。1950 年彰化市府與原屬臺中縣的二十五個鄉鎮合併，改制為縣，有些單位找不到適合的人，就請我去做。雖然位階都一樣，但真的就像臺語講的，都是「沒采工」（做白工之意）。後來彰化縣立圖書館館長出缺，也找我去幫忙。擔任館長（1950/10–1951/3）什麼事都得做，人事、書籍編碼、陳列、登記，樣樣都做。民國 40 年（1951）自來水廠出事，

1　陳錫卿，1907/4/6–1985/3/27，先後畢業於臺中一中、臺北帝國大學法政科。陳氏曾赴「滿洲國」任公職，後轉往南京，擔任過周佛海祕書。戰後返臺，出任臺灣省政府農林處機要祕書，1947 年出任彰化市長。1950 年彰化市與原屬臺中縣的二十五個鄉鎮合併成立彰化縣，陳氏奉派為彰化縣長，1951 年當選首任民選彰化縣長。此後他繼續競選第二、三屆縣長，均順利連任，任期屆滿後還擔任過臺灣省政府委員兼民政廳廳長。詳閱許雪姬，〈在「滿洲國」的臺灣人高等官：以大同學院的畢業生為例〉，《臺灣史研究》，第 19 卷第 3 期（2012 年 9 月），頁 130、135。

縣政府也請我去當廠長（1951/3-1951/6），整頓自來水廠。整理好後，因為我是警察出身的，不合文職任官資格，縣政府就將我調離。

民國45年（1956）6月，我到宜蘭民防指揮部擔任副組長（1956/3-1957/12）、組長（1958/1-1959/2），組訓民防，就是組織一般青年擔任後衛隊，這份職務屬於軍職。當時正逢「反共抗俄」的口號高唱入雲霄之際，臺灣各地都需要加強保衛保防的工作，所以我主要是負責編組一般民眾，訓練他們，使其適應戰時生活。後來我又被調到屏東縣民防指揮部，也是從事同樣的工作（1959/2-1967/11）。

民國56年（1967）11月，我奉派到苗栗縣擔任船舶總隊副總隊長，總隊長由警察局長兼任。我的工作包括管理全縣沿海民防指揮部的船、筏及漁民，責任繁重。在苗栗任職一年多（1967/11-1968/12）後，我再被調回屏東縣擔任船舶總隊副總隊長（1968/12-1977/1），監督管理全縣由新園到墾丁沿海所有船筏三千七百多艘，並編訓漁民九千三百多人，任務包括蒐集海上情資以及防止走私偷渡等。

民國68年（1979），民防司令部改隸臺灣省警務處，[1] 縣市民防指揮部併入各縣市的警察局，成立民防課（科），船舶總隊改稱警察局船舶大隊，大隊長職務不變，原職原薪我當時的官階是警正一階一級，支年功俸簡任待遇七級，直到退休。所以我是在屏東退休的，那年是民國68年（1979），算是很早就退休的。

12　「民防指揮管制中心」成立於民國44年（1955）3月，原隸臺灣省民防司令部，民國47年（1958）改隸臺灣警備總司令部，民國62年（1973）7月復改隸臺灣省警務處，民國86年（1997）8月更名為臺灣省政府警政廳民防指揮管制中心，民國88年（1999）7月11日再更名為內政部警政署民防指揮管制中心，民國91年（2002）1月28日又更名為「內政部警政署民防情指揮管制所」。

八、警政我見

我曾經寫過一些關於臺灣警政和治安問題的文章，但是後來都沒有投稿或出版。

關於「戶警合一」的問題，「戶警合一」政策對冷戰時期的臺灣治安影響很大。當時一個警察大約要負責三百戶人家，依規定必須按時巡邏、定期訪問，對轄區內的每個人都要非常瞭解。這樣管理之後，才能掌握轄區內民眾的動態。該政策如能落實，可以預防不良份子滋事，提升社會治安的維護功能。

現在的警政制度將戶政和警政分開，戶政機關管戶政，警察機關管警察，對於犯罪者的民籍或是流動人口、人民素質好壞的掌握都很不清楚。所以「戶警分立」〔1991試辦，1993正式實施〕以後，警察在行政工作上雖然減輕了不少負擔，但卻無法有效掌控地方治安、社區人口、不良少年、生活習慣等，治安當然容易出問題，所以我極力主張實施「戶警合一」政策。至於戶籍電子化以後所造成的戶口管理問題，我個人因為離開警界職務已久，所以不是很清楚。

根據我的經驗，行政文職人員要轉任警察人員比較不容易，因為警察人員就任前要先經過專業訓練才能適任，而且資格要夠才能通過考試。但是，警察人員轉行做行政文職的工作比較容易，因為文官是通材，合格的警官只要文字通順，通曉各項法令規章，大概就可以勝任了。當然，警察轉文職有幾個不同的管道，可以經過考試，也有透過訓練，有的則是經由推薦。我就是經由第三種管道從警察系統轉任到文官系統的，所以任職後沒有什麼困擾。

至於戰後的警政系統，政府基於時局變動的各種考量，在警察系統裡加入情報系統的人員當然有其苦衷。我們警察幹部本來就是負責對內治安的，任務特殊，因此必須經過訓

練或考試才成為警察；像臺幹班成員就是透過考試招生，再加以訓練的。至於情報系統，這個系統本來就隸屬廣義的警察系統，所以戰後的情報系統打入警察系統並不奇怪。不過，軍隊系統要轉任警察就比較難一點，因為軍隊的任務是保衛國家，講究服從命令、征戰殺敵，和警察人員工作性質不同，作風也不一樣。軍人要轉任警察，一定要經過一定的訓練才能勝任警察的工作，不能直接轉任。

　　說真的，我們剛到臺灣時，對臺灣確實抱著很大的希望，因此後來失望也很大。當初剛從中國來時，看臺灣什麼都是好的。我對臺幹班的看法是，「成也臺幹班，壞也臺幹班」。為什麼這樣說呢？因為我們臺幹班來臺灣接收時，大家都努力地想把接收工作做好，也很認真地把警察工作做好。但這批人退下來以後，新一代的人和我們想法不一樣，因此警察素質不一。這可能也是沒辦法的事，因為我們警察若什麼都管，就什麼都管不好。雖然說警察工作無所不包，但管太多，經費不夠，人員又不足，這些在在都是問題。譬如說，交通管制本來就不應該屬於警務的，現在是交由交通警察大隊處理，但實際上應該交給內政部交通局來管才對。還有戶政，我認為應該要戶警合一才對治安有幫助，但現在的戶政工作已經轉交給戶政人員負責，和警務漸漸脫節。至於森林警察、海防警察又是另外一種系統，和一般警政不同。無論如何，警務應該以治安為主，統一事權、培植新人，這才是正確的做法。

　　至於警察人員的升遷問題，過去我們警察很講究輩分，學弟自然會聽學長的話，所以很好管理。現在不一樣了，不管輩分和工作倫理，常常會出現上司輩分比下屬低的情形，部屬情緒自然就不會很好；工作情緒不佳，問題當然也就容易出現，不論就個人品德或工作表現來看，對升遷都有很大的影響。

　　現在講究地方自治，但是地方縣市政府對警察要求太多，往往導致警務工作過於繁重。再者，警政不像過去那麼有系統，該做什麼就做什麼，做不好就應該淘汰，但事實不然，所以問題滋生，說也說不清楚。總之，關於警政系統的人事權，我認為應該要加以統一，一條鞭法對警察辦案才會方便。

九、感懷

　　如今（2008 年）距離退休那年轉眼間又過了二十九個年頭，我現在已經九十一歲了，真是垂垂老矣。回首前程，正如金聖歎之詞所言：「滾滾長江東逝水，浪花淘盡英雄；是非成敗轉頭空，青山依舊在，幾度夕陽紅。」這首詞很可以作為我的心情寫照。

　　人只要看得開、想得開、放得下，生活還是可以過得很愉快。我就是本著此一信念，所以至今身體還算康健。感謝我老伴及兒媳的細心照護，我現在每日心情輕鬆，閒話家常，吟詞作對，坐看日起日落，日子過得悠閒。誰說老人日子難過？茲錄近作（圖 9-6）二首以誌之：

（一）感懷
1、年少離家今白頭，幾許歡樂幾許愁，
　　歷盡人生坎坷路，春夢如煙向高樓。
2、迎完旭日送黃昏，人生來去何匆匆，
　　掙得溫飽人已老，青絲已成白頭翁。
3、閉戶潛藏歲月忘，身無長物兩袖霜，
　　舊本新刊翻不盡，紙上揮毫日月長。

（二）蝸居頌

1、樓高十二似凌空，東望朝陽染翠峰，
　　極目市容收眼底，漁港落日照西窗。

2、身居高樓作寓公，繁囂市俗不予聞，
　　潛修靜定安慮得，消災化劫作家翁。

圖 9-6：吳譽賢先生手書「退休感懷六首」

吳譽賢先生簡歷

❖ 1938/10 －入福建省保安幹部訓練所（軍事二期）受訓
❖ 1943/10 －中央警官學校正科十一期畢業
❖ 1944/02 －福建省長汀縣警察局巡官、警察所所長
❖ 1944/11 －徵召入臺幹班講習班二期受訓
❖ 1945/05 －中央警官學校第二分校〔臺幹班〕區隊長
❖ 1945/06 －中央警官學校第二分校〔臺幹班〕隊副
❖ 1945/09 －中央警官學校第二分校〔臺幹班〕（初幹班第一隊隊長）
❖ 1945/10 －臺灣省行政長官公署專員
❖ 1945/12 －臺灣省澎湖廳接管委員、專員兼警務科科長
❖ 1946/01 －屏東市警察局督察長
❖ 1947/11 －江蘇省江浦縣警察局分局長
❖ 1948/04 －彰化市政府技正
❖ 1948/07 －彰化市警察局科長
❖ 1948/08 －彰化市政府秘書
❖ 1950/10 －彰化縣立圖書館館長
❖ 1951/03 －彰化市自來水廠廠長
❖ 1956/06 －宜蘭縣民防指揮部副組長
❖ 1958/01 －宜蘭縣民防指揮部組長
❖ 1956/02 －屏東縣民防指揮部組長
❖ 1967/11 －屏東縣船舶總隊副總隊長
❖ 1968/12 －屏東縣船舶總隊副總隊長
❖ 1979/03 －屏東縣警察局船舶大隊大隊長

程琛先生訪談紀錄

訪談歷程

❖ 2008/7/8 於臺北程宅訪談。

簡介

　　程琛先生，福建惠安人，民國 6 年（1917）出生，幼少年時代入私塾讀書五年，再就讀縣立小學。福建漳州龍溪中學初中畢業後，進入廈門雙十中學就讀高中。畢業後返鄉任教小學，其後投考中央警官學校臺幹班，編入學生班第一隊，日本投降後隨臺幹班來臺接收。光復之初，任職臺南市警察局，負責組織義勇警察隊，先後任職高雄市警察局、臺北市七星區警察局、臺北市警察總局等。民國 50 年（1961）離開服務十八年的警界，進入新光人壽保險公司、大臺北瓦斯公司服務，民國 71 年（1982）正式退休。

　　程琛長期居住臺北，積極協助臺幹班互助基金會及中華警政協會事務。臺幹班的編印出版，例如《會訊》、《中央警官學校臺幹班簡史》（臺北：中央警官學校臺幹班互助基金會，1987）、《中央警官學校臺幹班來臺五十週年紀念專刊》（臺北：中央警官學校臺幹班互助基金會，1995）、《中央警官學校臺幹班來臺六十週年紀念專刊》（臺北：中央警官學校臺幹班同學會，2005）等臺幹班出版相關書刊，皆得到程琛的大力幫忙。民國 102 年（2013）5 月 29 日辭世。

一、我的家鄉

　　我是民國 6 年（1917）出生的，籍貫是福建省惠安縣。惠安縣為閩南沿海的一個縣，東臨臺灣海峽，西部為山地；南臨晉江縣，以洛陽江為界，江上有著名的洛陽橋；北接仙遊縣和莆田（史稱興化）縣。與仙遊交界為楓亭鎮，該鎮的大街以南屬惠安，以北屬仙遊，街南、街北住戶語言均不相同，但是說話的語意可以互通。

　　惠安土地貧瘠，屬於赤土地帶，加上山地多石頭，可耕種的土地很少，地區缺糧，因此不少惠安人往南洋的新加坡、馬來西亞等地發展。惠安東方的主要港口是崇武，這一帶居民大多出海捕魚，漁獲很多，所捕魚貨大部份送到泉州府南安縣販賣，所以一年到頭有新鮮魚貨。

　　我家在惠安縣北門外東北方的輞川鎮許厝村，離惠安城邑約二十華里。本村背山臨海，在我離鄉以前全村房屋都呈一帶狀型發展，現在（2008年）已發展成密集村的型態。本村屬山坡地，土質不佳，各類農耕作物的栽種殊為困難。一般山坡地帶只宜種植蕃薯和花生，只有在地勢較低之處才種植大白菜頭等蔬菜類。所以蕃薯為本村人的主食，配合少數米類食用，因此當地有句俗話：「無米，吃蕃薯湯」。花生除了供炸油用以外，部份也留做食用，其餘皆外銷。

　　記憶中我年幼時，本村面臨輞川港。該港為寬長形狀，面積大，退潮後會出現大片的海漬地，地方百姓就老遠自後方的玳瑁山引用水源地的水大量加以灌溉，並設立閘門排放廢水，將大片海窪地轉換成可以耕種的農田。本村所種植的紅稻米，每年收成一次，收成後可供村民食用。不過現在該地大多已不種紅米，改種改良式白米，一年可以收成兩次。

二、求學經過

　　我的家境還算不錯，所以小時候在私塾讀了不少年的書，大約從七歲讀到十二歲。有一段時間，家鄉瘟疫流行，阿公和阿伯、小叔相繼過世，阿嬤非常傷心，哭得很厲害，把眼睛都給哭盲了，此後家裡大小事情、生活起居和家計都靠我母親一手照料。

　　我十二歲這一年，阿嬤過世，享年九十四歲。父親認為我應該到縣城去讀書，剛好有個親戚的兒子在縣城的縣立小

學當老師，因為有他介紹，我就到那個小學就讀。當時我是超齡入學，所以入學後直接從小學四年級開始唸。由於我在私塾沒學過ㄅㄆㄇㄈ和阿拉伯數字，這些基礎的東西都得從頭開始學，因此我在小學讀得很辛苦。還好老師們都很能體諒，也很照顧我。

　　小學上了一年多以後，差不多是我五年級時，家父因食道癌到廈門就醫，後因手術不順而過世，從此家中上下就完全靠母親掌理。家裡只剩母親一人和大姊以及一位小我三歲的弟弟等老弱婦孺，我怕母親太辛苦，想休學回家，但是這時有件事改變了我的命運。

　　父親還在世時，我家從大家庭中搬了出來，成立一個小家庭。父親在距離老家不遠、地勢較高的地點蓋了一棟三合一的二層樓房屋。但我們家鄉地方不安靖，常常有土匪來搶家劫舍，所以家父就在我家各處天井佈滿鐵絲網，深怕土匪會跳下天井、攻入房內。父親過世後，母親一人顧家，這種情況更加嚴重。這年年底，有一天土匪趁晚上來侵犯。那時母親讓我帶著弟弟先躲到稻草間，剩下她和大姊兩人。然後她對著要跳下天井的土匪大叫說，家裡只剩她一個人，小孩都在縣城讀書，家裡沒什麼可以搶的等等，沒想到土匪真的就沒跳下來搶。所以母親認為，小孩在縣城讀書是件好事、是有用的，就堅持要我繼續唸書。學校老師也都對我很好，所以我順利讀完了小學六年的學業。

　　小學畢業後那個暑假，我留在學堂準備升學，沒有回家。當時有位黃健行老師對我很好，他在參加福州暑期教師講習回校後碰到我，極力鼓勵我升學。這時升學考試都已經結束了，他特地打電話給惠安縣立中學的教務長，說我家庭困難，希望能給我一個機會升學。惠安縣立中學特別開例，讓我補考，而我也錄取了。同時，黃老師也認為，惠安縣立中學的教育〔水準〕不是太好，我應該到外縣市去讀書比較好，所

以他又寫信給省立廈門中學的一位莊校長。但這時省立廈門中學的考試時間也已經過了，莊校長雖是惠安人，他說不能為我破例，就把我轉介到省立漳州龍溪中學。龍溪中學的校長仍然是惠安人，這個學校辦得很好，所以我就去考轉學考，而且考上了。最後我是在龍溪中學完成初中學業的。

不過，我的小學老師陳大業認為龍溪中學距離我家太遠，主張我應該轉到廈門雙十中學就讀。廈門雙十中學的另一位莊校長也是惠安人，所以我高中是就讀廈門雙十中學。母親認為讀書是好事，所以一直支持我念書，這期間家中經濟就靠田產的收成維持。我的小弟遜彬就沒有我這麼幸運，他只讀完私塾而已，沒到外地讀書。

真正說來，我還有兩個哥哥。大哥叫媽成，年齡較長，成家之後和我們就分居了。二哥木蓮比我大幾歲，他一出生就有皮膚病，生黑斑，皮膚會癢。二哥很聰明，小時候讀過私塾，早上上學去，下午放學後要下田幫忙，只有晚上可以讀書。他書讀得很好，老師也很賞識他，但十五歲時因為感染天花而過世。我的父母很傷心，母親還曾因為太痛心，有一小段時間精神錯亂，後來才慢慢平復。

我念高中時，中日戰事已經爆發，上海失陷不久後，中國沿海城市也紛紛被日軍佔領。廈門淪陷時，我差點就出不來。那時我還是高中生，校方因為日軍常常轟炸廈門，所以將學校遷到鼓浪嶼山上。這裡是租界地，不會被轟炸，所以每天仍然可以上課。當時為了抗議日本人侵，校方成立了一個〔個〕話劇團，專門搬演反日話劇，廈門市也已經成立了好幾個話劇團。有一天下午，我被指派到廈門開會。當天晚上在開會地點有話劇表演，可是鼓浪嶼學校這邊也有表演活動。我本來要在廈門參加活動的，後來改變主意回到鼓浪嶼。結果第二天一早，日本軍隊從海口攻廈門，廈門就被日本人佔領了，而且日軍也開始向鼓浪嶼這邊開槍示威。鼓浪嶼距離

廈門很近，就差這麼一點點，我的命運就大不相同。我趕緊從鼓浪嶼搭小船到福建同安，在同安下船後趕緊走路回家。這段路很遠又不好走，我走到腳都腫脹疼痛，兩天後才回到家。

自廈門雙十中學畢業後，我回到家鄉去教書，教書的地點在福建霞尾下馬村。霞尾下馬村的人和沿海各地一樣，很多人都到海外發展，而以去菲律賓的人最多。離霞尾下馬村不遠，有個港口叫瀨窟。瀨窟距離臺灣鹿港很近，由瀨窟經臺灣海峽順流就到鹿港，所花的時間不多。當時很多瀨窟人駕帆船出海捕魚，常會在鹿港停留，所以瀨窟人講話的口音和鹿港腔很相似。現在也是如此，我就因為口音常被視為鹿港人。瀨窟人過年要蒸年糕，聽說在瀨窟將年糕蒸好，用帆船載到鹿港，年糕都還是溫的，可見這兩地的距離很近。

我在霞尾教書時，假日常會到瀨窟去玩，所以聽說過一些和臺灣相關的事。我知道臺灣淪陷、受日本統治，也知道不少臺灣浪人往廈門發展，大多從事兩種行業，不是開娼館，就是開賭場。當時日本人在廈門很有影響力，所以臺灣浪人為非做歹的事很多，什麼壞事都做。當地警察也有部份受到誘惑，私底下和這些浪人往來，互相包庇，睜一隻眼閉一隻眼，所以大家對警察的印象不好。

我還聽說，當地的警察晚上在海岸邊巡邏時，有人因為對警察不滿，而將警察推入海去，可見大家對警察的一般印象的確不好。我也一樣，原本是非常討厭警察的，沒想到日後會去當警察，還當到臺灣來。

三、入臺幹班受訓

我在霞尾當小學教員時，有一天幾位同事看了報紙（或不知道在哪裡看到招生簡章），知道中央警官學校在招考臺

幹班的消息，於是大家相約去考試。這些同事都是我小學時的同學，大家畢業後一起回家鄉教書。〔廣義地說，〕臺幹班共有兩期，第一期〔只限講習班〕受訓的地方在重慶，第二期在福建梅列。我看他們去參加招考後的情況好像很不錯，因此民國34年（1945）年初臺幹班在福建泉州招考第二梯次時，我也去應試。這次考試的重點科目主要是國文，記憶中應該是考一些基本常識，還要寫一篇作文，題目是「知恥近乎勇」。

我考上臺幹班第二梯次後，被編入學生班第一隊，在同隊中我的年紀較大。在梅列的臺幹班分講習班、學員班、學生班和初幹班。講習班〔是徵召來的，〕成員很少，學員班必須是以前接受過警官訓練，之後當過警官、警察主管、各縣市局長或科室主任以上的人才可以加入〔，帶職帶薪〕。我們學生班有兩班，人數還算多，招收對象主要是高中畢業或同等學歷者。初幹班招收的對象則以初中程度的學生為主，成員人數也最多。

我以前從沒想過要當警察，更沒想到會到臺灣來，所以我認為這一切都是一種機緣。錄取臺幹班後，我和其他二、三十個初試及格者集中在永春待命，永春警察局特別留宿我們住在一個招待所。之後，我們一起出發到二分校梅列，到了二分校後又再一次接受考試，複試通過者才留下來受訓，被淘汰的就回家。後來因為臺幹班招生人數還是不足，因此又有第二梯次招生。

在梅列，我們受訓的基地是福建省保安司令部的舊營房。從各地募集來的學生報到時間都不太一樣，但複試一通過後就開始接受訓練，之後等招考來的人員全部到齊才補辦開學典禮。我記得當時一直到4月1日才正式舉行開學典禮。

福建省保安司令部的舊營房不大，招收來的學生住的地方不夠，因此後來又在舊營房東邊加蓋兩列〔基地圖雖是一

列，但受實際地形所限，不是一直線〕營房，就地受訓。中間隔著一條河，叫沙溪，我們學生班和講習班、學員班住在列西，後來招來的初幹班住在列東。

依1943年開羅會議的〔會後〕宣示，一旦日本投降，臺灣等地將歸還中國，所以會議後重慶政府開始訓練一批到臺灣接收的行政和警察幹部。但是，當時大家對臺灣是不是真的會光復都沒有信心，誰也沒把握是否真的有一天會到臺灣來。我們本來應該是在民國34年底才結訓的，沒想到日本在8月15日就無條件投降，我們只好加緊進度，提前結束訓練，於10月10日舉行畢業典禮，收拾行裝，準備到臺灣接收。總計我前後受訓時間大約才六個月。

四、接管臺灣警政

結訓後，我們離開梅列，往南平出發，先到福州準備新裝。校方怕我們原來訓練時穿的軍服到了臺灣接收時會造成混淆，所以特地為我們每一人製作兩套新制服。[1]為了這兩套制服，我們在福州待了〔大約〕二十天。

我們由福州出發，到馬尾等船。民國34年10月23日，我們從馬尾搭乘美國軍艦向臺灣航去，24日清晨抵臺。美國軍艦共24艘，我們臺幹班成員及其他來臺接收的行政官員搭乘的是驅逐艦〔應為運輸艦之誤〕。戰時日本在海上佈置了很多水雷，這時軍方為了我們航行上的安全，派了四艘〔應為三艘〕掃雷艇在驅逐艦〔運輸艦〕前面開道。[2]一路上倒很順利，到臺灣時我才聽說，當晚行程中曾發現七顆魚雷，還

1　本書其他人的口述訪談都說只製作一套制服，但程琛先生有可能是指臺幹班先後發下兩套制服（參閱本書「前言」）。程先生年事已高，無法確認。

2　程先生對於軍艦的數目和本書其他訪問稿也略有出入。掃雷艦應該只有三艘，參閱本書「前言」。

好掃雷艇趕緊處理，所幸沒有爆炸。

上船後大家都在船艙裡躺著，一人一個床位。軍方在大家一上船後，就先發給每個人一些口糧和一個漱口杯。口糧只是一些粗餅，因為風浪很大，大家都吐得很厲害，根本沒人吃得下。漱口杯倒很好用，除了用來喝水外，吐得厲害的時候還可以吐到杯裡，一夜就這樣過去了。今天回想起來，還是覺得這一趟行程委實很辛苦，所以印象很深刻。

25日受降典禮。11月初，我被派到臺南市警察局擔任接收管理員，負責保健機構的接收，包括衛生所等單位。其實，衛生所的接收也不過只是一些藥品的接收而已。我不懂藥品，日文藥品更是看不懂。雖然在臺幹班受訓時曾經學過一點日文，現場也有翻譯人員協助解說，還是無法聽講。那時我看到日本的移交人員在旁說明，居然還會發抖，所以就將藥品清冊照本抄一抄，核對清楚後，將清冊點交出去，就算完成任務，很快地就接收完畢。

我們來臺灣接收時，警力極為不足，一千人要接管原先日人留下來將近一萬四千人的警政工作，在業務上真的很吃力，所以各縣市都需要補充警力。白天的交通協助及晚上的巡邏工作都需要人手，所以我就被派去支援義勇警察隊的培訓工作。那是11月底，我的工作是在去幫忙組織臺南市的義勇警察隊。

義勇警察隊徵募的隊員大多是初中畢業生或同等學歷者，有各地派出所推薦來的，也有透過考試招訓來的，只有少數是自願的。日本統治時期的警察非常有威嚴，我們剛到臺灣這段時間，不少老百姓對警察都非常敬畏，見面都再三鞠躬。臺灣人好像很喜歡當警察，所以招募警察很容易。相對之下，他們對義勇隊印象就不是如此。因此在徵募義勇隊時，雖然政府對隊員提供吃、住和制服，仍然有不少人不願意參加訓練。

　　臺南市義勇警察隊設立在某公家單位，地點和機構我已
經忘記了，必須在三個月內完成訓練，所以課程很緊湊。我
們採用的是中國式的訓練方式，每天一大早起床後要升旗、
訓話、做健身操。本來預定三個月後才算完成訓練，但這中
間只要地方有任何需要，大隊也會派人去協助。這個訓練的
主要目的是提供輔助警力，在接管時調他們幫忙。這段訓練
期間讓我印象比較深刻的是一位日本少年，他是留用的日本
人，曾幫我拍了一些照片作紀念。

　　關於留用日人，其實我們去臺南市接管警政時，日本警
察根本不發生任何作用。有些本省人對日本人很反感，老百
姓甚至還會打日本警察，所以留用的日本警察人數很少，大
部份都由臺灣人警察接手。但是日本統治時期臺灣人警察人
數不多，接收後才成立義勇警察隊，這也是有栽培臺灣人警
察的用意，有些人後來甚至在警界發展得很不錯。

　　臺灣省警務處在光復之初是以秘書室為主體而運作的，
其下又劃分為數個單位以處理各科室相關業務。[3] 由於警力不
足，便以科員兼股長。後來漸漸擴大編制，設有行政科、總
務科、司法科、秘書室、主計室、人事室、督察室、經濟科
等單位。為培訓新進警察人員，又設立臺灣省警察學校，招
收各級警官及基層各級警員加以培訓，以補充日警離開後各
級警力之不足。

五、警察生涯

　　民國 35 年（1946）2 月，我結束在臺南市的警政接收

3　長官公署時期的警務處為長官公署下九處之一，其他八處分別是秘書、民
　　政、教育、財政、農林、工礦、交通、會計。警務處下置秘書室，以及第
　　一至第四科、會計室、督察室；其下又分設警察大隊、警察電訊管理所、
　　警察訓練所、鐵路警察署、警察修械所以及各縣市警察局。參閱本書末「附
　　錄」，表三，「臺灣省行政長官公署警務處組織簡表」。

工作後，奉派到高雄市警察局擔任督察員。督察員主要是負責查察派出所警員的勤務工作。一個月後，我因為有訓練義勇警察隊的經驗，又會閩南語，所以被調到臺北，在省警察訓練所擔任本省籍警員的培訓工作。在警察訓練所工作了一年後，警務處就把我調去辦理警察人事，主要是處理人事任免等工作。

臺灣發生「二二八事件」（1947）以後，由臺灣人王民寧接掌警務處長。王民寧是陸軍出身，但對警察事務建制不少。因為我會講閩南語，王民寧便調我去接掌北投七星區警察所的所長一職。當時七星區警察所的管區很大，面積遼闊，轄區範圍包括北投、石牌、士林、陽明山以及內湖、南港及汐止等地。由於警力不足，加上七星區警察轄區又在臺北縣市交界處，容易滋事犯罪，這些事情處理起來非常麻煩，而且業務相當繁重。我擔任七星區警察所長時期工作很辛苦，每天從早忙到晚。

但管區內都還沒走透透，一年以後王警務處長就因為被警察派系之爭波及而離職。王民寧被換下來之後，新派任的處長是胡國振。他上任後就裁掉不少警官，我也因此被換掉。

胡國振〔，浙江東陽人，〕屬福建系統的警察人馬，派系觀念很深。他在福建成立警察系統，訓練自己的警官人脈。他一上任，就有一批批的福建警察跟著到臺灣來爭位置，他當然要先提攜自己系統的福建警官。

這件事說來有趣。胡國振有個屬下，是胡一手栽培的警官，那人想到有礦區的地方當警官。這個人認為，有礦區就會有資源，而七星轄區內有七星山的硫磺和南港的煤礦，這兩個礦區資源都很豐富。警務處辦理人事調動的人員知道後，先來問我，看是不是由我自己找一個地方轉調就好。我說，我早就想請調，這個警察所的治安工作困難，犯罪率高，工作又忙碌，既然有人想來，我就調走好了。但要調到哪裡

好？他說，烏日好不好？我心想：烏日也是縣市交界處，凡是縣市交界處，犯罪事件自然比較多，我不喜歡，只想到單純一點的地方去。於是，他叫我考慮、考慮。

　　我想了一想，臺南縣警察局局長是我以前的隊長，如果我調去那裡應該比較有人可以照應。不料這時，適宜的職缺已經被別人捷足先登了，所以我只好調職到嘉義市當督察員。省轄市的警察所所長和督察員是平調，所以我這次調動還算不錯。但是，早在到臺幹班受訓前我就已經在福建結婚了，而我太太這時剛好來到臺灣。我覺得她才剛到臺灣沒多久，就讓她自己一個人留在臺北不好，所以嘉義警察局局長雖然很照顧我，我到職一個多月以後還是又轉調回臺北。

　　這次，我請調到臺北市警察（總）局的經濟科擔任科長，實際上是科員兼股長。說到經濟科的成立，早在民國36年（1947）2月，政府有感於經濟犯罪問題日益嚴重，就開始培訓一批經濟警察，沒想到才剛上第一堂課就發生「二二八事件」。二二八事件發生後，經濟警察的培訓中止了一段時間。[4] 直到民國38年（1949），臺灣物價波動很大，進口紗布的市場非常混亂，加上金元券的匯率波動厲害，黑市美鈔橫行，甚至有人公然在街上販售，政府才成立專責機構加以管制和取締。警務處因此再度成立經濟科，並在各縣市警察局設立經濟科（課）。[5]

　　我在臺北市警察（總）局經濟科做了一段很長的時間，後來改調到行政科擔任科員。在科員任內，我除了擔任各該科應負責的工作外，還兼任臺北市議會的聯絡工作。當時臺

4　在「二二八事件」發生後，鐵路警察署被裁撤，經濟警察的編制劃入港務警察，各縣市警察局也增設第四科；臺東、花蓮、澎湖等縣設股。

5　民國39年（1950）2月，省府頒佈「各縣市警察局增加經濟警察員額標準」，增設經濟警察名額。同年3月1日，在各縣市警察局第四科下增設經濟警察組。3月中旬，成立經濟督導組，由警務處直接監督指揮。

北市議會設在中山堂，會議廳就在中山堂光復廳，臺北市政府召開會議時，各單位均需派專人進駐聯絡。市警察局鄰近市議會，市府派有秘書和市議會居間聯絡。但是當時國語尚不普及，市議員與市府官員之間難免因雙方語言隔閡，而對內容的認知有出入，所以翻譯就成為市府問政時一件不可避免的日常工作。我曾被派去協助翻譯，其中以施政報告和質詢問題所佔的時間尤多。這期間曾有幾次傳聞市府要將我調升為秘書，但每次都因為我個性較內向，不善於營鑽，更不願向人懇求，結果傳言均落空。

　　民國50年（1961）左右，有人認為我在臺北市服務時間太久，需要調動服務地區，就將我調到嘉義。這時我的太太剛過世不久，而我的三個孩子，一個在讀國中，兩個在讀小學，都在臺北就學，我根本無法單身赴任。我想想，在警界既無前途，又難論是非，乾脆就辭職不做了，旋告別了已經工作十八年的警察生涯。

六、從新光人壽到大臺北瓦斯

　　在臺北市警察局經濟科工作了十幾年，我和很多企業界人士都接觸過，因此決定離開警界前，便想到可以考慮在企業界找工作。之前有人介紹我認識新光企業的吳火獅先生。[6]吳先生對我很瞭解，就建議我離開警界，並說他正準備成立新光人壽保險公司〔1963年成立〕，或許我可以去幫他的忙。這時保險事業才剛在臺灣起步，臺灣人接受保險觀念的人不多，他要我去拉保險，我不願意，婉拒了他。但吳先生還是

6　吳火獅，1919-1986，新竹人，1945年與洪萬傳、林登山等人創辦新光商行，經營布料與茶、糖貿易；1952年擴大為臺灣新光實業公司，成為今天的新光集團。參閱黃進興，《半世紀的奮鬥：吳火獅口述傳奇》（臺北：允晨文化實業股份有限公司，1991）。

幫我安插在新光保險公司北區管理處，讓我負責外勤人員的管理工作，所以我就在新光人壽保險公司做了兩年事。新光人壽保險公司北區管理處就設在西門町以前的憲兵隊隊址，吳火獅先生是個有理想的企業家，他的事業心很強，做事很有概念，也幫了我很多忙。

　　民國53年（1964）7月1日，大臺北區瓦斯公司成立。成立大臺北區瓦斯公司最初是吳三連先生的構想，但初期工程運作不易，不論是埋設瓦斯管線或各項工程都很麻煩。吳三連先生請吳火獅先生幫忙，吳火獅先生就介紹楊濟華去幫忙。楊濟華原是臺北市警察局長，局長卸任後在臺北市自來水公司管理處主持工程。大臺北區瓦斯股份有限公司初期工程是埋設地下管線，工程期間需要常常和各區派出所打招呼，而楊濟華擔任過警察局長，由他來擔任執行秘書，很多問題自然較易處理。至於技術則是和日本人合作，由公司派人到日本受訓，這些專業技術就不成問題了。

　　有一次我碰到楊濟華，我們聊了一下。我告訴他我在新光人壽保險公司工作，但我對那個工作興趣不大。他就向吳火獅先生建議，把我調到大臺北區瓦斯公司工作。我到大臺北區瓦斯公司後，協助楊濟華處理事務，像會議紀錄的整理或初期建立瓦斯槽的工程等等，我都有參與。7月1日後，大臺北區瓦斯公司落成，我就一直留在大臺北瓦斯任職，主要是負責人事及秘書室的工作。

　　大臺北區瓦斯公司的待遇不錯。我任職期間正好是高玉樹先生擔任臺北市長任內，一度有機會可以回去臺北市政府擔任稽核員。我心裡也盤算過，當公務員必須滿二十五年才可以領取月退俸，而我在警界已服務了十八年，如果有機會回警界把剩餘七年補滿，之後就可以領月退俸了，晚年比較有保障。但吳火獅先生說，我留在大臺北區瓦斯公司也有退休金啊！他認為，畢業的年輕人愈來愈多，資深員工早點退

休，可以讓年輕人有多一點機會服務。所以他請我幫忙大臺北瓦斯修訂人事制度，只要滿六十歲就可以退休。我也因此在六十歲時（1977）從大臺北瓦斯退休。退休後我又擔任了五年顧問，直到六十五歲（1982）才正式離職。

由於我長期留在臺北，〔1982 年〕臺幹班成立互助基金會時，我就儘量幫忙，也曾擔任過會長。臺幹班互助基金會現在已改名為中華警政協會，我還是一樣協助處理出版事務，像是定期出版《會訊》、《中央警官學校臺幹班簡史》、[7]《中央警官學校臺幹班師生來臺五十週年紀念專輯》、[8]《中央警官學校臺幹班師生來臺六十週年紀念專輯》[9]等。

七、人生兩件大事

到臺灣來之前，我本來不想做的兩件事，結果都做了：第一件為當警察，第二件為做基督徒。民國 34 年（1945）我到臺灣來，當了警察，結果半輩子都當警察。第二件事是民國 51 年（1962）時，前妻病重，全身無法行動，痛苦不已。同學介紹我認識真耶穌教會，信徒到家裡助禱，前妻的病痛多少得以減輕，於是我也每晚用三輪車載她前往教會參加聚會。她的身體從本來只能維持一小時的活動，到後來可以維持八小時，中間不需休息。因此那年冬天，我們全家在冷水中受洗，皈依在基督門下，做真耶穌的門徒。這兩件事影響我一輩子。

7　《中央警官學校臺幹班簡史》（臺北：中央警官學校臺幹班互助基金會，1987）。

8　《中央警官學校臺幹班師生來臺五十週年紀念專輯》（臺北：中央警官學校臺幹班編輯委員會，1995）。

9　《中央警官學校臺幹班師生來臺六十週年紀念專輯》（臺北：中央警官學校臺幹班同學會，2005）。

〈擴大慶祝來臺四十五週年〉[10]

本班師生為紀念來臺四十五週年〔1990〕，擴大慶祝於十月二十四日下午六時三十分，假臺北市仁愛路三段空軍官兵活動中心介壽堂舉開聯歡會，參加師生及眷屬二百餘人，會場一片歡欣，氣氛極為熱烈。今年十月二十四日為來臺四十五週年紀念日，所以分區舉行慶祝活動。

擴大慶祝活動恭請本校歷任校長及有關師長蒞臨指導，到會有李夢公、張鵬程老師、徐聖熙老師，和陳白公遺族、胡福相師母、揭錦標師母等，並有由香港專程而來的曾金城同學，以及屏東、高雄縣市、臺南縣市、彰化縣、臺中縣等地聯絡組長和同學，連同離世師學長的遺族都前來參加，所以濟濟一堂，雖然大家都上了年紀，可是氣氛熱絡更勝於年輕時期之會聚，豪興並不減於當年，尤以多年未會之師長更形熱烈親切，互道思念之情，溢於言表，誠為同學勝於手足也。

聯歡會開始由戴良川董事長擔任主席，主席致詞以及報告事項為一年來之重大情事，並介紹十三位捐獻十萬元以上基金之學長；李夢公及張老師亦分別致詞訓勉；由夢公贈送「同學之榮」紀念牌與莊亨岱學長，莊學長亦報告就任警政署長後之情況，並請各師學長多多提供警政興革意見；此外並贈送同學及太太年屆七十歲和六十歲壽屏計三十三面。（其中部份在中部地區及高屏地區慶祝會中贈送）。先拍團體照，接著開始聚餐，而於聚餐中進行摸彩；獎品非常豐富，由家庭用品比至高級休閒服、高級毛毯、高級音響、高級照相機及二十一吋彩色電視機等；由於數量甚多，戶戶有獎，

10　《中央警官學校臺幹班師生來臺五十週年紀念專輯》，頁488–489。全文刊錄。按：四十五週年慶是 1990 年舉行的。

皆大歡喜。聯歡會至九時許才告結束,大家在珍重再見聲中而〔告〕別。

中部地區慶祝會是在十月二十一日中午在臺中市金碧園餐廳舉開〔行〕,由黃開基學長主持,參加中部各縣市同學及眷屬近百人,聚餐後參觀科學博物館、生命科學廳、科學中心,並在太空館觀賞太空電影,活動頗為眾人所歡迎。

高屏地區慶祝會亦在十月二十一日晚間在高雄市致美齋大飯店舉開,由蔡和聲學長負責召集,黃袁初學長擔任主席,亦有近百位師生及眷屬參加。聚餐摸彩並贈送紀念品,也充滿了歡欣快樂的氣氛,讓大家有不虛此行之感。

中部地區及高屏地區慶祝會,本班互助基金會董事長戴良川偕同董監事及同學代表十餘人參加,以共表祝賀之忱,和睦同心,表現出一家的精神,這是慶祝聚會最高的目的。

阮傳發先生訪談紀錄

訪談歷程

❖ 2011/11/25–2011/11/27 連續三日於福建阮宅訪談，
2011/11/28 於福建阮宅與開元寺訪談。

簡介

　　阮傳發先生，福建省泉州市人，民國 13 年（1924）年底出生。七歲入私塾就讀，抗戰初興的民國 26 年（1937）秋，改入西隅小學就學。初中就讀晦鳴中學，泉州培元中學高中部肄業。

　　民國 33 年（1944）冬，阮傳發報考中央警官學校臺幹班，錄取後被編入學生班第一隊。日本投降後，他隨臺幹班師生來臺接收警政。民國 34 年（1945）11 月派至彰化市協助接收警政，隨即奉派擔任市警察局秘書室的科員。民國 35 年（1946）5 月，奉調至臺北市警察訓練所，參與臺灣人警察留用人員的語文教學工作。民國 36 年（1947）2 月底，接受經濟警察的訓練。二二八事件後，奉調至警務處擔任經濟警察科科員。民國 36 年夏起，在臺北市萬華龍山寺語文講習所義務教授國語近兩年。

　　阮傳發在民國 37 年（1948）冬回泉州結婚，並攜眷赴臺。民國 38 年（1949）5 月辭警職，返回到泉州。1953 年，考上上海華東師範大學中文系，其後以教書為終身職志，從教五十多年，以醫古文、書法教學見長。與臺幹班相關的已刊文章包括有〈梅列感懷〉、[1]〈緬懷過去展望未來〉、[2]〈臺灣光復見聞：臺灣重入中國版圖的歷史見證〉[3] 等。

1　〈梅列感懷〉，收於《中央警官學校臺幹班師生來臺五十週年紀念專輯》，頁 292–293。
2　〈緬懷過去展望未來〉，收於《中央警官學校臺幹班師生來臺五十週年紀念專輯》，頁 52–53。
3　〈臺灣光復見聞：臺灣重入中國版圖的歷史見證〉，《中華警政協會會訊》，第 13、14 合期（1998 年 3 月），頁 85–88。

一、家世與成長背景

我祖籍是福建省晉江縣溝頭鄉。阮姓在晉江是小姓，小姓被大姓欺侮，故在一百多年前，阮姓祖先就離開晉江，來到泉州，在泉州西門開磚瓦窯。

我父親叫阮澄濤，1886 年農曆 9 月 30 日出生。父親有三個兄弟，沒有姊妹，他是老大，老二阮廷泰過房給人家，所以父親和老三阮玉壺住在一起，兩家人共伙。我叔叔婚後生了兩個女兒，沒有男兒，後來就買了三個男孩回來當兒子。當時買賣兒女的風氣可能很盛，買一個大概要幾百塊銀元。到抗戰後期，我父親才和老三分家。

家父只讀過兩年多的書，從小家裡窮苦，因此他曾經兩次到印尼的日惹[4]謀生。父親第一次去印尼以擺地攤、賣花生為生，日子過得相當艱辛，後來積存了一點錢，就回家鄉結婚。婚後父親再去印尼，改做橡膠生意。這次他大概待了五、六年，也賺了一點錢，從此返鄉，不再出國。父親從印尼回來以後，經營磚瓦窯，之後又兼營米行，做糧食、麵粉之類的生意，所以當時我家庭的經濟情況算是比較好的。

我父親於 1959 年秋因病辭世。我的母親劉祝娟於 1991 年過世，享壽九十四歲，算是很長壽的。母親是泉州新門外溪后村人，因為懂得一些中醫的草藥知識，只要身體有小毛病，就自己開藥吃。她信奉菩薩，為人仁慈，對附近的窮人很有同情心。如果窮人有困難，一時米糧匱乏，她都會接濟他們，所以在我們鄉裡大家都稱讚她。父母親的仁慈和善心對我們子女都有潛移默化的影響，特別是他們所做的一些善事，影響我日後為人處事特別深遠。母親不但心地善良，也

4　印尼語，英文拼音作 Yogyakarta、Jogakarta 或 Jogja，位於印尼爪哇島中南部，是城市也是省分名稱。

很能吃苦耐勞。抗戰後期，米糧生意不好做，我的家境中落，生活各方面都吃緊。我母親經常要親自挑柴火灰去賣，一挑就是七、八十斤。

我父親育有六個男孩，三個女兒，我是老二。父親只有娶一個太太，所以九個小孩都是同一個太太——也就是我母親——生的。九位兄弟姐妹現在（2011年底訪問之際）都還健在。父母親勞苦出身，但從小對我們要求很嚴格。我讀小學、中學時，每年寒暑假都要和兄弟們到磚瓦窯去幫忙。父母親這樣做，目的在培養我們的勞動習慣。

記得在我七、八歲時，泉州市遭逢空前的大洪水，那是當地居民記憶中最大的一次洪災。泉州市七個城門都淹了水，但我家的地勢較高，沒有遭到水淹。當時我父親在南門開米行，洪水來時，米行裡的幾百包糧食都給沖掉了。但父親顧不得自己米行的糧食被洪水沖失，反倒關心起西門外數十個洪災戶的安危。他與我叔叔冒著生命危險，在狂風暴雨中駕著船到附近鄉里去救人，前後一共救了兩百多人。

一下子救了兩百多個災民，要怎麼處理他們的生計？父母親就讓這些人住到我家來，樓上、樓下的大廳都住滿了人，很多人只能睡在地板上，這也是沒有辦法的事。我們給他們吃，給他們穿。幸好洪水前一天，父親剛好請工人從米行載了八大包米回家，所以兩百人的吃食暫時不成問題。至於穿，我父母就拿家裡的衣服給一些被雨水淋濕的災民用，讓大家起碼不致挨餓受寒。後來西門外緞湖鄉的災民為了感激我父母、叔叔，就給我家豎了一個大匾額，上面刻著「德及災黎」四個字。當時晉江縣長余光武也給我家立了一個匾，題為「見義勇為」。父母親拯救災民這件事對我們小孩日後有深遠的影響。

二、求學經歷

我生於 1924 年 12 月 20 日（新曆），是父親第二次從印尼回來、在泉州定居幾年以後才出生的。十四歲的時候，我本來也曾經想要到菲律賓工作，後來沒有去成，原因大概是〔出國〕手續出了點問題。

說到我的求學經歷，我七歲時進入父親在家裡辦的私塾唸了五年書。父親請了一位前清秀才陳秀生來教書。他是個很有學問的人，在我們當地很有名望。陳秀才教書的對象除了我們阮家的孩子外，還有幾個一起上課的鄰居小孩，共約有十來個。

我在私塾裡讀了《四書》、《幼學瓊林》等書，這是每天要背誦的功課。當時唸私塾的人，只有背誦一途，老師很少解釋文義，因為他認為小孩不一定都理解書中的內容，背誦熟了以後，慢慢地就會理解。如果我們書背不好或沒有背，老師有時也會打人，用竹板子打。竹板子很長，只要你背書背不好，就要將手伸出來給他打幾下。不會打很重，只是象徵性地打一下而已，但我從沒有被打過，因為我都把書背得很熟。我這個人一向老老實實地學習，認真地學習，所以我是在私塾打下古文基礎的。後來我考上大學中文系，也是因為我有這個底子。

我們在私塾裡也要練書法。書法是從描紅開始，寫上「上大人、孔乙己」等文句，我就是從那時候開始學書法的。有了這方面的基礎，日後進步就快。

唸完私塾之際（1937 年），正好抗日戰爭開始，我家從此停辦私塾，我被改送進小學。但我不是從一年級開始唸的，而是直接跳讀四年級，因此只讀了兩年小學。讀小學時我很用功，在班裡常跟人家爭第一、第二名。

我初中唸的是晦鳴中學。晦鳴是私立學校，也就是現在

的泉州七中。升上初中後的我，比小學時代更加勤奮學習，非常用功，可以說是全校最用功的學生之一。我們初中時開始學英語，英語老師叫柳翠霞。在她上課時，我很專注聽講，思想高度集中。譬如說，老師今天教了十個英文單字，她會將單字寫在黑板上，邊講、邊讀、邊解釋，我就邊聽、邊記。五分鐘以後，老師會把單字擦掉，把學生叫起來寫。老師常叫我上臺寫，她每唸一個字，我就寫一個，通常十個字中有八個字我都寫對了。當時去學校上課，每天從我家到西門外西埔鄉的中學要走上五華里的路。我就邊走邊背英語單字，每天來回在路上起碼可以背幾十個單字，反覆背誦。所以在初中時，我的英語成績較好，基本上都是 95 分以上，有時也拿 100 分。

　　我的其他學科成績也不錯，總成績常是全校最好的，各科平均起碼都是 95 分，三等甲。三等甲是指學業、體育和品性都是甲等。我的學業甲等，有 95 分以上；體育很好，品性也很好，都是甲等。我拾金不昧，無論撿到什麼財物，都會交給學校，所以經常受到表揚，品性自然很好。另外，我和同學的關係也處理得很好。當時學校規定，凡是三等甲的學生，可以免交學雜費。在初中三年中，我有兩年半享受這個待遇。可以說，我在初中時代就打下了堅實的學業基礎。

　　1943 年秋，我進入培元中學就讀。這是一所由英國傳教士安禮遜（A.S. Moore Anderson，1876-1959）創辦的私立學校。臺幹班中的蔡清淵、呂泰山、陳秀金當時都是我的同班同學，但是我們彼此之間交往不多，倒是我跟陳愛民最熟。至於莊亨岱、王琪琨、林梨生，他們都比我高一班。戴良川只唸培元中學初中部，後來他到廈門唸高中。

　　在培元中學讀書的時候，我一開始也很用功，但後來有一件事對我日後的影響很大，就是高中一年級時我被政府抓

丁一事。[5] 這次事件是因為我家兄弟中有人得罪了一位地方的保幹事，保長的幹事，就是在保裡面工作的人。他向上級打報告，政府就在半夜派人來抓丁。我家兄弟比較多，家裡的人口也多。當時我哥哥阮傳興剛好到成都去考黃埔軍校，不在家。可能來抓的人看我個子比較高，就把我給抓走。當時我才十幾歲，被抓以後關在一個寺廟裡面，關了一個星期。那個寺廟是被駐兵佔用的，他們準備把抓來的人送交接兵部隊（即準備接送新兵入伍的部隊）。依照當時政府的規定，高中學生可以緩役，而且我當時的實足年齡才十七歲，還不能當兵。

　　我被抓走後，家裡的人很擔心，就去找我唸過的學校校長幫忙。當時培元的校長王慶元和我小學時代的校長傅文炎兩個校長都出面協調，想辦法把我保出來。我被保出來後，又回到培元中學繼續唸書，但只唸了一年半。那時抓壯丁抓得兇，沒辦法唸書了，正好碰到臺幹班在泉州招生，我就去應考。

　　我們培元中學的同學考上臺幹班的人起碼有二十來個，如果連初中部畢業的人都算的話，前後共有二、三十位考進臺幹班。

三、進入臺幹班

　　1944 年底，我在泉州街上看到臺幹班公開招生的廣告，也聽人家講到這件事，就前去了解。仔細閱讀招生內容後，我決定去參加考試。

　　臺幹班招生時明文告知，招生目的是為未來光復臺灣

5　阮傳發，〈見證臺灣光復的泉州人〉，《泉州廣播電視報》第 513 期（2002 年 10 月 23 日）。

做準備──不然名稱怎麼就叫「臺灣警察幹部訓練班」？那時我哥哥阮傳興已考入成都的黃埔軍校，準備投身於抗日隊伍。我想，如果我也能參與光復臺灣的任務，應該是很光榮的愛國行動。

當時培元中學在泉州考區報考臺幹班的同窗大概有十一位，我們是在泉州警察局裡應試的。除了前面提到的幾位外，還有陳培筆、林資美、黃聰琠、曾金城等人。人數並不是很多，但都上榜了，我也被錄取。成績公佈後，依規定被錄取的人要到梅列報到，那時聽說到梅列後還要再複試。

我報考的臺幹班是最後一批招生的，1944年農曆年底考，所以放榜後已經過完農曆春節。印象中，我是1945年元宵節過後才抵達梅列的。我們雖屬於最後一批去梅列的，但開學時間大家都一致〔四月一日〕。同一期錄取臺幹班的培元同學中，有王友煥、林梨生等人，他們很早就去報到了。不過他們是先到長汀、再到梅列，比我們早了兩個多月。我是直接到梅列的，那時二分校已經遷到梅列，所以我沒有到長汀去。

到梅列的旅費都是我們自己掏腰包的，我們也都自行前往梅列。我當時是和兩、三位同學一起去的，同行者中有董青山。董青山後來到臺灣後服務三年多，在大陸「解放」前（1948年下半年或1949年初）回來泉州，七、八年前已經過世了。同行的還有一位葉良水，也是「解放」前回來泉州的，因為他不願意待在臺灣。葉良水也已於四年前過世了。

我們先是走路去梅列，走陸路，要走上兩天多。第一天從泉州到永春，第二天到大田，第三天到永安，然後乘汽車到梅列。前往梅列的路上不很安全，因為這一條路線靠近江西，而這地方在三十年代曾經有過多次勦匪行動，所以在當時這是比較危險的路線。事實上那個時代每個地方都很亂。

當時要考進臺幹班不是那麼容易，要學業好，成績好，

還要看你的儀表有沒有端正。我們抵梅列後，還要複試，先筆試，然後面試；複試不及格者，就被退回，但被退回的人不多。我知道其中有一人大概因頭頂沒有頭髮（臭頭），被認為儀表不端而被退回。

　　複試通過以後，我們才正式被編入臺幹班。我被編入學生班第一隊。我猜想，編班的時候應該有成績的考量，所以第一隊的成績大體都比第二隊好一點，而第一隊隊員的表現一般也比較優秀。我和莊亨岱、蔡清淵、邢翰都同是第一隊的；邢翰是我們第一隊的班長〔之一〕。

　　編好隊後，我們第一隊就到正順廟報到。第一隊住在正順廟，第二隊住在離正順廟不遠〔山丘附近〕的地方。臺幹

圖 11-1：正順廟正面（2011/11/24 蔡慧玉攝）

圖 11-2：正順廟全景側照（2011/11/24 蔡慧玉攝）

班訓練地的遺址現在只有正順廟還保存得完好（圖 11-1、
11-2）。正順廟不是很大。我記得廟裡掛有〔好〕幾個匾，
其中有些匾已經模糊不清到看不出匾上的字了。廟一進去，
沿著矩形的牆左右兩邊是廂房，兩邊廂房中擺滿了一整排用
木頭搭的床，上下兩層，破舊不堪，臭蟲、蚊子、跳蚤，什
麼都有，當時學生班一隊的一百多個人就住在那裡〔半年
多〕。雖然這樣，我們也不可能睡地板，因為地板太潮濕了。
現在回想起來，仍然覺得當時日子過得很苦。一百多個人怎
樣上廁所？大多在廟外面就地解決（廟裡也設有一個簡單的
茅廁）。

　　當時從正順廟往上走，整個山頭都是訓練基地，基地比

了半世紀的情感總算回流、熱絡了起來。

當天下午三時許，我們乘特備列車前往臺北。一路上，列車經過五堵、汐止、南港等火車站（這些地名我都是後來才知道的），每站都停留了幾分鐘。我看到許多臺胞沿著鐵路兩旁成群結隊，揮動著手上的小旗，或歡呼萬歲，或敲鑼打鼓——山坡上，田野裡，大街小巷都是人山人海。列車一進站，車身還沒停穩，人群就蜂擁到列車窗口，爭著與我們握手、交談，哪怕只是一、兩句，車廂內外許多人都情不自禁地流下熱淚。每到一站都出現同樣感人的場面。

10月25日上午10時，受降典禮在臺北市公會堂（現為中山堂）舉行。公會堂門口〔前的牌樓〕上寫著「臺灣光復」、「中國戰區臺灣省受降典禮會場」幾個大字。兩側有幅對聯寫著：「光復舊山河，建設新臺灣」，會場內外佈置莊嚴肅穆。公會堂內坐滿了各界觀禮的代表，受降主官是臺灣省行政長官公署兼臺灣警備總司令部上將總司令陳儀，對象是臺灣總督兼日本第十方面軍總司令安藤利吉。我們臺幹班同學大部分被派在公會堂四週擔任警衛，我有幸被派在公會堂內〔走廊四周〕擔任警衛工作。典禮開始後，由陳儀長官作簡短講話，隨即〔以署令第一號命令〕交付安藤利吉降書〔「受領證」〕。安藤利吉簽字後，再將這份文書呈遞給陳儀長官。

作為參加臺灣省日軍受降典禮日的歷史見證人之一，我清楚地記住了這個臺灣光復的神聖時刻：民國34年（1945）10月25日上午11時。陳儀長官宣佈：從這天起臺灣、澎湖列島正式歸返中國版圖。陳儀的話語才落下，會堂內外歡聲雷動。全島臺胞的慶祝活動持續多日，熱鬧空前，在臺灣歷史上寫下令人難忘的一頁。

（二）初到臺灣

　　我在報考臺幹班之前，對臺灣並沒有印象，一點也不瞭解，只知道臺灣受日本統治；抗日戰爭一旦勝利，臺灣將會光復，由中國政府接管，這些原則在開羅宣言裡都宣示了。那時我對臺灣的印象就是，臺灣受日本統治了五十年，而且是非常殘酷的統治；現在這個寶島即將回到祖國的懷抱，我為臺灣的住民高興，也希望臺灣能建設得更好。

　　在臺幹班受訓時，教官曾向我們介紹臺灣的情況：抗日戰爭勝利後，我們即將光復臺灣，讓臺灣重回祖國的懷抱。我進一步認識到，我加入臺幹班是一項很光榮的愛國行動。上課時，教官一再告訴我們：我們是要到臺灣去執行警察工作的；警察的任務很重要，因為治安維持主要靠警察。所以我感到責任重大，也深深感受到上級對我們的期待。

　　當時我想到，臺灣的生活一定會比我們在梅列時的生活好一點。但是，當我們抵達臺灣後，看到的情形卻是老百姓的生活還是很艱苦，經濟蕭條，物價飛漲。[7]因為日本人遺留的爛攤子，戰後初期臺灣同胞的生活不是很好。一直到我離開臺灣的時候（1949 年），臺灣的經濟還沒有改善。

　　說到我對臺灣的初步印象，當時臺灣真是悽涼。尤其是剛抵基隆港之際，看到有些船破破爛爛地，被美軍炸壞的船很多，這種印象特別深刻。後來看到臺灣同胞歡欣鼓舞地迎接我們，我感受到臺灣人民在日本殘酷統治五十年的痛苦，

7　蘇瑤崇指出，「在總督府謹慎對應統治下，將統治權順利移交給中國，臺灣並未發生混亂。一般所謂的『政治真空期』，只能說是部分人民的感覺，但並非真正存在，總督府直到『光復』前夕，仍有效的〔地〕統治臺灣。經濟、治安與社會真正出現破綻與混亂，則是在中國接收之後。」參閱蘇瑤崇，〈「終戰」到「光復」期間臺灣政治與社會變化〉，《國史館學術集刊》，第 13 期（2007 年 9 月），頁 45。

暗下決心一定要為臺灣同胞服務，為建設新臺灣而努力。這就是我當時的心情和願景。

（三）接收彰化警察署

　　1945 年 11 月初，臺幹班師生分赴臺灣各縣市接收日據時期一萬三千多日警〔包括臺人警察〕的警政工作，任務十分艱鉅。我被分發到彰化市接收彰化警察署，職稱為接收管理員，當時就叫「彰化警察署」。[8] 我們的接收工作主要是警政，沒有接收行政。後來聽說，我們臺幹班中有人〔在接收之際〕擔任了郡守，郡守兼警察〔地方警察機關的首長〕。我想，那是因為他們比較老練，有社會經驗；像王琪琨，他雖是學生隊的隊員，但他比我們多了兩、三歲，比較成熟。一般而言，我們學生隊的成員當時大多只有十八、九歲，沒有社會經驗，人很單純。如果派我們去當郡守，我們也沒有這個能耐。

　　當時彰化市的社會治安良好。我被分派去接收大竹派出所，該所的日本警察將警政移交工作準備得很周詳，所以我們的接收工作進行得很順利。當時上級告訴我們：日本投降，臺灣光復，對待日本人要以德報怨。所以我們去接收時，對日警都很客氣，他們也很和善地配合我們，把警政等相關資料如數移交給我們。完成彰化市全部派出所的接收工作之後，署長就派幾位初幹班的培訓警員駐守在每個派出所，學生隊出身的我們依然回到警察局。

　　接收工作完成後，我被任命為秘書室科員。當時的署長

8　昭和 8 年（1933）12 月 20 日，彰化街及南郭、大竹兩庄合併，升格為「彰化市」，設市役所，並成立警察署，是為彰化警察署。戰後接收之際，於民國 34 年（1945）11 月 22 日改稱彰化市警察局。民國 39 年（1950），原彰化市警察局改制成為彰化縣警察局。

是黃寶麟，主任秘書為楊可民。不久在 11 月底，彰化警察署改稱彰化市警察局。

我在彰化市警察局服務的時間不到一年，都是在祕書室擔任科員，處理文書工作。譬如說這份公文要交給第一科、第二科辦，我就把公文分一下，給主任祕書簽字；主任祕書簽完字，我就把公文分到各科去。另外，我們也為日僑返國做了許多協助工作。

在彰化市警察局服務的時候，我住在警察宿舍裡。當時的宿舍是一個日式大房子，舖木頭地板，我們都睡在榻榻米上。因為房間少，通常我們都是兩、三個，或四、五個科員共同住一個房間。沒有值班時，我很少到外頭去逛，不過假日我常到警察局後方的八卦山玩。那裡風景秀麗，空氣清新。另外，我喜歡打排球，公餘時間也常到警察局對面的彰化女中與該校師生打排球，也因此認識了該校一位來自家鄉（晉江縣）的李法儒老師。

（四）警訓所國文教學

我在 1945 年 11 月初去彰化，1946 年 6 月就被調到臺灣警察訓練所。警訓所在臺北市，我的職務是輔助國文教學，職稱為助教。光復初年有很多留用的臺灣人警察，因此警訓所安排有國文（中文）課程，把這些留用的警察調來訓練，可以讓他們既學習警察業務也學習祖國的語言文字。他們要先學會國語文才能和上級、同事溝通，才能執行勤務，所以國文是警訓所課程中的一科。我負責教授語文和文法，這不是警察的本業，卻是一門必修的文化課。

當時因為需要語文教師，所以警訓所就想辦法在臺幹班中調來三位能教語文的教師。這三位就是我、蔡清淵和李一曙。為什麼會調我們三個人？我想可能是我同學程琛的緣

故。我和程琛關係不錯，他是福建惠安人，解嚴後他每次回大陸探親都會與我見面。程琛當時在警務處人事科管理人事，可能是他認為我的語文基礎不錯，在梅列受訓時每週出刊的壁報都有我寫的文稿，才會推薦我，把我調去警訓所教語文。蔡清淵的情況應該也是這樣，而且他教過小學。至於李一曙，他是永春人，普通話講得比我好。

當時警訓所用的語文教材是吳俊民老師編的《語文課本》。吳俊民老師過去在晦鳴中學時就教過我，他和徐勵（時任臺灣警察訓練所處長）有親戚關係，所以徐把他調到警訓所去教語文。

吳俊民老師在警訓所教語文時的職務是教官，我是他的助教，所以吳老師編的那本語文課本就成為我的教學教材。可惜後來我離開臺灣，深怕回到大陸會惹上麻煩，這些教材都沒有帶，但我還記得教材內容有朱自清的〈背影〉，也有魯迅和孫中山先生的文章等。

（五）臺北市萬華龍山寺語文講習所

調到警訓所後，我住在臺北市崛江町〔該町位於萬華車站之南〕警訓所的第十官舍。這個地方靠近萬華龍山寺，因此一到假日我們臺幹班同學常相約去逛該寺。在一次偶然的機會中，我們和龍山寺管寺廟的人談天。他們知道我們在警訓所教語文後，就「主動」邀請我們與他們合辦語文講習所。那時我們確實也有這個念頭，我們就這樣開始合作辦學。

我之所以會去龍山寺的語文講習所教學，是因為我希望能為臺灣同胞教一些祖國語言，同時也藉此宏揚中華文化。當時臺灣才剛回歸祖國懷抱，如果語言不通，感情上怎能相通呢？我感覺到這是很重要的工作，所以我們都自動自發去

任教。當時除了我之外，還有蔡清淵[9]和李一曙，我們三個人共同分擔教學工作。

1947 年 4 月，距離二二八事件發生才一個多月，龍山寺語文講習所開張，寺裡撥了兩間房舍權充教室，前來報名學習的人很多。講習所免費教人語文，每期開兩班，共一百多人，上課期間為二至三個月。當時來報名參加語文講習的大多是一般老百姓，有私營企業工作的店員，更多是待業的年輕人。大家都很積極地學習，生怕不懂祖國的語言文字以後辦事或找工作會有困難。

我擔任一個班的語文課，每週上三次課，每次兩個鐘頭，從晚上七點上到九點，這樣義務教了兩年多。上語文課時，我採用注音符號教學。通常我們是兩種語言併用解說；讀課文用普通話，解釋時多用閩南語、泉州話。這樣才能溝通，他們也都能聽懂。

1947 年 10 月，我奉調到警務處去，但一直教到我離職前夕仍繼續在龍山寺教課。1949 年 5 月我返回泉州之際，龍山寺語文講習所裡贈送我一個茶杯做紀念。

（六）警務處經濟科

1946 年 6 月我奉調到警訓所教書，1947 年 10 月再奉調到警務處經濟科當科員。也就是說，二二八事件之前，我在警訓所待了一年多。二二八事件之後半年多，我就調到警務處工作。我在警務處大概也待了一年多。在警務處工作時，

9　蔡清淵先生在其訪問稿中提及，他光復之初曾在花蓮義務教授語文，但沒提及他也在臺北市龍山寺義務教學；參閱本書〈蔡清淵先生訪談紀錄〉。蔡先生過世前一年，因健康狀況，已經無法接受補訪，許多細節不及澄清，因此阮傳發先生這篇口述訪談多少可以補充說明光復前後蔡先生在臺北市教學的樣相。

我很少出門，只有每週到龍山寺語文講習所講課三個晚上。

在警訓所擔任助教的時候，我曾被徵調去參加經濟警察講習班，和蔡清淵他們一樣在警訓所受訓。[10]1947 年 2 月 27 日，經濟警察講習班的學員才剛報到，第一天上的課都還沒結束，就發生了「二二八事件」。

我對二二八事件沒有接觸，剛剛發生時既不清楚發生了什麼事，也沒有去現場看，只感到當時大家都比較緊張。我們警訓所的幾位助教都沒有介入這個事件。我是教書的，與社會沒有什麼接觸，很多情況都是後來才聽說的，當時只是覺得不應該發生這事件。

二二八事件發生後，經濟講習班的課就停擺了，停下來起碼有半個月，之後又恢復授課。那時我還是一邊參加經濟講習班的學習，一邊繼續在警訓所擔任國語教學的助教工作，反正工作也好，經濟講習也好，地點都在警訓所裡面。經濟警察講習班的課前後一共上了三個月。課程結束後的 1947 年 10 月，我被調到警務處第四科擔任科員。

警務處第四科是經濟科，當時我和陳瑞鵬（臺幹班學生隊）同一個科室。陳瑞鵬後來分發到臺東，他的書法非常好，詩文俱佳，是書藝雙優的書法家，曾榮獲臺灣行政院文建會「資深文化人」以及臺東縣政府的「資深藝術家」等獎項。他如今仍健在，今年（2011）九十二歲了。他曾經寫信給我，送我一本他自己的書法集——《逸廬翰墨集》，並贈我五律詩書法一幅：

> 故人臺北後，勞燕各西東；
> 風譎波難定，雲遮日未中。

10　蔡清淵先生在其訪問稿中沒有提及他曾到警訓所接受經濟警察的訓練，或許是來不及補敘。倒是陳應彭和呂泰山兩位先生在他們的訪問稿中都提到受訓情形。參閱本書〈陳應彭先生訪談紀錄〉和〈呂泰山先生訪談紀錄〉。

思君天際遠，撫座德鄰空；
再會知何地，無眠聽曉鴻。

　　當時臺灣的警察人員、行政人員、公務員待遇都很不好，[11] 若不兼幹其他工作，連養活老婆都有困難。說實在話，我到臺灣三年多的日子都是相當清苦的。臺灣後來是到了七十年代經濟起飛以後，警察的生活才逐漸好轉。

（七）結婚成家

圖 11-3：訂婚照片，「雁盟」（攝於 1947/1/14）

　　1947 年 1 月 14 日，我訂婚（圖 11-3）。那是農曆 1946 年年底，我請了十五天事假回福建泉州過年。訂婚照是在泉州最好、最老牌的照像館「羅克」（在今泉州中山中路鐘樓附近）所攝。照片上有「雁盟」兩字，取義「永結同心，白頭偕老」。

　　1948 年農曆 11 月，我回大陸泉州結婚，結完婚就返回臺灣的工作崗位。我太太黃秀瓊是學助產的，結婚以後她曾經跟我來臺灣住了三個月，本來想在臺灣謀職，但一直沒有如願。正好那時她的弟弟要結婚，她就回泉州了。

　　我太太是我培元中學的同學，畢業後考入聖路加高級助

11　戰後初期臺灣的待業人口激增、通貨膨脹，百業待舉，移入臺灣的人口從六百萬增加到八百萬。事實上，當時一般老百姓的生活不會更好。

產學校。這所學校座落在莆田，是一所教會學校，英國人辦的。聖路加是三年制的職業學校，讀兩年後要實習一年。她是 1948 年畢業的，這樣的學歷在當時算是較高的。解放後，她在 1952 年到泉州婦幼保健站工作，任站長，以後又調到泉州市衛生防疫站服務，擔任婦幼股股長，先後從事三十多年的婦幼保健工作。

我太太比我小三歲，原來的名字叫黃秀瓊。因為她曾從事助產士工作，我就幫她改名叫拯生，黃拯生，拯救人民生命，所以她現在的戶口仍然叫黃拯生。這幾年她患有糖尿病，已經無法自行走路，但頭腦還很清醒。現在她由一位褓姆全天候照顧，我也經常在家裡陪著看護她。

五、返鄉

1949 年 1 月，兩岸已經很緊張了，當時大陸很多官員都逃到臺灣去，我也意識到再不回大陸，兩岸會從此隔絕，因此動了回泉州的念頭。

我的個性不適合在警界發展，也沒有從政的興趣和本領。1949 年春節以後，兩岸情勢更加緊張。我岳父黃錫福看到官場混亂，預測我早晚是要回去家鄉的，也主張我還是返鄉做生意或做別的工作比較好。

岳父黃錫福是惠安縣黃塘鎮人，五歲時隨父母來到泉州，九歲入私塾，唸過兩年半書，後因家貧而輟學，進入「泉泰藥行」當學徒。他自學成醫，醫、藥兼精，在泉州很有名，在中醫這個領域的造詣很高，是泉州著名的老中醫，開中藥行。岳父曾經是福建省中醫研究所研究員，擔任泉州市中醫公會會長多年。

我當時想，如果不趕快回泉州，可能就會永遠和家鄉的親人隔絕了，所以在 1949 年春夏之交下定決心遞上辭呈。

我的辭職報告是這樣寫的：我的工作能力較差，知識也不夠，想辭職回家考大學，以後再繼續為人民服務。正好那時候大陸很多官員都逃難到臺灣，少一個人佔缺，上級更好替他們安排職位，所以我一將辭呈送給處長批示，上級很快就批准了。[12] 我就在兩岸緊張的情況下辭職，於 1949 年 5 月回到了泉州。

回到泉州之後，我對二二八事件才有進一步瞭解。當時我只知道二二八事件主要是因為第二次世界大戰和日本長期統治臺灣留下爛攤子，經濟不振，老百姓生活困難所導致。當然，造成二二八事件的因素是多方面的，後來我才知道戰後失業的人數大增、物價飛漲，還有一些臺灣同胞陸續從戰地返臺，因為沒有就業機會，生活痛苦，埋怨政府，各種原因都有。

當時我聽說中共不錯，對老百姓比較好，能關心人民的疾苦。我內心一直希望中國有一個廉潔的、真正為人民服務的政府。我讀過孔子、孟子的書，認為當官的人，要行仁政，以民為貴，要親民、愛民。行仁政，無敵於天下；為政者必須吃苦在前、享樂在後。就像我寫的一幅書法所示，當官的人要能「憂在天下人之先，樂在天下人之後，樂以天下，憂以天下，憂樂俱為人民，則官必廉正，國必興隆，民必安樂」。[13]

回到泉州後有一段時間，我曾擔任泉州店員工會職工夜校的語文課教師。但是，我這個人的個性還是適合教書工作，所以 1953 年夏我試著參加全國高考，第一志願就是師範大學。不選其它學校，因為我想當一個教書匠，把後半生獻給

12　這個敘述和本書幾個訪問稿略有出入，可見上級批准辭職與否，會因該單位的工作性質以及長官的處事風格而異。

13　阮傳發，〈讀岳陽樓記有感〉，收於阮如（阮傳發），《書析大醫精誠》（北京：中國文化出版社，2010），頁 11。

教育事業。

六、我的後半生
（一）華東師範

1948 年春兩岸形勢越來越緊張，我太太回泉州參加我內弟黃啟元的婚禮，但我一直到 1949 年 5 月才辭職回泉州。如果再晚一、兩個月動身，就沒有辦法回來了。

回故鄉泉州後，我先在岳父的店裡當店員，幫忙採購中藥材，學習一些初步的中醫藥知識，因此解放初期我的生計沒有什麼問題。1951 年，我轉入新生行工作，在我岳父和人合股的店舖（新生行）裡當會計。這是一家經營南北貨的土產行，位於泉州市南門。

我岳父的醫德和醫風對我日後的為人處世影響頗大，他也全力支持我讀大學。我家幾個兄弟中，有四個人唸過大學：老大阮傳興畢業於黃埔軍校步科 21 期，老四阮傳土畢業於北京氣象專科學校，老五阮傳森畢業於廈門大學物理系。我當年高中才唸一年半就去考臺幹班，後來還是考上大學。

1952 年新中國開始恢復高考（大學考試）。高考是全國性的統一考試，1953 年是第二屆。依當時規定，高中沒畢業者可以用同等學歷的身份報考。我是店員身份，須由工會出具證明方可報考。高考是全國統一命題的。當時福建設有兩個考區，一個在福州，另一個在漳州。我到漳州去考，因為由泉州去漳州比較近。當時高考很嚴格，共舉行兩天，考試科目有國文、英語、數學、歷史、地理、生物等。

當年的高考，我是臨時抱佛腳的。手邊沒有講義，向人家借資料來複習了十五天，好像看小說一樣，看完就去赴試。大概因為我中學打下了較好的基礎，又讀過五年私塾，居然

讓我考上了大學——上海華東師範大學中文系。[14]那時我真的
沒有想到會考上，我本來只是想去考一個經驗就好。算我運
氣好，正好高考的試題我大多會做，就考上了。我太高興了，
這是我一生最大的轉折點。

　　大陸的高考制度大體上和臺灣過去的聯考差不多，但那
時考場外面有解放軍站崗，氣氛嚴肅。我是在漳州師範學校
的試場參加考試的。當時高考的錄取率不高，考後我聽到幾
個考生在談論試題和答案，估計我的成績應該不會太差。那
年的作文題目是「記我所熟悉的一個幹部」。我曾當過《廈
門日報》的通訊員，常寫這方面的記敘文，因此我估計這篇
作文的得分應該較高。

　　華東師範大學中文系是我報考的第一志願，因為我喜歡
教書；我第二個志願是復旦大學歷史系。華東師範大學成立
於 1951 年 10 月 16 日，原先以大夏大學、光華大學為基礎
而擴編，在上海大夏大學原址上創辦的，1952 年又併入復旦
大學、同濟大學、浙江大學和聖約翰大學等校的部份科系。

　　高考錄取的名單刊載在《人民日報》，這是一份全國性
的報紙。我從錄取名單中看到自己的名字，非常高興，但最
初還是不敢相信，懷疑或許有同名同姓的可能。我想，像我
這樣連高中都沒有畢業，政治經歷又有問題的人，怎麼會考
上大學？我真的不敢相信，一直等到錄取通知書寄來後，才
確認這個消息屬實。我在報考大學時，都如實填寫了在臺灣
工作三年多的〔警政〕經歷。可見當時政府的政策還是好的，
沒有因政歷〔政治經歷〕問題卡我。華東師範大學中文系知
道我過去的歷史的人極少，可能只有班裡團支部書記和個別
共產黨員才會知道，不過他們都對我很好。

　　1953 年考上華東師範大學時，我已經是三個孩子的爸爸

14　華東師範大學是中華人民共和國成立後設立的第一所師範大學。

了。很幸運地，我岳父支持我繼續唸書，內人也很支持。還好那時候唸大學，吃飯、學費都是公費，家境有困難的人還有助學金可拿，連講義、書本都不用付錢。當時我一個月的零用金只有五塊錢，所以我就學期間那些年，三個小孩的生活就由內人負擔，我岳父和一些親友也從經濟上加以支持。

在華東師範大學讀書時，我是班裡年齡最大的老同學，但學習的積極性也最高。大學一年級時我就擔任現代漢語的課代表，二年級時擔任古典文學的課代表；當時一個班級只有三十多名學生。我很用功，各科成績都不錯，外語只讀過俄語，沒學過英語，現在回想起來，覺得很遺憾。

我和同學的關係良好，下列幾位同學至今還與我有交往。郭豫適（班長），畢業後留校任教，他後來成為研究《紅樓夢》的專家、教授、博士生導師，國務院學位委員會中文學科評議組成員兼召集人，中國古代文論學會會長，上海古典文學學會副會長，也兼任過華東師範大學研究生院院長、副校長等職。五年前他來福建師大等校講學時，特地來泉州與我會面並合影留念。去年（2010）10月16日上海華東師大六十週年校慶，我應邀到母校參加慶典，郭豫適熱情地接待我，並將他四大本近著《郭豫適文集》贈送給我。

其他同學有魯先恕，他也當過班長，曾經擔任安徽省合肥聯合大學副校長等職。張玉榮，大學團支部書記，曾經擔任河南科技大學教授。蘇哲倫（女），曾經擔任上海師範大學教授，對宋詞很有研究。

以上四位同學至今仍常和我保持通訊或以電話聯絡。

（二）擔任教職

1957年秋，我大學畢業，無條件服從分配到1958年甫成立的江西宜春大學〔2000年1月擴大改制為宜春學院〕中

文系擔任助教，講授中國現代文學和當代文學。1960 年，我兼任體育系的游泳課教練，因為 1958 年我在江西省水上運動大會上得過獎項。在江西宜春大學服務時，學校當然知道我個人過去的歷史，但校方很信任我。除了教學，我還擔任過該校的工會委員。

我家在泉州，江西方面曾經想要把我太太（時任泉州婦幼保健站站長）調去江西，但她不喜歡去江西工作。宜春大學領導就叫我安心工作，說是江西缺少教員，只要我好好幹，四年後就可以調回泉州。1961 年秋，江西宜春大學果然守信用，把我調來泉州師範學院。沒想到那時正是該校多秋之際，泉州師範學院正在「下馬」，不辦了，於是我再被改調到在泉州北門的泉州衛校 [15] 任教。這是經泉州市衛生局同意之後才做的安排，因為我的老伴在泉州衛生系統工作，泉州衛校也屬衛生系統。

1966 年，我在文革期間受了衝擊，吃過苦頭。文革開始一年左右，要清理階級隊伍。我在泉州衛校接受審查，這是意料之中的事，因為我在臺灣工作過，有政歷問題。但沒有想到，我們學校六十多個教職員工中，居然有二十六個教職員工遭到審查，其中包括幾個共產黨員。當時的審查工作是全國性的，好多大官都接受審查。劉少奇因為被指稱是最大的走資派，也接受審查。

在文革的審查期間，我們被要求遵守「五不」：不准回家、不准與外界通訊、不准打電話、不准互相串聯等等。我們被要求寫交待材料，還要檢舉揭發別人，每天都要勞動、

15　阮傳發先生在〈從教五十年〉（2007）一文中提及，他在「1961 年調入晉江醫士學校（後改名為泉州衛校）」。泉州衛校的全稱為泉州衛生學校（1986–2004），其前身為惠世高級護校，是 1934 年 5 月由英國駐泉州的教會所創辦。在 1986 年改制更名之前，該校曾歷經數次組織上的變革；2004 年 5 月升格為泉州醫學高等專科學校。

掃地。我們當中有七、八個重點審查對象，我是其中之一。我們胸前都要掛一個「黑幫份子」的牌子，我們也都被紅衛兵抄家。他們把我們視為「牛鬼蛇神」，把大字報貼在家門口。在審查期中，我被批鬥過兩次，還被迫戴高帽遊行過街。這帶給我精神上莫大打擊，真是欲哭無淚。我仰問蒼天，我犯何大罪？為何遭此羞辱？過後從當時報紙上看到類似遭遇的人，我才知道不但泉州市有，全國到處皆是，我也就慢慢想開了。

　　1971 至 1973 年上半，我們被集中到南安梅山鎮梅峰村等候審查結論，最後二十六個「被審查對象」都平安無事。當時泉州衛校停辦，所以我被分配到南安一中教了四年多（1973 年 10 月至 1978 年 1 月），負責教高中語文。該校是省級重點中學，培養了不少優秀人材。

　　1978 年 2 月，泉州新辦了一個師範專科學校，我因曾在江西宜春大學教過書，所以上級把我調到泉州師專任教。在泉州師專，我教授現代漢語。1979 年 1 月 24 日，晉江地區行政公署衛生局對我的政歷問題實事求是地做了以下結論：（一）阮在臺灣擔任「偽警」職務期間，經調查沒有發現〔有重大的〕政歷問題。（二）原揭發阮參加「軍統閩南調查組」和參與策劃組織「西門救火會」（該會為當時晉江縣警察局消防隊下的一個組織）的指控，經查無實據，應予撤銷。

　　1979 年 5 月上級又把我調回泉州衛生學校任教。那時泉州衛校辦了一個中醫大專班，缺少醫學古文的教師。校方知道我曾教過這門課，就把我調回來。1986 年，我開始在泉州黎明大學兼課，教授醫古文和書法，因為該大學也開辦了中醫大專班。泉州黎明大學的前身是黎明高中，巴金曾在該校講學，擔任過董事長。

　　1981 年，福建省中醫進修學校設在泉州衛校內。1982 年，福建省衛生廳委託泉州市衛生局在泉州衛生學校舉行首

屆「內經」進修班，參加者都是來自全省八個城市的四十二個中醫工作者，進修期限為一年，學員必須是中醫學院畢業五年以上或從事中醫十年以上的中醫士。學校聘請講授《內經》者全是省內外的名醫、老中醫或教授。要學好《內經》必須精通古漢語，因此校方另外開設一門醫古文的課，我有幸被聘請為該課程的教師。受命之後，我立即全力備課，鑽研有關資料，在課堂上深入淺出地講解課文，很受學員歡迎。

　　進修班在結業後即著手編寫《內經病候類詮》，以蔡友敬教授為主編，林禾禧為副主編，全體學員為參編，參考大量文獻和資料，多次徵求任課老師和專家的意見，並綜合臨床資料，歷時十載，數易其稿。我有幸受邀註釋書稿中一些生僻字詞的音義，為該書完稿、出版略盡棉薄之力。該書對臨床實踐的指導、中醫的教學和科研都有相當的參考價值。

　　1984 年，衛生部選派我到杭州參加全國中等衛校語文教材的編寫工作，後來該教材流通了十三年之久。1986 年我又奉衛生部之命，到山東省煙臺市審訂另一套全國中等中醫藥學校醫古文教材，並主編《文言詩文語譯》。2000 年，我編寫《醫古文基礎知識與綜合練習》。近幾年來，我又先後出版《書析養生論》、《書析大醫精誠》、《書析名文三篇》、《書析宋詞三十首》等。[16]

　　1985 年 8 月，全國中等衛校語文教材編寫組與浙江中醫學院在杭州聯合舉辦「醫古文（古漢文）講習班」，有來自全國中等衛校的兩百多名語文教師參加學習。該講習班聘請浙江、上海、北京等地教授專題講座，我臨時奉語文教材編寫組主編郭常安之命，為該班學員講演「談醫古文比較翻

16　阮傳發，《文言詩文語譯》（杭州：浙江科技出版社版，1986）；《醫古文基礎知識與綜合練習》（內部出版，2000）；《書析宋詞三十首》（內部出版，2002）；《書析名文三篇》（廈門：廈門大學出版社，2004）；《書析養生論》（北京：中國文化出版社，2007）等。

譯」，頗受好評，對我日後的醫古文教學和科研起了鞭策作用。

　　1992 年 11 月，第七回國際東洋醫學會學術大會在臺灣臺中市的中國醫藥學院召開。我撰寫了一篇論文，題目為〈精與誠：談醫古文教學中的醫德教育〉，被大會採用。中國醫藥學院的院長陳梅生邀請我在大會上演講，並發給我入臺證，但因赴臺手續耽誤，未能成行，至今我仍然深感遺憾。大會發給我的學術資料，後來由臺幹班同學戴良川來廈門探親時順便帶給了我。

　　我是 1991 年退休的，退休之後還一直在泉州衛校兼課。按規定六十歲退休，但我延到六十四歲才全退。退休之後，我仍繼續在黎明大學兼課，在該校兼課前後達十三年之久。屈指一算，我一共從教五十多年。2007 年 4 月，當時泉州衛校已升格〔2004〕為泉州醫學高等專科學校，學校特別為我舉行「從教五十年暨《書柝養生論》首發式慶祝大會」，師生和外賓共兩百多人參加。大會由朱世澤校長主持，前福建省文化廳副廳長莊晏成也應邀蒞臨指導，盛況空前。當日泉州電視臺現場採訪我，並報導此事。學校給我很高的榮譽，我無限感激，終生難忘。

　　近幾年來，我仍經常關注學校的教學、教育工作。我教醫古文就以繁體字教學，但沒有特別開過繁體字的課。我是學中文的，簡體字、繁體字對我不是問題。到現在為止，我教的學生有一萬多人，不少學生跟我很要好，至今還與找保持聯繫。去年我到香港去開會，有些三十多年前的學生還特地去看我。我每年都為學生舉行一次學術講座，為學校刊物做些文字工作，最近（2012 年 11 月）還與曾赴臺灣屏東大仁科技大學藥學系學習的學生舉行座談會。

七、我的家庭

我有三個女兒、兩個兒子。1960年底，我從江西宜春大學回家探親，在泉州「羅克照像館」照了一幀全家福的團圓照（圖11-4），抱在手裡的是黃遠，前排從右到左分別是：阮然、阮新、阮景和阮獻文。

圖 11-4：全家團圓照，攝於 1960 年，江西宜春

大女兒阮新，1952 年出生。文革〔開始〕之際，她才唸兩年初中，就勞動下鄉了好幾年，後來在德化醫院當護士。二女兒，阮景，1953 年出生。她初中才唸一年，也因文革而輟學。老三叫黃遠，1960 年出生，當時我在江西宜春大學教書。她姓黃，跟母親姓。我岳父母希望我將第三個女兒過繼給我太太的妹妹，因為我小姨子沒有生孩子，所以老三就改姓黃。至於這個女兒為什麼叫遠？我們本地話「遠」的發音和「阮」一樣，所以叫「遠」。

我的大兒子阮然，1950 年出生，長得很帥，人也很聰明。唸初中二年級時，不幸因腦部腫瘤，送往上海醫治無效，於 1965 年 8 月離世。我的二兒子叫阮獻文，1954 年出生。為什麼給他取這名字呢？我是取「貢獻文化事業」之意。1953 年我考上了上海華東師範大學時，他還沒出生，但我已經知道太太懷孕了。我考上中文系後，就下定決心獻身給文

化事業，所以就把他取名「獻文」。

　　文革受審查期間，最使我難過的是家屬因我被審查而遭受株連，兒女們在成長過程中都因此受到歧視。他們小小年紀怎能承受得了這種精神創傷？文革的第二年，我的大女兒阮新當時是初中二年級生，二女兒阮景當時是初中一年級生，兩人分別到德化縣、大田縣山區的農村勞動（當時叫「上山下鄉」），接受貧下中農再教育。二兒子阮獻文當時才十三、四歲，雖可不必「上山下鄉」，也因為我被審查而受到歧視。我的內人唸初中時參加過三青團，曾被送到南安縣審查，不過時間很短，只去了幾個月就回家了，繼續做婦幼保健工作。

　　不過，現在我小孩的情況令人欣慰。大女兒阮新，1978年參加高考。她多年來堅持自學，〔順利地〕考上了福建師範大學，這是很不容易的。畢業後她在泉州師專任教五年，於1988年到美國俄亥俄州立大學深造。1991年12月拿到碩士後，在美國從商，已定居美國。

　　二女兒阮景也靠自學考上漳州衛生學校，畢業後在大田當過護士長。她是學護理的，後來調到泉州兒童醫院，擔任過辦公室主任兼護理部副主任，現在也已經退休了。

　　三女兒曾在泉州市外貿局工作了一段時間，後來考取上海外貿大學。她曾在美國做生意，但事業重點在泉州，從事工藝品的生產，工廠、公司都辦得不錯。老三搞外貿頗出色，頭腦很靈光，經常到美國、香港、德國、法國等處接洽生意。她雖然過繼給我老伴的妹妹當女兒，但還是跟我們很親，對我和老伴很孝順。

　　兒子阮獻文現在任職泉州市防疫站。他為人正直，與三位姊妹相處融洽。我這些兒女都很孝順，讓我十分放心，我的晚年生活也相當幸福。

八、我的書法

　　我先後在泉州衛校和泉州醫高專書畫協會擔任顧問，從事書法教學二十多年，長年為提高學生的書寫水平而盡力。圖 11-5 的照片是 1987 年夏天，我在泉州衛校主持學生書法作文比賽頒獎大會時所攝的。近幾年來我曾舉辦過三屆師生書畫聯展，頗受好評。

　　我很小就學書法，但是一直到退休之後才有比較多時間練書法。學書法沒有什麼秘訣，關鍵就在持之以恆、經常臨摹歷代書法家的字帖。臨摹之後，要好好地和字帖上的字反覆對照。臨摹就是看字帖，儘量寫得和字帖上的字一樣。將字帖放在旁邊，再拿另一張紙跟著寫，模仿字帖上字的筆劃和結構。開始的時候要力求形似，之後再力求神似，最後再把各家字帖的長處融為一體，轉化成自己的字體。

圖 11-5：1987 年主持「泉州衛校書法作文比賽發［頒］獎大會」

　　這樣的學習要花多長時間？很難說。歷代書法家有的人一輩子都在臨摹，有的成了名還在臨摹前代名家的字帖。我沒有老師教導，字帖就是我的老師，尤其是好的字帖。現在我每天都要寫上幾張宣紙，起碼都要寫上三、五張。一張宣紙有四尺長，二尺多一點寬，要分成兩半來臨摹，不然紙張太大，不容易寫。至於臨摹的字體，大小不拘，寫大字的話，一張紙只可以寫五、六個字；若寫小字，可以寫上五、六十個字。

　　我專職教書法教了十六年，每次都要先寫好幾張宣紙掛在教室的牆壁上，讓學生模仿，那也叫臨摹。另外，我還編寫一些字帖讓學生臨摹。書法家的字帖和我的字帖我都提供給學生參考，但我強調必須學習古代名家字帖。有些學生喜歡我的字，我便印一些字帖給他們參考。我的字帖按成本算，印多少錢就賣多少錢，經常要貼本。如學生有經濟困難，我就免費贈送。許多學生都對我很好，因為他們知道我教學是為他們好，也知道我花了很多時間備課、批改作業，用很多精力在教他們。另外，我常跟學生說，學好毛筆字或練好鋼筆字，對他們現在的學習或將來的工作也會大有好處。

　　大部份學生都沒有書法基礎，有些甚至只有小學水平。我一開始必須先教他們練基本筆法；基本筆法練好後，再練基本結構。練基本結構要先從筆法比較簡單的字學起，然後才開始練比較複雜的字。獨體字、合體字的結構要怎樣處理？上中下結構的字要怎樣寫？我都要把例字寫在黑板上。我也把基本筆法寫給學生看。像點，有各種各樣的點；橫，有各種各樣的橫；點橫豎撇，還有走字體等等。走字體很多人都寫不好，所以一定要寫給他們看。每次學生交來作業，我都認真批改。哪個字寫得好，就用紅筆圈起來；哪個字寫不好，就在旁邊寫一個給他看。所以學生很喜歡上我的課。

　　我上課通常不會告訴學生一定要學哪一個書法家的字

帖，都是隨他們自由選擇；喜歡那一個書法家，就讓他們學那一種字帖。有人喜歡顏體，你不能硬叫他學柳體。我會先寫字給他們看，看他們喜歡哪一種，就先讓他們學那一種。我個人比較喜歡的書法家有王羲之、董其昌、文徵明、趙孟頫。

　　學校書法協會每學年召募新會員，我都給他們做一次講演。我都做什麼講演？「漢字與書法藝術」。漢字是怎麼樣產生的？漢字，過去都說是倉頡造字，其實不是他一個人造的字，應該說倉頡是將過去的字加以整理而集其大成者。倉頡是史官，他不是漢字的創造者。漢字是人民群眾創造的，人民群眾創造歷史，也創造了漢字。

　　漢字的歷史怎樣演變？這要跟學生講明白，解釋文字學要先引起他們的興趣。譬如說，「看」這個字，當時為什麼造這個字？「看」字的上部，一撇兩橫再一長撇，就是「手」；下面的「目」字就是眼睛，就是「看」。另外一個字，「甘」，一個「口」字裡面「一點」，嘴巴裡面含一塊東西，捨不得吐出來。如果是苦的、臭的就會吐出來。可能裡面含的東西是甜的，所以就是一個「甘」字。當時有關造字的文字學知識我都要講解，以引起學生的興趣，因此《說文解字》我也要研究。

　　漢字是書法的載體，在講完漢字的形體演變之後，我再講書法知識。關於行書，我喜歡王羲之的行楷。行書分為兩種，一種是行楷，一種為行草；接近草書的叫行草，接近楷書的叫行楷。我也喜歡米芾以及唐寅（唐伯虎）書法。米芾和唐寅的書法宛轉流暢，風格俊秀瀟灑。

　　王羲之，歷代稱他為「書聖」。王羲之以後的歷代書法家都崇拜他的書法。我所臨習的「蘭亭序」（圖11-6）就是模仿王羲之的字帖，但不是模仿真跡，因為王羲之的「蘭亭序」已經和唐太宗一起被埋葬了。目前我打算寫第六本有關

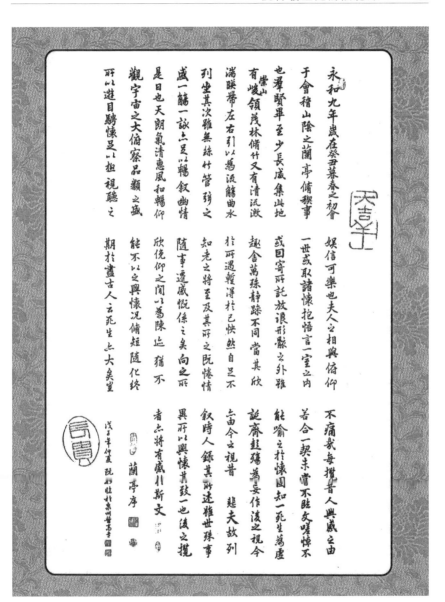

圖 11-6：王羲之的「蘭亭序」，2007 年泉州市老年書畫研究會書法臨帖作品展

書法研究的書，就是《書析蘭亭序》。臺幹班同學邢翰幫我找了一些相關資料，但現在我還沒有時間寫。因為要寫一本書不容易，要看很多書，要比較、參考別人的意見，還要有自己的觀點和看法，不能照抄，照抄就不是創作。當初我把模仿「蘭亭序」的書法作品寄給邢翰，他說我以假亂真。這是說我寫的字很像王羲之的字，這是對我的肯定和鼓勵。

　　說到書法，我覺得寫書法可以學到很多道理。書法裡有許多辯證法，比如說長短、粗細、疏密、大小等等，這就是辯證法。學書法就是學辯證法，學書法之道又和做人之道結合。我們講文如其人，也要字如其人，歷代的書法家素質人品均佳。我把學書法和學文學結合起來，並進而與養生和醫學結合起來。以人體來講，人體內有正氣、邪氣，正氣強，邪氣就可以壓下去，人體就健康。一個國家，也要有正氣，把邪氣壓下去，如此一個國家就會治好。

九、回顧友人

　　臺幹班的同學和我一樣先後回到大陸的人不多。有人回大陸後比較不幸，像葉良水就是一例。如果我記得不錯，他到臺灣後被分發到嘉義市警察局當巡官，巡官在基層服務，比較有機會和老百姓接觸。那時我在警務處任職，主要是做文書工作，處理日常公文，不需要直接面對群眾。我認為自己比較幸運，回大陸後去讀大學，大學畢業後也在大學教書，屬於知識份子，工作單位比較單純，因此在文革期間也相對地比較順利。葉良水返回大陸後，雖然擔任過小學老師，但他的遭遇比較不好，當然這和他過去在臺灣的職務也有關係。至於其他細節，因為葉良水已經過世了，而且我不很瞭解他的情形，無法多說。

　　我們臺幹班中和我比較熟的，都是培元中學畢業後一起

去考臺幹班的同學。臺灣開放探親以後這些年，我們培元中
學回來探親的同學，大多來找過我。2004 年我建議他們不妨
組團參訪，他們果然到大陸旅遊參觀，並訪問了梅列。他們
返回臺灣時，經過泉州，我也接待過他們。

　　說到臺幹班同學莊亨岱，讀中學時他高我一班。我和莊
亨岱在高中時接觸不多，但後來在臺幹班的時候跟他同一個
隊，彼此就熟了。當時我們都叫他「憨岱」。「憨」，我們
閩南語叫憨呆，其實他人很聰明。在臺幹班訓練跑步的時候，
有時天氣很熱，我們仍然要綁綁腿，莊亨岱就故意把綁腿弄
鬆。按規定跑步時沒事不准停下來，但是莊亨岱說綁腿鬆了，
必須綁好，所以只有他中途停下來。莊亨岱從警界退休後
（1993 年 12 月）開始可以到大陸來旅遊探親。他第一次來
泉州大概是 2005 年，到泉州時打過電話給我，但我正好到
南安去，沒見著。後來我曾陪他回培元母校參觀。以後他每
次來泉州都會打電話給我，找我相聚聊天。

　　另外有一位住在高雄的同學陳天賦，他也是我臺幹班的
同學，學生隊二隊，從警界退休以後改做生意，曾經回泉州
探親。我和他曾經共同寫了一首詩；詩是他寫的，書法是我
題的。

　　還有一位陳清輝，他不是臺幹班的，而是臺灣彰化培元
中學[17]第一屆畢業生。臺灣彰化培元中學設在彰化的八卦山。
泉州的培元中學在 1952 年一度改名為二中，後來才恢復校
名為培元。[18] 泉州的培元中學改為二中後，臺灣培元校友再
創辦一個培元，就叫彰化培元中學。現在臺灣的培元中學已
經廢校了，但在兩校並存的時代兩校人員互有往來，〔當時〕

17　彰化培元中學是 1956 年由培元中學第一屆校友、也是第二任校長許錫安所
　　創辦，並由他擔任第一任校長。臺灣的彰化培元中學辦學資金主要是由臺
　　灣及海外的培元校友捐獻，但該校已於 2004 年因財政問題閉校。
18　參閱本訪談紀錄末所附〈培元中學校長楊一彪先生訪談紀錄〉。

臺灣的彰化培元中學也承認他的根是泉州培元中學。

　　泉州的培元中學出了不少名人校友，像李亦園、戴良川都是。1948 年夏，李亦園、李念萱和我堂弟阮傳琛一起前往臺灣投考臺大，曾經到過我的住處找過我。1987 年臺灣開放大陸探親後，李亦園、李念萱來泉州時也曾與我會面過幾次，李亦園還為我的《書析名文三篇》題字。呂泰山、陳培筆、蔡清淵、陳愛民、林資美、黃聰珙、林梨生、王友煥等人，既是培元校友，也是臺幹班中與我常有交往、感情深厚的學長，迄今我仍很懷念他們。

　　培元中學的董事會目前已是第五屆，戴良川是第五屆董事會的董事之一，我也是常務董事之一。此外，我還擔任培元中學校友總會的顧問、理事。我希望母校越辦越好，為國家培養更多優秀人才。

十、感言

　　六十多年前，我們臺幹班師生冒著生命危險，橫渡驚濤駭浪的臺灣海峽，見證了日本〔在臺的〕受降典禮。我為臺灣同胞服務了三年又七個月，還利用下班後的時間在臺北萬華龍山寺語文講習所，為臺灣同胞教授祖國語言，將中華文化加以傳承與發揚。在講習所任教那兩年多的期間，我盡心盡力備好課、教好書，和學生的溝通和互動良好，這段經歷令我至今難以忘懷。

　　現在臺灣和大陸交流日益頻繁，發展關係良好。兩岸分隔六十多年來，現在是最和平穩定的時期。當前（2011 年11 月）臺灣正忙於選舉領導人。我的看法是：要選誰，或誰當選，都要由臺灣人民來決定。我期待，也這麼相信，不管〔未來臺灣由〕誰來執政，兩岸關係都應該要好起來，要在原有基礎上進一步發展。

〈培元中學校長楊一彪先生訪談紀錄〉

時間：2011 年 11 月 27 日
地點：中國福建省泉州培元中學

一、福建泉州培元中學

　　培元中學校史館的樓房最早是由培元校友捐贈的，[1]這棟樓房已經在 2009 年 11 月列入省級文物保護建築〔之列〕。這是一棟 1924 年建的老建築，曾勾起很多校友對培元的回憶。從這棟建築開始，以後所有的建築都是校友捐建的。

　　培元中學這個優良傳統，我們把它叫做「愛校如家」。培元自建校開始就堅持這個理念，也就是校訓所說的：「真理、自由、服務」。從新時代的角度來看，真理、自由、服務的校訓都符合建學精神，放諸四海皆準。這個理念很中性，不論是現代或原來建校的時代，這個校訓都很實用。我們把這個校訓理解為：真理，是追求正確的理想；自由，是體現校風、學風；服務，就是服務人類、服務社會。我們培元就是秉著這個精神來治校的，所以我們的校歌也反映這個精神。

　　培元中學校歌中有一句是這樣唱的，「實學、自由，我愛校如家」。「實學」，我們理解成：實實在在的學習，學以致用。「自由」，就像我剛剛說的，是校風、學風的體現，

1　培元中學校史館即安禮遜圖書樓，建築坐西南、向東北，第一至第四層為西式建築風格，第五層為中式樓閣風格，門窗仿英國倫敦教堂的建築風格。安禮遜（A. S. Moore Anderson，1876–1959），英國貴族，1903 年受英國基督教長老教會派遣到泉州創辦培元中學。1927 年，校友為紀念安禮遜對培元中學的貢獻，捐款建造「安禮遜圖書樓」，1995 年，臺灣校友會出資百萬重修。

指校園環境的包容性。至於「我愛校如家」，是指所有校友、全體學生、所有老師的心中都應該有一個大愛。這個家是指從國家到家鄉、到學校；大愛貫通以後，對整個學校的發展會有相當的好處。

校史館以前是學校的禮堂，它的建築保存得非常好。培元中學原來只有學生兩、三百人，現在學校的人數是四千多人，所以當時這個地方可以當禮堂，後來人一多就沒辦法了。不過，這個禮堂又相當於教會的禮拜堂，所以功能較一般禮堂來得完備，這種建築在一般學校是很少有的。以前培元的聚會、講學和表演，全都在這裡舉行。

培元中學創校於光緒 30 年（1904），座落在泉州市。現在的泉州市委黨校是〔培元〕創校開始就有的初中部，那時這邊比較大的校園只有高中部。除此之外，培元在戰前還有一個小學部，即培元小學〔原養正小學〕，泉州市師院附屬小學當年就是培元中學的小學部。當年校園是不是分開的，我不是很清楚，不過應該是 1930 年代以前就是這樣的規模。我們培元最有名的校友，梁靈光先生，原廣東省省長、原國家輕工業部部長，就是培元附小畢業的。梁先生已經過世了，他是一九三○年代的學生。培元最鼎盛的時候，一共有八所小學，大部份座落在泉州，但也有設在晉江的──現在還有。

提到培元中學的發展，可以說，培元是近代中國導入西學的典型之一，也可以說是先驅。一般國內教育史的演變都是從私塾到學堂，但培元不一樣，培元一開始就叫「培元中學校」，一開始就這樣叫，第一任校長是安禮遜。

中學校的學制比照戰前中國的學制：初中兩年、高中三年。培元從一開始的學制就和現在一樣。現在大陸提倡課程改革，但我們對外不說改革，培元就是要復舊──不要叫復舊，要叫做傳承。培元當時就以這種形式出現；現在大陸叫

做完中，完全中學。一百零七年以前我們就以完中形式出現。

　　培元中學在 1952 年改制為泉州二中；1969 年改稱七二七中學，這是因為文化大革命的時候工宣隊進駐學校的緣故。文革開始以後，中共中央提出「工人階級必須領導一切」的口號，於是在當時的形勢下，工宣隊進駐學校。學校是知識份子聚集的地方，但是這時工人進駐學校，學校就讓給工農兵管理。由於 7 月 27 日是「偉大領袖毛澤東關於工宣隊進駐學校最高指示」發表的日子，所以培元中學就改名為「七二七中學」。1972 年培元中學將校名改回泉州二中，名稱雖有變動，但座落沒有變動。好就好在地方是相同的，教師陣容大致一樣，學制也一樣。

　　1966 年文化大革命開始，當時全國都搞文革，培元也經歷過文革。文化大革命動亂期間，學校也有一段時期停課，培元就停擺那兩、三年的時間，不是很長。1966 年上半年還有上課，到 1966 年下半年就停課了，一直停到 1968 年底，到 1969 年春季才開始上課，所以總共停了兩年多。停課期間，學校老師都離開了。至於外籍傳教士，在解放初期就沒有傳教士了。1952 年培元改成公辦學校，培元從此沒有傳教士。

　　因文化大革命而停課後，培元的復課算是比較早的。我是 1969 年復課後第一屆初中生，培元的校友。我進校時培元就是叫七二七中學，但我畢業時卻是叫泉州二中。我一共在培元中學待了六年，畢業時是 1974 年，那時培元已改名叫泉州二中了。1979 年，我被分配到培元中學任教，就在那一年泉州二中又改回原名，叫泉州培元中學。

　　1956 年時，培元中學的第二任校長許錫安在臺灣彰化籌辦「彰化培元中學」，但這個時間和經過我不是很清楚。應該這麼說才是正確的：培元中學先後一共有三所，培元中學的校本部在泉州這裡，臺灣彰化有一所，菲律賓有一所。

　　培元現在沒有分校，但是臺灣彰化培元中學有校友會，培元校友會和彰化校友會、菲律賓分校之間都互相保持密切的聯繫，也有互訪活動。

二、孫中山先生與培元中學校

　　培元中學有一個匾額，上面有「共進大同」的題字（圖11-7），這是孫中山先生題的字。但孫中山先生是什麼時候題的卻眾說紛紜，有人說是培元的校長去找孫中山先生寫的，有人說是孫中山先生在某一場合找校長去題的。另外，到底是找第一任校長安禮遜去的呢？還是找第二任校長許錫安去的？許久以來都沒有定說。最後終於有眉目了。我們一位校友曾到南京的國家第二檔案館去查，幫我們把一份資料印回來，目前放在這裡展示。正確的情況是，當初（1920年）培元中學寫了一封信給孫中山先生，後來孫中山先生回了信，信上題了「共進大同」四個字——這封信的原件現在存放在南京第二檔案館。

圖11-7：孫中山共進大同的題名（培元中學提供）

　　從這封信可以看出兩件事情：「共進大同」四個字是孫中山先生寄過來的，不是哪個校長去討回來的。「共進大同」這四個字是孫中山先生題了字後，把信寄回培元中學的。至於第二件事是，培元中學寫給孫中山先生的信封上寫的是「培元中學校」（圖11-8），可是孫中山先生回信的信封上

只寫「培元學校」，就這樣寫。
可能是寫的過程中漏掉了一個
「中」字，這很有可能是漏了，
我們也說不清楚。但可以肯定
的是，信是回到培元中學了，
但是只寫了「培元學校」四個
字，所以就成為現在〔所看到
的匾額〕這樣。

　　還有一件事，孫中山先生
本人從來沒有來過福建。許多
來參觀培元的人，甚至像國家
領導人何魯麗女士[2]來培元參觀
時，都會問：為什麼孫中山先
生沒到過福建，培元卻有他的
題字？我們後來從校史的角度
來看，並參考相關資料，才知
道孫中山先生是因為感恩的關
係，才會有這封題字的信。

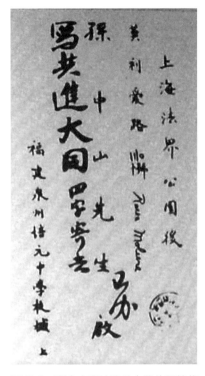

圖 11-8：孫中山寫給培元中學的親筆信
封（「實寄封」）（2011/11/27 蔡慧玉攝）

　　孫中山先生在清末曾在倫
敦被捕（1896/9/23–10/23），
是孫中山先生的朋友康德黎
（James Cantline）[3]去找了培元校長安禮遜的父親理查德．
安禮遜救他出來的。理查德．安禮遜時任倫敦警察總監兼央

2　何魯麗（1934–），山東荷澤人，1957年畢業於北京醫學院，歷任北京市副
　　市長、中國國民黨革命委員會（民革）中央主席、中國人民政治協商會議
　　第八屆全國委員會副主席（1996年增選），以及全國人民代表大會常務委
　　員會副委員長等職。
3　康德黎，1851–1926，英國人，亞伯丁（Aberdee）大學畢業，倫敦外科名醫，
　　香港西醫書院的創始人之一。

女王御林軍首領，他想辦法把孫中山先生給救出來，這個事件叫「倫敦蒙難記」（Kidnapped in Lodon）。過了很多年，培元校長安禮遜寫信給孫先生，信上說他是理查德・安禮遜的小孩，在福建泉州辦一個學校，請孫先生為學校題字。孫先生為了感恩，就捐了二十塊大洋，而且題字了。孫先生題了四個字，「協興教育」。這是哪一年的事？捐錢應該是1920年1月的事，當時培元中學的校監許錫安往上海募捐，共募得二千餘圓。許先晉謁孫中山總理、唐山川和陳競存省長，然後他們帶頭倡捐。同月，孫中山先生捐大洋二十圓，而且在11月親題「協興教育」〔四個字〕於捐冊的扉頁。現在那四個字根本找不到了，資料也遍尋不著。

　　「共進大同」這個題字的最早版本目前在哪裡我不知道，倒是有一件事值得一提。因為當初很早就根據題字的版本刻好一塊匾額，於是上述這一塊匾額現在就變成原版。後來有些是仿的，字體粗細也有些變化，這一塊的木質是很好的。這個原版的遭遇是有一段故事的。

　　文化大革命的時候，學校的財產都被搬亂了。等到復校的時候，大家一直找、一直找，就是找不到這一塊匾額題字。後來有人來報告，說是在北峰公社一個農民的家裡看到一個豬圈，圍著的一塊木頭好像就是那塊匾額。大家去看，看來應該就是，但這農民就是不肯還。這農民是如何得手的？又是什麼時候拿到的？他也不知道，反正就拿去圍豬圈了，拿去也快十年了。有可能一開始不是拿去圍豬圈的，但是後來發現時是在那裡，所以這塊題字匾額的經歷很坎坷。後來一個工廠的老闆拿了三、四十件衣服去跟那農民換，那農民才願意將那塊匾額還給培元中學。這大概是1978年培元中學恢復原稱前的事。

　　1980年，我們將這個題字拍照，寄給宋慶齡夫人，告訴她這一段經過。她很關心，就在五月再題了「為國樹人」（圖

11-10，左下）四個字寄過來
給我們。據說她把這個「共
進大同」題字照片放在她床
頭（圖11-9），一直到去世
都放在她床頭，所以她是很
重視這事的。孫、宋兩人的
題字現在在大陸上很受到重
視，培元同時擁有這兩個人
的題字，也是唯一擁有這兩
個人題字的學校，所以有很

圖11-9：宋慶齡床頭的時鐘和題字（培元中學提供）

多領導、貴賓到培元來參觀都會提問起此事，我們也都一一
說明。

這些過程只有在一些文章上提到，還沒有完整紀錄。
不過我現在正在編校史，未來裡面會敘述這段過程。我們原
來並不重視校史，但這幾年來我們一直在反思學校未來的發
展，因此已經開始著手整理校史。

三、培元校史

培元中學這個學校自建校開始就有良好傳承，百年以來
基本上沒有很大波動，沒有大起大落，發展得很平穩。這個
學校一直堅持兩點：一開始是完中，現在還是完中；另一點
是校址沒有變動過。這兩點都是很難能可貴的，而且校園現
在還在擴大中。

其他學校的校址大多變動過。其他學校所整理的校史或
舉行的校慶，每一間學校都有很多、很多校名，校址也都更
動過。我們常會看到那些紀錄提到，他們學校某年在哪裡、
某年又遷到哪裡，但培元中學的地點從來沒有變動過，一開
始就在這裡，現在還是在這裡。

圖 11-10：孫中山與宋慶齡為培元中學所提之字（2011/11/21 蔡慧玉攝）

　　不過，培元中學的小學部在解放時就分出去了，應該是在 1952 年以後就分出去了。分出去的時間我不確定，一度去檔案館查過，查到地契，之後再去查，資料就沒了；查不到證據，就無話可說了，反正就是要不回來。還好後來泉州市政府提出一個彌補辦法，就是在新市鎮發展時把現在培元學校對面那一塊地併入培元。對面那塊地原來叫泉州四中，但泉州四中廢校了，因此四中的地皮就給了培元。校方現在還沒處理好那塊地。那塊地校方是拿過來了，什麼地契、房產證都辦好了，規劃也都做好了，現在就等原來的校舍都拆光、夷為平地後，明年再重新建。這些全都是由政府出錢處理的，用的是市政府的錢，可以看得出政府蠻重視教育的，當然這也因為培元出了很多名人的關係。

　　泉州除了培元中學外，還有晉江縣立初級中學。晉江中學雖然是縣立中學，屬於公立學校，就是現在的一中，但晉江有初中部，沒有高中部，全稱為泉州晉江縣立初級中學。一中在今年（2011）慶祝七十年校慶，而培元則已建校一百零七年。我認為培元是現代教育的先河，一中和培元沒得比。不過他們校慶時把建校時間算得很長，說有四百多年。那是將一中從明嘉靖年間初建時開始算起，當時是誰建的？我也不清楚。但我認為，沒錯，如果說一中有四百多年，就是從明朝嘉靖年間開始算，但那時就只是一所私塾，後來改為書院，一峰書院，最後才變成現在的一中。

　　至於五中，泉州五中，雖然比培元多了兩年的歷史，五中建校有一百零九年，但也是從學堂開始辦學，後來改為書院，最後才是現在的五中。一中與五中都和培元中學不一樣，培元中學不是從書院開始興學的，所以我才說培元中學是現代教育的先河。

四、培元中學與現代學制

現在中國的學制和戰前有點不一樣，考試是由泉州市統一舉辦的。中國的考試是由各市統一會考，廈門就廈門統一考，福州就福州統一考，泉州市就泉州市統一考。「中考」是在泉州市舉辦的泉州市鯉城區初中畢業班升學考試。我所說的泉州市指的是大泉州市。大泉州市原來叫晉江地區，泉州市下轄有九個縣（市）區，包括晉江。

統一考試錄取情況是依分數分發。泉州市錄取的就按泉州地區這一塊錄取，其下分三個區；剩下的各縣就自己訂。統一考試就是試題是統一的，但分數線分開訂定。在這個區域的分數線訂定完成以後，培元就有了自己的錄取分數線。

統一考之後，各校都會有一個最低分數，也就是會有分數線；所謂分數線是指初中考高中的統一考試得分曲線圖，因為統一考是按分數高低錄取的。能夠上我〔校〕的分數線的，就是我的學生，就考進來了。學生上了我培元的分數線而被我培元錄取，就是我培元的正式學生。如果沒有上培元的分數線卻想讀我培元，在某種情況下就叫做寄讀。學籍不在我這邊，學籍可能在別的學校，但你來我這邊讀書，這就叫做寄讀。

這幾年是有些限制了，現在沒有寄讀，寄讀不可以了。但這三年有一種新辦法叫擇校生，選擇學校的學生，可以在分數線下招生，但這類招生只能招一定人數的學生。擇校生來讀是要繳費的，正式生不用；有正式學籍的學生繳的是學費，擇校生繳的費用叫贊助費，兩種不太一樣。不過，未來擇校生這政策慢慢地可能也會被廢止。

另外，我要說的是，寄讀生（學籍不在培元的學生）中有些人畢業後到國外的大學就讀，尤其是菲律賓。如同現在，許多培元的學生也會去國外讀大學，而這些學校都要求申請

者提供中學畢業文憑給他們，特別是到菲律賓、馬來西亞、印尼的大學就讀，申請入學時都要繳中學文憑、中學學籍；如果能提出培元中學的學籍文憑，這些學校會優先考慮。所以之前許多寄讀培元的學生，雖然拿的不是培元的學籍，但因為曾在培元讀過書，就算是寄讀生，還是會回來培元申請學籍。培元也會考慮到他們曾在培元讀過書，外面大學又看好培元的學生，所以申請文憑的時候都會通融一點，就是政府的辦法更改，我們還是要設法給學生作證。如果這三年來，這些學生都在培元讀書，我們就給證明，蓋一個培元中學的章給他們，但不提供畢業證書。不過，學生們拿這個證明到當地國家深造時，他們的大學還是都會承認這個證明的。

　　現在培元中學在泉州的學校中教師人數最多，有四百位。學生有四千多人，共六個年級。因為是完中，完全中學，所以初、高中共六個年級。培元中學原來規模不大，戰前學生沒這麼多，只是土地的持分大。我說過別的學校變動過，是指他們都有一段時期是初、高中分開；像七中、一中都是這樣。但培元不是，培元不但校舍、房子沒分過，初、高中也沒有分開過。泉州市當局也認為，這個學校辦得這麼好，如果初、高中分了，泉州市就沒有一所好的中學，所以堅持不能分。

　　2001年為創建示範性高中，泉州教育局指定泉州一中、五中、七中等校分別實行初、高中分離制，初中自辦，高中另辦。但是現在看來，這樣不行，還是初、高中合校比較好。如果考慮到教學的持續性，還是初中到高中一貫制比較好，所以現在全國又開始改回來了，許多只有高中的學校都恢復開辦初中部。但是培元不存在這種問題，我們一開始就是初、高中合辦的。所以福建省教育局在〔一次〕視察培元中學的時候，時任副市長的黃少萍指出，培元中學辦得好，就是因為培元沒有經過這麼大的折騰，堅持自己辦學，堅持保留初

中部，所以到現在培元的升學率還不錯，培元學生的升學情況也都良好。

　　至於學生來源，大部份培元中學的學生來自晉江、南安、永春和惠安等地。當時他們來讀培元中學都是衝著培元中學高中部來的。培元是高中出名，高中比初中出名，因為初中本地有，高中部沒有。戰前有不少海外歸僑就讀，但是現在基本上是沒有的；如果有，也只是幾個身份比較特別的學生而已，他們是參加外籍生高考進來的，不是參加會考。其他中學也是一樣，外僑學生的數量都不多。

　　另外，過去〔戰前〕培元可以接受僑資，現在已經沒有所謂的僑資了。過去靠海外校友捐款，但現在國內校友的捐款也很多。現在全部都是公辦學校，以公辦為主，不是靠僑資辦學，而是靠社會助學。比如教師工資、學校設備、學生的分配、就學等，都是按照比例、按照計畫、依國家規定、國家計畫來執行。

　　再者，很多人想要讀培元中學的原因，除了學校名聲好之外，就是辦學好、起點高。還有一點，培元的校長會去向一般大學推薦自己的學生，憑校長身份向各大學推薦培元的學生，說學生學歷好、成績好。許多大學往往也願意接受培元畢業的學生去，像燕京大學、北京大學都是；張文裕[4]就是因為校長推薦而去讀大學的。一般私校要做到這種程度很不容易，這也是我們感到比較驕傲的原因。

4　張文裕，1910–1992，福建省惠安人，原中國科學院高能物理研究所所長，曾用張文嶽名，是中國宇宙線研究和高能實驗物理的開創人之一，畢生致力於核科學研究和教學，有多項重要發明和發現，在學術上最突出的成就是發現μ介原子，為中國高能物理發展、北京正負電子對撞機的建立奠定基礎。

五、著名校友

在 2011 年 11 月 18 日的《泉州晚報》上，有一篇介紹泉州文明發展過程的文章，其中提到泉州西街是一條人才輩出的老街。西街就是培元中學前面這條路，開元寺前面這條街。報上說泉州西街很有文化底蘊，這條街先後走出了四個大學校長。後來我們打電話告訴報社記者，說他寫錯了，不是四個大學校長，是五個。這五個大學校長中有四位是培元中學的校友：林祖庚、陳篤信、陳篤彬、黃樂德。前天（2011年 11 月 25 日），《泉州晚報》的首席記者來採訪我。在他講話的過程中，我指出，泉州西街很有底蘊，走出了四位培元出身的校長；如果西街沒有培元中學，就沒有這些校長。這些校長都是培元培養出來的。所以反過來說，培元中學在泉州是有一定貢獻的，特別是在近代教育史上。甚至可以這麼說，培元開了近代教育的先河。無論是從國家的角度、從年代上，或從泉州的角度來看，都是這個樣子的。泉州解放前唯一一所高中就是培元中學。

培元中學的校友很多，傑出、著名的校友更多。如果一定要列舉一些具有代表性的校友，我大致可以將他們分成幾類。一類是學者，我們學校出了四位院士，他們都是知識界最高級別的院士，分別任職於臺灣中央研究院、中國科學院和中國工程學院。一位是李亦園，[5] 他是臺灣中央研究院院士。另外還有蔡鎦生，[6] 化學家；張文裕（前敍）；還有一位，

5　李亦園（1931– ），福建省晉江縣人，臺灣人類學家，1955-1998 年任職中央研究院民族學研究所，1984 年創設國立清華大學人文社會學院並擔任八年院長，1984 年獲選為中央研究院院士。參閱黃克武訪問、潘彥蓉紀錄，《李亦園先生訪問紀錄》（臺北：中央研究院近代史研究所，2005）。

6　蔡鎦生，1902–1983，福建泉州人，物理化學家、教育家、吉林大學教授、中國科學院院士。

陳火旺。[7] 到目前為止，學術成就最高的就是這四位院士。

　　有一些校友是工程界的，還有中國音樂協會主席李煥之，[8] 以及新加坡詩人兼書法家潘受。[9] 潘受是我們這邊過去新加坡念書的，後來入籍新加坡。另外，在培元鼎盛時期，有八個大學校長都是培元校友，廈門大學校長和書記以及八個系的系主任也都是培元的校友。學界以外還有一些人，譬如說復旦大學首席教授蘇東水以及一些企業家都是培元校友，其中包括香港的黃保欣。[10] 如果按照有些校友的說法，要是黃保欣先生的歲數少個十歲的話，香港第一任特首就會是他，不會是董建華。[11]

　　除此以外，培元中學還有一些有名的校友，像呂振萬，[12] 他是香港的企業家。有一位李引桐，[13] 他的貢獻主要是進口橡膠。在中國還沒有生產橡膠的時代，也就是「抗美援朝」的時期，汽車輪胎都是用橡膠製成的，中國就是靠他引進才有〔自產的〕橡膠。當時他之所以能夠引進橡膠，是經過周恩來總理同意的。那時中國尚未對外開放，這東西是不能進口的，他就把橡膠苗的枝條編成筐簍進口到中國，進口以後再打開筐簍，變回苗種去種植。這些苗種全都種在海南，所

7　陳火旺，1936–2008，福建安溪人，中國工程院院士、國防科學技術大學副校長。

8　李煥之，1919–2000，原名李昭彩，又名李鍾煥，香港出生，中國作曲家、指揮家、音協主席。

9　潘受，1977–1999，原名潘國渠，福建南安人，1930 年南渡新加坡，後任道南學校校長。

10　黃保欣，1923–，福建惠安人，生於上海，活躍於香港政商界。

11　董建華，1937–，浙江舟山人，香港特別行政區第一、二屆行政長官（1997/7/1–2005/3/12）。

12　呂振萬，1924–，又名呂辛，福建南安人，1951 年赴香港、新加坡等地經商，1996 年成為香港事務顧問、香港特別行政區第一屆政府推選委員會委員。

13　李引桐，1913–　，福建南安人，12 歲時隨父親到新加坡發展，之後在泰國經營橡膠事業。

以海南的橡膠就叫做「引桐一號」。中國有了橡膠苗，再來才有橡膠園，有橡膠園就可以生產橡膠。當然李引桐不是很有錢，但他對國家確實有貢獻。我剛剛說的，呂振萬也是同樣，他在香港不是最有錢的，但他對國內的教育很用心，曾經在中國建了一百所希望小學。

　　培元中學的學生去參加臺幹班的人數一共有多少人？這個提問我並不清楚。我知道的大概至少就有十來個人罷！蔡清淵、呂泰山、陳愛民、莊亨岱、王琪琨等人都是（圖11-11）。校史館陳列有莊亨岱先生的《昔時憶舊》，是1974年出版的，共有三大本。

　　最後，培元還有一位曾在臺灣中央研究院〔近代史研究所〕服務過的校友，李念萱（1928-2002）；他和我父親（楊

圖11-11：培元中學校史館前鑄刻碑石（2011/11/21 蔡慧玉攝）

康恩）是同班同學。李先生在 2002 年 8 月過世後，家屬以他的名義捐了一百萬新臺幣給培元中學作為獎學金。培元也在 2003 年以他的名義成立了一個「培元中學文科獎學金」，以獎勵文科方面有突出表現的學生和文科高考的資優生。

附錄

資料來源:「畢業紀念章」,《中央警官學校臺幹班學生隊
　　　　　畢業同學錄》(臺北:出版時地不詳)。

地圖一：閩臺地圖（1946）

地圖來源：中華民國地圖（民國35年(1946)，國防部測量局）。南天書局魏德
　　　　　文先生提供。

地圖二：梅列基地簡圖[1]

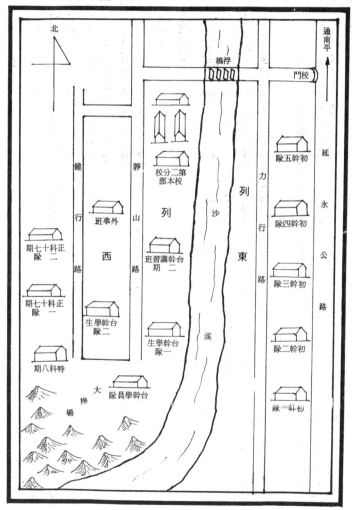

圖略置位佈分區校列梅校分二第校學官警央中

1　參考《中央警官學校臺幹班簡史》（臺北：中央警官學校臺幹班互助基金會編印，1987），頁27。

表一、臺灣省警務處長一覽表[1]（1945-1972）
（內政部警政署成立前）

任　　　別	姓　　名	任　　　　　　　　　　　　　　　　期	籍　貫
第一任處長	胡福相	1945 年 10 月 25 日－1947 年 3 月 9 日	浙江寧海
第二任處長	王民寧	1947 年 3 月 9 日－1948 年 11 月 11 日	臺灣臺北
第三任處長	胡國振	1948 年 11 月 11 日－1949 年 2 月 26 日	浙江東陽
第四任處長	王成章	1949 年 2 月 26 日－1950 年 4 月 16 日	江西萬載
第五任處長	陶一珊	1950 年 4 月－1953 年 6 月	江蘇
第六任處長	陳仙洲	1953 年 6 月－1955 年 12 月	河北保定
第七任處長	樂　幹	1955 年 12 月－1957 年 5 月	四川筠連
第八任處長	郭　永	1957 年 5 月－1962 年 8 月 31 日	湖南
第九任處長	張國疆	1962 年 9 月 1 日－1964 年 9 月 1 日	河北
第十任處長	周中峰	1964 年 9 月 1 日－1967 年 5 月 31 日	河北
第十一任處長	黃對墀	1967 年 5 月 31 日－1968 年 9 月 10 日	山東
第十二任處長	羅揚鞭	1968 年 9 月 10 日－1972 年 7 月 5 日	湖南

1　表一所列的「臺灣省警務處一覽表」以內政部警政署成立（1972）前「以軍領警」時期為限。此時期的警務署長除胡福相是警察出身者外，其餘都是軍職人員或深具軍人情治色彩者；例如，第三任胡國鎮就是「特警班」（全稱「特種勤務警察訓練班」）出身的，屬戴笠系統。關於威權時代臺灣警政體制「以黨領政」、「以軍領警」體制的創立和分析，參閱陳純瑩，〈我國威權體制建構初期之警政（1949-1958）〉，《人文社會學報》第 3 期（2007 年 3 月），頁 45–72。

表二、中華民國內政部警政署長一覽表[1]（1972 起～迄今）

任　　別	姓　名	任　　　　期
第一任署長	周菊村	1972 年－1976 年
第二任署長	孔令晟	1976 年－1980 年
第三任署長	何恩廷	1980 年－1984 年
第四任署長	羅　張	1984 年－1989 年
第五任署長	莊亨岱	1989 年－1993 年
第六任署長	盧毓鈞	1993 年－1995 年
第七任署長	顏世錫	1995 年－1996 年
第八任署長	姚高橋	1996 年－1997 年
第九任署長	丁原進	1997 年－2001 年
第十任署長	王進旺	2001 年－2003 年
第十一任署長	張四良	2003 年－2004 年
第十二任署長	謝銀黨	2004 年－2006 年
第十三任署長	侯友宜	2006 年－2008 年
第十四任署長	王卓鈞	2008 年－迄今

1　1911 年民國成立以後，民政部改為內務部，下設「警政司」統轄全國警察事務。1927 年國民政府奠都南京，改內務部為內政部，內仍設警政司。抗戰勝利後，1946 年 8 月 15 日將內政部原有之警政司擴充，改組為「內政部警察總署」。至 1949 年 4 月，政府南遷廣州，又將警察總署縮編為「警政司」，爾後隨政府各機關遷往臺北；至 1972 年 7 月 15 日始復編為「警政署」，並與臺灣省政府警務處合署辦公，至 1995 年 3 月署處分隸。1999 年 7 月 1日實施精省，接收原臺灣省政府警政廳人員及業務。

表三、臺灣省行政長官公署警務處組織簡表

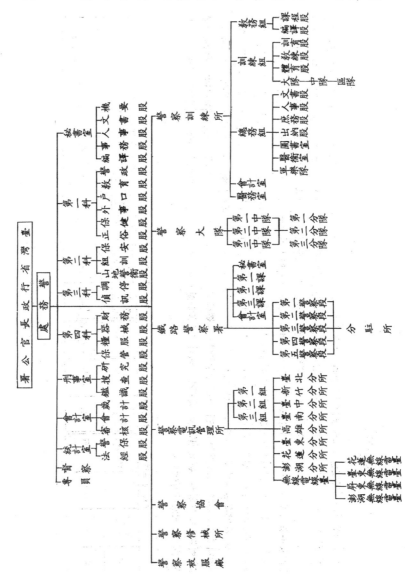

臺幹班成員座談會照片集（2008/1/16）

索引

索引

國家圖書館出版品預行編目（CIP）資料

光復臺灣與戰後警政：臺灣警察幹部訓練班口述
　訪談紀錄／蔡慧玉訪談；吳美慧記錄. -- 臺北
市：中研院臺史所，民 102.12
　　面；　　　公分
　ISBN 978-986-03-9976-9（精裝）

1. 臺灣傳記　2. 警政　3. 訪談

783.32　　　　　　　　　　　　　　102027088

光復臺灣與戰後警政：
「臺灣警察幹部訓練班」口述訪談紀錄

訪問　　蔡慧玉
記錄　　吳美慧
出版者　中央研究院臺灣史研究所
11529 臺北市南港區研究院路二段 128 號
電話：(02)2652-5350
傳真：(02)2788-1956
劃撥帳號　　17308795
帳　　戶　　中央研究院臺灣史研究所
封面設計　　吉松薛爾
製版印刷　　天翼電腦排版印刷股份有限公司
　　　　　　（地址）新北市中和區中正路 716 號 8 樓
　　　　　　（電話）(02)8227-8766
GPN　　　　1010203525
ISBN　　　 978-986-03-9976-9
定價　　　　新臺幣 500 元
出版日期　　中華民國 102 年 12 月